校勘標點 **典律通補**

凡例

1. 이 책은 具允明(1711~1797)이 編纂한 《典律通補》를 校勘·標點한 것이다.
2. 《典律通補》는 具允明이 《經國大典》, 《續大典》, 《大典通編》, 《大明律》 등을 위주로 각종 法令을 통합해 편집한 法典으로, 1786년 이후에 筆寫하였다.
3. 이 책의 底本은 서울大學校 奎章閣韓國學研究院 所藏本(奎貴1377)이다.
4. 校勘에 사용한 異本과 異本에 대한 略號는 다음과 같다.
   - 《典律通補》 筆寫本, 1786年以後, 서울大學校 奎章閣韓國學研究院 所藏(奎4456): 奎章A
   - 《典律通補》 筆寫本, 1786年以後, 서울大學校 奎章閣韓國學研究院 所藏(古5120-26): 奎章B
   - 《典律通補》 筆寫本, 純祖代, 서울大學校 奎章閣韓國學研究院 所藏(奎4774): 奎章C
   - 《典律通補》 筆寫本, 1786年以後, 國立中央圖書館 所藏(古6020-2): 國中A
   - 《典律通補》 筆寫本, 1786年以後, 國立中央圖書館 所藏(古6022-11): 國中B
   - 《典律通補》 筆寫本, 1786年以後, 國立中央圖書館 所藏(古朝30-8-2): 國中C
   - 《典律通補》 筆寫本, 1786年以後, 韓國學中央研究院 藏書閣 所藏(K2-3449): 藏書A
   - 《典律通補》 筆寫本, 1786年以後, 成均館大學校 尊經閣 所藏(B13B-0012): 尊經A
5. 校勘에 사용한 參考資料는 이 책의 말미에 따로 수록하였다.
6. 校勘은 異本과 參考資料를 엄밀히 대조하여 진행하였다. 일반적인 異體字 및 관행적인 混用字는 바로 正字로 수정하고, 底本의 분명한 오류를 수정한 경우, 중요한 字句에 차이가 있는 경우, 오류가 의심되는 경우에는 모두 校勘記에 그 내용을 밝혔다.
7. 원문에는 없으나 편의상 各典, 別編의 項目과 條目에는 일련번호를 붙였다. 大文은 색이 있는 大字로, 小註는 大文보다 작은 글자로 표기하고 ❶, ❷, ❸ 등으로 구분하며, 그보다 더 작은 小小註는 小註보다 더 작은 글자로 표기하고 ❶, ❷, ❸ 등으로 구분하였다.
8. 표점부호는 고전문헌에 통용하는 국제적인 규범에 따라 사용하였다. 다만 名詞의 병렬이 중층적인 경우, 상층에는 모점(、)을 쓰고 하층에는 가운뎃점(·)을 썼다.

校勘標點 典律通補

具允明 編
蘇珍熙 鄭永美 趙允旋 校點

韓國古典飜譯院

目次

典律通補 卷之一 吏典

典律通補 卷之二 戶典

典律通補 卷之三 禮典

典律通補 卷之四 兵典

典律通補 卷之五 **刑典**

典律通補 卷之六 工典

典律通補 別編

曲律通補

〈增〉-❶ 政府二次後, 樞府一次。〈補〉-出六, 而輪回當次後, 始計仕。〈增〉 ❸ 律學、籌學, 該曹久勤望報則收擬。〈補〉 ❹ 雲臺官勤苦特甚者, 東、西銓揀拔調用。

011 **七品以下官朔數相同者, 他司移差, 則通計前仕。** ❶ 西班同。

012 **參外官有相避, 則換差他司, 通計前仕。** ❶ 外方參外相避同。〈續〉

013 **在任遭喪、無故作散者, 通計前仕。** ❶ 兵曹同。〈經〉 ❷ 無故作散, 通計稟旨。〈補〉

014 **相換守令外, 移拜守令, 勿通計前仕。**

015 **四館**〈續〉 ❶ 藝文館、承文院、成均·校書館。〈補〉 **參外, 勿論免新先後, 計實仕陞遷。** ❷ 雖在右位, 不來仕者, 毋得付職。

016 **注書, 在軍職朔數勿計。**〈續〉

017 **蔭官之當陞六品、擬守令者, 竝考講後始許。**〈增〉〈補〉 ❶ 生、進人及經行薦者皆免。〈續〉〈增〉-❶ 別薦之類否。〈續〉- 直陞六者, 免六品講。〈續〉〈補〉 ❷ 六品講, 《四書》、《五經》中, 各自願一書臨文, 兩冊不通, 汰去; 一冊不通, 後都目改講。守令講, 《四書》及自願一經、《大明律》、《大典通編》臨文, 三冊不通, 汰去; 一冊不通兩次不進者、兩冊不通一次不進者及三次病不進, 以三冊不通施行。〈經〉〈增〉〈補〉 ❸ 初仕承傳, 有次次陞付之命, 則首仕直長, 雖未經六品講, 依特敎陞六例勿拘。❹ 未經守令講, 亦不得擬察訪、監牧官。〈增〉 ❺ 在職文-❷ 侍從否。-、武、蔭之可堪守令者, 勿論生、進與曾經守令, 守令講時, 或無時, 本曹堂上或別講《大典通編》, 不通者、不進者汰去。〈補〉

018 **翰林, 每都目右位一員, 待修史陞六。**❶ 下位未滿四員則勿陞。

019 **槐院, 兩都目三員陞六。**〈續〉 ❶ 右位博士, 仕滿九十日乃出, 六月二員, 十二月一員。〈續〉〈補〉 ❷ 國子同。❸ 芸[17]閣, 兩都目二員。〈經〉

020 **注書, 三十朔陞六。**〈補〉

021 **司錄、學訓導、文別檢·察訪, 三十朔陞六。**〈增〉〈補〉 ❶ 耆老所守直官同。❷ 雖非都政, 許陞。

022 **說書, 不計朔陞六。**❶ 翰林爲說書, 不得援此例。〈增〉

023 **都政親臨時, 注書及尙瑞院官陞六。**❶ 有旨乃行。〈補〉

024 **京司堂下仕滿九百, 依守令瓜滿例遞。**〈續〉〈補〉 ❶ 有功勞者調用。〈續〉 ❷ 三司、春坊、監察無朔數。❸《大典》法: "六品以上, 仕滿九百, 遷官又加階; 五考三上者許加。"〈補〉

17 芸 : 底本에는 "藝"로 되어 있다. 奎章A에 根據하여 修正하였다.

025 **觀察使, 二周年;**〈續〉〈增〉 ❶ 節度使、營將、虞候同。〈經〉〈補〉 **都事, 三百六十;**〈經〉 ❷ 評事同。竝拜辭日始計。〈續〉〈補〉 **守令, 一千八百; 堂上及未挈家守令、察訪, 九百**〈經〉〈補〉 ❸ 都事、守令、察訪, 以朔計。〈補〉 **瓜滿遞。**〈經〉 ❹ 邊將、監牧官同。竝到任日始計。〈經〉〈續〉〈補〉 ❺ 牙山、南原、順天、寶城、樂安、光陽、求禮、谷城、興陽、晉州、昌原、河東、昆陽、固城、漆原、安州、平壤亦九百遞。〈補〉 ❻ 崇靈·崇德殿·麗陵參奉、各墓守衛官、開城教授, 三十朔遞。〈增〉 ❼ 譯學及訓導, 三十朔;〈經〉〈補〉-❶ 兩南及瓮津, 二十四朔; 關北及釜山別差, 周年。- 審藥、檢律, 十五朔遞。竝到任日計。

026 **守令未滿考者, 待準朔; 已滿考者, 雖不準朔, 亦出代, 而毋得散政差出。** ❶ 追後殿最準考, 則雖散政出代。 ❷《大典》有"守令, 當農月則勿遞, 春分前不足五十日以下遞."之法。〈補〉

027 **收告身及罷職者, 每冬夏季月, 具罪名啓聞。** ❶ 兵曹同。〈經〉 ❷ 有赦, 則啓稟後, 別歲抄書入。 ❸ 罷職、罷職不敍、永不敍用, 一下敍; 削職、被謫蒙放-❶ 放逐鄕里、放歸田里等減等, 則同蒙放。-、收職牒一等, 二下敍; 二等至五等遞加。〈補〉 ❹ 濫刑殺人, 永不敍用, 勿書入。 ❺ 限年禁錮, 待限滿, 懸註書入。〈續〉 ❻ 分養馬故失降資, 歲抄或遇赦書入。〈補〉

028 **堂上官及無褒貶官周年內附過滿五次者, 啓稟左遷。** ❶ 兩司否。〈續〉〈補〉

029 **各司回啓過限, 政院察推。** ❶ 京司毋過三日, 外方毋過三十

日。〈續〉

030 **敎寧府嘉善以上、六曹·京兆·禁府·成均館堂上以上, 除拜過三日, 不爲謝恩, 政院察推。** ❶ 兼職否。 ❷ 堂上及侍從受由者, 不入來肅拜, 亦察推。〈補〉

031 **在外除職者, 謝恩過限,**〈續〉 ❶ 近道-❶ 京畿。-、中道-❷ 忠、江、黃。-, 三十日; 遠道,〈續〉〈補〉-❸ 全、慶、平。❹ 咸鏡南道同。〈補〉- 四十日; 咸鏡北道及三、甲, 五十日; 六鎭, 六十日。〈續〉〈增〉 **啓達改差。**〈續〉 ❷ 外職及堂上勿拘。 ❸ 在京未出仕者, 滿三十日啓遞; 三館參外, 啓罷。 ❹ 北道諸陵官, 除肅謝。 ❺《大典》法: "新除京外堂下官及出使者, 於政府、本曹、屬曹參謁, 毋過十日。西班四品以上, 兵曹。"〈補〉

褒貶

001 京外褒貶, 每六月、十二月十五日, 上前開拆。

002 京官, 其司堂上、提調及屬曹堂上等第。 有故則追行,〈經〉〈補〉❶ 吏、兵曹外否。〈補〉兩等 ❷ 春夏等、秋冬等。毋得兼行。〈續〉❸ 宣惠廳、濬川司, 無領相時, 左、右相磨勘。〈增〉❹ 師傅、敎傅、敎官, 禮曹殿最。〈補〉❺ 北道陵·殿官、全州肇慶廟·慶基殿·江華長寧殿官, 道臣、守臣封進。〈增〉❻ 監牧官, 司僕寺等第。〈補〉❼ 京官滿三十日, 許等第。〈經〉❽ 詞訟、錢穀衙門題目, 務從嚴明。❾ 掌樂院官, 以習樂勤慢爲殿最。❿ 各司提調, 老病人外, 褒貶單子, 親自來勘, 都提調衙門, 該曹堂上往受。〈續〉⓫ 兩司、侍講·講書院無等第。〈經〉〈補〉

003 各營將官, 則中軍外, 考講殿最。❶ 宣傳官則各操[18]笏記, 南行部將則班次圖, 兵判考講。〈增〉❷ 京江四津別將, 兵曹殿最, 同議均廳。〈補〉[19]

004 外官, 觀察使等第。❶ 濟州三邑, 牧使等第, 報觀察、節度使。〈經〉[20] ❷ 觀察使、守令, 竝到任滿五十日始行, 京畿三十日。〈續〉

18 操 : 底本에는 "條"로 되어 있다. 《大典通編·兵典·褒貶》에 根據하여 修正하였다.

19 〈補〉 : 底本에는 없다. 尊經A에 根據하여 補充하였다.

20 〈經〉 : 底本에는 없다. 尊經A 및 《經國大典·吏典·褒貶》에 根據하여 補充하였다.

❸ 觀察使雖已遞, 封進。

005 陸鎭將則兵馬節度使, 水鎭將則水軍節度使等第, 竝與觀察使同議。❶ 虞候、評事, 各其節度使等第。〈經〉

006 王府照律附過還職人, 考績時, 憑考黜陟。〈增〉

007 四館參外居中, 其都目勿遷。〈經〉 ❶ 玉堂時任卽出代。軍銜則司果之修撰、司直之校理勿拘, 右職則啓請蕩滌。❷ 宗簿正、判校居中, 所兼春秋減下。〈增〉 ❸ 一年四都目者, 中則越一都目取才, 下則越二都目。

008 無祿官〈經〉 ❶ 師傅、敎傅、敎官、參下都事、別檢、監役、兼·假引儀、守直·守奉·守衛官。〈經〉〈補〉 及參外官居中, 前十朔仕日, 勿計。〈續〉 ❷ 來等殿最前, 遇赦蕩滌, 勿削仕。

009 六曹郎官居中, 罷職。〈增〉

010 十考者三中、五考者二中, 罷職; 一中, 後褒貶內,〈經〉〈補〉 ❶ 六月、十二月初十日爲限。〈補〉 勿授右職、清顯。〈經〉〈補〉 ❷ 三司、春坊、曹郎。〈補〉 堂上守令一中, 罷職; 居下, 竝罷職。〈經〉〈補〉 ❸ 居下罷職, 經二年乃敍。〈經〉 -❶ 限二十四朔。〈增〉- 議親、功臣, 經一年。-❷ 堂上否。[21]- 〈經〉 ❹ 居下守令, 遇赦蕩滌, 則內職無礙,

21 堂上否 : 底本에는 없다. 奎章A에 根據하여 補充하였다. 《經國大典·吏典·

外職經二年擬。5 居中罷黜, 經一都目敍, 而先捧蕩滌及敍用傳旨, 無得循例擬。〈增〉〈補〉 6 武、蔭守令居下, 經二年後, 除本品以下外職, 經一考, 始許陞品。〈增〉 7 中、下考, 未開拆前, 以將領陞資者還收。〈續〉 8 新加資營將, 未準朔居下, 則雖開拆前移職, 收資。 9 西班京外職三十朔窠, 兩次居中, 亦罷職, 準限後, 草記蕩滌。〈增〉

011 **本曹行開拆坐起, 點下者, 上以中考, 中以下考施行。**〈增〉〈補〉 1 觀察使請推。 2 題目不美者, 自本曹上以中施行, 中罷黜。觀察使請推。 3 兵曹同。〈補〉

012 **觀察使、守令褒貶無下考者, 政院察推。**〈續〉 1 點下亦請推。〈補〉 2 節度使、邊將褒貶同, 江原道否。

013 **守令居中圖遞者論罷。**〈續〉

014 **十考十上守令, 內遷。**〈增〉

考課》에는 "堂上官不在此限。"으로 되어 있다.

老職

001 宗班副守以上年八十、封君之父年七十加資。〈續〉 ❶ 宗親府, 歲首移文本曹。〈補〉 ❷ 當推恩者, 雖以立春後年甲行世, 一從生年。

002 侍從臣父、閫帥父年七十加資。❶ 吏、兵曹歲首抄啓, 新有應推恩人, 雖非歲首, 稟行。❷ 侍從臣所後父, 已資窮, 則許推恩生父。承重孫之於祖同。〈續〉

003 朝官 ❶士夫, 一命以上; 中庶, 曾經東西班正職; 中官, 入仕已受祿者。年八十〈增〉 ❷ 朝官, 該曹歲首啓。〈續〉〈補〉、士庶年九十加資。〈續〉〈增〉 ❸ 京五部、外各邑報京兆、巡營, 歲前啓聞, 歲首老職加資稟定。〈續〉〈補〉

004 士族婦女年九十封爵。〈續〉 ❶ 京兆、巡營亦歲前啓聞。〈補〉 ❷ 其夫[22]毋得因妻贈職。〈續〉

005 常賤老職, 勿許崇政。〈增〉

006 年八十以上, 勿論良賤, 除一階, 元有階者, 加一階。〈經〉

22 夫 : 底本에는 "父"로 되어 있다. 奎章A 및 《續大典·吏典·老人職》에 根據하여 修正하였다.

追贈 贈諡附。

001 大王私親之考贈領議政, 祖左贊成, 曾祖判書。大院君私親之考右議政。世子私親之父左贊成。

002 王妃考贈領議政, ❶ 以上三代, 國舅推恩例贈。世子嬪考左議政, 世孫嬪考、大君妻父右議政, 王子妻父左贊成。〈續〉

003 宗親及文武實職二品以上贈三代。❶ 父母, 準己品; 祖父母、曾祖父母, 遞降一等; 妻, 從夫職。〈經〉 ❷ 婦人犯夫義絶者, 得與其子官品同。〈律〉 ❸ 一等功臣父, 贈純忠積德秉義補祚功臣; 二等, 減秉義; 三等, 減積德秉義, 竝封君。〈經〉 ❹ 功臣雖職卑, 父贈正二, 祖以上依凡人例。〈補〉 ❺ 原從一等只贈父母, 而生時職加一等。士子則贈通政, 元有贈, 加贈。〈增〉〈補〉

004 奉朝賀陞資, 則勿拘實職, 隨品贈三代。〈增〉

005 奉命身歿異域者, 陞品贈。〈續〉

006 親功臣歿, 陞品贈。〈補〉 ❶ 雖職卑, 贈正二。〈經〉 ❷ 原從錄券未頒前歿者追贈。〈增〉

007 奉承傳未除職、登科未分館而死者, 贈相當職。❶ 殿試前死者同。〈續〉

008 **學行節義人, 特贈外, 毋得贈南臺。** 1 受贈者, 曾經諮議, 則贊善、祭酒隨品兼。〈補〉

009 **推恩人、受贈人中, 經本曹若玉堂, 則贈吏曹。**〈增〉 1 受贈者, 若武臣則從一以下, 毋過判中樞、兵·戶判、兵·戶參, 兼帶承旨、兵·戶·工議、掌樂·訓鍊正。〈補〉

010 **醫譯、中庶贈職, 勿許參判、摠管; 加設同知贈職, 勿許左、右尹。**〈續〉

011 **宗親及文武實職正二品以上贈諡。** 1 親功臣, 雖職卑亦諡。〈經〉 2 儒賢及死節表著者, 雖非正二, 許諡。大提學雖從二, 亦許。〈續〉

012 **奉常正及玉堂東壁議諡, 政府、兩司署經。**〈補〉 1 通政以上文望顯職、館閣及曾經九卿人撰行狀, 禮曹照訖付太常, 太常移送弘文館, 東壁以下三議三望, 東壁又與太常正以下更議定。舍、檢中一署經, 竝行狀報本曹, 入啓受點後, 兩司署經。〈續〉〈增〉 2 諡狀撰進人, 呈禮曹時無故者, 雖身故或被罪, 啓下。〈續〉

給暇

001 **有故者, 啓達給暇。**〈經〉 ❶ 文武堂上以上, 勿論實、軍銜, 呈政院;-❶ 未經承旨者, 雖正卿親呈。- 三司、春坊、講書院、監察同; 堂下官, 病親外, 呈本曹。-❷ 師傅、敎傅、敎官, 禮曹; 西班, 兵曹。-〈補〉 給由啓目, 無過三人。宗親則宗簿寺。〈經〉〈補〉

002 **每年一覲親, 間年一掃墳。**

003 **正卿外, 不得鍼灸呈辭。**〈增〉 ❶ 加土, 堂上以上及三司請假。〈補〉 ❷ 秩卑宗親, 鍼灸、沐浴, 毋得請假。❸ 宗親有病者, 宗簿寺覈啓, 限十日給由, 過限則檢擧。

004 **守令, 覲親、病親、掃墳、亡妻·妻父母歸葬、子息成婚外, 勿給由。** ❶ 赴擧亦許。❷ 自八月至十二月, 親病外, 勿許。

005 **特敎補外及邊地守令、察訪, 勿許由。** ❶ 魚川察訪同。〈續〉 ❷ 設賑邑, 亦勿許由。〈補〉 ❸ 補外有老親者, 許由。〈增〉

006 **覲親、掃墳、榮親、榮墳、焚黃、婚嫁, 留七日; 葬妻、妻父母, 十五日。**

007 **親病, 遠道七十日, 近道五十日, 京畿三十日。**〈經〉

008 **受由過限, 啓遞。** ❶ 三館參外, 啓罷。〈補〉 ❷ 外官則觀察使計程給假, 過限改差。〈經〉 ❸ 大小官無故在內不朝參、在外不公座及官吏給假限滿不還, 一日笞一十, 每三日加一等, 止杖八。〈律〉

009 **堂上以下, 毋論實職、軍職, 不待受由下鄉, 禁推。**〈續〉〈補〉

010 **服制, 朞十五日, 大功十日, 小功七日, 緦麻四日,**〈續〉 ❶ 外祖父母、妻父母, 十五日。〈增〉 ❷ 經筵官, 朞七日, 大功四日。**後啓請出仕。** ❸ 宗親不用。〈續〉

011 **式假, 時祭則主祭者及衆子二日, 長孫**〈經〉 ❶ 衆長孫同。〈解〉 **及同曾祖以下父歿衆長孫**〈經〉 ❷ 玄衆長孫同。〈解〉 **一日; 忌祭並二日。** ❸ 外祖父母、妻父母忌同。

012 **親年七十以上一子, 八十以上二子, 九十以上諸子歸養。**〈經〉 ❶ 祖父母、父母年八十以上及篤疾無以次侍丁而棄親之任, 杖八。〈律〉

相避

001 本宗大功以上及女夫·孫女夫·姊妹夫、外親緦麻以上、妻親父·祖父·兄弟·姊妹夫〈經〉 ❶ 以上稱大文相避。〈補〉 、本宗三寸叔母侄女夫·四寸姊妹夫、外親三寸叔母夫、妻妾親同姓三寸叔侄·叔母侄女夫·四寸兄弟竝相避。〈經〉 ❷ 以上稱小註相避。〈補〉 ❸ 婚姻家竝避。 ❹ 出繼者, 於本生親一體避。〈續〉 ❺ 除拜、聽訟、試官,〈經〉〈續〉〈補〉-❶ 擧子與試官。〈續〉- 大文、小註竝避。一司及交代用大文, 而外官及政府、禁府、吏·兵·刑曹、都摠·漢城·司憲府、五衛將、兼司僕、內禁將、承政·司諫院、宗簿寺、部將、史官用小註。〈經〉〈續〉〈增〉〈補〉 ❻ 學官-❷ 弘文館、侍講·講書院、成均館、四學。-、軍官,-❸ 忠勳府同。- 惟除拜相避。〈經〉〈補〉 ❼ 內乘, 依學官、軍官例。 ❽ 陞、學試官相避, 依他科例。〈增〉 ❾ 聽訟避師及讐嫌人, 見《刑典·聽理》條。〈補〉

002 吏房承旨及本曹官 ❶ 兵房承旨及兵曹同。 有相避, 勿除職。 ❷ 堂上官不在此限, 仕滿者例遷。〈經〉 ❸ 翰、注及書狀、京試、敬差官兼臺例付, 勿拘。〈續〉〈增〉〈補〉 ❹ 玉堂、春坊、講書院官相避, 啓請。〈增〉

003 一司應避, 下位遞。〈續〉 ❶ 翰林與春秋官避, 知春秋以下遞; 領、監事, 則翰林遞。注書同。 ❷ 代聽時, 春坊帶春秋者, 同翰林; 領、監事, 則春坊竝本職遞。〈增〉 ❸ 未赴任都事與守令避, 都事遞。虞候於邊將同。〈續〉

004 六承旨與六曹堂上相避。❶ 啓稟換房。〈增〉

005 書狀與使臣相避。〈續〉

006 五衛將、部將與摠管避。❶ 部將與五衛將避。兼司僕、內禁衛、羽林衛將避。〈補〉

007 兵曹與摠府通避。〈經〉

008 內三廳、五衛將與兵判通避。〈經〉〈續〉

009 注書、翰林相避，注書遞。〈增〉

010 臺官與兼臺相避，臺官遞。〈續〉〈補〉

011 兩都留守、京畿觀察使相避，則留守遞。❶ 兩都經歷亦與觀察使避。〈續〉

012 兵水使、營將、虞候、評事、都事、守令、察訪、邊將與監司相避。〈續〉〈增〉〈補〉 ❶ 營將、虞候、守令、察訪、邊將與兵使，水虞候與水使，評事與北兵使，守令、察訪與都事避。〈增〉〈補〉 ❷ 守令於節度使，換道則勿避。南關守令於北評事同。〈續〉 ❸ 交代則營將、虞候、都事、評事不避。〈補〉

013 三南水使與統制使，畿邑兼營將守令與守禦、摠戎使，有戰船、舟師邑守令與水使,〈續〉 1 他道勿避。[23]〈補〉 該鎭屬邑守令與營將相避。〈續〉 2 統禦使依統制使例。〈增〉

014 例兼提調與都提調、提調勿避。1 惠廳郎於例兼提調勿避。〈續〉

23 他道勿避 : 底本에는 大字로 되어 있다. 奎章A 및 尊經A에 根據하여 小字로 修正하였다.

雜令

001 每三年, 京外官錄出身、來歷, 呈本曹, 錄于政案。

002 失告身者, 告本曹, 考覈給立案。❶ 兵曹同。〈經〉

003 臺官, 勿許一事再避。❶ 兩司帶推互勘, 勿許引避。監察同。❷ 兩司稽謝及帶職出江外及參謁不參, 勿避。

004 牌招, 大官外雖有情病, 親納闕外。❶ 違者, 二品以上重推, 通政以下禁推。納牌不進, 二品以上推考, 通政以下罷職。

005 各司事關變通, 而不由廟堂直啓, 罷職。

006 空名帖, 一切防塞。❶ 雖當大歉, 不得已許之, 同·僉樞、察訪等帖, 一切勿許。〈續〉

007 改名者, 本曹啓移藝文館, 置簿給文。〈經〉 ❶ 其祖先或宗宰或罪人明白同名者外, 勿聽。〈續〉

008 乞郡, 勿論所後、本生家, 竝許施。〈增〉

009 殿牌作變邑, 勿爲降號, 守令勿罷。❶ 鄕校位板破毁邑守令, 亦勿罷。

010 守令濫率家眷者、潛姦邑婢者罷黜。〈續〉

011 守令非因公事越境者, 制違律論。〈經〉

012 擅離職役, 笞四十。❶ 避難[24]因以[25]在逃, 杖百。〈律〉

013 京衙前 ❶ 各衙門錄事、書吏、書寫、書員。皆有定額。❷ 額數在《通編》, 今只載錄事數於衙門下。〈補〉 ❸《大典》書吏計仕去官之法, 今廢。以坊民抄定, 定額外加出者, 制違律論。〈續〉

24 難 : 底本에는 "亂"으로 되어 있다. 《大明律·吏律·職制·擅離職役》에 根據하여 修正하였다.

25 以 : 《大明律·吏律·職制·擅離職役》에는 "而"로 되어 있다.

曲律通補

典律通補 戶典

卷之二

戶典目錄

戶典

❶ 屬衙門: 內資寺、內贍寺、司䆃寺、軍資監、濟用監、司宰監、廣興倉、典設司、平市署、義盈庫、長興庫、司圃署、養賢庫、五部。〈經〉

❷ 經費用《橫看》及《貢案》、《大同事目》、《度支定例》。〈經〉〈續〉〈增〉

戶籍 號牌附。

001 **每式年** ❶ 子、午、卯、酉年。〈續〉 **改籍, 藏於漢城府、本道、本邑。**〈經〉 ❷ 式年翌春, 藏於江都, 仍曬舊籍。〈增〉 ❸《大典》法, 改籍又藏於本曹。〈補〉

002 **成籍時, 外邑各面監官, 以士夫擇差。**〈續〉

003 **京外以五戶爲一統。**〈經〉 ❶ 士大夫、庶民, 一從家坐次序作統。❷ 移來移去之類, 元居、新居官公文相準後許接。〈續〉 ❸ 每統有統主, 京則每一坊有管領, 外則每五統有里正, 每一面有勸農官。地廣戶多, 則量加。〈經〉 **入籍者, 戶口成給。** ❹ 入籍而無戶口者, 制違律論。❺ 戶口塗擦字畫改印文者, 盜踏六部印律論。❻ 京外聽訟官有考籍事, 移文京兆及該邑, 元隻共見處, 謄示回答, 勿送帳籍。〈續〉

004 **每歲末, 中外戶口實數, 京兆入啓, 付史官。**〈續〉〈增〉

005 **戶籍限內不上送，觀察使推考，守令罷黜。** ❶ 京兆視諸道遠近，定限知委。

006 **漏戶** ❶ 主戶士族，勿限年配，平民充軍，公私賤島配。統首及任掌，-❶ 京之別文書、別有司，外之面·里任、監考。- 一戶杖八徒二，三戶杖百徒三，五戶以上依主戶律。守令、部官，五戶以上罷黜，十戶至五十戶杖六徒一，五十戶以上拿推配。監色，三十戶以下杖百徒三，三十戶以上杖百流三。、**漏丁** ❷ 家長，一口杖百徒三；三口以上，士族勿限年配，平民充軍，公私賤島配。統首、任掌，一口杖八，三口以上杖百，五口以上杖百徒三。監色，五口以上杖八，十口以上杖八徒二。守令，十口以上罷職。〈續〉 ❸ 隱漏不成丁，三口至五口笞四十，每五口加一等，止杖七。隱蔽他人丁口，罪同。所隱人罪同，還本戶。〈律〉、**漏籍** ❹ 當身，依漏戶主戶律，年過六十收贖，忠義定軍役。年七十及女人，其子入籍則收贖，勿罪其子。士夫女子，家長徒配。、**增減年歲** ❺ 當身及家長，一年杖八，三年以上杖百，五年以上杖八徒二，十年以上杖百徒三。統首、任掌，六名杖六徒一，以次加等，十名以上杖百徒三。、**虛戶** ❻ 同漏戶律。帳籍都以上僞增，五名以上，守令、部官罷黜，監色杖八徒二；十名以上，守令、部官奪告身，監色杖百徒三。、**冒錄者，** ❼ 暗錄他人奴婢，杖百流三。各戶而合錄率丁以避坊役者之主戶、豪强品官以他戶及良丁稱雇工、婢夫合錄率丁，杖百配；統首、任掌，杖百。姦民避役，投入鄕品率下，杖百。❽ 職役、姓名不以實書，杖百徒三。戶口、號牌同。❾ 公私賤，其母之主名，或幻錄，或書不知，或不書，而明有用奸之端，杖百配。〈續〉 ❿ 詐冒脫免，避重就輕，杖八。官司脫免，罪同。詐稱軍人, 不當軍民差役, 杖百, 邊遠充軍。〈律〉 **成籍後, 限一月自首, 免罪。**

007 **男丁十六歲以上佩號牌。** 1 東西班及內官二品以上, 牙牌; 三品以下及三醫司、雜科, 角牌; 生進, 黃楊木牌; 流品雜職、士庶人、書吏、鄕吏, 小木方牌; 公私賤、假吏, 大木方牌。京京兆, 外各其官, 烙印。不佩者, 制違律論; 借佩者, 漏籍律論; 與者, 杖百徒三。〈續〉 2 軍兵用腰牌, 水軍、漕卒圓牌。〈經〉〈續〉

量田 堤堰附。

001 **田分六等,**〈經〉 ❶ 畿甸, 水田-❶ 俗稱畓。-四等作首, 旱田置之六等。〈續〉 **每二十年, 改量成籍, 藏於本曹、本道、本邑。** ❷ 正田-❷ 常耕者。-地品瘠薄, 禾穀不稔, 續田-❸ 或耕或陳者。-土性肥膏, 所出倍多者, 守令置簿, 報觀察使, 式年改正。〈經〉 ❸ 各位田及官屯田旣有先定等數, 竝勿陞降。

002 **打量竝用一等尺,**〈續〉 ❶ 準周尺四尺七寸七分五釐。〈經〉 **遞降作結。** ❷ 二等以下尺度在《大典》, 而今不用。遞降解作, 自合《大典》各等尺數。一等一負, 以二等八五, 三等單七, 四等五五, 五等單四, 六等二五解之。每等一負, 減一束五把。一等爲十負, 則二等爲八負五束, 餘倣此。〈續〉 ❸ 實積一尺爲把, 十把爲束, 十束爲負, 百負爲結。把未滿六則棄之。〈經〉〈續〉 **毋論陳起, 滿五結, 則用一字號標之。** ❹ 用千字文第次, 而字內以一二三爲第次。❺ 田形不明處, 以方、直田裁作; 斜缺處, 別作田形打量。**田四標及主名懸錄量案。** ❻ 相訟未決者, 姑以時執懸主, 追後查卞, 勿以量名爲拘。❼ 陳田亦懸主, 無主處, 以無主懸。❽ 閑曠處, 以起耕者爲主。或預出立案, 不自起耕, 憑藉據奪, 及以其立案私相買賣, 依侵占田宅律。❾ 無文籍, 僞稱己物懸主, 杖百遠配。❿ 乘本主在遠, 暗錄己名, 杖百流三。

003 **續田、加耕田, 已作常耕者, 依正田分等。火田竝置六等。**〈續〉 ❶ 加耕田, 準旁田品等打量。〈經〉 ❷ 量陳及查陳、川浦落中起墾者, 名還起田; 帳外起墾者, 名量外加耕田。量陳田等高者, 遞減一等, 名査陳降等田; 至六等, 更無可降, 則名降續田。〈補〉 3 等數陞降, 守令不從實, 拿問定罪。4 火田, 二十五日耕爲一結, 別件成冊, 不排字號, 使不與元田混雜。

004 **均田使論勘守令, 通訓以下自斷, 通政以上啓聞。** 1 都監官以下刑推, 朝官則申聞; 應照律者, 發配後申聞。2 改量時, 監官等以起爲陳, 以陳爲起, 田形失實, 循私落漏, 用意妄冒, 一負笞一十, 止杖百; 滿一結, 杖百流三。土豪、佃夫符同用姦, 勿論朝官, 一體定罪。全庫落漏者, 其田屬公。3 都監官、監官, 以士夫擇差, 厭避者, 逃避差役律論。4 各邑成冊末, 書解負人姓名。追籌如有差錯, 依監官落漏妄冒律, 無情者減等。5 土豪欺隱結負, 而圖免其罪, 以奴名爲佃夫, 勿論朝官, 杖百徒三。6 量田時, 所管人-1 書員、指示人之類。-橫斂民間-2 托供饋, 責酒肉之類。-者, 隱結律論。7 量田犯罪人, 勿論輕重, 勿揀赦前。守令罷職者, 經五年敍。〈續〉

005 **堤堰, 每春秋, 守令報觀察使修築。** 1 新築處啓聞。〈經〉

006 **堤堰一從舊案打量,** 1 用布帛尺。**堤堰司間送郎廳, 抽栍擲奸。** 2 覆審時, 都事、敬差官亦擲奸修啓。3 尺數內起耕者, 還陳。犯者及監色, 杖百配; 守令, 制違律論。4 廢棄者, 守令、監色, 不修河防律論。〈續〉 5 堤堰內外植木, 勿令決毁, 而林藪內伐木耕田, 杖八, 追利沒官。〈經〉 6 穿渠引水處, 他田被割, 則就蒙利土中代給。7 洑、堰新築, 許民來訴。守令親審, 果是衆民蒙

利處, 報堤堰司後, 出力助役。〈續〉 8 諸宮房、各衙門稱以築堰修筒, 請調發煙軍者, 嚴防, 犯者重勘。〈增〉

007 **盜決河防, 杖百; 圩岸、陂塘, 杖八。** 1 毁害人家及漂失財物、渰沒田禾, 計價, 重者坐贓論。因而殺傷人, 減鬪殺傷一等。故決河防, 杖百徒三, 圩岸陂塘, 減二等。漂失, 贓, 重, 準竊盜論。因而殺傷人, 以故殺傷論。2 不修河防及修而失時, 提調官吏笞五十。毁害人家, 漂失財物, 杖六; 因而傷人命, 杖八。不修圩岸及修而失時, 笞三十; 因而渰沒田禾, 笞五十。〈律〉

年分

001 **每歲本曹視年豐凶, 頒年分事目于各道, 遇災年則頒災名。**〈續〉 ❶ 災名有初不落種、全不掛鎌、未移秧、晩移秧、未發穗、蟲·蟹損、風、霜、雹、海溢、水沈、川反、浦落、覆沙、還陳、續陳。其中反、落、覆及還陳爲永災, 而反、落, 此邊浦落處懸頉, 則彼邊泥生處, 查出加錄; 覆沙, 掘沙後收稅; 還陳, 起耕後收稅。旱田只有永災, 而綿田白徵處許災。〈續〉〈增〉〈補〉 ❷ 全災傷、初不付種之類, 雖豐年給災。**守令踏勘災實、陳起, 報觀察使, 觀察使巡審啓聞。** ❸ 年分等第, 雖未及擧行, 有災傷則先啓。九月初, 遣敬差官。**敬差官、都事** ❹ 京畿、關東、兩西, 都事; 三南右道, 都事; 左道, 敬差官; 咸鏡南道, 都事; 北道, 評事。**受抽牲標記** ❺ 某邑某字。**于本曹, 覆審。** ❻ 守令及敬差官、都事, 雖深山窮谷, 躬自踏驗。各邑成冊有災實差錯處, 敬差官、都事一邊啓聞, 一邊釐正。 ❼ 事目外, 擅給災名, 敬差官、都事先罷後拿。**磨勘啓聞, 本曹叩籌定稅。**〈續〉 ❽ 新加耕田、災傷田、陳田, 佃夫狀告勸農官, 勸農官親審, 八月望前告守令。-❶ 佃夫若有故, 勸農官狀告。- 守令踏勘打量, 報觀察使。觀察使覈實置簿後, 所報立案, 還授守令, 九月望前啓聞。遣朝官憑考置簿及立案, 覆審啓定租稅。佃夫冒告災傷及該吏、勸農官、書員通同妄冒者, 許人陳告。一負笞一十, 每負加一等, 止杖百充軍。其田給陳告人, 花利入官。守令十負以上, 罷黜; 知情妄冒, 奪告身, 永不敍用。〈經〉 ❾ 免稅、復戶及流來災結任自增加者, 《大典》妄冒田結律論。田結字號差錯, 杖百。災傷都目改籌時, 用術籌員,

依踏驗書員漏負[1]律; 郎廳, 不應爲律論。〈續〉

002 **敬差官、都事差送, 本曹臨時稟定。 或命道臣則比摠。** ❶ 八月, 本曹考諸道農形狀, 以相當年比摠啓下。**觀察使秋審後, 分等啓聞。**〈增〉 ❷ 災年分稍實、之次、尤甚邑, 非災年無尤甚, 豐年無分等。 ❸ 西北元減三分一, 故無給災。若大歉, 則廟堂陳稟。〈補〉 ❹ 災結不足, 則道臣加請。若擅分, 拿處。〈增〉〈補〉 ❺《大典》法, 守令審定年分等第, 邑內及四面各分等, 觀察使更審啓聞, 政府、六曹同議更啓。年分九等, 給災亦分等。年分則實十分爲上上年, 每結收二十斗, 遞減二斗, 至二分下下年, 收四斗, 一分則免稅。給災則全災傷及全陳田免稅, 過半災傷, 則災傷至六分者, 六分免稅, 四分收稅, 以至九分, 竝倣此。〈補〉

003 **每年陳田起墾處, 報本曹, 減稅。**〈續〉 ❶ 減三年稅。〈增〉 **旣墾還陳, 勿稅。**〈續〉 ❷ 續田、加耕田, 隨起隨稅。〈經〉 ❸ 北道量田後新起, 勿添入元結, 以續田施行, 隨起隨稅。〈續〉 ❹ 陳田許民告官耕種, 三年〈增〉-❶ 過三年陳田, 許人告耕, 海澤限十年。〈經〉-後, 納稅。或田主來爭, 則所耕三分一給田主, 耕食十年, 方許均分。 ❺ 火田隨起隨稅。〈增〉 ❻ 起[2]墾還陳, 姦僞混雜, 守令、監色, 妄冒田結律論。 ❼ 量陳還起處, 田主前雖以起爲陳, 自首免罪。欺隱發覺, 則依災傷差錯例。 ❽ 妄冒以實爲災十負以上, 佃夫及面里任符同, 杖百流三, 監色, 杖百, 充軍。差錯減縮米、太五十石以上, 色吏,

1 負 : 底本에는 "員"으로 되어 있다. 國中A 및 奎章A에 根據하여 修正하였다.
2 起 : 《續大典·戶典·收稅》에는 "旣"로 되어 있다.

勿限年配。用術減縮滿十石，依以實爲災十負例。以陳爲起、以災爲實五十負以上，失中官吏，依以實爲災十負以上論；佃夫，分揀。

004 **守令濫報災結而私用，勿限年禁錮；** ❶ 欺瞞營門，災實混雜，監司啓聞論罪。敬差官、都事循私不摘發，同罪。❷ 守令稱以文書磨勘後餘結，私自區處，雖或補民役，或歸公用，以私用論。**實結隱漏，限年，** ❸ 十結以上三年，五十結以上五年，百結以上十年。**竝於本律**〈續〉 ❹ 濫報災結，卽監守自盜律；實結隱漏，卽欺隱田糧律。〈補〉 **外施行。** ❺ 隱結、餘結，自首，竝前官勿罪；隱蔽現露，竝前官繩本律。❻ 私賣田結，毋論多少，贓律論。〈續〉

田稅

001 **田稅, 水田以米, 旱田以太。** ❶ 卽黃豆。〈續〉 **三南分九等,** ❷ 每結下下四斗, 遞加二斗, 至上上二十斗。〈補〉 ❸ 公州、靈巖、古阜太, 二石代米一石。〈增〉 **京畿** ❹ 京城十里內無稅。楊州、高陽永減。〈增〉〈補〉 **、關東、海西** ❺ 閑曠田同元田。〈補〉 **每結四斗。關西水田四斗, 旱田則太田、粟田合三斗二升, 竝減三分一。**〈經〉〈續〉〈補〉 ❻ 江邊七邑及平壤, 水田減三分一, 每結實納二斗六升六合六勺零, 旱田分十分, 六分太田, 四分粟田, 太田每負四合, 粟田每負二合, 每結合太二斗四升、小米八升, 而減三分一, 實納太一斗六升、小米五升三合三勺零, 謂單甲。其餘邑謂二甲, 就單甲爲二甲。-❶ 謂倍其數。- 水田則每結米二斗還減於二甲米中, 實納三斗三升三合三勺零。粟田則粟田、太田合小米五升還減於二甲小米中爲實納, 太田則太田、粟田合太一斗五升還減於二甲太中爲實納, 每結小米五升六合七勺、太一斗七升。〈續〉〈補〉 **關北水田、旱田各四斗, 竝減三分一。**〈經〉〈續〉 ❼ 每結二斗六升六合六勺零, 而水田二分生糙米, 一分本糙米。於本糙米內一分精糙米, 九分蒸糙米。旱田一分本太, 四分小米, 於小米內二分生田米, 一分蒸田米。〈續〉〈補〉 **濟州三邑減半爲二斗。**〈經〉〈續〉 ❽ 廣州以軍餉會錄, 兩都以月俸及放料屬本府。〈續〉〈增〉 ❾ 湖西 泰安以軍餉會錄, 納江都。〈增〉 ❿ 嶺南沿海邑慶州、星州、寧海、善山、蔚山、東萊、仁同、漆谷、草溪、興海、大邱、盈德、淸河、高靈、延日、長鬐、機張下納倭館。⓫ 關東 淮陽、金城, 以北關直路, 使客支應, 州倉會錄。春川、原州元·續田, 以詳定不足, 屬本府。寧越、平昌、洪川、楊口、橫城及嶺東九邑江陵、襄陽、三陟、平海、通川、高城、杆城、歙谷、蔚珍元·續田以添補進上蔘價, 劃給本道。〈增〉〈補〉 [12] 西北留本道, 毋擅自轉移, 咸興則劃給營、本邑。〈續〉〈補〉 [13] 濟州三邑留本邑。〈增〉

002 **三手**〈續〉 [1] 砲、殺、射手。〈補〉 **米,** [2] 京畿、西北無。 **關東、海西每結二斗二升,** [3] 旱田小米。 **三南減一斗。**〈續〉 [4] 田畓竝捧米, 而清風、丹陽、堤川、永春小米。〈續〉〈補〉 [5] 五道火田不入元結者不收。〈補〉

003 **三南、關東山郡**〈續〉 [1] 間有由水路邑, 下同。〈補〉 **作木、布。**〈續〉 [2] 湖西 沃川·文義·懷仁·懷德·鎭岑·報恩·永同·黃澗·靑山、湖南茂朱、嶺南 青松·咸陽·居昌·陜川·清道·永川·金山·慶山·義城·開寧·三嘉·河陽·彦陽·眞寶·知禮·安義·山淸·軍威·義興·新寧·慈仁·英陽作木[3], 米一石三匹半, 太二匹半, 三手米三匹。 [3] 嶺西 旌善·平昌·平康·金化、嶺東九邑作麻布, 米一石三匹半, 太二匹半, 三手米三匹。〈續〉〈增〉〈補〉 [4] 嶺南公作木, 比田稅減半匹。〈增〉 [5] 田稅及三手米作木, 正五升三十五尺廣七寸, 布同。〈續〉 **海西山郡** [6] 長山以北同。、**嶺南嶺邑作錢。**〈增〉 [7] 海西山郡瑞興、谷山、遂安、新溪永作錢, 米一石五兩, 太二兩五錢, 田米四兩。長山以北邑黃州、豐川、長淵、鳳山、安岳、載寧、信川、文化、長連、松禾、殷栗別作錢, 米一石四兩五錢, 太一兩七錢,〈增〉〈補〉 -[1] 鳳山二兩五錢。〈補〉- 田米三兩五錢。 [8] 嶺南嶺底邑安東·尙州·醴泉·龍宮·聞慶·咸昌·比安、竹嶺邑順興·榮川·豐基·奉化·禮

3 木 : 底本에는 "大"로 되어 있다. 國中A 및 奎章A에 根據하여 修正하였다.

安永作錢, 米一石五兩, 太二兩五錢。〈增〉〈補〉 ❾ 三手米竝同。〈補〉

004 **諸道火田收稅, 海西蘆田亦稅。**〈增〉〈補〉 ❶ 海西元火田, 每結田米百斗, 巡營革罷, 火田半稅, 田米、太各二十五斗, 帳外加耕火續田田米十五斗。嶺南火田木十匹, 代錢則每匹二兩三錢, 京畿、湖西、湖南太八斗, 關東、關西、關北入於元田。❷ 蘆田每結木一疋。〈增〉

005 **每八結爲一夫,** ❶ 或四結, 或有零數, 不拘。只從佃夫所居, 附近作夫。❷ 免稅田不入作夫中。**其八結應納之役, 使戶首** ❸ 佃夫中擇饒實勤幹者爲之。**收于結內佃夫以納。**〈續〉 ❹ 監納官斛斗升依法校正烙印。〈經〉 ❺ 收捧時, 用大斗者嚴禁。❻ 土豪、官屬輩以所耕合錄民田, 捧其稅加斂平民以充數, 及劫奪民結, 勒捧役價, -❶ 俗稱養戶。- 計贓論, 自杖至流。❼ 監官、書員輩假作虛負, 分徵民結, 杖百流三。守令不能發覺, 論罪。❽ 土豪田稅不納及防納, 杖百流三。❾ 稅穀捧上時, 米色或不精, 或以白土雜舂取色, 監捧差員及該守令制違律論。〈續〉

006 **各道收租案, 歲前磨勘上送。** ❶ 過限則道臣論責。〈增〉

大同 土貢。○詳定附。

001 **京畿**〈續〉 ❶ 京城十里內無賦。〈補〉、**湖西、湖南、嶺南、關東行大同法, 京司貢物之分定五道者, 五道營邑所需之出自民役者, 皆作米。** ❷ 或不得不以本色納者, 大同米貿納。❸ 各邑惟雉鷄、柴草、氷丁依前役民, 不入作米中, 而非勅行, 毋得再徵。❹ 位米、太,-❶ 田稅紬、綿、苧·正布等作米、太, 送惠廳, 稱位米、位太。-〈續〉 三南、關東有之。京畿生草、穀草亦作米, 只收於內官及孝烈、鄕校等免賦田, 納惠廳。〈續〉〈補〉 **通水田、旱田, 每結收米十二斗。**〈續〉 ❺ 江原 嶺東九邑加二斗, 未量十邑淮陽、鐵原、伊川、金城、平康、金化、狼川、楊口、麟蹄、安峽加四斗。〈續〉〈補〉 **三南、關東山郡作木、布。**〈續〉 ❻ 湖西 淸風、丹陽、槐山、沃川、文義、懷仁、延豐、懷德、鎭岑、永春、報恩、永同、黃澗、靑山作木, 淸州、淸安、鎭川、木川、全義、燕岐折半作木。湖南 光州、綾州、南原、潭陽、茂朱、淳昌、錦山、珍山、昌平、龍潭、金溝、玉果、高山、泰仁、南平、求禮、谷城、任實、鎭安、同福、和順作木, 雲峯、長水作布。嶺南 慶州、安東、尙州、星州、寧海、善山、靑松、仁同、順興、漆谷、陜川、草溪、淸道、永川、醴泉、榮川、興海、金山、豐基、大邱、盈德、慶山、義城、開寧、三嘉、河陽、龍宮、奉化、淸河、彦陽、眞寶、聞慶、咸昌、知禮、高靈、軍威、比安、義興、新寧、禮安、延日、長鬐、慈仁、英陽作木, 咸陽、居昌、安義、山淸作麻布。湖西米六斗、湖南八斗、嶺南七斗, 木一匹, 布同。江原 嶺西邑春川·寧越·旌善·平昌·原州·洪川·橫城、嶺東九邑作布, 五斗, 一匹。本官所用以米捧, 嶺西遠水官願作木、布者聽。〈續〉〈增〉〈補〉 ❼ 位米、太作木, 三南依稅穀例, 關東太一石, 一匹半, 麻布同。8 大同及位米、太, 木、布升尺同田稅。**惠廳計京司貢物價一年應下之數知委, 輸納本廳, 分等出給貢人。** 9 擇坊民爲主人, 優定其價, 使預備以供, 錢、米、布從貴上下。〈續〉 10 元貢不足, 本曹別貿。 11 京畿田稅貢物,-2 司䆃、奉常、內資、內贍寺所納中, 大同以前已作貢者, 本曹句管。故大同後, 稱田稅貢物。- 本曹給該寺。〈補〉 12 別卜定,-3 大內修理時紙、席價, 支勅雜物之類。- 本曹送貢木、耗穀于惠廳, 惠廳以大同米給貢人備納。 13 貢物年條預先買賣, 勿論公私人, 本曹及惠廳嚴防。犯者與受同罪, 主管堂上罪責。 14 別例加定貢物, 各司勿收作紙。〈續〉 -4 惟元貢受價, 則納作紙於該司, 多少不一。〈補〉- 責納者, 官員推考罷黜, 色吏杖百, 皁隸定屬。**又計營邑一年應下之數而劃給。**〈續〉 15 使客支供及營官需之類。〈補〉 16 廣州軍餉添補, 東萊、蔚山、機張以倭供, 梁山以射砲糧劃給。〈增〉〈補〉 **其餘米儲置于各其官, 爲不時公用之需。** 17 關東逐年從起田數, 每結六斗, 留各其官爲公費, 又除營需, 餘竝上納。 18 餘米不足邑, 以隣近有裕官劃給。 19 儲置米會減之規, 從《大同事目》。〈續〉 20 儲置切勿糶糴, 犯用徒三, 七年禁錮, 未捧十石以上拿問, 百石以上徒三。擅貸、擅分, 五十石以上徒二配, 五年禁錮, 十石以上徒一配, 三年禁錮, 十石以下勿論。道臣擅使各邑貸下推考, 代捧者擅貸律論。虛錄徒配, 限充補前禁錮。私自和賣, 翻轉充補, 雖憑藉賙賑, 一切贓律論。〈續〉〈增〉

002 **海西行詳定法, 倣大同之規, 每結收米** 1 旱田小米。**十五斗,** 2 元收米十二斗, 別收米三斗。〈續〉 3 黃州、瑞興、豐川、谷山、長淵、鳳山、安岳、載寧、遂安、信川、新溪、文化、長連、松禾、殷栗、兎山大、小米, 其餘邑小米, 竝作錢。大米一石四兩五錢, 小米三兩五錢。〈增〉〈補〉 **爲營邑一年之需, 進上價米** ❹ 千五百石零。**納惠廳, 貢物價米** ❺ 卽別收米, 依本曹卜定數上納, 而結數多則餘米留儲, 縮則以餘米充不足。**納本曹, 其餘儲置。**〈續〉

003 **關北正田、續田賦麻布、田米, 爲京司貢物價及進上物種貿易價, 而貢物價納常平廳。 又正田賦米、豆、雜物,**〈續〉〈補〉 ❶ 安邊通正、續田均出。**爲營邑公需。** ❷ 布升數、匹數及米、豆、雜物定數, 邑各不同, 在詳定案。❸ 北道貢蔘百十斤以生布代納, 吉州、安邊、永興、北靑、咸興每斤三十七匹, 明川、德源、定平、文川、高原、洪原、利城三十匹。端川則田稅、土貢竝蠲, 以銀代納本曹。〈續〉 ❹ 五百兩春秋分納。〈補〉

004 **關西田結收米,**〈續〉 ❶ 直路中和、平壤、順安、肅川、安州、定州、嘉山、郭山、宣川、鐵山、龍川、義州及博川, 每結五斗, 其餘二十九邑六斗, 稱管餉穀。〈補〉 **募屬收布, 留本道, 供國役公需。**〈續〉〈補〉 ❷ 本道無上納, 貢物價本曹給貢人。〈續〉

均役

001 **良丁之役減一匹, 公賤之貢減半匹, 而以出於結役、海稅, 收於軍官者給其代。** ❶ 又減兵曹上番, 以減給代之數。又各營門、各衙門及各道軍保之類或減或罷, 名以餘保, 良餘保捧米、木, 以補給代。❷ 減匹給代, 自當年十月至翌年四月內, 漁、鹽給代, 自六月至七月內, 如有先下, 本廳堂郎及該官論罪。

002 **結錢, 每結捧五錢。** ❶ 西北及兩都否。

003 **餘結** ❶ 又稱免稅結, 卽隱漏結。❷ 關北無。**收稅, 依元結例。** ❸ 雖災年毋得加減。

004 **選武軍官,** ❶ 西北無。**每人收布一匹。** ❷ 士族及有蔭外, 閑散中可惜軍保者, 年十五以上入屬, 過六十除案。❸ 廢疾外, 冒頉, 降定軍役, 守令論罷。❹ 遭喪者, 服闋間免布。

005 **船隻收稅,** ❶ 船上板刻某邑、某人、某等 -❶ 以把數分等。❷ 十尺爲一把。-、幾把船, 均字烙印。又給掌標, 歲末頒明年掌標於各邑, 當年稅畢納後, 給船人, 收舊標上送。❷ 京畿分五等, 自大船二十五兩至小小艇一兩或五錢。江華別庫御供船、各鎭待變船、驪州水站船、京江津船、三軍門船免稅, 京江漕運船屬惠廳者減稅。❸ 湖西分十等, 自一等三十兩至十等三兩。又有小小船、看水船、柴船、廣船、江船稅, 進上採鰒船、各鎭待變船、漕船、漕運護送船、水營梭船免稅。❹ 湖南分九等, 自大船四十兩至小船三兩。又有小小船、看水船、柴船、廣船稅, 進上船、漕船免稅。5 嶺南海有杉船、桶船, 江有櫓船、廣船, 地土稅。杉船半把五錢, 每半把遞加。桶船、櫓船視杉船各遞減, 如杉三把三兩, 則桶二兩五錢, 櫓二兩, 餘視此例。廣船分六等, 自大廣船六兩至小小廣船一兩。行商稅, 杉船三把五兩, 三把以上倍於地土稅, 以下只青魚等節二兩。桶船同杉船, 三把以下櫓船、廣船或行商, 則同地土稅。又有挾船、漁艇稅, 統營進上採鰒船、漕船、蒜山運鹽船、晉州牧場運藁船免稅。6 關東江船, 自中水上船四兩至小漁艇五錢, 杉船、桶船, 如杉船三把三兩, 則桶船遞減五錢, 餘視此例。挾船毋論把數, 皆一兩。進上船免稅。7 海西分五等, 自大船二十兩至小小艇三兩或二兩。又有桴船稅, 官私追捕船免稅, 進上魚物使役船減稅[4]。8 關西一把船一兩, 二把以上遞加。牧馬看養船、農土船、汲水船免稅。9 關北杉船、丫尙船、耳船、小耳船分四等, 自杉船十兩至小耳船二兩。咸興·永興本宮船、濬源殿扈從船、交濟倉官船、北兵營運餉船免稅。商船稅、點船稅半屬本道, 本道稅中五百兩分給南、北兵營。六鎭全留本邑, 備救民之資。年凶則米商船免稅。10 京江船, 四津別將分掌, 兩都則留守依方伯例, 經歷依守令例。11 買賣者錄於買者時居邑, 賣貰者仍錄本主所居邑, 而掌標移給貰者, 兩邑移文, 以杜疊稅、漏稅。12 無烙印者, 本船屬公, 船主刑配; 無掌標者, 船及卜物屬公, 船主嚴刑, 邊配。受賂掩置之監考同罪, 告官者給屬公物三分一。13 量船違式減把數, 守令重論, 船主、監色嚴刑, 遠配。14 新造、改造之昔大今小、昔小

4 稅 : 底本에는 "船"으로 되어 있다. 國中A 및 奎章A에 根據하여 修正하였다.

今大者, 該邑報監營, 監營報本廳, 京江則船主告本廳。不以實告者, 船主、監考嚴刑, 邊配, 本船屬公。該鎭、各邑不卽擧行則論罪。15 船有地土稅及行商稅, 受地土及行商掌標, 則當年內, 無礙周行諸道諸邑, 如或更侵, 該帥臣、守令、邊將施贓汚律。16 宮房、上司、有勢士夫勿論造給船與他船, 不納稅而圖出掌標, 或無掌標而冀免屬公, 該宮句管中官、該司堂郞、士夫家長重勘。17 免稅船無標恣行, 該官拿問定罪, 船人刑配。18 致敗則地方官報本廳及監營, 許頉。不親擲奸, 泛然論報者論罪。**鹽盆** 19 京畿分三等, 大釜十二兩至小釜一兩。南陽以井大中小定稅, 廣州井無分等。20 湖西分八等, 膏田一等十兩至瘠田四等四兩。21 湖南土盆、鐵盆各分大中小三等, 每等又各分等, 隨土之厚薄、柴之貴賤而有差。最多邑大一等二十二兩至小小等一兩。22 嶺南土盆、鐵盆六兩, 童土盆、童鐵盆二兩。23 關東土盆、鐵盆六兩。24 海西分四等, 大盆十六兩至加挾盆四兩。25 關西分五等, 大釜十兩至挾釜一兩。26 關北土盆十兩, 鐵盆六兩, 半破者三兩。文川土盆分四等。本宮鹽盆免稅。27 京畿以兩都、廣州、永宗待變醬鹽價二百八十八兩, 關西以開市鹽、各鎭食鹽價九百二十五兩零, 關北以開市鹽、三·甲人口鹽、鎭堡例給鹽、本宮禁火鹽價四百四十四兩劃給。28 文川鹽稅半給本邑, 六鎭全留本邑, 備救民資。、**苔·藿·海衣田** 29 湖南苔田、藿田、海衣田隨起隨稅, 而稅亦不一。30 嶺南藿田每同七兩五錢, 蔚山則十兩。31 關東藿田每同七兩五錢, 蔚珍、平海則四兩四錢。32 五十條爲一束, 五十束爲一同。、**漁箭亦收稅。**〈補〉 33 京畿從漁利定多少。漁箭每箭多者二十四兩, 少者七八兩。漁條、網基、漁基、防簾、洫堘每處多者十三兩, 少者二三兩。江華 燕子津漁磯七處、喬桐 黍島漁磯一處各屬本府, 南陽 乼朴嶼漁磯一處屬花梁鎭, 竝免稅。〈增〉〈補〉 34 湖西漁箭分別、厚、薄、邊小、注朴五箭, 而又各分等, 別一等四十兩至注朴三等一兩。漁條、漁場、漁基大船八兩至小小船遞減二兩。35 湖南漁箭分大中小三等, 而又各分等, 最多箭七十兩, 最少箭三兩, 又有小小箭稅。漁條、場、基最多船四十兩, 最少船二十兩, 一等船百兩至七等船四十兩。簾桶、網罟之屬收稅不一。36 嶺南漁場、青魚場毋論大中小船, 揮罹十五兩, 細網五兩, 洋中擧揮罹二十兩, 又有五一稅處。漁條、防簾分三等, 而又各分九等, 上一等九十兩至九等十兩, 中一等九兩至九等一兩, 下一等九錢至九等一錢。統營、左水營進上漁條、防簾免稅。本道稅中萬兩給統營。37 關東漁箭十八兩, 揮罹大十兩, 中七兩五錢, 小五兩, 小小三兩。38 海西從漁利定多少。漁箭每箭多者二十兩, 少者二三兩, 青魚箭每箭多者二百五十兩, 少者四五十兩。網基、防簾、溫堗每處多者十兩, 少者四五錢。揮罹每船多者二十兩, 少者一二兩。39 關西分七等, 漁箭一等十五兩至七等二兩, 網基、漁網一等十二兩至七等一兩, 漁場五一稅。40 關北揮罹每坐青魚十兩, 雜魚十二兩或六兩。德源半給本邑, 六鎭全留本邑, 備救民資。41 箭、條、場、基設置有起廢, 立船有多少, 一從稅案收稅。42 漁、鹽、船稅十分一給本官、本鎭。〈補〉 43 均役後, 司饔院收稅亦罷。薦新白魚、供上生蟹作貢給代。〈增〉 44 漁箭等掌標亦每年頒給, 而或他邑網船則掌標受出於捉魚邑, 而還納於船在邑。45 勿論船隻、鹽盆、藿田、漁箭、漁條、漁場、漁基、防簾, 或有隱漏, 守令依漏結律, 監色、本主嚴刑, 邊配。〈補〉 46 各營、邑、鎭定稅外橫歛者, 贓律論。稱以貿

易, 廉價勒取者同。〈增〉

006 **船隻、鹽盆、藿田、漁箭之屬, 每春初發送惠郞, 抽栍擲奸, 稅案式年一改。** ❶ 式年前年秋冬間, 監營定差員, 點船尺量, 鹽盆等屬亦察陳起, 使各邑修正稅案, 自監營式年二月上送。過限則論責。

007 **以諸道會錄米、木** ❶ 三南、兩西。❷ 木八十同、米五百石、租五千二百石, 各道逐年會錄, 而米、租折半糶糴。**及軍作米**[5] ❸ 京畿、三南。❹ 十萬石糶糴取耗。雖有取用, 勿犯元數。**留置該道, 以備給代不足之資。**〈補〉

5　米 : 底本에는 "木"으로 되어 있다. 國中A 및 奎章A에 根據하여 修正하였다.

漕轉 大同、均役上納附。

001 **諸道設倉漕轉,**〈經〉 **1** 漕船屬邑稅穀, 守令領納于漕倉。〈增〉 **2** 十一月一日開倉, 翌年正月畢收。〈經〉 **3** 海運: 牙山貢津倉, 屬邑牙山、淸州、天安、溫陽、木川、全義、燕岐, 漕船十五隻, 牙山縣監定差員。咸悅聖堂倉, 屬邑咸悅、南原、益山、錦山、珍山、龍潭、高山、雲峯, 漕船十四隻。靈光法聖倉, 屬邑靈光、光州、潭陽、長城、淳昌、昌平、玉果、井邑、高敞、谷城、同福、和順, 漕船二十九隻。沃溝群山倉, 屬邑沃溝、全州、金溝、泰仁、長水、任實、鎭安, 漕船二十三隻。法聖、群山兩倉, 該僉使定差員, 聖堂倉, 群山差員兼領。昌原馬山倉爲左漕倉, 屬邑昌原、金海、巨濟、咸安、固城〈經〉〈續〉〈增〉〈補〉-**1** 東、南面。〈補〉-、宜寧、漆原、鎭海、熊川, 漕船二十隻, 龜山僉使定差員。晉州駕山倉爲右漕倉, 屬邑晉州、河東、昆陽、固城〈增〉〈補〉-**2** 西、北面。〈補〉-、南海、丹城、泗川, 漕船二十隻, 赤梁僉使定差員。密陽三浪倉爲後漕倉, 屬邑密陽、梁山、玄風、靈山、昌寧, 漕船十五隻, 薺浦萬戶定差員。水運: 忠州可興倉, 屬邑忠州、槐山、延豐、陰城、淸安、鎭川, 水站船十五隻, 忠州牧使爲都差員, 整頓船隻, 檢束船漢, 以所屬邑守令輪定差員, 騎船領納。〈經〉〈續〉〈增〉〈補〉 **4** 兩湖漕船, 每船漕軍四十八, 沙工一、格軍十五擇定於其中, 每名給復二結, 漕船新造年加給一結, 每結收米十五斗, 收身布二匹,-**3** 沙格免布。〈續〉 **4** 一匹均廳給代。〈補〉- 竝復米納該倉, 爲沙工料〈續〉-**5** 每朔六斗, 騎船時否。〈補〉-及漕船之費。〈續〉 **5** 漕運時, 每船騎船糧米十六石, 法聖加二石二斗, 雜費米四石零、太五石, 在家糧米三十二石, 衣資木十六匹, 京費米三十七石, 修裝米十石-**6** 新造年否, 下木同。-、木十五匹, 竝出於漕復米、布。[6] 嶺南沙工一、格軍十五, 無漕復而依兩湖漕復例, 有沙格復米等名色, 見下給船價條。〈補〉 [7] 水站船, 每船沙工一、格軍四, 每名奉足水夫三, 各收身役租三石。〈續〉〈補〉 [8] 收納時, 貢吏侵漁納者, 或高重斗量, 或符同納戶, 先於本家暗收, 到漕轉所, 以餘剩充數者, 許人陳告, 重論。告者給犯人財産。監納官不能制吏者, 論罪。〈經〉 [9] 公船糧料點閱載船, 不用心檢擧差員, 罷黜。[10] 漕復米, 不報道臣, 任自改色貸下, 依儲置擅貸律。[11] 漕軍闕額最多邑, 守令啓罷, 色吏殘驛定屬三年。〈續〉 [12] 實載兩湖八百石、嶺南千石爲限。〈增〉 [13] 站船多不過二百石。〈補〉 [14] 過數添載, 守令及差員, 數十石禁錮三年, 百石五年, 船人論罪。私物添載, 毋論多少, 守令、差員十年禁錮, 漕卒及物主杖百流三, 私物屬公。〈續〉〈增〉 [15] 湖西二月二十日前發船, 三月十日內上納; 湖南三月十五日前發, 四月十日內納; 嶺南三月二十五日前發, 五月十五日內納。[16] 晩時裝發, 守令奪告身, 差員論罷。限內發船而過限上納, 則監色、沙格杖百, 配。〈續〉 [17] 正月未出浦守令, 及船隻未及整齊差員, 罷黜。〈續〉〈補〉 [18] 漕轉所近處興販人, 所持物沒官, 許接者、守令不檢擧者, 論罪。〈經〉 **各倉差使員點閱領船, 各邑監色同騎船。**〈續〉〈補〉 [19] 監官以捧上監官仍送。若苟充, 毋論無面有無, 守令罷黜, 座首杖百配。[20] 監色不騎船而代送, 杖百流三, 守令及掩置不報差員, 拿問定罪。若漕船燒沒, 代騎者, 令道臣重罪, 徵欠穀。**船隻一齊作綜,** [21] 三十隻作一綜, 到泊、回發毋得先後。違者沙工刑推, 汰去, 押領官不應爲律論。**現點於安興,**〈續〉 [22] 逢點於水虞候, 勿爲卸下, 只點船隻, 仍給標紙。〈增〉 [23] 無逢點帖文, 雖無事到京, 監色、沙格等杖百, 遠配, 差員拿問定罪, 守令論罪。

-7 此指三南海路漕轉。- **沿邑護送,**〈續〉 24 各邑境嶼草上下內外立標, 以慣知水路者, 每船二三人竝騎指路, 傳遞交付, 給文憑考, 不用心守令、邊將罷黜。致敗者, 邊將所管內, 則邊將罷黜, 無邊將邑, 地方官罷黜。〈續〉〈增〉 25 値逆風留連, 則地方官定監官, 領軍守護, 報觀察使, 粘移本曹。無端久留, 不卽督送, 守令罷黜, 鄕所嚴刑科罪。燕尾亭則江華留守擇近處邊將定差員主管, 姓名預報本曹。鳳翔浦則通津府使主管。到泊兩處, 如有遲留, 差員及府使從重論。 26 凡上納船一體擧行。**到京江, 卽時本曹堂郎點檢。** 27 陽川指路船人領付京江後, 卽報初面管領, 管領卽手本于本曹及該衙門, 違者嚴刑。〈續〉 28 該邑看色布帒封竝斗量, 帒穀劣縮, 則守令論罪, 船穀劣縮, 則監色、沙工重勘。 29 大同載漕船者, 一體點檢。〈補〉

002 **漕運外賃船。**〈增〉 1 諸邑不屬于漕倉者, 無地土船, 則賃船上納。京畿: 驪州、坡州、水原、南陽、利川、長湍、豐德、通津、喬桐、竹山、楊根、朔寧、安城、麻田、金浦、交河、加平、振威、砥平、積城、漣川、陰竹、陽城、陽智。湖西: 洪州、淸風、林川、丹陽、韓山、舒川、沔川、瑞山、大興、公州、鴻山、堤川、德山、平澤、稷山、定山、靑陽、恩津、連山、尼城、扶餘、石城、庇仁、藍浦、結城、保寧、海美、唐津、新昌、禮山、永春。湖南: 羅州、綾州、長興、順天、礪山、寶城、古阜、靈巖、珍島、樂安、金堤、臨陂、萬頃、光陽、龍安、扶安、咸平、康津、南平、興德、茂長、務安、求禮、興陽、海南。海西 長山以南邑: 延安、平山、瓮津、白川、金川、海州、康翎、兎山。江原 嶺西邑: 春川、鐵原、寧越、伊川、原州、狼川、洪川、楊口、麟蹄、橫城、安峽。〈續〉

〈增〉〈補〉 ❷ 無地土船邑, 則無論京江船, 船主、沙工、船卒等擇有根脚者許載, 其居住、父名及家口謄報本曹。違者守令拿問定罪。〈續〉 ❸ 地土船烙印、邑號、長廣尺數差誤者, 船主刑推, 遠配。❹ 訓局船再運, 限以五月初旬。過限則令該邑募私船裝發。〈增〉 ❺ 實載以千石爲限。視道里遠近, 每四五邑定一差員, 點閱分載, 發船月日先報本曹, 日字相左, 則差員依報上不實律。上納趁限、監色同騎等事, 竝同漕船。❻ 過數添載者, 守令與船人論罪, 私穀添載, 船卒及物主杖百流三, 不能檢擧差員拿問定罪, 私穀屬公。私穀添載, 凡上納船同。❼ 京江富漢稱都沙工, 徒手下去, 圖囑先受稅米, 以其船價買船雇人, 其餘換錢, 由陸上來者, 都沙工梟示江邊, 守令從重論。❽ 裝船後, 私自換船, 監色、沙格依故敗船罪, 減一等。〈續〉 ❾ 京畿陸運九邑仁川、富平、安山、龍仁、永平、陽川、抱川、果川、衿川, 守令領民自納于京倉。托故不來者, 制違律論。大同同。〈續〉〈增〉〈補〉 ❿ 京畿三月內上納, 陸運則趁歲前。海西二月二十日前發船, 三月十日內上納。關東四月內納。〈續〉〈補〉 ⓫ 京畿陸運歲前不畢納, 守令草記論罪。〈增〉 ⓬ 田稅作木、作錢, 兩湖、海西三月內, 嶺南、關東四月內上納。〈補〉

003 **大同亦賃船, 或載漕船。** ❶ 京畿二十二邑〈增〉-❶ 同田稅, 但無坡州、交河。〈補〉-、湖西三十三邑〈增〉-❷ 同田稅, 但無清風、丹陽、永春, 而加忠州、泰安、天安、溫陽、陰城。〈補〉-、折半作米六邑〈增〉-❸ 同作木邑。〈補〉-、湖南二十三邑〈增〉-❹ 同田稅, 但無綾州、求禮、南平而加井邑。〈補〉-、海西七邑〈增〉-❺ 同田稅, 但無兎山。〈補〉-、關東十邑〈增〉-❻ 同田稅, 但無麟蹄。〈補〉-賃船上納, 而湖西 牙山則漕船添載。湖南三漕倉所屬七邑長城·全州·靈光·益山·高敞·沃溝·咸悅、嶺南三漕倉所屬十九邑〈增〉〈補〉-❼ 同田稅, 但無梁山。〈補〉-與田稅分數同載。〈增〉 ❷ 京畿陸運十三邑〈續〉〈增〉-❽ 同田稅, 但加坡州、楊州、高陽、交河。〈補〉-亦守令領納。〈續〉 ❸ 大同收米, 分春秋兩等, 翌年春都聚上納。海西、湖西、關東二月二十日前發船, 三月十日內上納; 湖南三月十五日前發, 四月十日內納; 嶺南三月二十五日前發, 五月十五日內納。京畿春秋上納, 而秋等陸運、船運十月內, 春等翌年三月內。〈續〉〈補〉 ❹ 賃船載運等節同田稅賃船。〈補〉 ❺ 田稅、大同、軍保米同載一船者, 納本曹後, 始納他衙門。犯者監色、沙格重勘, 守令草記論罪。〈增〉 ❻ 未納最多邑守令, 入啓處置。〈續〉 ❼ 大同作木、作錢, 竝正月上納。〈補〉

004 **押領差員, 五十隻以上不敗者論賞,** ❶ 未資窮則準職, 資窮則加資。〈續〉 ❷ 牙山縣監、法聖·群山僉使兩年騎船, 無事領運, 縣監右職陞敍, 僉使邊地守令除授。龜山·赤梁僉使、薺浦萬戶二次無欠領運, 營門狀請加資。〈增〉 **三隻以上致敗者論罪。** ❸ 三隻以上杖八, 六隻以上杖八, 降資, 八隻以上罷黜。❹ 差員厭憚水路, 自陸上來, 致虧欠百石以上, 罷黜。

005 **漕船致敗, 地方官聞卽不計昏夜, 親往拯出。** ❶ 致敗後二日內, 不親往者, 代送鄕所者, 厭其改色, 不肯盡拯, 任浦民偸食者, 拿問定罪。浦民見敗船, 而不卽奔告, 嚴刑, 守令常時不飭之罪, 不應爲律論。❷ 致敗處距地方官稍遠, 則指路船先馳告近處邊將。邊將不卽拯出, 拿問定罪。〈續〉 ❸ 敗船米一斗, 水浸剩四升五合, 蒸乾劣三升九合二勺, 若一石則劣米五斗八升八合。〈續〉

〈補〉 4 致敗處距本官一日程, 則拯米及劣米本官獨當改色, 過二日程, 則拯米地方官改色, 劣米本官備納。〈續〉-1 如元米一石, 乾米九斗一升二合分給改色, 劣米五斗八升八合民結徵納。〈補〉- 5 拯米腐爛不可食者, 勿分給, 報觀察使啓聞。不卽拯出, 故致腐爛, 守令及護送差員, 推考, 罷黜。**未拯之數, 該船監色、沙格等嚴刑徵捧。** 6 嚴刑十次, 過三年後, 移送原籍官刻徵。雖瘐死無可捧之勢者, 限身絶島爲奴。7 大洋致敗, 人物渰死者, 查實免徵, 事涉疑似者, 身死後免徵。8 一處敗船過三隻以上, 該地方守護任掌杖百配。**故敗者, 監色、沙工、船主竝梟示。** 9 格軍限身絶島爲奴, 一一徵捧。非船人而符同者, 一體梟示。〈續〉 10 船漢偸食國穀而故敗, 船主貸一律, 限身黑山島爲奴。裝載時, 不到海倉之守令, 施制違律, 五年禁錮。不飭徵索官吏之守令, 不應爲律論, 三年禁錮。〈增〉

006 **和水者, 首倡梟示。** 1 一船人竝嚴刑。知情者極邊配, 老弱徒三配。〈續〉 2 和水在疑信間, 則犯者嚴刑, 配。〈增〉 3 和水穀捧上倉官, 穀物所在邑, 勿限年配。**偸取十石以上者, 梟示,** 4 五石以上杖百流三, 五石以下杖百。**虧欠者, 領船人、沙格等均徵。** 5 移文所居官推徵, 過三年不徵守令, 罷黜。**納倉時, 監色、沙格故爲延拖弄奸者, 重論。** 6 不入倉十石以上杖百, 配, 二十石以上絶島配。〈續〉

007 **田稅、大同上納時, 有雜費。**〈補〉 1 田稅每石加升、斛上各三升, 人情二升, 二價〈續〉〈補〉-1 下船、入倉。-七合五勺,〈續〉-2 諸司有隨遠近加減者, 而遠則三升。〈補〉- 倉貢人役價六升, 倉作紙五升,-3 太則三升。- 止二石。本曹貢人役價及本曹作紙各一斗二升五合,-4 太則七升五合。- 竝止五石。元數外磨鍊, 而二價兩湖及嶺底十二邑, 元數中。〈續〉〈補〉 2 三手米只有斛上、人情, 元數外。3 大同兩湖雜費, 每千石爲六十六石十斗,-5 十三石零給船人縮米。- 嶺南六十石,-6 三十石給船人縮米。- 元數外。入倉價三升, 遠近倉加減, 元數中。關東邑各不同, 而入倉價同三南。京畿無雜費, 但江倉捧上, 則入倉價三升, 元數外。4 別收米斛上、人情、二價同田稅, 而元數中。5 火田雜費同元田, 但無倉作紙。作木[6]同。〈補〉 6 敗船改納, 無加升。〈續〉 7 田稅作木, 每匹人情錢二分, 本曹作紙一尺七寸五分, 止十匹, 又執留一匹,-7 留法見下《雜稅》條。- 役價二尺六寸二分五釐, 止十五匹, 倉役價每匹[7]四尺二寸, 元數外。8 三手米作木, 但有人情, 同田稅作木。9 田稅作錢、火田作錢雜費同元稅, 但亦作錢。而嶺南無二價, 海西山郡無斛上、加升、二價, 別收米只有人情。10 大同作木人情錢三分, 元數外。作錢同。〈補〉 11 關北貢物價、進上物種價之刷價及公用雜費, 元數中。12 田稅、大同移施防納者, 嚴防。〈續〉 13 位米·太防納者、各軍門請得者, 一禁。〈增〉 14 田稅、大同作木, 守令捧錢以木換納者, 貪汚律論, 禁錮終身。〈續〉 15 作木邑防納, 受囑該郎徒配, 守令五年禁錮。16 作木、布、錢不陸運, 守令拿處, 監色刑配。〈增〉 17 田稅到倉, 色吏視賂有無, 致令後到先納, 先到久留, 計贓論, 屬殘驛吏, 物件沒官, 監納官依律論。〈續〉-8 比到有先後, 不依次序律, 笞四十。〈補〉-

6 木 : 底本에는 "米"로 되어 있다. 奎章A에 根據하여 修正하였다.

7 匹 : 底本에는 "石"으로 되어 있다. 文脈에 根據하여 修正하였다.

008 **非漕船, 則給船價。**〈續〉 ❶ 船價以道里遠近有差, 而最近邑米、太每十石價米各一石, 最遠邑三石。〈補〉 ❷ 漕船載大同, 則全給船價, 載位米、太, 則給三分一。嶺南則倣兩湖漕復例, 每名復米二石、布二匹代米一石五斗、衣資三兩〈續〉〈補〉-❶ 沙工五兩。-、駕海糧五石、犒饋米一斗, 每船太三石以除留米給,-❷ 田稅每十石二石, 大同每十石三石, 或二石十斗, 或二石五斗, 除留該邑, 備船雜費及改船之資, 其餘分糶取耗, 稱除留米。-〈補〉 惠廳句管。〈增〉 ❸ 水站船, 米、太每石價米各七合五勺, 回糧米每船三石三斗。❹ 田稅船價元數外磨鍊。大同船、馬價元數中, 而京畿元數外。〈續〉〈補〉 ❺ 船價, 各倉地方官與差員田稅一時捧上, 船頭出給。〈續〉 ❻ 田稅作木刷價元數外, 大同作木刷價儲置會減。〈補〉 ❼ 減給船價, 致穀物欠縮, 守令罷職。色吏、庫子徵索人情者, 債主奪取船價者, 杖百, 配。〈續〉 ❽ 船價條, 上納前, 先自犯手, 則不飭守令五年禁錮, 鄕色依國穀偸竊律。〈增〉

009 **諸道貢物, 以本色上納者, 趁時。**〈續〉 ❶ 雜費元數中磨鍊。〈補〉 ❷ 進獻席子、豹皮、水獺皮等物, 觀察使監封, 其年內畢納。❸ 諸邑貢吏, 擇定有知識者。錄稅貢數及所納司名、發程日時、貢吏姓名于陳省, 呈本曹。本曹考程道遠近, 不及限上來, 論罪。陳省到付後, 私通主人, 謀利興販, 不卽納, 依律重論,〈經〉-❶ 以那移計贓。〈補〉- 竝主人分徵。❹ 外貢陳省呈本曹, 本曹錄其呈日及物名數, 照訖, 付諸司, 諸司官親受去。其收納明文監封呈本曹, 本曹憑考置簿, 給貢吏。❺ 本曹歲季, 考諸司貢物所納數, 未納六司以上守令, 啓罷。〈經〉 ❻ 奉常寺所納稅貢過限, 守令降資, 通訓以下制違律論。❼ 進上物膳, 中路遲滞致腐爛, 外驛察訪罷黜,賫來人及驛吏杖八。❽ 外貢上納時, 各司私主人及本官京主人等侵漁貢吏作弊, 杖百, 尤甚者杖百徒三。貢吏不卽親呈陳省, 亦重論。❾ 各司貢物防納者, 贓律論, 京外該官許施, 減一等。〈續〉

010 **均役諸稅上納趁限。** ❶ 結錢及餘結稅米、太、木、錢, 同田稅之作木、錢, 而京畿結錢二月, 餘結三月, 關西餘結四月內。軍官布十月內。漁、鹽、船稅分兩等, 春等自四月至六月內, 秋等自十月至十二月內。而間有都納邑, 嶺南翌年三月內都納。❷ 限內未納, 發船愆期, 裝載過數, 守令論罪, 同兩稅。❸ 結錢刷價, 每駄每站五錢, 過六百里加一錢, 元數中。雜費每兩二分, 元數外磨錬。軍官布刷價同而無雜費, 漁、鹽、船稅雜費, 每兩五分, 元數外, 餘結雜費依元結例。❹ 結錢雜費加捧, 色吏、戶首嚴刑, 遠配, 守令奪告身, 經二年敍。❺ 勿論米、錢、木, 換色上納, 守令十年禁錮, 色吏嚴刑, 遠配。防納者投畀。〈補〉

011 **漕船五年改槊,**〈增〉 ❶ 價米十五石, 木十五匹。〈補〉 **十年新造。**〈增〉 ❷ 價米四十八石, 木五同, 漕復米、布下。改槊同。❸ 嶺南三年改槊, 米四十石, 六年改杉, 米三十石, 十年新造, 錢六百兩、米四十石, 幷除留米下。〈補〉 **水站船七年改槊,**〈續〉 ❹ 價四百兩。〈補〉 **十四年新造。**〈續〉 ❺ 價六百兩。❻ 分定於關東、湖西木產邑, 關東以詳定, 湖西以儲置會減, 而不足之數, 該邑添給。改槊同。〈補〉 ❼ 漕、站船限內有不得不改, 該官擲奸報聞。❽ 漕船限前毁破, 沙工處計年生徵。上納時, 大洋致敗, 自官造給; 回還時, 不謹致敗, 沙格處生徵。回還時, 假稱致敗, 出立旨斥賣者, 船隻生徵, 以一罪論。〈續〉

雜稅 身貢附。

001 **諸道産銀處, 設店收稅。** ❶ 私採銀, 限身島配。❷ 勿論本曹、軍門及外營邑, 不稟朝廷, 新設銀、鉛店, 道臣以上罷職, 守令以下拿問。❸ 銀店有弊於民者, 罷之。

002 **蔘商下去江界時, 本曹給黃帖收稅。** ❶ 每張收錢三兩, 松都請得黃帖同。❷ 無帖文入往者, 潛商律論, 元卜馱屬公。❸ 關西監營及熙川、雲山、神光等鎭, 嶺底要路, 考驗帖文後許入。無帖文而私貿, 與受俱潛商論。❹ 私商與江界人潛買賣者, 許人執告, 其蔘貨全給告者。❺ 産蔘邑守令, 有境內潛商而不發覺, 因他現露則重勘。不知而不能禁, 以不察罪論。❻ 關東各邑則進上蔘商外, 他道人貿蔘者, 自本道杖百配。

003 **蔘商爲被執倭館而下去者, 東萊府準本曹公文收稅。** ❶ 什一。❷ 無公文潛商, 盡數屬公。訓、別同情, 準法勘斷。❸ 倭館商賈, 本府擇有根着稍識事理者, 望報本曹, 成給差帖。三十名定額中擇優者爲行首六名, 各率四名, 率下犯罪, 行首減一等論。❹ 蔘商落漏於成冊者, 成冊後規避者, 私自防納者, 限身邊遠配。❺ 蔘貨之無公文潛送倭館者, 自京城至萊府大中小路及沿邊地方, 許人發告, 其蔘貨一半屬公, 半給告者。一斤以上告者, 依捕賊例論賞。未及萊府被告者, 勘罪安徐。

004 **公私木物之泊京江者收稅。** ❶ 什一。❷ 板商亦受本曹帖文。

005 **外方巫女收稅。**〈續〉 ❶ 每名木一匹, 升數過五升, 長四十尺, 代錢三兩五錢。又三匹以上執留一匹。〈續〉〈補〉-❶ 留法見下。- 役價毋過六兩,-❷ 木則三匹, 未滿三匹, 則作、役竝無。- 作紙每名一錢。〈補〉 ❷ 咸鏡明川以南布一匹, 代錢二兩五錢。❸ 兩西管餉會錄。〈續〉

006 **匠人** ❶ 惟兩南有。**收稅。** ❷ 代錢二兩三錢。作紙五分, 餘同巫女。〈補〉

007 **各司公賤**〈續〉 ❶ 卽寺奴婢, 古屬司贍寺, 今屬本曹。內奴婢屬內需司。〈增〉〈補〉 **十六歲以上、六十歲以下, 收身貢。**〈經〉 ❷ 奴木一匹, 關西土産邑代紬、銀,〈續〉〈增〉〈補〉-❶ 紬二十尺, 銀則一兩。〈補〉- 婢貢全減。而作紙、役價, 奴婢竝有, 每口三錢。〈增〉〈補〉-❷ 稱後錢, 本曹作役價各六分, 餘司贍。- 關北布-❸ 稱後布。-十二尺, 嶺南木-❹ 稱後木。-六尺七寸。-❺ 本曹作一尺二寸, 役一尺四寸, 餘司贍。- ❸ 木四十尺, 布四升。〈補〉 ❹ 北道內奴貢田米一石, 南關則上納, 北關則各其州捧留, 備局句管爲賑資, 其代依庚子貢數, 戶、兵曹分半, 本曹以米, 兵曹以木、錢, 每孟朔送內司。〈續〉〈補〉 ❺ 京畿二月, 兩湖、海西三月, 嶺南、關東、西北四月上納。〈補〉

008 **凡上納布、木, 兩端踏印及邑號。** ❶ 納者姓名亦標記。❷ 木代錢, 一匹二兩。〈續〉 ❸ 次歲幣木一匹代大同木二匹, 布同大同。〈補〉 ❹ 用姦者準計贓律, 薄布者減等。唐綿所織, 則守令勘不勸農桑罪。❺ 各邑納木、錢接置於該司書吏家, 該吏監守自盜律論。〈續〉 ❻ 各軍門、各衙門身布捧純木, 或木、錢參半, 非歉歲稟請, 毋得捧純錢。木品升尺一遵定式, 京外官逾越點退者, 重勘。〈增〉

7《大典》有兩端織以青絲之法。

009 **上納布、木,** 1 席子同。**經年過限,** 2 京畿正月五日, 湖西、關東、海西正月十日, 兩南正月十五日, 西北正月二十日。**則執稽留。** 3 一匹。4 未滿三匹者無留, 再經年則加執一匹。5 兵曹過當-1 當番。-則執, 餘竝同。〈補〉

徭役 復戶附。

001 **田八結出一夫, 歲不過役六日。** ❶ 路遠六日以上, 準減翌年役。若歲再役則須啓乃行。❷ 京城十里內皆京役。〈經〉

002 **都民出役, 用《坊役事目》。** ❶ 甲子刊行《事目》。〈續〉 ❷ 部官侵責坊民, 見《戶[8]典·雜令》條。〈補〉

003 **山陵及詔使外, 一切徭役, 更不煩民。** ❶ 勅使時, 江都則洪濟院站副使宴床外, 他役竝免。〈續〉 ❷ 京畿勅使夫馬, 以民結輪定, 儲置米給價。

004 **江上募人設契, 供國役。**〈續〉〈補〉 ❶ 運石、募民兩契擔當內司郊草輸運, 及本曹、惠廳、各司之外倉穀物卸下, 負石入庫等事。〈續〉-❶ 卸負價, 每千石米十一石七斗五升出給。〈補〉- ❷ 郊草船運之際, 或有民間收斂, 杖百配。❸ 江村兩班自稱尊位, 縱奴作弊, 沮戱契人, 不使卸下負石者, 契人等告官, 家長論豪强律。❹ 負石時, 閑雜無賴輩無端惹鬧攘奪爲計, 杖百, 遷徙。〈續〉 ❺ 氷契供東·西庫、內庫氷。東·西庫則本曹、惠廳貢物〈續〉〈補〉-❷ 奉常寺貢及別貿否。〈補〉-出給時, 每石除米五合八勺零,〈續〉〈補〉-❸ 木則一寸四分零。❹ 又本曹、惠廳、賑廳給米。〈補〉- 資貿氷以減坊役氷米。內庫則以戶、兵曹運氷馬貰錢給江民, 擔當納氷, 亦許私貿以資伐氷之

8 戶 : 底本에는 "刑"으로 되어 있다. 《典律通補·戶典·雜令》 16에 根據하여 修正하였다.

費。而若操縱踴價, 契任刑配。〈續〉〈增〉〈補〉

005 **身役最重者, 蠲田賦外雜徭。** ■1 復身、戶者, 竝蠲徭役。〈續〉

006 **有司賦役不均者, 論罪。**〈律〉〈補〉 ■1 有司徵稅及差役, 放富差貧者, 許被害民陳告, 杖百。上司不受理, 杖八。受財者, 枉法從重論。■2 丁夫、雜匠差遣不均, 一人笞二十, 每五人加一等, 止杖六。夫、匠稽留不着役, 及在役日滿, 而所司不放回, 一日笞一十, 每三日加一等, 止笞五十。■3 有司私役部民, 及監工官私役夫、匠出百里外, 及久占使喚, 一名笞四十, 每五名加一等, 止杖八。若吉凶借使者, 勿論。〈律〉

007 **民戶逃避差役者, 論罪。**〈律〉〈補〉 ■1 豪民令子孫弟侄[9]跟隨官員, 隱蔽差役, 杖百。官員容隱者同罪。受財者, 枉法從重[10]論。跟隨人充軍。民戶逃往隣境避役, 杖百。里長、提調官故縱, 及隣境人隱蔽, 同罪。里長不逐遣, 及原官司不起取, 所在官司不發, 杖六。〈律〉

008 **給復, 非關由本曹、惠廳, 則勿施。** ■1 陵守護軍、舊長陵山直、長寧殿守護軍、碑殿直、大王私親墓·世子私親墓·大院君墓·昌嬪墓·仁嬪墓守直軍、王后考妣墓·毓祥宮考妣墓直、昭寧園典監、讓寧·孝寧·平原·齊安·永昌五大君·昇平府院君 金瑬墓直、

9 侄 : 國中A, 奎章A, 《大明律·戶律·戶役·隱蔽差役》에는 "姪"로 되어 있다.

10 重 : 底本에는 "法"으로 되어 있다. 奎章A 및 《大明律·戶律·戶役·隱蔽差役》에 根據하여 修正하였다.

明將李如梅奉祀孫給。❷ 前朝節義名臣, 如文忠公 鄭夢周、右正言李存吾, 國朝節義冤死名賢, 如文正公 趙光祖、三學士吳達濟·尹集·洪翼漢、贈參議嚴興道之類墓直或祠宇直、淸白吏表著者墓直稟旨給。〈續〉 ❸ 內官、醫女、御乘牽馬夫、戊申出征軍、進上船沙格軍、漕軍、漁夫、津夫、水夫、驛吏·卒·日守、營吏、各邑人吏、牧子、烽軍、席子匠、各鎭召募軍、掌苑署果園直、軍器寺柴場募民、鴨島洑直、內需司山直、甲士、倉募民、京砲手、御營軍之私賤、兩西納貢內奴、弓·矢人、文化 三聖祠直〈續〉〈補〉-❶ 檀君、檀雄、桓仁祠。〈補〉-、南漢山城將校·軍兵等給。〈增〉 ❹ 曾前給復, 雖間多猥繁不均, 而事在令前, 竝依前。今後勿許續續陳請, 有不可不給者, 稟旨乃施。❺ 忠臣、孝子、烈女復戶, 身歿後有妻子若子婦, 限其身仍給, 無後則限三年。〈續〉 ❻ 陵軍復戶, 所居邑劃給。〈增〉 ❼《大典》法, 因公死者限三年, 戰亡者限五年。實行二品職, 年七十以上, 退居田里者, 大小人九十以上, 復戶。而八十以上及宗姓、外姓親視率丁、田結多少, 給復。〈補〉

倉庫 支供。

001 **每月初, 本曹郞與監察同審有錢穀各司倉庫以啓。**

002 **軍資監** ❶ 古有三監, 京監、分監今廢, 只存江監。〈續〉、**廣興倉每年反庫。**〈增〉〈補〉 ❷ 遺在將盡, 新捧未到前, 遣本曹郞反庫。若有欠縮, 該倉官沿邊充軍, 下吏沿海邑限身水軍充定。〈增〉

003 **諸司雜物出納時, 該官及監察庫封。** ❶ 各其文書及庫封書職銜、署名、着押。〈續〉 ❷ 軍資監判官以下分掌庫舍, 稱一二三四所掌。用盡一庫後, 始開他庫。米、麪出納時, 籍記該官及書員、庫直憑後考。❸ 軍資監、廣興·豐儲倉等各司米、麪出納時, 捕盜部將領軍防守。〈續〉 ❹ 有印封官物, 不請原封官擅開, 杖六。〈律〉

004 **內用之物, 細瑣者外, 奉承傳進排。**

005 **有責納於所管各司, 用帖文印押。** ❶ 違者罷職, 下人誤毁制書律論。❷ 政院書吏、司饔院庫城上等各司支供雜物捧上時, 人情價物濫徵作弊, 勿論贓多少, 殘驛徒三。

006 **軍資監米穀進排內司、內局時, 切勿添下。**〈續〉 ❶ 內司自來受去。〈增〉

007 **諸宮家、都監**〈續〉 ❶ 權設。〈補〉 **以下及掖庭、軍門米穀頒給時, 侵責軍資監所屬者, 入啓治罪。**〈續〉

008 **每秋初, 觀察使抽栍大中小三邑, 擲奸分留實數啓聞。**〈增〉

009 **守令交遞後, 觀察使定差員, 與新官反庫啓聞。** ❶ 反庫不以實官員徒三配。

010 **典守穀物虧欠** ❶ 俗稱無面。**者, 準監守自盜律。** ❷ 米七十石以上, 該官削職, 永勿敍用, 庫子絶島爲奴, 該吏杖百流三。四十石以上, 該官罷職, 庫子杖百流三, 該吏杖百徒三。十五石以上, 該官推考, 庫子杖百徒三, 該吏杖百。不滿十五石, 該官勿論, 庫子、該吏, 自各其官重罪, 徵捧。定配以上, 勿揀赦前。〈續〉

011 **官物那移、欺隱、刁蹬、損壞、盜失、借貸者, 從輕重論。**〈律〉〈補〉 ❶ 官庫錢穀, 京外官料理爲名, 那移防納, 依那移出納律。〈續〉 ❷ 各衙門錢糧等物那移, 還充官用, 準監守自盜論, 止杖百流三。不給勘[11]合, 擅出權帖, 或給勘合, 不立文案, 及倉庫不俟勘合, 或奉勘合, 不附簿, 罪同。 ❸ 官物不運本色, 而齎財買納, 以監守自盜論。 ❹ 倉庫收受錢糧不足, 而通同有司官吏, 虛出通關, 計虛出數, 以監守自盜論。 ❺ 委官點錢糧, 不足而符同報足備者, 罪同。受財, 以枉法從重論。不收本色, 折受財物, 虛出硃鈔, 以監守自盜論。納戶知情減二等, 原贓入官。同僚知而不擧, 與犯人同罪。 ❻ 稅糧跌斛淋[12]尖多收, 杖六。以餘數計贓, 重者坐

11 勘 : 底本에는 "堪"으로 되어 있다. 國中B, 國中C, 尊經A, 《大明律·戶律·倉庫·那移出納》에 根據하여 修正하였다.

12 淋 : 底本에는 "林"으로 되어 있다. 國中A, 奎章A, 《大明律·戶律·倉庫·多收稅粮斛面》에 根據하여 修正하였다.

贓論, 止杖百。提調官吏知而不擧, 同罪。**7** 應入官之物, 隱匿不納, 或詐作損失, 計所欠數, 準竊盜論。部運官吏知情, 同罪。**8** 官物應給付人, 已出庫而未給付, 若私物當供官用, 已送官而未入庫, 守掌人侵欺借貸者, 以監守自盜論。**9** 官物, 該官吏留難刁蹬, 不卽收支, 一日笞五十, 每三日加一等, 止杖六徒一。守門人留難, 罪同。領物、納物人到有先後, 主司不依次序收支, 笞四十。**10** 出納官物, 當出陳物而出新物, 應受上物而受下物, 及雇買不卽給價, 若增減者, 計虧欠及多餘, 坐贓論。監臨官吏知而不擧, 同罪。**11** 倉庫及積聚財物, 主守安置不如法, 曬涼不以時, 致損壞, 計所損, 坐贓論, 均陪還官。〈律〉 **12** 有錢穀各司, 晝夜直官不謹被盜, 罷職, 旋卽捕獲, 免罪。隱蔽不告, 罷職。〈續〉 **13** 有人從倉庫中出, 而守把人不搜檢, 笞二十。致盜物出而不覺, 減盜罪二等。直更人減三等, 直宿官、攢、庫子減五等, 竝止杖百。故縱與盜同罪, 被强盜勿論。**14** 監守將係官錢糧等物借用或借人, 雖有文字, 以監守自盜論。非監守人而借, 以常人盜論。將自己物件抵換官物, 罪同。**15** 倉庫·務場官吏、攢攔、庫子互相覺察。若知盜用、借貸係官錢糧, 已出倉庫, 匿而不擧, 及故縱者, 與犯人同罪。失覺察, 減三等, 止杖百。若官吏虛立文案, 虛出通關, 庫子、攔頭不知者, 不坐。〈律〉 **16** 關西民庫犯手守令, 公貨擅用律論。〈補〉

012 京外錢穀會計文書趁限入啓。 **1** 京每四孟朔望日, 外每二月晦日。**2** 各司雜物, 每朔末, 會計官員親呈本曹。〈續〉 **3** 各司捧上物種置簿, 四季朔呈本曹, 本曹郞考準爻周, 而有未捧則分數越祿。用下物種則過三朔不會計, 勿施。〈補〉 **4** 關西各邑勅庫遺在會計報備局。或有私債、加分、那移、反作等事, 守令、監色依《大同事目》例。〈續〉 5 一年捧下及各司貢價, 較各年數, 每翌年正月修啓。惠廳同。〈增〉 6 兵曹、軍門會計見《兵典[13]·雜令》條。〈補〉

13 典 : 底本에는 "曹"로 되어 있다. 奎章A에 根據하여 修正하였다.

糶糴

001 **諸邑倉所儲各穀,** 〈續〉 ❶ 軍資穀本曹會付, 常平、賑恤、均役廳穀各其衙門會付, 軍餉、軍作米、備荒穀、營賑·私賑〈續〉〈補〉-❶ 卽邑賑。-穀、戰兵船儲置米, 備局主管。〈補〉 ❷ 常平、賑恤穀簿合以爲一, 名常賑穀, 同爲磨勘。〈增〉 **定爲糶糴** ❸ 俗稱還上。**之法, 春貸于民, 折半留庫,** ❹ 傾庫分給, 勿限年配; 留庫中半分, 限三年徒配; 其外勿論石數, 奪告身。〈續〉 ❺ 道臣狀請加分, 則分數許之。〈補〉 ❻ 廣州軍餉糶糴限萬石。**秋成而斂, 什一取耗。**〈續〉 ❼ 大邱每石軍資耗一斗, 常賑耗八升。❽ 十月十一日開倉, 十二月晦日內畢捧。〈補〉 ❾ 軍資穀耗每石一升五合, 本曹會錄。而三千石以上邑, 又常平廳會錄三升五合, 六千石以上, 六升, 萬石以上, 八升五合, 餘給本官。兩西全數管餉會錄。〈續〉 ❿ 常賑穀會錄十五分之十二, 餘給本官。關西全數會錄。〈續〉〈補〉 ⓫ 軍餉、軍作、營賑、私賑、均廳穀全數會錄, 而軍餉或有減錄處。〈補〉 ⓬ 備荒穀、戰兵船儲置米、除留米耗全數會錄。〈續〉〈補〉 **守令未準捧者**〈續〉 ⓭ 居末拿問, 居二推考。軍餉同而居二罷職, 居三推考。〈續〉〈增〉〈補〉 ⓮ 邊地守令居末, 決杖。〈增〉 ⓯ 還上文書晩到邑守令, 依居末例。〈續〉 ⓰ 江都、南·北漢軍餉, 不納遠配, 限內未畢捧, 守臣罷職, 經歷拿處。軍作米同。〈續〉〈補〉 ⓱ 舊還每年自備局通計元數, 從略減定行會, 未準捧守令論罪。〈增〉**、虛錄者、反作者、換錄年條者, 重勘。** ⓲ 虛錄及反作徒三配, 五年禁錮。禁錮遇赦勿宥。十石以下勿論。換錄年條者同。掩置之後官、磨勘之兼官徒配, 勿揀赦前。⓳ 凡虛張名目蕩減國穀者, 守令依贓律, 自首免罪, 已遞減等。色吏梟示, 監官他道極邊配。⓴ 監色弄奸虛錄, 歸罪前官, 計贓定罪[14]。〈續〉 21 軍資監、廣興倉官以倉米給員役, 剏開還上謬例, 繩制違律。〈增〉 22《大典》有"軍資倉又置別倉, 蓄糴穀貸民, 秋納本數"及"置常平倉, 穀貴則增價貿布, 賤則減賣"之法。〈補〉

002 遇災年, 觀察使啓聞代捧, 待年還作本色。 1 大、小米相代, 而小米代大米除耗。〈續〉 2 米一石代小豆一石七斗五升, 黃豆二石, 正租二石七斗五升, 粟、牟、眞麥、黍同, 荒租三石八斗五升五合, 稷、唐〈續〉〈補〉-1 卽薥秫。〈續〉-、木麥、耳麥同。〈補〉 3 小豆一石代黃豆一石五斗, 粟及租一石十斗。 4 黃豆一石代小豆十一斗二升五合, 粟及正租一石三斗七升五合。〈續〉〈補〉 5 正租一石代黃豆十二斗。 6 菉豆、小豆相代。 7 眞麥、正租相代。〈續〉 8 牟米、黍米、稷米、唐米、木麥米、耳麥米與小米相代。〈續〉〈補〉 9 常賑穀換作, 待道臣狀請始許。擅自換作, 道臣、守令竝重勘。

003 結錢蕩減時, 以還耗代減。〈增〉

14 罪 : 底本에는 "配"로 되어 있다. 奎章A 및《續大典·戶典·倉庫》의 "監色弄奸虛錄, 歸罪前官者, 計贓定罪。"에 根據하여 修正하였다.

備荒

001 **各邑賑穀, 每年隨力備儲。**〈續〉 ❶ 新備數, 每年終, 監營報備局。八道居首陞敍, 未滿十石越三等, 居末越五等, 全不措備越七等。〈續〉〈補〉 ❷ 私用、貸用, 守令依公穀濫用律, 色吏杖百配。托以備穀勸分民間者, 嚴禁。〈續〉 ❸ 以戶·兵曹、各衙門應納三南布、木換米, 名軍作米, 糶糴如例, 以備荒。〈增〉〈補〉 ❹《大典》法, 諸邑令民歲備救荒之物, 諸鎭令當番水軍煮鹽、採海菜, 報觀察使。〈補〉

002 **諸道瀕海, 設倉儲穀, 遇隣道凶荒, 則轉輸救濟。**〈續〉 ❶ 羅里鋪倉在臨陂[15], 救濟州三邑; 浦項倉在延日, 救江原、咸鏡道; 交濟倉在德源、高原、咸興三處, 救江原、慶尙道; 濟民倉在三南諸邑,〈續〉〈增〉-❶ 湖西 庇仁, 嶺南右道 泗川, 左道仍用浦項倉, 湖南右道 羅州, 左道 順天。〈增〉〈補〉 ❷ 湖南倉今廢, 只穀物捧留各該邑。〈增〉- 三南有凶荒, 交相救濟。〈補〉 ❷ 交濟穀納于本倉, 勿許留本邑, 擅留守令, 軍作米事目律論。 ❸ 濟民倉留元穀二萬石, 以五分一耗分糶近邑, 那移、加分依交濟倉例。〈增〉

003 **遇極凶, 則別遣御史監賑。**

004 **守令善賑, 爲一道最者, 論賞。**〈續〉 ❶ 非通一道設賑, 勿許首褒

15 陂 : 底本에는 "坡"로 되어 있다. 奎章A 및《續大典·戶典·倉庫》에 根據하여 修正하였다.

加資。〈增〉 ❷ 私賑濟活多者, 論賞。出私穀補官賑者, 隨多少論賞有差。〈續〉 ❸ 賑穀願納人, 五十石以上錄啓, 以下自本道施賞。〈增〉

005 **守令不勤賑政, 通訓以下, 監司啓聞拿問, 通政以上罷職, 重者次次加罪。**〈續〉〈增〉 ❶ 飢民當抄而見漏, 守令罷職, 監色刑推。餓莩, 卽令埋置, 不勤擧行一體論。〈續〉 ❷ 守令稱以補賑, 箕斂榷利, 虛張數爻, 道臣查啓, 報上不實律論。〈增〉

006 **京則令五部抄貧民, 分大、中、小、獨戶,** ❶ 十五口以上爲大, 八口至十四口爲中, 三口至七口爲小, 一口至二口爲獨戶。**報賑廳, 以米分等發賣。** ❷ 大五斗, 中四斗, 小三斗, 獨二斗。米如不足, 以小米分數。始於十二月, 止於四月麥秋, 每朔一巡。❸ 米一石價三兩, 小米二兩七錢。**極凶則差出都監堂郞, 設所分賑。** ❹ 或三所, 或二所。-❶ 萬里倉、平倉、訓鍊院。- ❺ 粥米分男壯、男老、女壯、女老、男女兒弱有差。❻ 鄉民來接者及各處流丐竝付賑, 待畢賑, 給糧還送本土。〈補〉

諸田

001 **諸田有免稅** ❶ 田稅。**者，有免賦** ❷ 大同。**者。**〈補〉 ❸ 各宮房田，元結定給者，卽無土免稅，永作宮屯處，卽有土免稅，竝免稅、賦。〈續〉〈補〉 ❹ 各營門、各衙門田只免賦。〈增〉-❶ 忠勳·敦寧府、訓局、賑恤·均役廳、司圃署、內需司田有竝免稅、賦者。〈補〉- ❺ 陵田、祭田、學田 -❷ 館、學。-、官屯田、驛田、牧田、寺田、陵軍田、院主田、津夫田竝免稅、賦，鄕校田、書院田、衙祿田、公須田只免稅。京畿則鄕校田亦免賦，衙祿、公須，春等賦免。〈續〉〈補〉 ❻ 祭享·供上諸司菜田、內醫院·惠民署種藥田竝免稅、賦。〈經〉〈補〉 ❼ 給復田只免賦[16]。〈續〉 ❽ 免稅田皆納三手米、結錢，惟馬位免三手，公廨、鄕校、寺刹基址竝免結錢。〈增〉〈補〉 ❾ 軍兵入接公垈者免稅。〈續〉 ❿ 籍沒田畓雖移屬他司，勿免稅。⓫ 各營門、衙門屯田及折受，依宮房例，下本曹覆啓稟處。〈增〉 ⓬ 各衙門免稅田毋過定限，勳府已折給外，築堰、買得者，勿許免稅。〈續〉 ⓭ 各宮房無土免稅，一結收稅無過米二十三斗，代錢則七兩六錢七分。而罷導掌，自該邑納本曹，出給宮房。永作宮屯處，一負收租二斗，船·馬價、雜費皆出其中。〈續〉〈增〉 ⓮ 各衙門免稅田，一結米二十三斗，各自收稅。

002 **宮房田** ❶ 大王私親宮五百結，當宁時，千結。世子私親宮三百結，世子時，八百結。明禮、於義、龍洞、壽進四宮各千結，而壽進有祭位免稅，隨其數。新宮，-❶ 諸宮房在世時。-〈續〉 後宮八百

16 賦：底本에는 "稅"로 되어 있다. 奎章A 및 《續大典·戶典·徭賦》의 "凡給復田，只出稅米，而勿收大同米。"에 根據하여 修正하였다.

結, 大君、公主八百五十結, 王子、翁主八百結, 郡主四百結; 舊宮,〈續〉〈增〉-❷ 卽祭位條, 限四代。〈續〉- 後宮二百結, 大君、公主二百五十結, 王子、翁主二百結, 郡主百結。〈續〉〈增〉 ❷ 勿論新、舊宮, 有王牌特賜者, 不在定數。❸ 舊宮雖未及準數受出, 勿許追給。❹ 元結免稅,《續典》前折受外, 凡折受一切勿許。❺ 元結免稅田, 明定四標, 他田混入者, 嚴禁。❻ 兩西、江華勿許折受。〈續〉-❸ 關東同。〈增〉- ❼ 堤堰, 雖內司毋得折受。先朝折受處, 不在此限。〈續〉 ❽ 堰畓、官屯陳告宮房者, 嚴刑一次, 絶島配。符同手本中官, 杖配。〈增〉 ❾ 關防重地、有主民結、封山禁界不當折受處, 宮差輩只憑指告, 混爲啓下, 竝指告人杖百徒三。〈續〉 ❿ 以宮房田土有革罷封山之請, 勿施, 首倡人刑配。〈增〉 ⓫ 遊手輩以不當折受處陳告諸宮家、各衙門, 仍差別將而受去啓下公事, 傳食列邑, 操切殘民, 杖百徒三。〈續〉

003 **廩田** ❶ 衙祿田, 府、大都護府、牧、都護府各五十結, 有判官, 加四十結。郡、縣各四十結, 竝未挈家處減半, 站五結, 渡八結。❷ 公須田竝各十五結, 沿路則大路加十結, 中路五結, 驛大路二十結, 海西加二十五結, 兩界加十結, 中路十五結, 兩界加七結, 小路五結, 兩界加三結。〈經〉 ❸ 陵、園、墓位田各八十結。〈增〉〈補〉 ❹ 院主大路一結三十五負, 中路九十負, 小路四十五負。❺ 津夫大渡十結五十負, 中渡七結, 小渡三結五十負。〈經〉 ❻ 驛長二結, 副長一結五十負, 急走五十負, 緊路加五十負。大馬七結, 緊路加一結, 中馬五結五十負, 小馬四結, 緊路各加五十負。靑坡、蘆原, 上、中等馬各四結, 下等各二結。〈經〉〈續〉 ❼ 守陵軍, 每名二結。〈經〉 ❽ 牧子二結, 牧場內劃給。❾ 驛位田覆沙、翻川永不耕食, 以廢寺田及屬公田充給。⑩ 驛位田買賣者、擅賣賭地者, 與受杖百徒三, 田地還屬該驛。橫占馬位田, 杖百徒三。各營邑毋得歇價買驛復。〈續〉 ⑪ 驛位田占葬者, 兵曹草記論罪, 刻期掘移。〈補〉 ⑫ 牧子位田買賣, 依馬位例。牧場內築堰冒稱牧子田, 全不納稅, 杖百徒三, 其田屬公。〈續〉

004 **官屯田** ❶ 主鎭二十結, 巨鎭十結, 諸鎭五結, 府、大都護府、牧各二十結, 都護府、郡各十六結, 縣、驛各十二結。〈經〉 ❷ 各鎭屯田不準數, 觀察使以諸鎭角聲及閒處空閑田地充給。〈續〉 ❸ 守令以數內屯田私與人, 或相換者, 論罪。

005 **祭田** ❶ 崇義殿十二結。〈經〉

006 **學田** ❶ 成均館四百結, 四學各十結, 州、府鄕校各七結, 郡、縣鄕校各五結, 賜額書院三結。-❶ 未賜額則否。- ❷ 書院田, 本院自備, 雖未滿三結, 勿以民結充給。〈續〉 ❸ 書院請位田, 而本道私與受者, 重繩。〈增〉 ❹ 學田稅穀出納, 除請臺, 本館、本學掌之。校田, 守令檢察。

007 **功臣賜牌田** ❶ 一等百五十結, 二等八十結, 三等六十結。❷ 舊功臣賜牌未及受出者, 勿許追給。親功臣在世時, 勿拘。〈續〉 ❸ 功臣田, 傳受子孫被罪應收者, 移給他子孫。賜田同。❹ 賜牌不言永世者, 身歿後, 屬公。奴婢同。

008 **賜田, 代盡則屬公。**〈經〉 ❶ 功臣田宅, 始爲功臣者不遷廟。故永傳子孫。若賜田受賜人代遠不祭, 則屬公。然此指田稅而言, 以土田賜與者, 不在此例。〈解〉 **2** 土豪輩橫占賜與田, 杖百徒三。守令不能禁, 依元惡鄉吏不能禁制律。〈續〉

009 奉常寺位田, 私自買賣, 有職者施制違律, 無職者流配。
〈增〉 **1** 進上靑竹田、官竹田、楮田, 敬差官、都事加意察處, 不勤護養, 監考刑推。〈續〉

祿科

001 **實職、軍銜四等祿,** ❶《大典》法, 四孟朔頒等祿。〈補〉 **分作每朔散料,**〈續〉 ❷ 吏、兵曹四孟朔給祿牌, 仲、季朔受職則隨給。〈經〉〈增〉 ❸ 奉朝賀, 以致仕時或實職或軍銜[17], 吏、兵曹分授。〈經〉〈補〉 **前月自廣興倉排日頒賜。**〈續〉〈補〉 ❹ 西班行職堂上, 兵曹具職、姓名移文本曹, 照訖付廣興倉。 ❺ 堂上以上二十五日, 從五以上二十六日, 從七以上二十七日, 從八以上二十八日, 從九以上二十九日。〈續〉 ❻ 第一科正一, 米二石八斗、黃豆一石五斗; 第二科從一、第三科正二, 米二石二斗、黃豆一石五斗; 第四科從二, 米一石十一斗、黃豆一石五斗; 第五科正三, 米一石九斗、黃豆一石五斗; 第五科堂下正三、第六科從三, 米一石五斗、黃豆一石二斗; 第七科正、從四, 米一石二斗、黃豆十三斗; 第八科正·從五、第九科正·從六, 米一石一斗、黃豆十斗; 第十科正、從七, 米十三斗、黃豆六斗; 第十一科正、從八, 米十二斗、黃豆五斗; 第十二科正九、第十三科從九, 米十斗、黃豆五斗。〈經〉〈續〉 ❼ 參外部將受八品祿。〈續〉 ❽ 奉朝賀, 實行正一職者, 功臣受正三祿, 功臣嫡長及凡人從四; 實行從一職者, 功臣從三, 功臣嫡長從五, 凡人正七; 實行正二職者, 功臣正四, 功臣嫡長正六, 凡人從七; 實行從二職者, 功臣從四, 功臣嫡長從六, 凡人從八; 實行堂上職者, 功臣正五, 功臣嫡長正七, 凡人正九。〈經〉 ❾ 功臣嫡長無定額, 受遞兒。〈經〉〈續〉 ❿ 大君、公主、王子、翁主同第一科, 大君春三朔各加米一石。〈續〉 ⓫ 公、翁主出閤前受祿, 出閤後只給駙

17 銜 : 底本에는 "作"으로 되어 있다. 奎章A에 根據하여 修正하였다.

馬, 夫歿, 從夫職給。〈經〉〈續〉 ⑫ 觀察·節度使、都事、評事、兩界虞候·守令·僉·萬戶〈經〉-① 守令、僉、萬戶二十二窠輪付。〈補〉- 竝有祿, 挈家觀察、節度使否。〈經〉 ⑬ 軍職移拜實職, 未及受, 付軍職遞兒。⑭ 議政居鄕不受, 令地方官月廩輸送。⑮ 前官未及受, 則後官差除, 雖在頒祿後, 受當朔祿。〈續〉 ⑯ 解由未出前, 雖勿拘, 毋得受。雖因特恩給祿, 後等考解由乃給。〈經〉〈補〉 ⑰ 別軍職罷散, 則付散料, 解由勿拘。〈增〉 ⑱ 奎章閣抄啓文臣, 雖罷職亦給。〈補〉 ⑲ 禁推未照律前, 毋得受。〈續〉 ⑳ 有故未受者, 其等未封倉前, 百日限內,〈經〉〈續〉-② 春等, 正月十五日至四月二十五日爲百日封倉限。夏、秋、冬等倣此。- 其等未受之祿, 竝追給。㉑ 未出仕前, 祿勿追給。〈續〉 ㉒ 出使人受職, 雖不行公, 亦給。㉓ 科前遭喪, 或身死者, 仕滿五十日而未遞則給。〈經〉 ㉔ 哨官帶訓鍊主簿者, 旣有軍門元料, 不疊受。〈增〉 ㉕ 放料, 軍資監給禁旅、衛士、掖屬、皂隷、工匠, 別營給訓局將校、軍兵, 司䆃寺給內人, 豐儲倉給內官。〈續〉〈補〉 ㉖ 料米皆自受。〈續〉 ㉗ 越等、減祿見下《解由》條。

002 年凶則米代, 或以黃豆倍給。〈補〉

外官供給

001 **外各營、鎭、邑, 劃給需米、支供米有差。** ❶ 官需, 三南以郡邑大小, 京畿以州、府、郡、縣差等。使客支供, 分大、中、小路劃給, 京畿僻路則儲置支用。〈續〉 ❷ 府奴三、婢五、大小馬各二, 大都護府以下奴二、婢四、大小馬各二, 郡以下奴二、婢三、大小馬各一。未挈家鎭將, 堂上奴二, 其餘奴一, 馬則竝大二、小一, 軍官奴及大小馬各一, 水軍將及軍官無馬。〈經〉

002 **外官身故及遭喪, 給喪需米有差。** ❶ 觀察使、守令任所在喪, 兩南四十石, 湖西三十石, 海西三十五石, 己喪, 兩南四十石, 湖西、海西三十五石, 妻喪竝比己喪折半。兵使喪, 兩南三十五石, 湖西、海西二十石。水使喪, 兩南三十石, 湖西、海西十五石。營將喪, 兩南三十石, 湖西十五石。竝儲置劃給。

003 **外官迎送刷馬, 計道里定數。**〈續〉 ❶ 關西大都護府、牧十匹, 都護府九匹, 郡以下八匹; 關北大邑十五匹, 小邑十匹; 三南、關東、海西州、府二十匹, 郡、縣十五匹。嶺南大邑上道加三匹, 中道加四匹, 下道加六匹, 中邑竝加四匹, 小邑竝加三匹, 殘邑竝加二匹, 五日半程以下勿加。湖南上道加三匹, 中道加五匹, 下道加七匹。未挈眷邑各減三匹, 東萊減五匹。京畿府、牧十七匹, 都護府、郡、縣十三匹, 水原與牧同。〈續〉〈補〉 ❷ 瓜滿, 則新、舊官夫刷馬價, 儲置、詳定米會減, -❶ 關西出於該邑。- 每站 -❷ 三十里。- 騎馬一斗五升、卜馬二斗; 徑遞, 則舊官刷價, 本邑措辦, 或出民結, 新官刷價, 儲置會減。勿論瓜遞、徑遞, 新官每匹留京糧五斗加給。〈補〉 ❸ 三南沿邑夫刷價米, 均廳以錢相換。〈增〉〈補〉 ❹ 守令因公上京, 兩南七日程以下五匹, 十日程以下六匹; 湖西、關東四日程以下三匹, 五日程以上四匹。 ❺ 因公往來, 道內三匹, 湖西減一匹, 京畿騎馬一匹。經宿處卜馬二匹, 一日往來處卜馬一匹。〈續〉

解由 越等附。

001 **外官解由，自到任支計遞任，勿許公私頉，以三百六十日爲限。**〈續〉 ❶ 未滿限，亦有解由，但稱文書傳掌而不拘。若值還上收捧時，則文書傳掌時，亦憑考。〈續〉〈補〉 ❷ 守令遞任後三朔內，色吏上京，文書磨勘。〈增〉 ❸ 京外官，一應置簿畢爻周後，解由斜給，前等置簿依往還上例。 ❹ 外官之兵曹解由狀，都呈本曹，專管成給。 ❺ 文書傳掌外，前官解由未出，後官勿許先出。〈續〉 ❻ 解由未出前，不得受祿、除職，見上《祿科》、《吏典·京官格式》條。〈補〉

002 **京納米、布未準數者，軍丁充定未準額者，多則拘解由，少則越祿。**〈續〉 ❶ 田稅、大同未收，雖一石拘碍，往未收，田稅依當年條例，大同米二十石、木一同越一等，遞加，止越三等。〈續〉〈增〉 ❷ 田稅、大同，等內致敗，越一等。地方官拯米及原籍官未拯米，全未收，拘碍，劣米依大同往未收例。〈續〉-❶ 致敗未究竟前，勿拘。- ❸ 賃船到京後，船人無面，穀主官[18]勿拘。〈補〉 ❹ 正布價米及次歲幣木及國恤時別卜定海西生獐價，依大同例。〈續〉 ❺ 海西勅需庫米，雖停捧年，勿論多寡拘碍。〈增〉 ❻ 倭供米二十石、木一同越一等，次次加等。 ❼ 訓局砲保·軍餉保米·布、松都軍保米·布、禁·御兩營保米、掌樂院樂工·樂生保布、典設司諸員·工曹匠人價布、禁·御宿衛騎士·別破陣·京標下保布、漕軍布及復米、禁·扈褓直價布，每十名一名，往，每年

18 官：底本에는 "管"으로 되어 있다. 奎章A에 根據하여 修正하였다.

五分一, 拘碍。〈續〉 8 糧餉廳屯穀依軍門例。〈增〉 9 兵曹騎步兵價布一同以上, 往, 每年五分一, 拘碍。〈續〉 10 京驛保布、內吹保布, 雖一匹, 拘碍。 11 南·北漢義僧番錢, 前一年十月, 限內未收, 依軍保例。 12 畿邑陵軍保布, 過二年未輸送, 拘碍。〈增〉 13 均廳結錢依大同例, 餘結稅依田稅例, 選武布依三局保布例。漁、鹽、船稅十分一, 往, 五分一, 拘碍。月限竝用本廳例。〈增〉〈補〉-2 見《漕轉》條。〈補〉- 14 吏曹留吏身布, 十名以上邑四匹, 二十名以上六匹, 往, 每年十分二, 拘碍。〈續〉 15 本曹奴貢, 比摠定數之後, 雖一匹拘碍。〈增〉 16 內需司、壽進·明禮·龍洞·於義宮、尙衣院奴貢、諸員價布, 三名以上, 往, 每年四分一, 拘碍。 17 兵曹諸色軍·水軍、訓局砲保·軍餉保、禁·御營松都軍保、司僕寺諸員、司饔院諸員·沙器匠保、軍器寺·繕工監·造紙署匠人未充定, 大邑八名, 中邑六名, 小邑四名, 往, 勿論大中小邑, 五名以上, 拘碍。〈續〉 18 漕運差員-3 牙山。-未準納, 拘碍。 19 臨陂羅里鋪倉物種,-4 濟州三邑周年爲限出送物種, 羅里鋪句管分送元定各邑, 各邑發賣, 九十日爲限。- 限內折半未出送, 拘碍, 三分一越二等, 五分一越一等, 往未收、全不出送, 拘碍。發賣限內未收, 該守令, 巡營狀聞論罪, 拘碍及越等依濟州過限例。〈增〉 20 湖南戰兵船儲置米依還上例。〈補〉 21 軍作米依京納例, 而停捧年依還上例。往未收, 雖非停捧年亦同。〈增〉〈補〉 22 廣興、軍資官, 計石傳掌後, 有欠縮, 拘碍, 書員刑配。〈增〉 23 廣州田稅、大同及關西各邑勅庫捧未捧, 各自本道由狀反貼時憑考。〈續〉〈補〉 24 兩界、濟州人物未刷還, 一口越二等, 二越四等, 三越六等, 四拘碍。咸鏡南道守令, 北道人物未刷還同。

003 **還上未捧者，分數越祿。** ❶ 本曹〈續〉-❶ 凡穀之入於本曹會案者。〈補〉-、常平廳，十分一未捧越四等，二越五等，三越七等，二十分一越二等，三十分一越一等，而未捧千石以上，分數雖應越四五等，亦越六等。遞於到任年十一月晦日內者，勿論。往，十分爲率，每年捧三分一，而雖未準捧，他年加捧，則推移準計，一年分數內，未捧三分一越二等，二越三等，全未捧者，居官六十朔越四等，四十朔以上越三等，十四朔以上再過冬越二等，十三朔以下一過冬越一等，非全未捧，勿論。〈續〉 ❷ 啓聞開賑邑，一年各減一等。〈續〉〈補〉 ❸ 備荒穀依元還例。〈增〉 ❹ 江都移轉米、賑廳句管穀依還上例，摠戎廳京畿移轉同。〈續〉〈補〉

004 **越祿毋過七等，疊犯者，從重論。**〈續〉 ❶ 等以朔計。〈補〉 ❷ 諸司合計，疊犯三條，加一等，犯四條，又加一等，毋過八等。❸ 越等，從解由到曹日始計，而到於付祿後、封倉前，則其等祿計減，在喪、居下未付職人，應敍年月始計，在任在喪，減二等。〈續〉 ❹ 外方啓請軍官，每等納朔布三匹，則越等爻周。京軍門將官亦納料，爻周。

005 **解由作紙，官納有差。** ❶ 居官三朔以上，竝兵曹納。府、牧、府十六兩，郡、縣十一兩，僉、萬戶六兩，察訪五兩。此外又有計士廳例給，三朔以下，只後錢一兩納兵曹。❷ 六鎭、三、甲、江邊七邑、淸北十三邑、濟州三邑無，而兵曹惟六鎭、三、甲、濟州三邑無，但有後錢。〈補〉

雜令

001 **國幣用銅錢。** ❶ 楮貨更爲常木, 常木復爲銅錢。文曰常平通寶, 重二錢五分,〈續〉-❶ 今一錢二分。〈補〉- 百文爲兩, 十兩爲貫。❷ 銀七成爲丁銀, 十成爲天銀。丁銀一兩代錢二兩。〈續〉-❷ 今從市直。〈補〉- 低仰者, 官吏論罪, 小民杖百配。❸ 新舊銀一體行用。〈續〉

002 **籍田以附近居民耕穫。親耕時, 盡百畝之制。收黍、稷、稻、粱, 以供粢盛。**〈經〉〈續〉 ❶ 西籍供元祭, 東籍供別祭。〈補〉 ❷ 使位田十六日耕之民, 同治御耕八日耕之田, 竝減本稅、結錢。〈增〉 ❸ 親耕後, 籍田令限秋成看檢。〈續〉

003 **親耕禮, 禮曹每歲首稟旨。** ❶ 九穀成熟後, 親臨觀刈與遣官監穫, 奉常寺稟。該寺[19]如無提調, 則禮曹。〈增〉

004 **親耕時, 有禮儀使** ❶ 禮判, 有故則參判。**、耕籍使** ❷ 戶判, 有故則參判。**、從耕官** ❸ 宰臣〈五禮〉-❶ 大臣〈補〉-、宗室、吏·兵判, 有故則參判, 兩司長官, 有故則次官。〈五禮〉〈續禮〉**、諸執事官。** ❹ 奉耒耜官, 奉常正; 執牛轡官, 司僕正; 籍田令、督視官、奉靑箱官, 奉常官; 奉畚、奉鍤官各三, 奉常、成均官。〈五禮〉〈補〉

005 **蠶室引絲人, 一日各繅生繭一斗。** ❶ 繭重九兩, 出絲一兩。〈續〉

19 寺 : 底本에는 "曹"로 되어 있다. 奎章A 및 《大典通編·禮典·雜令》에 根據하여 修正하였다.

❷《大典》法: “諸道宜桑處, 置都會蠶室, 成籍, 藏於本曹、本道、本邑, 養蠶取繭上納。觀察使擇有職勤謹者, 爲養蠶官, 守令考察。”〈補〉

006 **力業特異者,** ❶ 如農桑、種植、畜牧之類。**每歲抄, 本曹錄啓獎勸。**〈經〉

007 **借牛、助糧、查陳、勸耕, 一遵歲首勸農綸音, 守令另行勸課。**〈增〉 ❶ 守令勸諭, 使趁時耕耘, 且助[20]不給, 勿差役, 勿徵發。觀察使考勤慢殿最。❷ 官屯田, 勿使村民治之。❸ 病戶田, 令族親及隣里耕耘, 勿使陳荒。〈經〉

008 **諸道農形及雨澤, 道臣隨卽啓聞。**〈補〉 ❶ 置測雨器于京外, 雨澤多少, 隨卽啓聞。❷ 水標單子, 禮曹修啓。〈增〉

009 **農桑不勸課者, 論罪。**〈補〉 ❶ 里長, 部內田地無故荒蕪及應課種桑、麻而不種, 十分爲率,-❶ 民戶五分爲率。- 一分笞二十, 每分加一等, 止杖八, 官減二等。〈律〉

010 **箕子井田區洫犯耕者, 堤堰冒耕律論。**〈續〉

011 **侵欺他人田宅者, 論罪。**〈律〉〈補〉 ❶ 盜賣、換易、冒認、虛錢實契

20 助 : 底本에는 “鋤”로 되어 있다. 奎章A 및《經國大典·戶典·務農》에 根據하여 修正하였다.

典買及侵占他人田宅, 田一畝〈律〉-❶《大典》法, 十四負準中朝一畝。〈補〉-、屋一間以下, 笞五十, 每田五畝、屋三間加一等, 止杖八徒二。係官, 各加二等。花利還官給主。❷ 盜耕他人田, 一畝以下, 笞三十, 每五畝加一等, 止杖八。荒田減一等。强者, 各加一等, 係官, 各加二等。花利歸官、主。

012 强占官民山場、湖泊、蘆蕩、金·銀·銅·鐵冶, 杖百流三。❶ 田産及花利, 還官給主。〈律〉

013 宮[21]家買田土時, 憑查虛實明白, 然後許令買賣。❶ 毋徑先啓下, 自內司報該曹, 行關本道憑查。❷ 相訟奴婢、田土, 自願賣入宮家者, 使時執人訟卞歸一後, 許買賣。〈續〉 ❸ 未查田民徑買者, 該宮所任、內司官重勘。〈增〉

014 官吏於任所, 不得置買田宅。❶ 違者笞五十。田宅入官。〈律〉

015 勿論空垈及圃田, 許民造家。本主防塞抵毁者, 制違律論。❶ 班戶因此圖占民田, 討索貨賂, 不給貰錢者, 侵占田宅律論。〈增〉 ❷《大典》有"京中造家地, 京兆聽人狀告, 以空地折給。大君三十負至庶人二負,-❶ 用三等尺。- 及家舍大君六十間, 王子、公主五十間, 翁主及宗親、文武二品以上四十間, 三品以下三十間, 庶人十間, 毋得用熟石、花栱、草栱"之法。〈補〉

21 宮 : 底本에는 "官"으로 되어 있다. 奎章A 및《續大典·戶典·賣買限》에 根據하여 修正하였다.

016 **國用物件外, 各司私貿易一禁。** ❶ 貿易官吏、平市署官, 推考罷黜。〈續〉 ❷ 各廛之物, 各衙門、諸宮家先上貿易, 啓達處置。〈補〉 ❸ 宗臣、士夫以外上侵擾各廛人, 平市署草記科罪。 ❹ 各衙門、軍門、宮房不文移平市署, 推捉廛人者, 嚴禁。〈增〉

017 **有貢物各司及五部官, 隨駕、差祭時, 責出馬匹及諸具於貢人、坊民者, 制違律論。**〈續〉 ❶ 臺庫監察公故依幕、雜物, 罷貢人進排之規, 賑廳、本曹上下。

018 **新廛、新契, 非稟請蒙允, 毋得許設。** ❶ 違禁, 判堂制違律論。 ❷ 雖有貢人稱冤, 稟請前, 貢價添給嚴禁。〈增〉

019 **納官穀, 皆許自槪。**〈經〉

020 **各司屯穀臭載, 本官親審鉤拯, 道臣嚴覈狀聞。** ❶ 幷依稅穀例, 而拯米, 本司從便區處, 勿許分給改色。軍保米依稅穀例。〈增〉

021 **凡人口生産、物故及違法爲僧原籍還差之數, 京漢城府, 外觀察使, 每歲抄啓聞。**〈經〉

022 **官私[22]地內, 掘得埋藏之物者, 聽收用。** ❶ 古器、鍾鼎、符印異常之物, 限三十日內送官。違者, 杖八, 其物入官。

22 私 : 底本에는 "司"로 되어 있다. 《大明律·戶律·錢債·得遺失物》에 根據하여 修正하였다.

023 **抄箚入官家産, 而隱瞞人口, 以隱漏丁口論, 田土, 以欺隱田糧論, 財物、房屋、孳畜, 坐贓論, 止杖百。** ❶ 所隱人口、財産入官。

024 **得遺失之物, 五日內送官。官物還官, 私物, 召人識認, 半給得物人, 半還失物人。** ❶ 三十日內, 無人識認者, 全給。限外不送官者, 官物, 坐贓論, 私物, 減二等, 半入官, 半給主。

025 **諸色人評估物價, 或貴或賤者, 計所增減, 坐贓論。** ❶ 入己, 準竊盜論。

026 **見人買賣, 在傍高下比價, 惑亂而取利, 笞四十。** ❶ 若已得利物, 計贓, 重者準竊盜論。〈律〉

典律通補

典律通補 禮典

卷之三

禮典目錄

禮典

❶ 屬衙門: 弘文館、藝文館、侍講院、講書院、成均館、春秋館、承文院、通禮院、奉常寺、內醫院、禮賓寺、掌樂院、觀象監、典醫監、司譯院、社稷署、宗廟署、永禧殿官、景慕宮官、氷庫、典牲署、惠民署、圖畫署、活人署、四學、畿內諸陵·殿〈經〉〈增〉〈補〉-❶ 莊陵同。-及園·墓官。〈補〉

❷ 校書官今屬奎章閣。〈增〉

❸ 儀註用《五禮儀》、《續五禮儀》、《喪禮補編》。〈經〉〈續〉〈增〉

喪禮

❶ 儀註具載《補編》。今採若干節目，且附上下服制於下，以備便考。而庚子以後，服制復[1]古。今此上服只錄視事、進見服，而丙午年小喪用《儀禮註疏》，殿下齊衰朞年。〈補〉

001 **是日，宗親、文武官淺淡服，哭** ❶ 盡哀止，四拜。❷ 小喪，再拜。**於闕內，** ❸ 外庭。❹ 大君特位正一前。**班首進名奉慰。** ❺ 有王妃，先慰王妃。**罷散官、館學生、庶民** ❻ 小內喪，庶民否。**白衣，哭於闕外。** ❼ 朝、晡哭，百官至成殯，承、史、內各司入直堂郎、殯殿都監入直堂郎至葬前。❽ 小喪，只宮官至卒哭，小內喪否。

1 復 : 底本에는 "服"으로 되어 있다. 奎章A에 根據하여 修正하였다.

002 兵曹勅諸衛[2], 謹守內外門及應宿衛之所。

003 本曹凡干喪事, 報政府, 行移中外, 各供其職。❶ 內喪、小喪啓聞。❷ 至卒哭, 除式暇、服制、謝前等雜故。卒哭後, 朔望、俗節、四時、臘、練、祥、禫同。

004 公除 ❶ 三年, 二十七日; 杖朞, 十五日; 朞, 十三日; 大功, 九日; 小功, 五日; 緦, 三日, 自成服日計。前, 廢坐, 刑殺文書亦不啓。❷ 巷市五日。

005 是日, 沐浴、襲、含; 第三日, 小斂; ❶ 小喪, 二日。五日, 大斂; ❷ 成殯, 同日。❸ 小喪, 三日。六日, 成服。❹ 小喪, 四日。

006 襲、斂 ❶ 入梓宮同。❷ 小喪, 梓室。時, 朝臣〈補編〉 ❸ 大臣、勳臣、儒臣、禮判、兩司長官、承旨六、史官五、玉堂·春坊各一。〈續禮〉〈補編〉 ❹ 小喪, 大臣、禮官、宮官。❺ 別入侍隨下敎。入侍。❻ 內喪否。❼ 梓宮加漆, 百官; 再度後及內喪初度後, 二品以上、六曹·三司長官; 小喪, 宮官。❽ 梓宮書上字及結裹, 百官; 內喪, 二品以上、六曹·三司長官; 小喪, 宮官。

007 第三日, ❶ 小喪, 二日。遣大臣 ❷ 小喪, 重臣。-❶ 一品。- 告于社稷 ❸ 小內喪否。、永寧殿、宗廟。❹ 有魂殿, 則亦告。魂宮同。

2 衛 : 底本에는 "位"로 되어 있다. 國中A 및 奎章A에 根據하여 修正하였다.

008 **諸道使臣及外官, 文書到日, 於正廳**〈補編〉 1 殿牌奉安處。〈補〉 **設香卓, 以淺淡服入庭,** 2 使臣在東, 外官在西。**上香哭拜。聞訃第六日,** 3 小喪, 四日。**成服。** 4 沿邊官不擧哀。〈補編〉 5 朔望、俗節、發引、下玄宮、虞、卒哭、練、祥、禫, 以衰服, 先行望哭禮後, 改公服, 行望闕禮。而卒哭前, 只望哭。小喪, 則望闕禮後, 行望哭禮。〈補〉

009 **觀察、節度使及牧使以上, 遣人進箋陳慰。** 1 二品以上, 雖非牧使, 亦進箋。

010 **成服禮訖, 嗣位受賀** 1 竝具冕服。 2 百官, 朝服。- 1 五品以下, 黑團領。- **頒敎。諸道牧使以上,** 3 二品以上外官同。**奉箋陳賀。**

011 **嗣位禮訖, 告訃請謚,** 1 百官白衣、烏帽、黑帶, 拜表至國門外。**政府請承襲申呈。**

012 **議政** 1 率百官。、**宗親、忠勳、儀賓、敦寧府及觀察使進香。** 2 小喪, 觀察使否; 小內喪, 儀賓、敦寧、觀察使否。〈補編〉 3 勿用彩花及蔘正果。〈續〉

013 **前期, 奉常寺[3]集謚報本曹, 本曹報政府議謚**〈補編〉 1 六曹·藝文·春秋館二品以上、奉常寺都提調·提調、三司長官同議。

3 寺 : 底本에는 "事"로 되어 있다. 奎章A 및 《國朝喪禮補編·請謚宗廟儀》에 根據하여 修正하였다.

〈補編〉〈補〉 **啓聞, 敬依。** ❷ 內喪在先及小喪同, 而啓聞落點。〈補編〉
擇日請謚宗廟,〈補編〉〈補〉 ❸ 內喪在先及小喪, 但贈謚、賜謚於正殿, 前一日告廟。 **上謚冊、寶** ❹ 內喪在先, 贈謚冊、寶, 小喪、小內喪, 賜謚冊、印。 **於殯殿。** ❺ 小喪, 殯宮。

014 **賜謚禮畢, 焚黃。** ❶ 承文院官, 黃紙傳寫誥命, 行祭殯殿, 詣燎所, 焚。 ❷ 賜賻後, 擇日賜謚, 賜謚後, 擇日賜祭。

015 **五月而葬,** ❶ 小喪, 三月。 **行七虞。** ❷ 小喪, 五虞。 **葬日初虞, 自第二虞至第六虞** ❸ 小喪, 第四虞。 **用柔日, 第七虞** ❹ 小喪, 第五虞。 **用剛日。 七虞後, 遇剛日, 卒哭, 朞而練,** ❺ 內喪在先, 十一月, 卜日。 小內喪在先同。 **再朞而祥,** ❻ 內喪在先, 十三月, 用初忌。 小內喪在先同。 **祥後, 間一月而禫, 禫後, 遇吉祭** ❼ 宗廟時享。 **而祔廟。** ❽ 小喪, 禫祭日, 入廟。

016 **發引前一日, 祈晴於社稷。** ❶ 發引日, 宮門及城門, 祭五十神位, 又祭所過橋梁、名山、大川。〈補編〉

017 **因山時, 京畿監司及留守會葬, 諸道監司以都事代行[4],** ❶ 或秩高守令。〈補〉 **境上待候。**〈增〉

018 **發引時, 留都群官** ❶ 殿下未得隨發引, 則在都群官。 **具衰服,** ❷ 小內喪, 淺淡服。 **徑至城門外, 進香奉辭, 返虞時, 出城門**

4 以都事代行 : 《大典通編·兵典·雜令》에는 小字로 되어 있다.

外, 迎拜前導。 ❸ 殿下未得隨發引, 則城門外奉辭, 下玄宮時, 望哭,-❶ 群官亦哭。小內喪否。- 虞祭行於山陵, 則亦望哭, 返虞, 城門外祇迎。〈補編〉

019 **以議政爲院相。** ❶ 留在政院。〈補〉

020 **設殯殿**〈補編〉 ❶ 成服後, 稱魂殿。〈補〉 、**國葬** ❷ 小喪, 禮葬。、**山陵** ❸ 小喪, 墓所。**三都監。 三都監都提調一。** ❹ 左相, 稱摠護使。❺ 小喪, 但稱都提調。內喪在先及小喪, 以時原任擬望。**殯殿都監, 提調三,** ❻ 一, 禮判。❼ 小喪, 二。**郎廳六,** ❽ 一, 都廳, 文官, 一, 禮曹郞。❾ 小喪, 五, 一, 都廳。**監造官三;** ❿ 小喪, 二。**國葬都監, 提調三,** ⓫ 一, 戶判。⓬ 小喪, 二。**郎廳八,** ⓭ 二, 都廳, 文官, 四, 禮·工曹郞、濟用·繕工監官。⓮ 小喪, 六, 一, 都廳。**監告官七;** ⓯ 小喪, 五。**山陵都監, 提調三,** ⓰ 二, 工判、繕工提調。⓱ 小喪, 二。**郎廳十,** ⓲ 二, 都廳, 文官, 二, 文官及繕工監官。⓳ 小喪, 七, 一, 都廳。**監造官九。** ⓴ 小喪, 七。

021 **以判尹爲橋道頓遞使。**〈補編〉

022 **挽詞官四十八。**〈補編〉〈補〉 ❶ 吏曹抄啓。〈補〉 ❷ 小喪, 四十; 小內喪, 二十五。

023 **以宗親、功臣中二品以上** ❶ 小喪, 堂上以上。**爲守陵官,** ❷ 小喪, 守墓官。**內侍三品以上** ❸ 小喪, 四品以上。**爲侍陵官。** ❹ 小喪, 侍墓官。

024 **魂殿** ❶ 小喪, 魂宮。〈補編〉 **堂上六,** ❷ 宗室。❸ 魂宮, 四。**參奉二,** ❹ 吏曹差。**忠義四;** ❺ 魂宮, 二。❻ 宗簿寺、忠勳府分差。**山陵參奉二, 忠義一。** ❼ 竝守陵官自辟。❽ 園, 守奉官二, 忠義一; 墓, 守衛官二, 忠義一, 竝守墓官自辟。〈補〉

025 **銘旌** ❶ 書大行王梓宮, 有尊號, 則書尊號於大行上。上謚後, 改銘旌, 則書廟號於尊號上, 謚號於尊號下, 不書大行字。玄宮銘旌同。❷ 小喪, 書某位梓室, 改銘旌, 書謚號於某位上。玄室銘旌同。**書寫官, 竝二品; 梓宮上字書寫官, 一品; 題主官, 文堂上以上;** ❸ 善書者[5]。❹ 練主題主官同。**封標官,** ❺ 封標玄宮門。**執義爲之。** ❻ 稱臣着名, 書謹封。❼ 小喪, 掌令。小內喪, 掌令, 不稱臣。

026 **請謚宗廟, 讀冊官、讀寶官竝文三品, 捧冊官、捧寶官竝五品。** ❶ 內喪在先贈謚, 小喪賜謚, 只有傳敎官, 承旨。❷ 上謚同, 請謚官仍行。小喪同, 內喪, 宮人讀冊、寶。**遣奠讀哀冊官文三品, 捧哀冊官文五品。遷奠捧哀冊官, 五品; 捧贈玉官, 工曹正郞; 捧贈帛官, 尙衣院官爲之。**

027 **凡奠, 以宗親二品以上** ❶ 小喪, 三品以上。**爲代奠官。**

028 **路祭, 班首爲獻官。** ❶ 內喪, 宮人。

5 者 : 底本에는 "寫"로 되어 있다. 國中A 및 奎章A에 根據하여 修正하였다.

029 **虞、卒哭,** ❶ 魂殿、山陵四時、臘、俗節、朔望及練、祥、禫同。❷ 山陵親享同。**亞、終獻官竝正一品。** ❸ 贊禮, 禮判。有故則參判。❹ 內喪在先, 親行, 則世子亞獻。小喪, 初獻世孫, 亞、終獻正二、翊善。小內喪在先, 王世子行祭, 則世孫亞獻。❺ 攝事, 初、亞獻正一, 終獻從一, 山陵, 二品以上。

030 **安陵奠,** ❶ 返虞後行。**山[6]陵使爲獻官。**

031 **焚黃, 亞、終獻官竝正一品。** ❶ 執禮, 二品; 大祝, 堂上。❷ 賜祭, 讀祭文官, 承旨; 展祭文官, 文五品; 大祝, 正三。

032 **虞、卒哭, 沐浴。魂殿山陵四時、臘, 散齋二日, 致齋一日。** ❶ 練、祥、禫同。❷ 山陵親行[7]同。❸ 陪享官及守衛殿門者, 淸齋一宿。**俗節** ❹ 正朝、寒食、端午、中秋、冬至。**及朔望同。時享, 但散齋一日。** ❺ 請諡宗廟, 領相以下行事官, 散齋二日, 致齋一日; 百官, 前一日齋宿。焚黃同卒哭。

033 **大喪視事服, 卒哭後布** ❶ 生布。**袍、布裹翼善冠** ❷ 笠亦裹布。、**布裹烏犀帶、白皮靴,** ❸ 靴, 至禫祭同。**練後用白, 祥祭黲袍、翼善冠** ❹ 笠仍白。、**烏犀帶, 禫祭玄袍、翼善冠、烏犀帶, 禫後袞袍、玉帶。王世孫**〈補編〉 ❺ 大喪則殿下嗣位之前, 故殿下稱王世子, 王世子稱王世孫。〈補〉 **公服同殿下視事服,**

6 山 : 底本에는 "出"로 되어 있다. 《世宗實錄》 2年 9月 13日 및 《世宗實錄·五禮 凶禮儀式·安陵奠儀》 등에 根據하여 修正하였다.

7 行 : 國中A에는 "行"으로 되어 있고, 奎章A에는 "享"으로 되어 있다.

禫後吉服。6 燕居服, 布衣、帶、笠, 練後用白。

034 內喪視事服同大喪。王世子公服同殿下視事服, 進見服, 練後禫前淺淡服。1 燕服, 布衣、帶、笠, 朞而除。王世孫進見服同王世子。

035 內喪在先視事服, 公除後, 同大喪。卒哭後白布裹翼善冠、烏犀帶, 祥後黲袍, 餘同大喪。1 燕服, 布衣、帶、笠, 練後用白, 祥後黑笠, 禫後吉服。王世子公服同內喪殿下視事服, 禫後深染玉色圓領衣、翼善冠、烏犀帶, 二十七月吉服。進見服, 練前布直領衣、帶、笠, 練後用白, 禫後再朞前淺淡服。2 燕服, 祥後白衣、帶、笠, 禫後白衣、黲帶、笠, 二十七月吉服。王世孫進見服, 祥後禫前淺淡服。

036 小喪視事服同內喪在先。1 燕服, 布衣、帶、笠, 練後白衣、帶、黑笠, 祥後黑帶, 禫後吉服。〈補編〉 2 齊衰朞年則視事服, 公除後, 白袍、翼善冠、烏犀帶、白皮靴。〈補〉 王世孫公服同大喪殿下視事服。進見服, 練前布直領衣、帶、笠, 練後用白, 禫後吉服。

037 小內喪視事服, 吉服。1 燕服, 白衣、帶、黑笠, 朞而除。王世子公服同內喪在先殿下服。2 燕服亦同。但竝祥後吉服。王世孫公服同小喪。3 在先則同內喪在先王世子服。進見服, 練前後同小喪, 祥後禫前淺淡服。4 在先則禫後再朞前淺淡服。5 燕服, 祥後白衣、帶、笠, 禫後吉服。在先則禫後白衣、黲帶、笠, 終三年。

038 宗親、文武官大喪，斬衰三年，布 ❶ 生布。衣裳、中衣、冠、巾，❷ 網巾，白緣去金玉圈子。麻 ❸ 生麻。絰、帶，竹杖，❹ 宗親都正以上，文、武、蔭從二曾經同敦寧、摠管以上，堂上曾經判決事，堂下、參下曾經侍從以上，外官曾經水使以上有杖。❺ 官卑而差遣職事高者從高，遷官者從新，貶官者從舊。菅履。公服，布圓領衣、布裹帽、布裹角帶、白皮靴。❻ 靴，至禫祭同。❼ 廟、社、陵、殿官入直，黑圓領去胷背、烏帽、黑角帶、黑靴。當殿、本陵及以下陵墓官否。燕居服，布衣、帶、笠。練祭 ❽ 改制。衣裳、冠、巾、腰絰用治葛，絞帶用練布，麻鞋。公服、燕服用白。、祥祭 ❾ 公服，深染灰色圓領、烏帽、黑角帶。❿ 笠亦黑。、禫祭 ⓫ 黑圓領、烏帽、黑角帶。禫後吉服。易服。百官妻齊衰朞年，布大袖·長裙·帶·蓋頭·頭御、竹釵、白綿布履。練後吉服。⓬ 不受衰者妻及庶人女白衣，朞而除。

039 內喪，齊衰朞年，布 ❶ 生布。絞帶，❷ 冠武、纓及絰纓、繫亦用布。麻鞋，不杖，勿去圈子。餘同大喪。公服，練後禫前進見時，淺淡服。百官妻，白布大袖、長裙、帶、蓋頭、頭御，白皮鞋，卒哭除。❸ 不受衰者妻及庶人女白衣，卒哭除。

040 內喪在先同內喪。但公服，卒哭後祥前，白布圓領、烏帽、黑角帶，祥後禫前進見時，淺淡服。❶ 陪祭則禫祭淺淡服，禫[8]後常服。世子行祭則祥後無百官陪祭，諸執事則祥後淺淡

8 禫：底本에는 "淡"으로 되어 있다. 國中A 및 奎章A에 根據하여 修正하였다.

服，禫後黑圓領、黑角帶，禫後攝事常[9]服。❷ 宮官卒哭後祥前東宮進見時，白布圓領、白布裹帽·角帶，祥後再朞前淺淡服。**百官妻同內喪。**

041 **小喪同內喪在先。但公服，練後禫前進見時，淺淡服。** ❶ 百官妻無服。〈補編〉 ❷ 殿下齊衰朞年則白布衣、帽、帶，公除後烏帽、帶。燕居服，白布衣、帶、笠，公除後黑笠。〈補〉

042 **小內喪，初終及成服時，淺淡服。** ❶ 宮官素服三十日，卒哭前入直、朞年內陪祭，淺淡服。

043 **親子服同殿下服。公服同百官。但祥祭，深染玉色圓領。**

044 **同姓異姓緦麻以上親無職人** ❶ 同百官服。❷ 緦麻以上女大喪，斬衰三年。內喪、內喪在先、小喪，齊衰朞。、**守陵官、侍陵內侍** ❸ 同親子服。❹ 守墓官、侍墓內侍同。、**魂殿宗室** ❺ 大喪同百官服。內喪，練後淺淡服。內喪在先，祥後淺淡服。❻ 魂宮宗室小喪，練後淺淡服，終三年。小內喪，淺淡服，終三年。、**成衆官** ❼ 內禁、忠義、忠贊、忠順、別侍、族親衛之類。❽ 大喪，布服-❶ 無衰。-三年，公服、燕服同百官，祥而除。內喪、內喪在先、小喪，布服朞，公服、燕服同百官。小內喪同百官。、**錄事、書吏** ❾ 同成衆官。但書吏布裹平頂巾。〈補編〉 ❿ 小喪殿下齊衰朞年則白布衣、帽、巾、帶、笠，公除後黑帽、巾、笠。〈補〉 、**生進、生徒** ⓫

9 常：底本에는 "祥"으로 되어 있다. 國中A 및 奎章A에 根據하여 修正하였다.

大喪, 布服三年, 布衣、帶、笠、白皮靴、鞋, 練用白, 祥而除。內喪、內喪在先、小喪, 布服朞。小內喪, 初終及成服, 白衣哭於外班。〈補編〉 12 小喪殿下齊衰朞年則白布衣、帶、笠, 公除後黑笠。〈補〉 13 入學校, 白巾; 入殿內, 黑巾。、**甲士、正兵** 14 大喪, 白衣三年, 白笠、生布帶, 練用白, 祥而除。內喪、內喪在先、小喪, 白衣朞。、**庶人、僧徒、皁隷、羅將,** 15 同甲士, 但白帶。羅將白巾。**衰服、布服、白衣有差。**〈補編〉

陵廟 殿、壇、胎室、歷代諸陵附。

001 **陵火巢, 以垓子外邊爲限。** ❶ 火巢內犯葬, 禁斷。〈續〉 ❷ 火巢外案禁標內偸葬, 減死配。〈增〉 ❸ 守陵軍, 先王、先后各七十, 遷廟三十。〈經〉〈補〉 ❹ 陵軍有闕, 以陵軍子枝代充。〈增〉

002 **遷陵時, 啓陵前四日, 行告由祭, 啓陵時, 成服望哭。** ❶ 緦服。 ❷ 宗親、文武官皆緦服, 望哭。 ❸ 政府率百官, 進香。 **發引、下玄宮、虞祭, 望哭。** ❹ 宗親、文武官皆望哭。 ❺ 設遷陵、山陵都監, 皆有提調。題主官書紙牓, 而捧哀冊、玉帛官及執義封標如因山。〈續禮〉 ❻ 遷陵時, 諸道道臣境上待候。〈增〉

003 **陵寢展謁, 每春秋, 本曹啓稟。** ❶ 以二月、八月稟, 而諸陵遍行後, 只稟秋展謁。 ❷ 陵幸御路犯耕人杖百, 觀察使推考, 地方官罷職。

004 **封陵上莎草、石物有頉處**〈續〉 ❶ 丁字閣殿內有頉同。〈增〉 **及陵上有失火處, 政府** ❷ 時任議政有故則原任。 **、本曹堂郎、觀象** ❸ 有故則本曹堂上兼進。 **·繕工監提調** ❹ 有故則工曹堂上。 **、繕工官、相地官、畫員奉審。** ❺ 修改時同, 而畫員否。 ❻ 沙草或有潦雨罅隙處, 陵官報本曹, 油芚之屬星火進排, 蓋覆以待奉審。 ❼ 封陵外, 堦砌、石物、曲墻、丁字閣及火巢內失火處奉審, 只本曹堂郎進; 修改時, 繕工官同進。〈續〉 ❽ 紅箭門、守僕房修改, 陵官監董。〈增〉 ❾ 修改時, 各司雜物進排, 限二十日; 易改者, 限十日。監役、參奉、書員及修理處置簿, 四年內頹毀者,

監役官罷職, 色吏、良人降定皁隷, 私賤則毁棄神御物律論。〈續〉

005 **陵、園、墓, 京畿[10]監司, 每春秋奉審啓聞。**〈經〉〈補〉 ❶ 主山來脈薄石造排處, 雨水損毁成坎者, 竝審。〈經〉 ❷ 園守衛軍、墓守墓軍, 各三十。〈補〉

006 **每正朝, 獻官奉審陵上雜木、雜草有無。** ❶ 寒食, 拔去陵上雜木、雜草。〈經〉 ❷ 蟲損木, 待陵官報來, 遣本曹郎眼同擲奸許斫。〈增〉

007 **北道各陵及莊陵, 五年一次, 本曹堂上奉審。** ❶ 改封陵, 政府、本曹堂上進; 改莎草, 只本曹堂郎監董。〈續〉 ❷ 莊陵, 地方官每孟朔, 與參奉奉審, 有無頉報觀察使, 狀聞。〈增〉〈補〉

008 **宗廟展謁, 景慕宮展拜, 以孟春、孟秋稟。**〈增〉 ❶ 毓祥宮展拜, 季春稟。

009 **宗廟、永寧殿, 每春秋仲月, 本署提調、本曹堂郎奉審。**〈續〉 ❶ 宗廟奉審, 戶曹堂郎同進, 掌樂提調亦進, 樂器眼同奉審。〈增〉 ❷ 宗廟殿內, 每五日, 入直官奉審; 帳內則朔望祭後及初五、二十日奉審。〈續〉 ❸ 修改時, 本署提調、禮·戶·工曹堂郎、繕工官進, 退下物件會坐燒火。移、還安, 都提調竝進。〈續〉〈補〉 ❹ 冊寶及誥命嗣位, 展謁時奉審, 每春秋, 本署提調、本曹堂郎奉審。〈經〉

10 畿 : 底本에는 "幾"로 되어 있다. 《新增東國輿地勝覽·京畿》에 根據하여 修正하였다.

〈補〉 5 肇慶廟, 道臣奉審。〈補〉

010 **景慕宮, 每春秋, 本宮提調、本曹·戶曹堂郎奉審。** 1 掌樂提調奉審樂器, 同太廟。 2 每五日, 入直官奉審。〈增〉 3 修改時, 本宮提調、禮·戶·工曹堂郎、繕工官進。移、還安, 都提調竝進。〈增〉〈補〉

011 **永禧殿展謁, 非酌獻禮年次, 則孟春稟。** 1 太廟展謁稟時, 一體稟。〈補〉 2 每春秋, 本曹堂郎奉審。修改時, 本曹堂郎、戶曹郎、繕工官進。 3 影幀, 每五日, 殿官奉審。〈續〉 4 慶基、濬源、長寧殿, 道、守臣奉審。〈補〉 5 眞殿, 禮官、殿官奉審外, 私自奉審者嚴禁。京外同。 6 守僕, 政院取才, 備望受點。〈增〉 7 影幀奉審時, 每致開展, 守僕中, 擇匠手有才者參錯差定。長寧殿同。〈續〉〈增〉

012 **奎章閣奉安御眞, 每春秋孟朔, 王世子率時原任閣臣, 涓吉奉審; 每孟朔望日, 時原任閣臣奉審;** 1 値雨雪, 稟旨擇日, 當朔內退行。**每朔間五日, 閣臣備員** 2 提學、直學中一, 直閣、待敎中一。有故則原任中啓差檢校。**奉審。**〈增〉

013 **社稷、文廟, 每春秋, 本曹、戶·工曹郎奉審。**〈續〉 1 掌樂提調同進, 奉審樂器。〈補〉 2 社稷奉審, 先行望神室禮。 3 入直郎, 淸齊後奉審。 4 本署以平服出入者, 竝郎官、部將重勘。〈增〉 5 各處壇壝紅箭門及垣瓦, 每孟朔, 遣本曹郎看審。〈補〉

014 **大報壇, 每正月, 本曹、戶曹堂郎奉審。** 1 掌樂提調同進, 奉

審樂器。❷ 守僕以漢人子孫, 兵曹望差。〈補〉

015 **大殿、王妃、王世子胎室, 觀察使奉審陵墓時, 竝審。**〈經〉 ❶ 大王胎室石物造改時, 本曹堂上及監役官進。〈續〉 ❷ 大王胎室三百步, 世子二百步。步數外長養處, 一體禁斷。禁標火巢內斫木及入葬, 依盜園陵樹木律。〈續〉〈補〉 ❸ 看守軍先王、先后各四, 親盡二; 大殿、王妃各八; 世子四。〈經〉

016 **崇義殿, 每年一次, 京畿監司奉審。**

017 **麗朝諸陵步數內,**〈續〉 ❶ 太祖陵二百步, 顯宗、文宗、忠敬王陵百五十步, 其餘百步。〈補〉 **禁耕、葬, 三年一次, 本曹郎擲奸。**〈續〉 ❷ 新羅 敬順王墓, 依麗陵例定步數, 置守護軍。〈增〉 ❸ 歷代始祖及高麗 太祖、顯宗、文宗、忠敬王陵所在守令, 每年省視, 禁田、柴。〈經〉 ❹ 歷代帝王陵寢耕、牧者, 杖八。〈律〉 ❺ 麗 太祖守陵軍三, 顯宗、文宗、忠敬王陵各二, 箕子墓一。〈經〉

018 **社稷後墻內外, 分授看守, 本署官每日考察。** ❶ 內則署奴, 外則墻底居人, 無人家處, 設警守軍遞守。如有蓋瓦撤毁處, 分授人及軍士推論, 分徵修補。〈續〉

019 **景慕宮宮墻, 每春秋,**〈增〉 ❶ 宮、都城巡審時。〈補〉 **兵·工曹、京兆堂郎與本宮提調巡審。**〈增〉〈補〉 ❷ 墻垣修築依宮墻例, 三軍門舉行。含春苑同。〈增〉

020 **部將各一，分直社稷、宗廟** ❶ 景慕宮同。、**永禧殿、明禮門。** 〈補〉 ❷ 宗廟外大門依闕門例，部將親監開閉。景慕宮同。〈續〉〈增〉 ❸ 社稷、宗廟、永禧殿、景慕宮守直軍，以鄉軍擇定，不謹定送，則分軍衛將施重律，不察本署官同罪。

021 **陵、園、墓木犯斫而不能摘發，則犯斫人及陵官論罪。** ❶ 拱抱大木-❶ 可合作板者。-一株，陵官徒三，陵軍流二；二株以上加等，止流三。松、雜大木-❷ 可合家材者。-〈增〉一株以上，陵軍杖百，四株以上徒二，七株以上徒三，陵官四株以下削仕，五株以上罷職，七株以上奪告身三等，十株以上，陵軍流三，陵官徒三；中木十株以下，陵軍杖八，十株以上杖百，二十株以上徒一，三十株以上徒二，陵官五十株以上奪告身三等，三十株以上罷職，以下削仕；小木十株以上，陵軍笞四十，二十株以上杖六，陵官十株以上削仕，以下推考。摘發報本曹則勿論。而陵屬犯斫者依《明律》，加三等。〈增〉〈補〉-❸ 盜園、陵樹木，皆杖百徒三。-

022 **擅入大廟門、山陵兆域門，杖百；大社門，杖九。** ❶ 未過門限，減一等。守衛人故縱，同犯人罪；失覺察，減[11]三等。

023 **大祀丘壇毀損，杖百流二。** ❶ 壝門減二等。❷ 中祀同。〈律〉 ❸ 諸壇及廟壇外三十步內，禁樵耕及行人。〈五禮〉

11 減：底本에는 "監"으로 되어 있다. 國中A 및 奎章A에 根據하여 修正하였다.

祭禮

001 **祭祀日期, 本曹先期三朔啓聞, 移文京外衙門。**〈經〉 1 大祀日期, 所司不預告諸衙門, 笞五十。因而失誤行事, 杖百。中祀同。〈律〉

002 **凡祀無常日者, 卜日。**

003 **社稷** 1 春秋仲月上戊及臘。州縣不用臘。〈五禮〉 2 祈穀, 孟春上辛。〈續禮〉 、**大報壇** 3 季春上旬。 4 從享竝祭。〈補〉 、**宗廟** 5 四孟月上旬〈五禮〉-1 擇日, 勿用因忌齊日、正日。〈增〉-及臘。 6 七祀, 春司命及司戶, 夏司竈, 秋國門及公厲, 冬國行, 各因[12]時享祭之, 中霤, 季夏土旺日祭之。臘享則七祀徧祭。爲小祀。 7 配享功臣, 四時及臘皆祭, 攝事只祭冬[13]享。、**永寧殿**〈五禮〉 8 宗廟時享同行, 唯享春秋。若宗廟親享, 則雖非春秋, 遣官行。〈五禮〉〈補〉 **爲大祀。** **風雲雷雨** 9 山川、城隍附。、**嶽海瀆**〈五禮〉 10 春秋仲月上旬。〈五禮〉〈經〉 、**先農** 11 驚蟄後亥日。、**先蠶** 12 季春巳日。、**雩**〈五禮〉 13 孟夏上旬。〈五禮〉〈經〉 、**文宣王** 14 春秋仲月上丁。〈五禮〉 15 從享竝祭。〈補〉 、**歷代始祖** 16 春秋仲月。〈五禮〉 、**宮廟** 17 分至日。〈補〉 18 景慕宮, 四仲月上旬及臘。〈增〉 19 儲慶宮, 春秋分日。〈補〉 **爲中祀。** **名山大川** 20 春秋仲月。〈五禮〉 21 別祈, 正月。〈補〉 、**司寒** 22 藏氷季冬, 開氷春分。、**禜** 23 久雨則祭。、**厲**

12 因 : 底本에는 "引"으로 되어 있다. 國中A 및 奎章A에 根據하여 修正하였다.
13 冬 : 底本에는 "同"으로 되어 있다. 國中A 및 奎章A에 根據하여 修正하였다.

24 春淸明, 秋七月十五日, 冬十月一日。〈五禮〉 25 城隍發告祭先行於南壇, 後三日行厲祭, 陪往城隍神竝祭。〈續〉 、**酺** 26 有蝗螟則祭。、**禜** 27 驚蟄、霜降日。〈五禮〉 、**啓聖祠** 28 春秋仲月上丁。〈續禮〉 、**崇節祠** 29 春秋仲月中丁。〈補〉 、**關王廟** 30 驚蟄、霜降日。、**宣武祠** 31 春秋季月中丁。〈續禮〉 32 官軍從祀。〈補〉 、**解怪祭** 33 三四邑以上地震, 則設於中央邑。〈增〉 **爲小祀。** 34 州縣只有社稷、文宣王、禜、厲、酺祭。**宗廟俗節** 35 正朝、寒食、端午、秋夕、冬至。〈五禮〉 、**眞殿** 36 正朝、寒食、端午、秋夕、冬至、臘。37 永禧殿間二年, 仲春酌獻。〈續禮〉 、**陵·園·墓** 38 陵, 正朝、寒食、端午、秋夕、冬至。顯隆園同。去廟, 只享寒食。園、墓無冬至。〈五禮〉〈續禮〉〈補〉 39 忌辰祭, 親盡則否。〈續禮〉 40 忌辰祭與節享相値, 則只行忌辰, 祝文措辭。〈增〉 、**宮廟俗節** 41 正朝、寒食、端午、秋夕。景慕宮又有冬至。〈補〉 42 肇慶廟, 春秋仲月上旬, 亦俗禮行。〈增〉 **爲俗祭。**〈五禮〉

004 **諸壇位版, 奉於奉常寺神室。**〈補〉 1 以四方及中央設位奉安, 而社稷石主,〈五禮〉〈補〉-1 州縣無。〈五禮〉- 奉於本署神室。〈補〉

005 **有事, 則行祈告祭。** 1 如水旱、疾疫、蟲蝗、戰伐則祈, 所祈迫切, 則不卜日; 如封冊、冠婚凡國有大事則告。2 修補則有先告事由、移·還安祭。〈五禮〉 3 祈雨初次, 三角山、木覓山、漢江; 再次, 龍山江、楮子島; 三次, 風雲雷雨山川、雩; 四次, 北郊及社稷; 五次, 宗廟; 六次, 三角·木覓山、漢江, 沈虎頭; 七次, 龍山江、楮子島; 八次, 風雲雷雨山川、雩; 九次, 北郊、慕華館池邊, 蜥蜴童子; 十次, 社稷、慶會樓池邊, 蜥蜴童子; 十一次, 宗廟、春塘臺池邊, 蜥蜴童子; 十二次, 五方〈續〉-❶ 東, 先農壇旁; 南, 漢江壇旁; 中, 鍾閣旁; 西, 蠶頭倉 梁[14]川旁; 北, 厲壇旁。〈補〉-土龍祭。〈續〉-❷ 鞭法除之。〈增〉- ❹ 禜祭, 崇禮、興仁、敦義、肅靖四門, 連三日行。久未霽, 則限三次又行。❺ 祈雪初次, 宗廟、社稷、北郊; 再次, 風雲雷雨山川、雩、三角·木覓山、漢江。〈續〉 祈而有應, 卽行報祀。〈五禮〉 ❻ 祈雨、祈晴報祀, 不待立秋設行。〈增〉

006 朔望, 享宗廟。❶ 値別祭, 則只行別祭。〈五禮〉 ❷ 景慕宮同。〈補〉 ❸ 山陵及文廟只焚香。〈續禮〉

007 薦新薦禽於宗廟。❶ 不卜日。値朔望, 則兼薦。〈五禮〉 ❷ 景慕宮同。〈補〉

008 外方聖廟正殿有失火異常之變, 則遣本曹郎行慰安祭。

009 開城府及諸道界首官〈續〉 ❶ 公州、忠州、洪州、淸州、全州、羅州、南原、光州、慶州、晉州、尙州、安東、海州、黃州、原州、江陵、平壤、安州、咸興、安邊、北靑、鏡城。〈補〉 外, 其餘州、郡學, 免祭兩廡; 縣學, 竝免殿上從享。〈續〉〈補〉 ❷ 惟濂溪、明道、伊川、晦菴先生及薛侯 聰、崔侯 致遠、安公 裕、鄭公 夢周、金公 宏弼、鄭公 汝昌、趙公 光祖、李公 彦迪、李公 滉、李公 珥、成公 渾、金公 長生、宋公 時烈、宋公 浚吉、朴公 世采, 州、府、郡、縣皆祀之。〈續〉〈增〉 ❸ 鄕校募入人四十。〈續〉

14 梁 : 異本에도 "梁"으로 되어 있다. "陽"의 誤字인 듯하다.

010 獻官、諸執事, 吏曹差啓。〈補〉 ❶ 社稷初獻正一, 亞獻正二, 終獻從二。祈告、報〈五禮〉-❶ 祈穀同。〈續禮〉-、告由、移·還安二品。〈五禮〉〈補〉 ❷ 州、縣社稷獻官, 本邑守令。〈五禮〉 ❸ 大報壇獻官正一, 從享獻官堂上。〈補〉 ❹ 宗廟時享獻官同社稷, 俗節、朔望、祈告、報、告由、移·還安二品, 七祀及配享五品, 中霤宗廟令。❺ 永寧殿時享初獻一品, 亞、終獻及告及告由、移·還安同宗廟。〈五禮〉〈補〉 ❻ 永禧殿俗節獻官-❷ 臘正二。-從二, 告由、移·還安同。〈續禮〉〈補〉 ❼ 景慕宮時享初獻一品, 亞獻從二, 終獻堂上, 俗節、朔望及告及告由、移·還安同宗廟。❽ 儲慶宮時享獻官堂下正三, 告由、移·還安同。❾ 毓祥宮時享初獻從一, 亞獻從二, 終獻及俗節、告由、移·還安堂上。❿ 延祜宮時享初獻堂下正三, 亞、終獻及告由、移·還安堂下。⓫ 懿昭廟時享及俗節、告由、移·還安獻官堂下正三。〈補〉 ⓬ 陵俗節、忌辰獻官堂上, 親傳香時從二以上, 告由、移·還安堂上。〈續〉〈補〉 ⓭ 園同陵, 順康、綏吉園及諸墓堂下, 告由、移·還安同。〈補〉 ⓮ 長寧殿獻官江華留守, 通津府使預差。齊陵獻官豐德府使, 厚陵獻官長湍府使, 英陵獻官驪州牧使, 寧陵獻官竹山府使。莊陵獻官寧越府使, 原州牧使預差。有故則他邑守令。肇慶廟、慶基殿、北道陵殿獻官, 監司或秩高守令。〈續〉〈增〉〈補〉 ⓯ 風雲雷雨初獻二品, 亞獻堂上, 終獻堂下正三, 祈、報二品。〈五禮〉〈補〉 ⓰ 三角山、漢江、木覓山獻官堂下正三, 祈、報同。⓱ 望祈獻官, 嶽海瀆二品, 山川堂下三品, 報祀[15]同; 就祈獻官竝堂下三品, 報祀同。州縣嶽海瀆、歷代始祖獻官觀察使, 祭所非一, 則分遣守令。〈五禮〉 ⓲ 先農初獻一品, 亞獻正

15 祀 : 底本에는 "祠"로 되어 있다. 國中A 및 奎章A에 根據하여 修正하였다.

二, 終獻從二。19 先蠶同先農。〈補〉 20 雩同風雲雷雨。〈五禮〉〈補〉 21 文宣王釋奠初獻正二, 亞獻堂上, 終獻堂下正三。殿內東西從享分獻官各一, 堂下三品。兩廡從享分獻官各十, 竝五六品。告由、移·還安獻官三品, 分獻官二, 四品。〈五禮〉〈增〉 22 州、縣釋奠獻官本邑守令, 亞、終獻及分獻官本邑閑散文官, 無則儒生。告由、移·還安同。〈五禮〉〈補〉 23 司寒獻官堂下三品。〈五禮〉 24 禜獻官堂下三品, 報祀[16]同。外則守令。城隍、厲、酺同。〈五禮〉〈續〉 25 城隍獻官漢城府堂上。〈五禮〉 26 厲獻官漢城庶尹, 別祈獻官重臣。〈五禮〉〈補〉 27 酺獻官堂下三品。〈五禮〉 28 纛獻官武從二, 告由、移·還安同。文官不預祭。〈五禮〉〈補〉 29 啓聖祠獻官堂下三品, 告由、移·還安同。〈續禮〉〈補〉 30 崇節祠獻官成均館官, 告由、移·還安同。〈補〉 31 關王廟獻官武從二, 告由、移·還安同。配位獻官武四品。文官不預祭。 32 宣武祠獻官武從二, 告由、移·還安同。〈續禮〉〈補〉 33 祈雨初次, 堂下三品; 再次、三次, 從二; 四次, 北郊從二, 社稷正二; 五次, 正二; 六次, 近侍官; 七次、八次, 正二; 九次, 北郊正二, 慕華館池邊武從二; 十次, 社稷議政, 慶會樓池邊武從二; 十一次, 宗廟議政, 春塘臺池邊武從二; 十二次, 堂下三品。 34 祈雪初次, 正二; 再次, 風雲雷雨山川、雩正二, 三角·木覓山、漢江近侍官。〈續〉 35 獻官雖單官, 亦具三獻。惟禜、城隍發告、七祀、大報壇從享、宗廟配享、文廟從享、宣武祠、凡祈告〈補〉 -3 祈告親祭三獻。〈續〉-、報、移·還安、宗廟·景慕宮朔望, 單爵。〈補〉 36 凡親祭亞獻王世子;〈五禮〉-4 大報壇, 殿下三獻。山陵亞、終獻議政。〈五禮〉〈補〉- 終獻領相, 有故則次官; 進幣瓚爵-5 社稷、文廟稱爵酒,

16 祀 : 底本에는 "祠"로 되어 있다. 國中A 및 奎章A에 根據하여 修正하였다.

奠幣同。-官吏判, 有故則參判; 薦俎官戶判, 有故則參判; 奠幣瓚爵官吏議;-6 以上, 山陵無。- 禮儀使-7 山陵贊禮。-〈五禮〉禮判, 有故則參判; 典祀官奉常正, 有故則次官; 執禮, 壇上、堂上則文堂上, 壇下、堂下則文四品; 大祝知製敎四品以上, 祝史文四品, 齋郎文五品。獻官、進幣、奠幣、薦俎官、禮儀使、贊禮、執禮, 皆有預差。宗廟七祀、配享獻官各一, 從三。文廟配位三獻, 同正位。殿內分獻官堂上, 兩廡三四品。永禧殿俗節亞、終獻議政, 酌獻禮禮儀使稱贊禮, 執禮堂下三品。又有進圭官、爵酒官, 竝承旨。景慕宮酌獻同。文廟酌獻只有典祀官、祝史、齋郎, 配位亦親獻。殿內從享奠酌官三品, 兩廡六品以上。〈五禮〉〈續禮〉〈增〉〈補〉 37 省牲、器時禮判, 有故則參判。〈補〉 38 世子攝事亞、終獻議政, 進幣官吏參, 薦俎官戶參, 奠幣官堂下三品, 典祀官奉常官。執禮, 堂上則堂下三品, 堂下則四品弼善。文廟釋奠亞獻正二, 終獻堂上, 殿內分獻官四品, 兩廡五六品。入學時酌獻弼善, 執事學生。〈五禮〉〈補〉 39 世子省牲、器時禮參, 有故則參議。 40 世孫入學時酌獻翊善, 執事學生。〈補〉 41 秋曹及厨院郎, 大祭外, 勿差祭。〈續〉 42 有貢物各司官, 令貢人圖免差祭者, 制違律論。〈續〉〈增〉

011 **大祀散齋四日,**〈五禮〉 1 享官及近侍官應從升者, 宿正寢。凡親享同。〈五禮〉〈補〉 **致齋三日;** 2 二日本司, 一日祭所。〈五禮〉 3 凡親享陪祭官及諸衛之屬守衛壝門者, 本司淸齋, 一宿。〈五禮〉〈補〉 **中祀散齋三日, 致齋二日;** 4 一日本司, 一日祭所。 **小祀及俗祭**〈五禮〉 5 宗廟、景慕宮朔望同。〈五禮〉〈補〉 **散齋二日, 致齋一日。** 6 祭所。〈五禮〉 7 陵展謁,〈續〉-1 有親享。〈補〉- 散齋二日, 致齋一日, 以動駕前日止計。永祐園同。墓酌獻同。〈續〉〈增〉〈補〉 8 永禧殿酌獻散齋二日, 致齋一日。〈增〉 9 州縣社稷·釋奠及祈告、報、告由、移·還安同。小祀祈告迫切, 則只淸齋一宿。〈五禮〉 10 享官前一日, 齋宿公廨, 翌朝受香。該曹擲奸有闕則論罪。〈增〉 11 受誓戒人散齋, 不宿淨室, 罰俸錢半月; 致齋, 不宿本司, 罰俸錢一月。〈律〉 12 散齋聞大功以上、致齋聞期以上喪及疾病者, 聽免。死於齋所, 同房不得行事。已齋而闕者, 通攝行事。

012 **大祀, 百官先期七日受誓戒,** 1 政府。〈五禮〉 2 親臨闕內, 大報壇則北苑。〈五禮〉〈補〉 **四日肄儀。** 3 政府。 4 永寧殿則本曹。〈五禮〉 5 大報壇則供北門內。〈補〉 **中祀, 只前一日肄儀。** 6 享所。〈五禮〉 7 獻官實、預差俱參, 誓戒, 肄儀, 一體淸齋。〈增〉 8 誓文曰: "今年某月某日, 殿下祭于社稷。- 1 宗廟稱"享于宗廟", 攝事竝不稱殿下。 2 永寧殿稱"享于永寧殿"。- 凡行事執事官及陪祭宗親、文武百官, 不縱酒, 不茹葷, 不弔喪、問疾, 不聽樂, 不行刑, 不判署刑殺文書, 不預穢惡事, 各揚其職。其或有違, 國有常刑。"〈五禮〉 9 親臨誓戒, 冢宰- 3 有故則參判。-讀誓文, 司寇涖之。〈續〉 10 大、中、小祀親享時, 各司以誓令書揭。〈增〉 11 受誓戒而弔喪、問疾、判署刑殺文書及預宴, 罰俸錢一月。〈律〉

013 **廟、社差祭人擲奸時, 諸執事中, 雖有臺官, 一體拜禮。**〈續〉

014 **凡祭享, 監察進參糾察。** 1 稱祭監。 2 祭祀失儀, 見下《朝儀》條。〈補〉

015 **大祀及風雲雷雨、先農、先蠶、雩、文廟, 親傳香祝。** 1 其餘,承旨外庭代傳。〈五禮〉 ❷ 獻官受香時, 與入直香室官先準祝。〈增〉 ❸ 傳香, 先太廟、殿、陵, 後宮、園、廟、墓。〈增〉〈補〉 ❹ 肇慶廟、慶基殿, 本廟、殿官受香, 守僕陪往。齊·厚·英·寧·莊陵、長寧殿, 本陵、殿官; 北道陵、殿, 入番忠義受香。竝書吏陪往。〈補〉 ❺ 香陪書吏擇定, 各於本司齋宿供饋, 給鞍馬。〈續〉 ❻ 長寧殿臘享、正朝香祝, 同時陪往。濬源、慶基殿同。〈增〉 ❼ 受香時, 前期淸道, 京部官、外地方官擧行。〈續〉 ❽ 文廟, 只正位、配位有祝; 州縣, 無配位祝。大報壇、宗廟配享, 無祝。厲祭有敎書, 州縣則祭文。〈五禮〉〈補〉

016 **外方陵、殿告由祝, 勿塡日。** ❶ 自本所, 隨時擧行。〈續〉

017 **犧牲用純色。**〈補〉 ❶ 大祭犧牲, 本曹堂上同典牲提調看品。提調有故, 則本曹啓稟差出。〈續〉〈增〉 ❷ 大祀犧牲喂養不如法, 致瘦損, 笞四十。每一牲加一等, 止杖八, 致死加一等。中祀同。〈律〉

018 **祭享中脯, 奉常寺春秋造備。** ❶ 別祭頻數, 所用不足, 則無時造。❷ 行禮後, 典祀官同監察中折。❸ 私造及貿納者, 竝一律論。

019 **薦新物種, 隨産先封。** ❶ 供上雖差遲, 毋拘。**月令內未及産, 觀察使狀請退封。** ❷ 無狀稟稽封, 重推。❸ 看品時, 奉常提調有故, 則本曹堂上。〈續〉

020 **祭物, 當時所無者, 代以時物。外則非土産, 以其類充之。**〈五禮〉 ❶ 實果, 秋夕至十月, 代用掌苑署節果。

021 **陵、殿祭物，典祀官看品熟設後，獻官親審。** 1 未精潔者，陵、殿官及典祀官依一座全缺律。〈續〉 2 犧牲宰殺、祭物熟設時，典祀官、陵·殿官眼同看檢。若有偸竊、不潔之事，犯者草記刑配。膰肉私賣者同。〈增〉

022 **祈、報祀及宗廟朔望祭，以略禮行。**〈經〉 1 親行祈告祭後報祀，雖或攝行，依春秋節祭；遣官祈告後報祀，依小祀節目。

023 **長寧殿祭物價，計一年所入，送于江華府。**

024 **麗 太祖祭需，自開城府備送。**〈續〉 1 新羅 敬順王墓。〈增〉-1 長湍。〈補〉- 祭物，本府進排。

025 **親享時，本曹判書省鼎鑊；攝行，則亞獻官省。**〈增〉 1 宗廟享後，終獻官及典祀官、戶·工曹郞、入直廟司同坐，監滌祭器入櫃，廟官書"臣謹封"。〈增〉〈補〉 2 享後，幣則燎，祝則瘞置內坎，春秋封審時，廟、社提調同廟司、壇司精燎。凡用祝、幣處同。〈增〉

026 **雅樂、軒架無詞，登歌有詞，俗樂俱有詞。** 1 社稷、大報壇、風雲雷雨、先農、蠶、雩、文宣王用雅樂，宗廟、永寧殿、景慕宮、纛用俗樂。〈五禮〉〈補〉

027 **十一次祈雨，閉南門，開北門，遷市。**〈續〉

028 **三皇忌辰，** 1 太祖忌五月十日，神宗忌七月二十一日，毅宗忌三月十九日。**行望拜禮。** ❷ 前期稟。❸ 時原任大臣、九卿進參, -❶ 長官有故, 次官毋得代行。- 淸齋一宿。❹ 皇朝人子孫及忠臣子孫參。〈補〉

029 **國恤, 卒哭前停祀, 惟社稷殯後行。** ❶ 宗廟朔望, 只行焚香。❷ 內喪在先及小喪, 殿下公除後行祭。

030 **停樂三年, 惟大祀卒哭後用之。** ❶ 內喪, 練後中祀; 內喪在先及小喪, 卒哭後凡祭; 小內喪, 殯後大祀。公除後, 凡祭用樂。〈補編〉

031 **大祀牲牢、玉帛、黍稷之屬不如法, 笞五十。一事缺少, 杖八; 一座全缺, 杖百。** ❶ 毁棄大祀神御物, 杖百徒三; 遺失、誤毁, 杖七徒一半。❷ 中祀同。〈律〉

朝儀

001 大殿、王妃誕日及正、至，王世子、百官朝賀。❶ 外官各於所在，陳賀。〈經〉 ❷ 正、至、大殿誕日，留守、觀察·節度使、二品以上守令及府、大都護府、牧拜箋賀。〈經〉〈增〉 ❸ 大殿誕日、正、至及凡慶禮，內閣奉箋賀，時原任爲外任者具箋，同時封進。❹ 館學儒生遇慶，亦奉箋賀。〈增〉 ❺ 世子生辰、正、至，百官賀。從二以上陞堂，行再拜禮，而文二品曾經侍從及堂上實職、武二品曾經閫帥·摠管、蔭二品曾經亞尹·都正外，毋得陞堂。〈經〉〈續〉〈增〉 ❻ 世孫生辰、正、至賀同世子宮。❼ 內殿無箋文只致詞，有表裏。〈補〉 ❽ 朝賀及迎接詔書，所司不預告示，笞四十。已[17]告而失誤者同。〈律〉 ❾《大典》有朔望賀於大殿，及王妃誕日、正、至，內外命婦亦賀之禮。〈補〉

002 正、至、聖節，殿下率王世子以下，行望闕禮。〈經〉 ❶ 百官先期，習儀於政府。〈經〉〈補〉

003 每月四次，❶ 初五、十一、二十一、二十五日。百官朝參。

004 每日，宗親·議政·忠勳·中樞·儀賓·敦寧府、六曹、漢城府堂上，憲府、諫院各一，經筵堂上、堂下各二，輪次常參。❶ 有啓事，則陞殿。❷ 政府、六曹當直堂下官及監察亦參。

17 已：底本에는 "二"로 되어 있다. 奎章A 및《大明律·禮律·儀制·失誤朝賀》에 根據하여 修正하였다.

005 **奉朝賀、耆社堂上, 只正、至、誕日肅拜。**

006 **朝賀時, 監察相向立東西班末糾察。** ❶ 朝參同。〈經〉 ❷ 祭祀、朝會行禮, 差錯及失儀, 罰俸錢半月。糾儀官不糾者同。〈律〉 ❸ 不朝參, 見《吏典·給暇》條。〈補〉

007 **朝賀、朝參及凡一會, 宗親進不進, 宗簿寺檢察。** ❶ 托故不參, 收丘史。再犯罷職。

008 **每月六次,** ❶ 初五、初十、十五、二十、二十五、三十日。**備局都提調以下堂上官及三司各一入對。**

009 **每月三次,**〈續〉 ❶ 初一、十一、二十一日。〈補〉 **各司堂下官輪回受點入對。**〈續〉 ❷ 稟旨而無過五司。落點官各一入對。〈續〉〈補〉

010 **朝講, 玉堂上下番、經筵領事一·知事以下一·特進官二、兩司各一入參。** ❶ 領事有故, 則政府西壁。❷ 晝講, 特進官一又宗臣及武臣-❶ 稱輪[18]對武臣, 自堂上至亞將, 兵曹抄啓。-一, 兩司不參。❸ 夕講同, 而宗、武臣不參。❹ 召對, 只玉堂上·下番、閣臣一。夜對同。〈補〉 ❺ 經筵、視事逐日稟旨, 祁寒、盛暑頃稟。〈續〉〈增〉 ❻ 胄筵則國忌、私忌日, 例有召對, 大享及陵廟修改日、動駕相値日外, 頃稟幷除。〈續〉 ❼ 翊衛司入直一員隨參講對。衛從司同。〈增〉

18 輪 : 底本에는 "論"으로 되어 있다. 奎章A에 根據하여 修正하였다.

011 親臨關王廟時, 行再拜禮。〈續〉

012 大殿禮行外, 勿用儀仗。〈經〉 ❶ 大駕大儀仗, 享社稷·皇壇·宗廟·景慕宮、迎詔勅。導駕, 當部都事; 漢城府、禮·戶·兵曹、憲府長官, 有故則竝次官; 禁府堂下官二。馬軍具甲胄, 還宮時解甲。-❶ 法駕同。-〈五禮〉〈續禮〉〈補〉 ❷ 法駕半儀仗, 享永禧殿、先農、文宣王, 射于射壇, 觀射于射壇, 武科殿試。導駕上同, 而無三曹堂上。❸ 小駕小儀仗, 拜陵及門外行幸。導駕同法駕, 而無憲府官。〈五禮〉 ❹ 文武官於闕門外, 左右分立, 輦至鞠躬, 過則隨駕。❺ 行幸時, 兩司各一、經筵堂下官二侍從。〈經〉-❷ 無故則三司盡參。〈補〉-

013 黃儀仗用迎詔勅、拜表, 紅儀仗用千秋、拜箋。〈五禮〉

014 經宿行幸,〈經〉 ❶ 前二日告太廟、景慕宮。卽日還宮否。〈補〉 **留都百官城門外祗送, 駕還, 祗迎隨駕。當日及翌日, 二品以上行問安禮。**〈經〉〈補〉 ❷ 卽日還宮同。〈補〉 ❸ 經宿陵幸, 諸道道臣境上待候。〈增〉 ❹ 陵幸經宿, 戶判爲整理使, 修理御齋室。〈補〉 ❺ 陵幸時, 植炬限京兆治道, 餘屬外邑。〈增〉 ❻ 應從駕人違期及從而先還, 一日笞四十, 每三日加一等, 止杖百, 百戶以上各加一等; 從而逃杖百, 邊遠充軍, 百戶以上絞。親管頭目故縱, 同犯人罪; 失覺察減三等, 止杖百。〈律〉

015 東班九品、西班四品以上除職者, 翌日行謝恩肅拜于大殿、王妃殿、世子宮。〈經〉 ❶ 四拜。世子宮再拜。〈補〉 ❷ 加階或兼職, 只大殿肅拜。出使、受假者往還同。〈經〉 ❸ 從二以上翌日肅拜, 則吏曹郞親傳敎旨, 引儀臚唱, 而特除則否。大官雖久後, 親傳臚唱。〈續〉〈增〉〈補〉 ❹ 北道陵官除肅拜。〈增〉 ❺ 無祿官無肅拜。〈補〉 ❻ 或有特恩之及於閣臣者, 奉箋謝。〈增〉

016 **文武科、生進, 放榜翌日, 詣闕謝恩;**〈經〉 ❶ 呈六行單子。〈補〉 **次日, 詣成均館謁聖。**

017 **正朝則諸邑首吏, 遇慶則御鄕** ❶ 璿源大鄕、皇妣內·外鄕、皇祖妣·皇曾祖妣·皇高祖妣內鄕、王妃內·外鄕。 **首吏各一, 闕門外肅拜。**

018 **大小人道遇香祝、敎書、諭書、宣醞、宣牌之類, 下馬鞠躬。齎奉人不下馬。** ❶ 遇供御物, 則拱立。 ❷ 大小人遇巡將、巡官, 下馬。巡將、巡官遇御押標信, 下馬。〈經〉

儀章

001 **上服有冕旒冠冕服,** ❶ 宗廟、永禧殿、景慕宮展謁及大殿誕日及正、至陳賀。 ❷ 祭享加方心曲領。社稷、皇壇、宗廟祭, 永禧殿、景慕宮、文廟祭及酌獻, 先農祭, 及祈雨、雩、風雲雷雨山川祈雨, 及凡省器。-❶ 皇壇亦省牲。- **遠遊冠絳紗袍,** ❸ 社稷、皇壇、宗廟、景慕宮祭時出還宮, 永禧殿、文廟祭及酌獻時出還宮, 親耕及凡省牲, 受誓戒、陳賀, 頒教, 大科放榜。 **翼善冠袞龍袍,** ❹ 宗廟、永禧殿展謁時出還宮, 景慕宮展拜及酌獻時出還宮, 儲慶、毓祥、延祜宮祭及展拜及出還宮, 郊壇祈雨、親耕時出還宮, 關王廟展拜及出還宮, 傳香, 朝參, 常參, 迎勅, 殿講, 殿試, 觀武才, 小科放榜。 ❺ 凡動駕、殿座竝同。 **翼善冠無揚黑圓領袍,** ❻ 三皇忌辰望拜禮, 陵忌辰祭傳香及受弔, 迎勅。-❷ 自迎勅至受勅, 行禮時。- ❼ 齋日動駕、殿座竝同。 **戎服,** ❽ 帖裏。 ❾ 郊外出還宮。 ❿ 陵幸出宮, 除揷羽。 ⓫ 關王廟奠酌出還宮。 ⓬ 忌辰祭陵幸出還宮, 黑戎服。 **翼善冠黲袍。** ⓭ 陵、園、墓行禮, 傳訃, 迎勅。 ⓮ 小喪廟、殿-❸ 景慕宮同。-親祭時、展謁時出還宮, 黑圓領袍。

002 **諸臣服, 堂上三品以上**〈補〉 ❶ 冠則朝服、祭服, 一品五梁, 木箴,-❶ 木箴至九品同。- 二品四梁, 憲府官貼獬豸, 諫官亦貼, 三品〈經〉〈補〉-❷ 堂下三品同。-三梁; 公服〈經〉-❸ 時服。〈補〉-、常[19]服,〈經〉-❹ 黑團領。〈補〉- 烏紗帽紋紗角; 戎服, 紫笠,〈經〉〈續〉-❺ 笠飾用銀。大君金。〈經〉- 貝纓。服則朝服赤綃衣、裳, 蔽膝, 白綃中單, 雲鶴

19 常 : 底本에는 "裳"으로 되어 있다. 國中A 및 奎章A에 根據하여 修正하였다.

〈經〉〈續〉-6 黃、綠、赤、紫四色絲織。〈五禮〉-金環綬, 三品-7 堂下三品同。-盤雕銀環綬, 燔青佩玉, 牙笏,-8 笏至四品同。- 白布襪;-9 襪至九品同。-〈經〉 祭服靑綃衣, 赤綃裳, 白綃方心曲領, 蔽膝以下同朝服; 公服淡紅袍; 常服玄綠色紗段。胷背, 大君麒麟, 王子白澤, 文官雲鶴, 武官虎豹, 堂上熊羆。〈經〉〈續〉-10 熊羆至九品同。〈續〉- 戎服藍紗段帖裏。帶則朝服、祭服、公服、常服, 一品以上犀, 正二鈒金, 從二素金, 正三鈒[20]銀, 戎服紅絲, 朝服、祭服又有大帶〈五禮〉〈經〉〈續〉〈補〉-11 赤、白綃合縫。〈五禮〉-、條帶。靴鞋則朝服、祭服黑皮鞋, 公服、常服、戎服黑皮靴。〈經〉〈補〉 2 耳掩, 段、貂皮。〈經〉 3 圈子, 一品環玉, 正二環金, 從二金, 堂上玉。〈經〉〈補〉 4 私服帶紅絛兒。〈經〉 **、堂下三品以下**〈補〉 5 冠則四品以下二[21]梁, 七品以下一梁, 單紗角, 黑笠, 晶纓。服則四品練鵲〈經〉〈續〉-12 四品以下黃、綠、赤三色, 七品以下黃、綠二色絲織。〈五禮〉-銀環綬, 五六品銅環綬, 七品以下鸂鶒[22], 四品以下燔白佩玉, 五品以下木笏。公服靑袍, 七品以下綠袍。常服玄綠[23]色紵絹。胷背白鷴[24], 戎服靑玄色帖裏, 郊外動駕時紅色。帶則從三以下素銀, 參下黑角, 戎服不用紅絲。餘竝同堂上。〈經〉〈續〉〈補〉 6 淺淡服, 堂上、堂下竝黲布, 黑角帶, 烏紗帽。〈補〉 7 耳掩, 綃、鼠皮。〈經〉 8 宗親耳掩, 堂下綃、貂皮。私服紅帶。〈經〉〈續〉 9 觀察、節度使笠餙用玉頂子。10 儒學緇布巾,-13 在學。- 靑衿。〈經〉 11 私服, 文武、士庶

20 鈒 : 底本에는 "級"으로 되어 있다. 底本의 同一 項에 根據하여 修正하였다.
21 二 : 底本에는 "以"로 되어 있다. 國中A 및 奎章A에 根據하여 修正하였다.
22 鶒 : 底本에는 "漱"로 되어 있다. 國中A 및 奎章A에 根據하여 修正하였다.
23 綠 : 底本에는 "祿"으로 되어 있다. 國中A 및 奎章A에 根據하여 修正하였다.
24 鷴 : 底本에는 "鵬"으로 되어 있다. 國中A 및 奎章A에 根據하여 修正하였다.

竝尙靑。〈續〉 ⓬《大典》有兩司官笠飾玉頂子, 監察水精頂子[25]之法。**有差。**〈補〉

003 **陪從、朝賀服色, 從上服。** ❶ 御冕服、絳紗袍, 則朝臣朝服。御冕服加方心曲領, 則朝臣朝服, 祭官祭服。御袞龍袍、無揚黑圓領袍, 則朝臣黑團領。御黲袍, 則朝臣淺淡服。御帖裏, 則朝臣戎服。凡殿座、動駕侍衛諸臣竝戎服。❷ 祈雨擧動、啓覆、受香、望闕禮、拜表、肅謝、凡習儀, 黑團領。〈增〉 ❸ 下直, 時服。〈補〉 ❹ 受弔迎勅, 黑團領去胷背。❺ 救日月食, 淺淡服。〈增〉 ❻ 小喪廟、殿 -❶ 景慕宮同。- 親祭時、展謁時出還宮, 諸臣無揚黑團領去胷背, 烏角帶。〈補〉

004 **從一品以上及耆老所堂上乘平轎子。**〈續〉

005 **二品以上乘軺軒。**〈經〉 ❶ 堂上官, 持胡床、鞍籠者前導; 觀察使, 又持節鉞; 正三堂下官, 只持鞍籠; 王子, 豆錫牌; 政府、政院、經筵, 鑞牌; 內閣, 金牌引路。〈經〉〈增〉

006 **觀察使及從二品以上, 城外乘雙馬轎。** ❶ 曾經承旨, 雖守令許乘。義州、東萊以邊臣許。〈續〉 ❷ 堂下官乘轎, 施濫騎律, 赴燕書狀、通信、從事官勿論。❸ 中官乘轎, 勿論堂上、堂下, 施堂下乘轎律。〈增〉 ❹ 一品以下鞍具及錄事、諸學生徒、書吏、鄕吏、別監、守僕、闕內各差備及引路及羅將、皁隷所着在兩典。大小人

25 子 : 底本에는 "字"로 되어 있다. 國中A 및 奎章A에 根據하여 修正하였다.

衣服長廣之制在《續典》。憲府吏、通禮院書員監祭及朝賀時着公服在《大典》及《通編》。〈補〉

璽寶 用印附。

001 **御寶有大寶** ❶ 用於事大文書。、**施命之寶** ❷ 用於教命、教書、教旨。〈增〉、**爲政以德之寶**〈增〉〈館志〉 ❸ 用於通信文書。、**諭書之寶** ❹ 用於諭書。、**科擧之寶** ❺ 用於試券及紅、白牌。、**宣賜之記及宣貺端輔及同文之寶** ❻ 竝用於頒賜書籍。、**奎[26]章之寶** ❼ 用於御制鈐[27]識。、**濬哲之寶。** ❽ 用於閣臣教旨。 ❾ 其餘諸寶在大內。〈增〉

002 **各衙門印, 堂上官行用; 三品以下衙門, 則行首官。** ❶ 有故則差等官。 ❷ 京外一品衙門方二寸九分,-❶ 造禮器尺。- 二品二寸八分, 三品二寸五分, 四品二寸三分, 五、六品二寸一分, 七品以下長一寸八分、廣一寸三分。 ❸ 土官都務、都轄司亦有印。〈經〉

003 **權設都監及奉命人, 以本曹奉使印, 隨品取用。**〈增〉

004 **兵曹堂郎入直行用印外, 判書及二軍色郞加鑄以用。**

005 **改印時, 納布** ❶ 綿布。俗稱作木。**有差。**〈續〉 ❷ 納本曹, 京司及觀察使、府尹、節度使十五匹, 牧、府使、庶尹十四匹, 營將、郡守、判官、經歷、縣令、縣監十三匹, 都事、虞候、察訪、監牧官、僉使、萬戶、別將、權管十匹。〈續〉〈補〉

26 奎 : 底本에는 앞에 區分字가 있다. 國中A 및 奎章A에 根據하여 削除하였다.
27 鈐 : 底本에는 "鈐"으로 되어 있다. 國中A에 根據하여 修正하였다.

事大

1 國初有冬至、正朝、聖節、千秋四行, 謝恩、奏請、進賀、陳慰、進香、問安-1 皇帝巡到近境時[28]。-、參覈-2 罪囚會查事。-等使, 隨事差送。-3 謝恩以下謂別行。- 崇德以來, 無千秋使而有歲幣使, 至順治, 竝三節及歲幣爲一行, 名冬至使, 歲一遣之。-4 謂節行。-〈館志〉

001 **方物封裹日, 政府**〈經〉 1 議政以下。 2 無政府, 則不得行。〈補〉 、**六曹·憲府·政院長官**〈經〉 3 有故則次官。〈補〉 **、使臣、書狀監封。**〈經〉〈補〉 4 一從點下內入, 御覽後封裹。 5 節使方物三起。 兼他使, 則隨其名, 各加一起。〈補〉 6 方物布子內外面, 各異麤造者, 監納官推考罷黜, 納布人制違律論。監納後潛換, 杖百徒三。納布人厭憚精擇, 故爲延拖不納, 杖八。〈續〉

002 **文書,**〈經〉 1 表、箋, 知製敎; 奏文, 大提學, 有故則提學; 頭辭及咨文, 製述官、學官中製, 咨文或事重者, 文任製。〈補〉 **起程前七八日啓達。在京三次查對, 中路四處查對。** 2 承文院黑草查對, 承文提調三、議政一參。封裹日, 政府查對; 拜表日, 慕華館查對, 亦如之。竝使臣同參。黃州、平壤、安州、義州查對, 皆準黑草, 若有誤字, 馳啓改書。〈經〉〈增〉〈館志〉〈補〉

28 時 : 底本에는 小字로 되어 있다. 國中A 및 奎章A에 根據하여 小小字로 修正하였다.

003 **冬至行，使一，** ❶ 正二。結銜從一。❷ 凡使、副使皆陞品結銜。**副使一，** ❸ 正三。**書狀官一。** ❹ 正五。隨品兼臺。〈館志〉 ❺ 謝恩行，使大臣或正一宗班、儀賓，副使從二，書狀正四。奏請、陳奏、進賀同。〈館志〉〈補〉 ❻ 陳慰行，使從二，副使正三，書狀正六。大事則同進賀。〈館志〉 ❼ 進香行例兼陳慰，故使爲進香使，副使爲陳慰使，而書狀則兼察。❽ 告訃行，使正三，書狀從六。王世子告訃賫咨官，堂下文官。〈館志〉〈補〉 ❾ 問安行，使一，使品依謝恩，書狀三四品。❿ 參覈行，使正三，刑議例銜。〈館志〉 ⓫ 節使毋得以宗班差。〈續〉 ⓬ 冬至行譯官，堂上二，堂下二十一。大臣、正一宗班、儀賓兼謝恩、陳奏等行，則加定堂上一，自辟堂下或堂上一。謝恩、奏請、陳奏、進賀、陳慰、進香行，堂上二，堂下十七，內加定自辟各一。陳慰、進香使若二品，則無加定自辟。告訃行，堂上一，堂下十一。問安行，堂上二，堂下四，或各三。參覈行，堂上、堂下各二三。奏請、陳奏及或有周旋之事，隨輕重，一二三員別啓加帶。〈續〉〈館志〉〈補〉 ⓭ 大臣、正一宗班、儀賓行，別遣御醫一。〈館志〉〈補〉 ⓮ 大君行，護行中使一，別加定二。〈館志〉 ⓯ 每行，寫字官二，一以上使軍官去。畫員一，醫員 -❶ 兩醫司。- 一。雲臺官三年一次，〈續〉〈增〉 -❷ 問安行無。〈補〉- 若有曆法質問，不在此例。參覈行只醫員一。〈增〉〈館志〉 ⓰ 倭學則教誨、聰敏中一，只赴節行。〈續〉 ⓱ 三使軍官，謝恩等行八[29]，-❸ 正使五，內一以書狀所辟差。副使三。- 冬至行七，-❹ 正使四，內一書狀所辟。副使三。- 告訃行四，-❺ 使三，書狀一。- 問安行五，-❻ 使四，書狀一。- 參覈行二。〈館志〉 -❼ 一帶刑曹郞。〈補〉- 又有灣上軍官，掌下處、糧料等事，義州人差。〈館志〉 ⓲ 使

29 八 : 底本에는 "入"으로 되어 있다. 國中A 및 奎章A에 根據하여 修正하였다.

及書狀帶行子弟、家奴。〈經〉 19 節行, 六月差出, 十月終至月初拜表, 趁十二月二十六日封印前, 到北京。別行隨時, 而使事如非特例, 且與節行相値則兼之。使品依謝行, 員額依節行。20 告訃使, 喪服往返。他行雖國恤時, 渡江後吉服。〈館志〉

004 **使臣及員役衣資、賜米、盤纏, 依式頒給。**〈續〉 1 自戶曹下。又惠廳及外方例有路資。2 諸邑如有別求請, 使臣直發簡。〈館志〉

005 **員役許賫八包。** 1 人蔘二十兩爲一包, 十斤爲八包, 今以禁條, 故代以銀。每員, 十斤代二千兩, 堂上加千兩。使臣軍官雖堂上, 只二千兩。〈增〉〈館志〉 2《大典》法"使以下各十斤", 今則使及書狀所賫竝廢。〈增〉〈補〉

006 **使臣迎送軍, 以平安道正兵。騎、馱馬, 騎用驛馬, 馱用刷馬。**〈經〉〈增〉 1 江界、渭原、楚山、碧潼、昌城、朔州、義州、龍川、鐵山, 勿定。2 使、副使, 許賫私馬一匹。〈經〉

007 **燕行及儐接時, 堂上譯官雖有罪, 勿棍笞, 回還後啓聞論罪。**〈續〉

008 **書狀逐日記事, 回還後, 啓下承文院謄錄。**〈經〉

009 **參覈使押去犯人, 會査後, 待其議罪咨處之, 送謝恩使。** 1 或順付。2 我國漂人出送, 則亦謝恩順付。〈補〉

010 **有奏而關係不重, 不必備使者, 送賫咨官, 咨行禮部。** 1 勿論堂上、堂下, 漢學中另選。曆行, 教誨中按次。 2 轉達請旨。咨報、咨回、受曆日、押解漂口, 竝專差。而領曆官趁十月朔日, 進京。 3 漂人船破從陸, 則押送山海關以內人, 傳咨北京; 以外人, 傳鳳凰城。值節行則順付。 4 原有事而遵旨覆[30]奏, 名賫奏官, 同武官堂下。〈館志〉 5 衣資、賜米、盤纏依式。又平安監營、兩西兵營、義州給盤纏。〈續〉〈館志〉 6 八包九千兩。〈補〉

011 **勅行, 使、副使各一, 通官四。** 1 跟役十八。〈館志〉 **牌文來到, 廟堂差遠接使,**〈經〉〈館志〉 2 正卿。 3 回程時, 差伴送使。 4 差官〈館志〉-1 前或以定界、運米等事出來。〈補〉-則差接伴使, 亞卿。**吏曹差問禮官,** 5 文堂下。**政院差六處** 6 義州、定州、安州、平壤、黃州、松都。〈館志〉 **迎慰使,**〈經〉〈增〉 7 堂上, 結銜嘉善。**次第發送, 又別遣問安使。**〈館志〉 8 堂上或道內秩高守令, 政院行移。〈補〉 9 使到安州, 別遣中使問安。-2 回程同。- 減各處宴享, 則政院差中路問安使, 以回還迎慰使仍行。中路有疾病, 則差問慰使。遇節日,〈館志〉-3 聖節、正、至。〈補〉- 則本曹差問安使。入京後, 逐日問安, 中使則二, 宰臣及承旨則一輪回。 10 回程日, 無郊外親臨, 則洪濟院遣中使。減西路餞慰宴, 則松都、平壤、義州等處, 遣使問安。〈館志〉 11 迎慰之任, 毋得以[31]宗班差。〈續〉 12 遠接使行見官禮, 呈名帖[32], 再拜。迎慰使、觀察使、問禮官、運餉使、站官、守令-4 守令都名帖。-行禮, 如遠接使。**設迎接都監, 館伴一,** 13 正

30 覆 : 底本에는 "覈"으로 되어 있다. 國中A 및 奎章A에 根據하여 修正하였다.
31 以 : 底本에는 "而"로 되어 있다. 國中A 및 奎章A에 根據하여 修正하였다.
32 帖 : 底本에는 "貼"으로 되어 있다. 國中A 및 奎章A에 根據하여 修正하였다.

卿。**提調一。**⓮ 戶判。

012 **殿下郊迎勅書，仁政殿接見，行茶禮。**❶ 或便殿受勅，接見，茶禮。❷ 御前通事三，一文堂上。或上候未寧，邸下接見時，侍講院通事三，一文堂下。**勅使就館所，**〈館志〉 ❸ 世子就前，行再拜禮。〈經〉 **百官請行見官禮。**❹ 館伴、提調先呈名帖，楹內再拜。都廳楹內，各色郎廳、監造官楹外，行禮。然後二品以上楹內，堂上楹外，堂下階上，呈名帖行禮。二品以上，使降揖；堂上以下，擧手。❺ 自入京翌日下馬宴至回程時上馬宴及餞宴等宴，凡七度。其間有空日，則供別茶啖。〈館志〉 ❻ 迎詔勅，百官先期，習儀於政府。〈經〉〈補〉 ❼ 迎接詔書不預告，見上《朝儀》條。〈補〉

013 **勅使回程日，請留** ❶ 初以上命，都監請留，次承旨，次大臣，次中使。**定日後，發送回程牌文，政院差送六處餞慰使。**〈館志〉 ❷ 百官於慕華館門外左路序立，使至班頭，百官再拜而送。〈經〉

交隣

001 日本國王 ❶ 卽關白。稱王, 或稱大君。**無送使之例。有事則馬島倭以國王意送大差倭。**

002 **對馬島主送使** ❶ 一特送使至三特送使, 歲遣第一船送使至歲遣十七船送使。、**受圖書船,** ❷ 副特送使、萬松院送使、以酊菴送使。**年例出來, 令就釜山館肅謝, 宴饋, 受納書契。**〈館志〉 ❸ 特送、歲遣、副特送, 持本曹參議前書契; 萬松、以酊, 持佐郎前書契以來。又有封進物, 本曹官有回答、回賜。差倭等同。〈經〉〈館志〉 ❹ 倭人到浦, 邊將考書契、圖書、路引, 違格者還送。所賫進上物, 觀察使定差員, 分道上送。騎載十五匹以上, 氷凍或水淺時外, 竝由水路, 負重者留浦, 自戶曹買賣。〈經〉 ❺ 圖書見樣紙, 藏於本曹、校書館[33]、釜山浦, 每書契時, 考檢眞僞。❻ 茶禮與宴享, 東萊府使、釜山僉使同參。大差倭則接慰官押宴, 府使隨參; 別差倭鄕接慰官押宴。❼ 國家有故, 則不設宴行禮後, 只乾物入給。〈館志〉

003 **差倭,** ❶ 關白退休差倭、關白告訃差倭、關白承襲告慶差倭、島主承襲告慶差倭、圖書請改差倭、通信使請來差倭、通信使護行差倭、通信使護還差倭, 謂大差倭, 持本曹參判前書契或別幅。漂人領來差倭、島主退休差倭、島主告訃差倭、島主告還差倭、弔慰差倭、陳賀差倭、問慰官護行差倭、裁判差倭, 持參議

33 館 : 底本에는 "官"으로 되어 있다. 國中A 및 奎章A에 根據하여 修正하였다.

前別幅。〈館志〉〈補〉 ❷ 島主雖退休後身死, 着所受圖書而納遺物, 則依時島主告訃例接待。**有事則別送。又有館守倭** ❸ 正官一, 伴從三。率禁徒, 禁戢諸倭, 不得出門潛商, 二年交遞。持本曹參議前別幅。、**代官倭** ❹ 十。管公私買賣, 三年交遞, 而第三代官, 一年遞。❺ 自代官至通詞, 無供饋, 只給柴炭。、**禁徒倭** ❻ 二十二。防禁館中姦濫, 一年交遞。、**書僧倭** ❼ 一。管往來書契, 三年交遞。、**通詞倭** ❽ 二。爲傳語, 三年交遞。、**飛船。** ❾ 居常往來, 無供饋。〈館志〉

004 **大差倭來, 則遣京接慰官;**〈續〉 ❶ 文堂下。〈館志〉〈補〉 **尋常差倭, 送鄕接慰官。**〈續〉 ❷ 觀察使差道內文守令或都事。〈續〉〈館志〉 ❸ 弔慰及陳賀差倭亦送京接慰官。〈館志〉

005 **關白新立, 則待其請使, 遣通信使。**〈續〉 ❶ 使, 堂上, 結銜吏議。副使, 堂下正三, 結銜典翰。從事官一, 五、六品, 結銜弘文校理。譯官, 堂上三, 堂下九, 一以內醫去。寫字官二, 畫員一, 製述官一, 書記三, 軍官十二,〈續〉〈增〉〈館志〉-❶ 使、副使各五, 內二, 兵曹試才定送。從事官二。- 子弟軍官五。-❷ 使、副使各二, 從事官一。- ❷ 有國書於關白, 本曹參判貽書契於執政四人、近侍·西京尹各一人。〈館志〉 ❸ 國書, 大提學製, 有故則提學。〈補〉 ❹ 衣資、賜米、盤纏, 戶曹例下。雜物卜定於三南、關東。〈館志〉 ❺ 三使臣同往同回, 勿令分道。〈增〉 ❻ 使臣過倭京,-❸ 倭皇所居。- 以公服過其城中。〈館志〉

006 **島主還自江戶, 則送問慰譯官。**〈續〉 ❶ 堂上一, 經該學敎誨者,有別事則加一。堂下一, 教誨中按次。[34] 軍官十。❷ 本曹參議有書契。❸ 衣資、賜米、盤纏, 戶曹例下。

007 **漂倭, 自所泊處, 押付倭館。**〈館志〉

008 **留館倭及差倭, 以倭料米, 供給糧米,** ❶ 隨差倭多少有加減。以東萊等三邑大同及沿海十七邑田稅劃給。〈補〉 ❷ 歲末, 會案報戶曹。濫報者, 都會官及本府該吏, 杖百、配。〈續〉 ❸ 年例使留館, 特送百十日, 其餘送使八十五日。五日以前用熟設, 以後給乾物, 而副特送六日, 萬松、以酊二日。差倭留館, 大差倭以下五十五日, 而裁判無定限。大差倭以下, 熟供五日, 而尋常差倭中, 或有二日者。留館日限外, 不許接待。〈續〉〈增〉〈補〉 **又以公作米、木, 交易物貨。** ❹ 黑角、銅鐵等六種。〈補〉 ❺ 木千一百二十一同四十四疋零,-❶ 四百同以米萬六千石代給。-〈館志〉〈補〉 以沿海十七邑田稅劃給。而不足之數, 以他邑上納木、沿海大同米充給。〈補〉 ❻ 倭料米、公作米·木犯手守令, 贓律論。過期不納守令拿問, 色吏杖百、配。〈續〉〈增〉 ❼ 凡倭供穀物, 手標受出而不盡入送, 監色及同參犯人等, 館門梟示。〈續〉 ❽ 公作米和水下納者, 田稅和水律論。❾ 公作米入給後, 勿論畢給未畢給, 歲末萊府狀聞。〈增〉

009 **倭譯竣事後, 仍留萊府者, 一併刷還。**〈續〉 ❶ 竣事後, 居接東萊近處者, 準律嚴繩。府使與中間遲留處地方官論罪。〈增〉 ❷ 訓導、別差毋得率眷。〈續〉

34 教誨中按次 :《通文館志·問慰行》에는 "該學教誨案次差."로 되어 있다.

010 東萊邊情狀啓, 府使雖被重罪, 非在喪則擧行。〈增〉

開市

001 **鳳凰城等處官人等, 每年二次,** ❶ 春秋仲月。**義州市易; 寧古塔人, 每年**〈館志〉 ❷ 冬。下同。〈補〉 **會寧市易; 庫爾喀人, 二年一次, 慶源市易。** ❸ 義州則松都、兩西監營分定農牛、犁口、海帶、海蔘、木、布、鹽、紙等於各邑, 觀察使定差員,〈館志〉〈補〉-❶ 守令。〈補〉- 同譯學訓導領往中江, 與鳳城通官、章京定價相換。私販人及牝馬、人蔘等禁物, 府尹嚴察。〈館志〉 ❹ 會寧、慶源交易農牛、犁、釜及鹽, 觀察使定差員,〈館志〉〈補〉-❷ 隣邑武倅。〈補〉- 同地方官客館監市。禁物同。〈館志〉〈補〉 ❺ 子、寅、辰、午、申、戌年只設會寧, 謂單市; 丑、卯、巳、未、酉、亥年竝設會寧、慶源, 謂雙市。

002 **倭館每月六次** ❶ 三日、八日。**開市。** ❷ 倭人有請, 或物貨委積之時, 別開市。❸ 商賈等受牌萊府, 持物貨, 詣守門, 則訓導、別差、收稅計士、開市監官-❶ 府使所帶軍官。-〈館志〉同檢, 置簿入送, 以次交易, 一時竝退。若散入各房者, 彼此論潛商律。〈館志〉〈補〉 ❹ 持出倭貨亦置簿, 歲末, 出入相準, 報戶曹。〈館志〉

諸科

001 **式年** ❶ 爲大比科。每式年, 前秋初試, 春初覆試、殿試。〈經〉〈續〉、**增廣** ❷ 因國有大慶或合累慶。合慶最多者, 名大增廣。**則竝設文武科及生員、進士、雜科, 而別試** ❸ 因重試對擧及邦慶。、**庭試**〈續〉 ❹ 同別試。而又或因親臨觀武才對擧。〈續〉〈增〉、**謁聖試** ❺ 因文廟親行酌獻禮。、**春塘臺試,** ❻ 因各軍門武士親臨試藝。**只設文武科。**

002 **居齋儒生圓點,** ❶ 赴食堂兩時爲一點。〈續〉 **泮製則每年準三十點, 館試準三百點者, 許赴。**〈續〉〈增〉 ❷ 館試應赴者甚少, 則五十點以上, 稟旨許赴。❸ 未準點冒赴者, 入格則拔去, 毋論入格與否, 竝科場闌入律論。

003 **節日製, 或竝試方外, 或只取泮儒, 稟旨。** ❶ 泮儒則從圓點數許赴。

004 **儒生殿講, 以時居館學者** ❶ 到記儒生。**書入。**〈續〉

005 **文官有文科重試**〈經〉 ❶ 每丙年。、**文臣庭試。**〈續〉 ❷ 觀武才對擧, 有旨乃行, 而與儒生庭試輪回。〈續〉〈增〉

006 **外方科, 以入籍者許赴。** ❶ 不入原籍, 冒受公文者, 三年停擧,本邑守令及都會官、入門[35]官罷職。2 京儒冒赴鄉試同律。

007 **式年、增廣、別試, 守令赴擧者, 赴京試。**〈續〉 1 朝士在職者, 勿許赴鄉試, 承差、受假者亦不許。武科同。〈經〉〈增〉

008 **文科則通訓以下,** 1 武科同。**生進則通德以下許赴。** 2 守令勿許赴生、進。

009 **館試, 成均館錄名; 漢城試,** 1 生、進同。**漢城府同四館參外官各一錄名;**〈經〉 2 單子具四祖。〈補〉 3 四祖有顯官外, 備保。〈續〉 **鄉試, 觀察使定差員錄名。** 4 覆試, 考講《典》、《禮》-1 生、進, 《學》、《禮》。-錄名。5 雜科, 該司錄名; 鄉試, 觀察使定差員錄名; 覆試, 本曹同該司提調堂上錄名。〈經〉 6 雜科初試, 具四祖, 而三保, 該司錄官。會試同, 而只一保文官。〈補〉 7 錄名可疑者, 當部官、四館竝罷黜, 犯者充定水軍。8 雖恩賜擧子不錄名者拔去。〈續〉 9 館軍子孫許赴。見《兵典·諸科》條。〈補〉

010 **凡殿試, 恩賜直赴者許赴。**〈續〉〈補〉 1 親臨卽日唱榜不得赴。〈續〉 2 製述、講經直赴會試及給分人, 勿論式年、增、別、庭試, 從自願許赴, 而給分人則初試呈劵, 以恩賜付榜末[36]後, 赴會試。〈增〉〈補〉

35 門 : 底本에는 "問"으로 되어 있다. 國中A 및 奎章A에 根據하여 修正하였다.
36 末 : 底本에는 "未"로 되어 있다. 國中A 및 奎章A에 根據하여 修正하였다.

011 **文科重試, 堂下許赴; 文臣庭試, 堂上以下許赴。**〈經〉〈續〉 1 重試, 臺諫及奪告身人竝許赴。 2 應赴人不入場禁推, 守令勿赴者勿罪。 3 文臣庭試, 外任未赴者、未分館人竝許赴。

012 **雖親臨之科, 父子毋得同赴。**〈續〉 1 父赴覆試者, 子避。 2 武科同。〈經〉

013 **儒生被罰者, 雖謁聖、春塘臺, 勿許赴。**〈續〉 1 永不敍用者、贓吏之子、再嫁·失行婦女之子孫, 勿許赴大小科。武科同。〈經〉

014 **初試者, 或在喪, 朞服未葬, 父子俱參, 竝許陳試。** 1 詐稱服制, 冒出公文者, 十年停學, 公文成給官罷職。 2 監試初試陳試人, 許混赴增、式年。〈續〉 3 居京者呈漢城府, 居鄉者呈本邑, 粘連呈本曹。〈增〉

015 **擧子與試官相避者, 赴他所。**〈經〉

016 **大小科設場擇日, 呈券限時。**〈補〉 1 庭試初試, 殿試前十日內擇定。〈續〉 2 小科初、覆試, 先行進士試, 間一日行生員試。大科初、中、終場亦間日。〈增〉〈補〉 3 陞補, 六七月劇熱、冬臘月祁寒外, 分排設行, 十月前畢試。學製, 分四等, 越等則政院察推。公都會, 待秋設行。〈增〉 4 陞、學、公都會, 當[37]年內不得畢試者, 勿施。 5 庭試初試, 日長則限午時, 日短則未時。殿試稍緩時刻。

37 當 : 底本에는 "堂"으로 되어 있다. 國中A 및 奎章A에 根據하여 修正하였다.

017 **凡試官, 初試, 吏曹; 覆試, 本曹;** ❶ 別試會講及雜科覆試同。**殿試、殿講、庭試, 政院備擬。**〈續〉 ❷ 試望擬入, 各其曹堂上備員。❸ 增、式年, 濟州三試官中, 文臣不備, 則本牧前期啓聞。〈增〉 ❹ 有文望應爲掌試人, 勿[38]拘擧子相避, 備擬。〈續〉

018 **考試, 內閣提學與大提學、兩館提學同參。** ❶ 大提學、提學俱不備, 內閣提學主試。**大臣課試儒生, 內閣直提學同參。**

019 **大提學執筆, 只有提學, 則命官執筆。**〈增〉

020 **試官旣入試院, 雖遭朞、功喪, 勿通訃。**

021 **謁聖、春塘臺, 拆榜前, 勿拆合考見落之劵。**

022 **大小科文字中, 語及色目, 或用奇僻之語, 勿取。**〈續〉

023 **直赴者, 殿試外等則赴後殿試, 三次不入格者, 削科。**〈補〉

024 **禁亂官, 以禁府實都事差定。** ❶ 都事赴擧, 則監察代管。〈續〉 ❷ 外方搜挾官, 觀察使以守令差。〈續〉〈增〉 ❸ 成均館課試, 正錄官四分坐東西, 伺察挾冊者, 黜試。❹ 白衣入場者禁斷。〈續〉

025 **場屋軍卒, 以鄕軍定送。**〈補〉 ❶ 雇軍代立不察者, 衛將汰去, 試

38 勿 : 底本에는 "物"로 되어 있다. 國中A 및 奎章A에 根據하여 修正하였다.

所承旨罷職。〈增〉

026 **凡初試及謁聖、春塘、泮製日, 祿官、生徒**〈續〉 ❶ 觀象監、司譯院、兩醫司、律官、寫字官、畫員、計士。〈續〉〈補〉 **及各司吏胥, 點考于備邊司。** ❷ 防冒入借書之弊。〈續〉 ❸ 憲府亦點考。〈增〉

027 **試券, 令四館打印。** ❶ 會試又有內打印。 ❷ 式年講經, 所書冊名及謹封等字, 刻鑄印給。〈續〉

028 **文科式年、增廣**〈經〉〈補〉 ❶ 初、覆、殿試。、**別試** ❷ 初、殿試。、**庭試** ❸ 殿試。〈補〉 **所製, 竝易書。**〈經〉〈補〉 ❹ 査同、枝同官, 成均館官差。〈增〉 ❺ 易書有疑誤處, 不得已考準, 必於帳外臺官前取見。 ❻ 庭試殿試, 易書疑誤者, 令査、枝同官更準入。〈續〉 ❼ 朱草用奸, 流三。〈增〉

029 **科場冒濫作奸者論罪。**〈補〉 ❶ 庶孽儒稱業儒, 武稱業武。士夫妾子冒稱幼學者, 降定軍保。 ❷ 紙厚者停學, 打印官, 違令律論。〈續〉 ❸ 場中挾冊者停二學, 搜挾官、行首掌務官竝罷職。〈經〉〈續〉 ❹ 借述·代述者、帶率隨從者、不錄名闌入者、符同易書者、首倡作亂罷場者, 朝官、生、進, 邊遠充軍, 勿揀赦前; 幼學以下, 限身降定水軍。冒入代寫者, 良人水軍充定, 公私賤絶島爲奴。陞、學、公都會代寫, 減一等。 ❺ 照訖代講人, 限身充定水軍。無照訖、號牌者停學。 ❻ 講經字標抽[39]栍時用奸, 儒生三年停學, 四

39 抽 : 底本에는 "柚"로 되어 있다. 國中A 및 奎章A에 根據하여 修正하였다.

館罷職。7 換他人入格秘封以竊科者, 一律論。符同、指使者同。8 禁亂官、入門官令下人潛給儒生書冊, 罷職。9 試官傔從, 嚴禁。館學奴及各司奴憑藉闌入, 永屬兩界官奴, 帶率試官, 制違律論。〈續〉 10 科場吏隷漏洩交通者、故不檢劾者, 杖百。〈經〉 11 朝官、生、進充軍者, 許入赦典, 而情理絶痛者, 該曹覆奏時, 或置仍秩。幼學以下充軍者, 初試入格則免役。武科同。12 一年停擧者, 雖未滿十二朔, 經一科歲換, 則以限滿論。慶科時, 雖特敎停擧者, 成均館草記稟。〈增〉

030 **科場罪在試官, 則罪試官, 罪在擧子, 則罪擧子, 勿罷榜。〈續〉**

031 **兩西設場之年, 雖値動行, 設行。〈增〉[40]**

032 **科場應辦凡事, 輪定于有錢布、貢物衙門。〈續〉** 1 文科,-1 小科同。- 戶·工曹、廣興倉、軍資·司宰·濟用監、司僕·司䆃·禮賓寺、長興·養賢庫爲應辦官, 本曹并間輪定; 武科, 軍器·司䆃·禮賓·內贍·內資寺、司宰·濟用監、長興·義盈庫、司圃·造紙·典牲·掌苑·瓦署爲主掌官, 戶曹輪定。〈續〉〈補〉

033 **式年文科初試〈經〉〈續〉** 1 館試及漢城試兩所,-1 一、二所。- 各差正三以下三試取, 監察各一監試。鄕試, 京畿赴漢城試, 關東、海西、三南 右道、平安·咸鏡北道則都事, 三南 左道、平安南道

40 〈增〉: 底本에는 "〈補〉"로 되어 있다. 國中A 및 奎章A에 根據하여 修正하였다.

京試官，咸鏡南道評事試取，參[41]試官各二，觀察使以文守令差。〈續〉 ❷ 館試五十人，漢城試兩所六十人，而館試如無自願應試者，額數分屬漢城試。湖西、湖南各二十五人，嶺南三十人，海西十人，關東、關西各十五人，關北十三人。〈經〉〈續〉〈增〉 ❸ 初場，四書疑一篇、論一篇；中場，賦一篇、表·箋中一篇；終場，對策一篇。〈經〉〈續〉

○ **覆試**〈經〉 ❹ 兩所各差從二以上三、正三以下四試取，兩司各一監試。〈續〉 ❺ 兩所三十三人。〈經〉 ❻ 講取十四分以上，而元入格未滿額，-❷ 兩所各十六，合三十二人，爲元額。- 則以生畫，-❸ 十三分半以下連畫，而未入格者試製，謂生畫。- 隨元入格多寡充額數。已滿額則生畫取一人，或過額則以十四分比較，以取元額之數，而比較見落人，亦赴生畫。〈補〉 ❼ 初場講書，四書三經背講，願講《春秋》者聽。中、終場製述〈經〉〈續〉-❹ 生畫。〈補〉-同初試。〈經〉 ❽ 講比較，初以《易》，又比較則《書》、《詩》、《論》、《孟》次次較。〈增〉 ❾ 製述，每場上上九分，遞減，下下一分，表、箋倍給。講書，通二分，略一分，粗半分，《易》、《春秋》倍畫。〈經〉〈續〉 ❿ 句讀、訓釋皆不差誤，講論雖未該通，不失一章大旨爲粗；句讀、訓釋皆分明，雖通大旨，未至融貫爲略；句讀、訓釋皆精熟，融貫旨趣，辨說無疑爲通。⓫ 講取粗以上，講籤從多，相等從下。〈經〉 ⓬ 講、製計畫時，同分者，實職雖卑[42]，當[43]在空階[44]之上。他科計畫同。〈續〉 ⓭ 覆試前，講《大典》、《家禮》，臨文。兩所差堂下官各一〈經〉〈續〉

41 參：底本에는 "三"으로 되어 있다. 國中A 및 奎章A에 根據하여 修正하였다.
42 卑：底本에는 "畢"로 되어 있다. 國中A 및 奎章A에 根據하여 修正하였다.
43 當：底本에는 "堂"으로 되어 있다. 國中A 및 奎章A에 根據하여 修正하였다.
44 階：底本에는 "陛"로 되어 있다. 國中A 및 奎章A에 根據하여 修正하였다.

-5 吏曹差。-、本曹郎·成均官·監察各一。-6 各其司差。- 考試，四館主掌。〈續〉 14 鄉初試，關東、三南 左道、平安·咸鏡南道付一所，海西、三南 右道、平安·咸鏡北道付二所。15《大典》法："分數同則取居館日多者。"〈補〉

○ **殿試**〈經〉 16 讀券官，議政一、從二以上二；對讀官，正三以下四。〈續〉 17 甲科三人，乙七人，丙二十三人。〈經〉 18 策、論、表、箋、制、詔、賦、箴、銘、頌中一篇。〈經〉〈續〉

034 **增廣文科初試** 1 館試及京畿赴漢城試兩所。2 試官、監試官同式初，而加從二一。3 額數同式初，而大增則漢城試加六十六人，湖西、湖南各加十五人，嶺南加十八人，關東、關西各加九人，海西、關北各加六人。4 製述同式初。

○ **覆試** 5 試官、監試官及額數同式覆，而大增加七人。6 初場，賦一篇、表·箋中一篇；終場，策一篇。7 覆試前，典禮講及試官同式年。

○ **殿試**〈續〉 8 同式殿，而額數，大增甲三人、乙七人、丙三十人。〈續〉〈補〉

035 **式年、增廣生員進士初試**〈經〉〈續〉 1 試官同式年文初。〈續〉 2 漢城試兩所初場二百六十人，湖西、湖南各九十人，嶺南百人，關東、關西各四十五人，海西、關北各三十五人。終場同。〈經〉〈續〉 3 初場，賦一篇、古詩一篇；終場，四經義一篇、四書疑一篇。〈經〉〈續〉〈增〉 4 初試前，講《小學》，臨文。試官，兩所各差成均官一-1 或本曹郎。-、本曹郎一考試，四館主掌。入格則成給照訖帖文。經學禮講者免。〈補〉

○ **覆試**〈經〉〈續〉 **5** 兩所各差從[45]二以上二、正三以下三試取, 監察各一監試。〈續〉 **6** 同日詣闕出榜, 兩所相間爲次。生、進各百人。〈經〉〈續〉 **7** 製述同初試。〈經〉〈續〉〈增〉 **8** 覆試前, 講《小學》、《家禮》, 臨文。試官同文科典禮講, 而四學主掌。〈經〉〈續〉 **9** 初試兩場俱中者, 學禮講初場入格, 則免再講, 若不通, 更許終場講。〈增〉 **10** 《大典》有"鄉吏則又背講四書一經"之法。〈補〉

036 別試文科初試 **1** 兩所。試官、監試官同式年文覆。**2** 額數, 三百或六百, 稟旨。**3** 初場, 論一篇、表·箋中一篇、賦一篇, 輪回出兩題。終場, 策一篇。

○ **殿試** **4** 同式殿, 而額數稟旨。〈續〉 **5** 殿試前, 會講, 三經中自願一經背講。除音釋,《書》篇題止今文古文,《詩》止六義,《易》除《說卦》、《雜卦》, 只《序卦》、《文言》、《繫辭》。試官、監試官同初試。〈續〉〈補〉 **6** 以講直赴會試者免講。〈補〉

037 庭試文科初試〈續〉 **1** 三所或兩所, 稟旨。〈續〉〈增〉 **2** 試官、監試官同增初。**3** 額數稟旨。**4** 賦一篇、表·箋中一篇。

○ **殿試** **5** 讀劵、對讀官同式殿, 或親臨卽日唱榜則同謁聖。**6** 額數稟旨。**7** 製述同式殿。

038 謁聖文科 **1** 卽日唱榜。**2** 讀劵官十, 對讀官二十。**3** 額數稟旨。**4** 製述同式殿。

45 從 : 底本에는 "終"으로 되어 있다. 國中A 및 奎章A에 根據하여 修正하였다.

039 **春塘臺文科** ❶ 同謁聖。

040 **文科重試** ❶ 讀券、對讀官同他殿試, 而對讀官竝堂上。❷ 額數稟旨。❸ 製述同式殿。〈續〉 ❹ 居首, 資窮則雖未經準職陞資, 參外陞六。之次, 資窮準職則陞資, 未準職則準職, 參外陞六。〈續〉〈補〉

041 **文臣庭試** ❶ 讀券官, 議政一、正二以上二; 對讀官, 從二四。❷ 額數稟旨。❸ 製述同式殿, 加稟律詩, 或十韻或二十韻。❹ 居首, 資窮加資, 否則準職, 參外陞六。其次竝賜馬。

042 **殿講** ❶ 自二月間一朔, 每十六日, 稟旨。❷ 試官同式殿。❸ 額數無定數。〈續〉 ❹ 講書, 三經中稟旨, 背講。純通直赴會試, 粗以上給分。親臨則純通或直赴殿試。純通多則製述比較以取, 毋過三人, 有旨乃行。〈續〉〈補〉 ❺ 春秋到記分製、講, 則居首各賜第。命官行亦賜第。〈增〉 ❻ 到記製述中能講者, 許竝試, 而製述以講入格者, 許赴增、別覆。〈補〉

043 **節日製**〈續〉 ❶ 正月人日、三月三日、七月七日、九月九日設行, 有故則當月內退行。❷ 政府、六曹、諸館堂上,〈經〉〈續〉-❶ 學教授亦參。〈補〉[46]- 詣泮宮試取,〈續〉-❷ 大臣出令, 稱大輪次。無文衡則不得行。〈補〉- 科次以啓。或特命試士則牌招大提學, 有故則弘文提學, 又有故則藝文提學, 與承旨往泮宮, 成均堂上同參, 收券詣闕,

46 學教授亦參〈補〉: 底本에는 小字로 되어 있다. 奎章A에 根據하여 小小字로 修正하였다.

入直玉堂或春坊二對讀。❸ 額數無定數。❹ 製述同式殿。居首以下直赴, 有旨乃行。❺ 黃柑製, 頒柑館學儒生,-❸ 大提學牌招, 與承旨往泮宮, 成均堂上同參頒柑。- 仍試士。餘同節製。

044 通讀 ❶ 每年大司成試製述、考講各十一次, 通融計畫, 取十人, 赴式年文覆。❷ 賦一篇、表·箋·論中一篇輪回。初抄竝出三題。❸ 初抄, 七書中自願一書; 再抄後,《易》、《詩》、《書》、《論》、《孟》、《庸》、《學》次第講, 背講。

045 陞補〈續〉 ❶ 每年大司成試十二次, 計畫, 取十人, 赴式年生、進覆。從自願啓下後, 毋得移錄, 而以榜次半以上付一所, 以下付二所。合製、合講、公都會, 赴式覆同。〈續〉〈增〉〈補〉 ❷ 賦一篇、古詩一篇。❸ 松都四人, 留守; 濟州二人, 文牧使時, 試取。〈續〉

046 四學學製、合製 ❶ 每年春夏秋冬四等, 四學教授試製述, 每學每等各十人, 合百六十人。又考講, 每學四書各十人、《小學》各十人,〈續〉〈補〉-❶《續典》: "童蒙則《小學》。"〈補〉- 合八十人。大司成合製、合講, 製取十六人, 講取八人。〈續〉 ❷ 學製及合製製述同陞補。學講及合講, 四書、《小學》, 背講。〈續〉〈補〉

047 公都會 ❶ 每年各道都事、兩都[47]留守試。〈續〉 ❷ 京畿、關東、海西, 製、講各三人; 三南, 製、講各五人; 關西, 製、講各四人; 關北, 製三人、講二人; 兩都, 製、講各二人。〈經〉〈續〉 ❸ 製述同陞補,

47 都 : 底本에는 "道"로 되어 있다. 國中B 및 奎章A에 根據하여 修正하였다.

講書同四學講。〈續〉

048 **外方別科** 1 關西、關北、江華、濟州, 有旨乃行。2 別遣重臣則試取上送, 拆名, 卽其地放榜。別遣御史則收券上送, 提學科次, 直赴殿試。3 額數稟旨。4 製述同式殿。〈續〉

049 **陰陽科**〈經〉 1 初試, 觀象監提調一或二同三學官各二試取。天文學十人, 地理、命課學各四人, 大增各加四人。2 覆試, 觀象提調一同三學官各二試取, 本曹堂·郎各一、兩司各一參。天文學五人, 地理、命課學各二人, 大增各加二人。3 初、覆試, 本業諸書及《大典通編》背講或臨文, 及籌。〈經〉〈續〉

050 **譯科**〈經〉 1 初試, 司譯院提調二或一, 兼教授無故則參, 同四學官各二試取。漢學二十三人, 淸、蒙、倭學各四人, 大增各加四人。〈經〉〈續〉 2 漢學鄕試, 觀察使使都事、譯學訓導與文守令試取。海西七人, 關西十五人。〈經〉〈補〉 3 覆試, 司譯提調一, 同四學官各二試取, 本曹堂郎各一、兩司各一參。漢學十三人, 淸、蒙、倭學各二人, 大增各加二人。4 初、覆試, 本業諸書及四書, 背講或臨文, 及寫字、譯語。〈經〉〈續〉 5 寫字、譯語給分, 同講書。6 覆試, 願講經史者聽, 臨文。

051 **醫科**〈經〉 1 初試, 典醫監提調一或二, 同本監官二試取。十八人, 大增加四人。〈經〉〈續〉〈補〉 2 覆試, 典醫提調一, 同本監官二試取, 本曹堂郎各一、兩司各一參。取九人, 大增加二人。3 初、覆試, 本業諸書及《大典通編》, 背講或臨文。〈經〉〈續〉

052 **律科**〈經〉 ❶ 初試, 刑曹堂上一或二三同郎官一、律官一試取。十八人, 大增加四人。❷ 覆試, 刑曹堂上一, 同郎官一、律官一試取, 本曹堂郎各一、兩司各一參。取九人, 大增加二人。〈經〉〈續〉 ❸ 初、覆試, 本業諸書, 背講或臨文。〈經〉

獎勸

001 **孝友節義者,** ❶ 如孝子·順孫·節婦、爲國亡身者子孫、睦族救患之類。〈經〉 **京則京兆報本曹, 外則本道狀聞, 自本曹錄啓獎勸。**〈經〉〈補〉 ❷ 毋論子孫及邑里, 凡有孝烈, 呈營邑, 道臣採訪實行, 每正月內修啓。本曹三堂齊會詳審, 旌閭、贈職、復戶分等, 移送政府, 署經于時任[48]。呈營邑屢格, 方許上言, 不經營邑而徑籲, 狀頭論罪。道臣修啓過限, 政院察推。〈增〉〈補〉 ❸ 其妻守信者亦復戶。〈經〉 ❹ 凡係旌閭、贈職、給復等事, 政院奉承傳, 謄布中外。〈增〉 ❺ 忠臣、孝子、順孫、烈女有貧寒丐乞者, 每歲米五石、四節衣一領, 內本曹, 外觀察使啓聞題給。〈續〉 ❻ 《大典》法: "賞職或賞物, 尤異者旌門[49]、復戶。"〈補〉

002 **五子登科者之父, 啓聞加資。**〈續〉 ❶ 《大典》有"五子登科者之親啓聞, 歲賜米, 歿則追贈致祭"之法。〈補〉

003 **受業師所訓儒生中, 及第三人,** ❶ 外則二人。**或生進十人** ❷ 外則五人。**以上, 啓聞加階。**〈經〉 ❸ 《大典》法: "受業師職、姓名置簿, 藏於本曹。"〈補〉

004 **成均館生進輪回居齋, 以準五十點,**〈續〉 ❶ 居齋生、進百六人。〈經〉〈續〉-❶ 六, 掌議、色掌。〈補〉- 應入者多則以榜次, 同榜則以年齒

48 任 : 底本에는 "邑"으로 되어 있다. 國中A 및 奎章A에 根據하여 修正하였다.
49 門 : 底本에는 "閭"으로 되어 있다. 國中A 및 奎章A에 根據하여 修正하였다.

爲先後。〈續〉 ❷ 科前三日, 勿拘額數。〈增〉 ❸ 掌議二, 東、西齋色掌各二。〈補〉 ❹ 掌議、色掌, 別爲居齋, 五十點未準前, 切勿遞改。〈續〉 ❺ 掌議, 過二榜後始薦。時任掌議主之, 而經奉香或疏頭, 則過一榜, 簡通於曾經先生後完薦。色掌則時任掌議望差。〈補〉 **館及四學寄[50]齋,**〈續〉 ❻ 館下齋生二十, 學居齋生四學各五。〈經〉〈續〉〈補〉 ❼ 四學掌議各二, 色掌各四。掌議, 該學時任掌議差出, 無則館掌議差中學掌議, 中學掌議差諸學掌議。色掌, 該學掌議差出。〈補〉 **以學生塡補。** ❽ 試講被抄者, 通讀準分而未及入格者, 循次補。❾ 八道儒生能通經義者一人, 令觀察使移文師儒長, 隨窠補。❿ 西北儒生各給一額。⓫ 濟州儒生, 雖非式年, 依學儒陞補例, 考講以入。⓬ 私托圖入者, 一切防塞。〈續〉 ⓭《大典》法: "朝士願赴學者聽。"〈補〉

005 **通訓以下文臣, 抄啓勸奬。有賜暇湖堂** ❶ 湖堂文臣, 令大提學抄文學特異者, 賜暇湖堂讀書。六朔相遞, 毋差臺諫劇務。或命考講, 或命題製述, 第其高下, 每朔季書啓。製述時未參人, 送題追製。〈續〉 **、月課** ❷ 月課文臣, 令大提學抄弘文館人員及有文名者, 每年四等, 大提學奏、表、賦、頌、序、贊、議、說、論、七律、排律、五律、古詩中出九題, 在家製進, 科次入啓。不作者及所作未滿六題推考, 連三次不作罷職, 外任推考, 連三次居首加資。〈續〉〈補〉 **、專經** ❸ 專經文臣, 令本曹抄三十七歲以下人, 四十一許頉。每四孟朔十一日, 或殿講或命官, 差議政一、二品以上二、三品以下四, 以五經中自願一書, 每一卷輪回

50 寄 : 底本에는 "奇"로 되어 있다. 國中A 및 奎章A에 根據하여 修正하였다.

臨文。服制未成服外, 除服制·式假、受由在外及玉堂·春坊入直人, 毋得懸頉。文監察亦參。不進禁推, 居首論賞。〈續〉〈增〉〈補〉 、**製述** 4 製述文臣, 令本曹抄五十歲以下人, 五十一許頉。每春秋仲朔十日, 或親臨或命官。〈續〉〈補〉-1 同專經。〈續〉- 賦、表、策、論、箴、銘、頌、律詩列擬受點。曾經侍從罷散人及槐院未免新者竝赴, 文監察亦參。史官〈續〉〈增〉〈補〉-2 兼史同。〈補〉-入直者, 依翰林上、下番例勿赴。不入場、不呈券禁推, 更等重推, 外等罷職。明經科, 白文呈券勿罷。連三次居首加資, 間三次右職陞遷。〈續〉〈增〉〈補〉 、**奎章閣製講** 5 奎章閣抄啓文臣, 自政府抄槐院分館三十七歲以下人, 四十減下。本閣每月一日稟定親試日, 二十日稟定親講日。試官, 本閣列書時原任閣臣受點。曾經閣臣, 雖大臣亦書入。若數少, 以時原任文衡、文任同擬。講則本閣書啓, 只受點人參, 製則被選人全數參。講則每月旬前念後二次, 製則念後一次。講書, 四書三經輪回畢講, 後講《史記》。製述, 論、策、序、記、說、議、辨、題跋、咨文、奏文、表、箋、啓、詔、制誥、頒赦文、敎書、批答、露布、檄、上梁文、箴、銘、頌、贊、排律、律詩、古詩、律賦列擬受點後, 書題具三望受點, 在家製進。策則限二日, 其餘限翌日。講、製連三次居首, 參外陞六, 參上陞敍, 陞敍者準職, 準職者加資。講之連四次居不、製之連四次居末[51]重罰, 三次居不、居末禁推, 二次推考。十二朔, 親講、親試、課講、課試, 分類計畫, 試製比較以講, 則通計於講畫, 試講比較以製, 則通計於製畫。歲末出榜, 而講之背誦、製之四六倍畫。同畫者比較。論賞有差。〈增〉 6 雖罷散人亦參。〈補〉 、**朔書**

51 末 : 底本에는 "未"로 되어 있다. 國中A 및 奎章A에 根據하여 修正하였다.

❼ 朔書文臣, 令槐院抄三十九歲以下人, 四十人[52]許頉。每朔試楷、篆。楷則滿百字, 而附眞草, 篆則滿四十字, 而大·少篆、上方大篆外禁斷。令二品以上官〈續〉〈補〉-❸ 政院預爲抄啓。-科次入啓。限第三, 賞紙筆墨有差。不書禁推。〈續〉 ❽ 儒生善楷、篆者, 亦抄啓同試。〈增〉 、**漢語·吏文** ❾ 漢語、吏文文臣, 令槐院抄二十九歲以下人習漢語, 三十九歲以下人習吏文, 竝四十九許頉。本院褒貶坐起, 三處〈經〉〈續〉-❹ 抽問一大文爲一處。〈補〉-考講, 三處通、略, 上考; 二處粗, 中考; 三處粗一處不, 下考。或命殿講。賞罰。當都目出六人, 九處講, 三處粗一處不, 中; 四處粗二處不, 下, 上考出六。〈經〉〈補〉 、**天文肄習。** ❿ 天文肄習文臣, 令觀象監領事抄有才望者。有星變, 則分番直宿, 商確質正。或殿講或命官。連三次通者, 準一考;〈續〉-❺ 給仕六朔。〈補〉- 三次不通, 削一考。懶慢不學習者, 制違律論。〈續〉

006 **宗親, 自宗簿寺考講。** ❶ 宗親年滿十五, 入宗學, 每月〈經〉-❶ 五·六月、十一·十二月放學。〈經〉〈補〉-三次, -❷ 初十、二十、三十日。-〈補〉 宗簿堂郎或郎廳二考講, 四書中自願一書。連五等〈經〉〈補〉-❸ 正月至四月爲一等, 七月至十月爲一等。〈補〉-居首加資, 連三次不通論罰。三十歲免講, 或殿講則至三十七歲, 自願應講, 純通加資。〈經〉〈續〉〈補〉 ❷ 《大典》法: "無故不詣學者、違禮犯令者附過。"〈補〉

007 **童蒙教官所訓生徒, 本曹考講。** ❶ 每月三次, -❶ 初十、二十、三十日。- 本曹堂上齊會, 考講其所讀書, 以多少、勤慢, 憑考殿最。〈續〉

52 人 : 國中A 및 奎章A에는 "一"로 되어 있다.

2《大典》法: "私教童蒙, 有成效者, 每都目, 啓聞敍用。"〈補〉

008 **諸學雜技, 自本司勸懲。** **1** 兩醫司參外前銜、生徒中, 擇年少聰敏者, 每四孟朔任官, 以本業書考講, 優等者付遞兒職。〈續〉 **2** 寫字官前銜, 每間一朔, 大提學有故則提調考試, 優等者, 隨闕陞補實官。實官, 每朔試才, 賞米、布。 **3** 畫員中擇年少聰敏者, 每朔本曹堂上以本業出題考試, 歲終計畫, 多者限一年, 付久任祿。生徒, 每朔試才, 七人賞布。〈續〉〈補〉 **4** 校書館書冊刊印後, 無誤錯, 則監印官論賞, 唱準給[53]別仕。一卷三字以上誤錯, 監印官論罰, 唱準及守藏諸員、均字匠、印出匠削仕。〈續〉 **5** 觀象監新抄兒無定數。以本監生徒、兒童, 講本業書, 畫多者, 每朔付料一窠。〈補〉 **6** 校生所讀書日課, 每月季守令報觀察使, 觀察使巡行時, 考講勸懲, 其月課、日講, 優等者量減戶役。〈經〉 **7** 內局女醫, 差備待令外, 十二人, 每二、六日,〈續〉〈補〉-**1** 初二、十二、二十二、初六、十六、二十六日。- 本局入直官, 以本業書考講, 通計一朔, 畫滿六分以上給料。提調, 每朔一次, 以本業考試, 二人賞布。 **8** 惠民署女醫中, 擇年少聰慧者, 每朔三次,-**2** 初十、二十、三十日。- 考講醫書, 一、二次則三任官會同, 第三次提調合講, 合計畫多者四人, 賞料、賞布。或內局女醫有闕則陞補。〈續〉 **9**《大典》, 自朝官至於儒生及雜學, 教課賞罰條件最多。《續典》之沿革, 雖有不同, 而法意多本於此。《續典》既行, 則《原典》不言已廢, 而自歸於廢。第其中如"成均館諸生每日考講, 每旬命題, 本曹每月考講, 通計分數, 優等者; 累年赴文科, 七

53 給 : 底本에는 "及"으로 되어 있다. 國中A 및 奎章A에 根據하여 修正하였다.

度入格, 而年滿五十者, 啓聞敍用", "觀察使量擇道內校生, 每六月設都會所差文官, 或講或製, 優等者啓聞, 直赴生、進覆試", "京外官吏, 每年終抽栍[54], 考講《大典》, 憑考殿最", 及"《三綱行實》翻諺, 令京外士族家長、父老或敎授、訓導等敎誨婦女、小子, 能通大義, 有異行者, 京漢城府, 外觀察使啓聞行賞"之法, 亦不可以已廢言。又有"律員、籌員所業精通者授職", "水軍有才行卓異[55], 隨才敍用"之法。〈補〉

009 **諸學,** ❶ 天文·地理·命課學、漢·淸·蒙·倭學、醫學、律學、寫字官、畫學、籌學。〈經〉〈補〉 ❷ 樂工、樂生。**本曹同該司,**〈經〉 ❸ 本曹堂上有故, 則該司提調〈續〉-❶ 律學, 該曹堂上。〈經〉-同本曹郎; 該司提調有故, 則本曹堂上同該司郎; 無郎官處提調有故, 則本曹堂郞。寫字官, 大提學有故則提調。畫員只本曹堂上。籌學只戶曹堂上。樂工、樂生同諸學。〈續〉〈補〉 **以本業諸書、四書、經史** ❹ 或臨文或背講, 而五十以上免背講。譯學御前敎誨, 四十以上。、**寫字、譯語及籌及本業取才, 竝限朔計畫, 陞降付祿。**〈經〉〈續〉〈補〉 ❺ 各學, 兩都目取才, 六朔計仕[56]。寫字官、畫員、樂生、樂工, 四都目〈續〉〈補〉-❷ 寫字官, 四季朔; 畫員以下, 四孟朔。〈補〉-取才, 三朔計仕[57]。講畫、仕日竝同者, 考講畫純不純; 又同者, 考前等祿[58]職高下。漢、淸、蒙、倭學講畫相等, 則從學之次第, 當學內

54 栍 : 底本에는 "牲"으로 되어 있다. 奎章A에 根據하여 修正하였다.
55 異 : 底本에는 "有"로 되어 있다. 國中A 및 奎章A에 根據하여 修正하였다.
56 仕 : 底本에는 "士"로 되어 있다. 國中A 및 奎章A에 根據하여 修正하였다.
57 仕 : 底本에는 "士"로 되어 있다. 國中A 및 奎章A에 根據하여 修正하였다.
58 祿 : 底本에는 "錄"으로 되어 있다. 奎章A 및 《續大典·禮典·取才》에 根據하

相等者, 考仕日。〈續〉〈補〉 6 在喪終制[59]者, 勿拘仕日, 許赴取才。〈續〉 7 司譯院等第, 敎誨以下有闕, 則都提調、提調合坐。漢學則或試經史子集, 或試製述; 淸、蒙學則講本業諸書, 或寫字; 倭學則或如兩學, 或如漢學。取優等者, 塡差四學。赴京及倭學出使, 計仕[60]日輪赴, 奪次者, 限三年勿許取才; 當次厭避者, 竝杖百。 8 兩醫司, 取才付祿有差, 其次差諸道審藥, 其次江華月令及統營救療官。〈續〉〈補〉 9 律學取才, 居首五人付祿, 之次差諸道檢律。〈經〉〈補〉 10 寫字官, 取才付祿, 計畫優等者赴京。畫員同。 11 內醫, 每褒貶時, 三提調與本院堂上官講本業書, 四十歲以下背誦, 以上臨文, 次第付祿。[61]〈補〉

010 國恤時, 因山後則取才, 依例行。〈續〉

여 修正하였다.

59 制 : 底本에는 "製"로 되어 있다. 國中A 및 奎章A에 根據하여 修正하였다.

60 仕 : 底本에는 "士"로 되어 있다. 國中A 및 奎章A에 根據하여 修正하였다.

61 祿 : 底本에는 "錄"으로 되어 있다. 國中A 및 奎章A에 根據하여 修正하였다.

惠恤

001 **一品年七十以上, 係國家重輕, 不得致仕者, 本曹啓聞, 賜几杖。**

002 **致仕人, 月致肉。**〈經〉 ❶ 大臣又歲首及春秋給米、太、魚、鹽、炭木。

003 **朝官年七十以上, 賜米。** ❶ 堂上官及妻年七十以上與曾經實職人及妻年八十以上, 歲首京兆抄啓, 給米、鹽有差。外方同, 道臣狀聞。❷《大典》法: "功臣父母·妻、堂上官妻年七十以上, 月致酒肉。"〈補〉

004 **丐乞無族親者、老人無扶護者, 本曹啓聞, 量給衣料。**〈經〉 ❶ 鰥寡孤獨篤廢人, 貧窮無親屬依倚者, 官司不收養, 杖六。應給衣糧, 官吏剋減者, 監守自盜論。〈律〉

005 **京外有病者, 官給醫藥。**〈補〉 ❶ 居齋儒生有疾, 兩醫司送醫, 本館題給藥物。〈續〉 ❷ 三軍門置藥房, 救療有病軍卒。〈增〉 ❸ 禁府、典獄署各定月令醫, 治療罪囚之有疾者。❹ 病人告五部, 卽遣月令治療, 貧不能買藥者官給, 報本曹。外則本邑給醫藥。❺ 病人告醫, 不卽往治療者, 許病家陳告治罪。❻ 巫覡, 京則本曹錄籍, 分屬活人署, 外則本邑錄籍, 治療病人。〈經〉 ❼ 都民癘疫者, 活人署報本曹, 移文戶曹, 給幕材, 兩醫司備藥物, 使救療官治療。〈補〉 ❽ 軍士在鎭守處、丁夫·雜匠在工役所, 有病, 該官不請給醫藥救療, 笞四十, 致死, 杖八。行移所司, 而不給醫藥, 同罪。〈律〉 9 宗親及二品以上官病革, 請醫司所無之藥, 政院啓給。

006 有溫井處守令, 擇定勤謹者, 修葺房屋, 救護病人。〈經〉

007 行乞兒、遺棄兒, 自賑廳收養。 1 行乞兒以十歲爲限, 道傍遺棄兒以三歲爲限, 五部報賑廳, 該廳留養。而行乞, 賑廳外倉門外空閑處設土宇, 爲留接所, 照式例給糧。遺棄則流丐女人中, 擇有乳者, 每一人授兩兒, 每日計給米、醬、藿。雖非流丐, 如有願養人, 只授一兒, 量[62]給米、醬、藿。行乞、遺棄兒及乳女無衣者, 隨所見該廳製給, 疾病則惠民署救療, 而行乞, 荒年限麥秋, 遺棄勿拘豐歉。2 該部之慢於報者、該郞之不勤養者, 該廳草記論罪。外則面、里任報本官, 留養一依京節目。守令違越者, 道臣狀聞論罪, 或御史摘發重勘。3 毋論行乞、遺棄, 如有自[63]願收養者, 一依《續典》事目。〈增〉 - 1 見《刑典·私賤》條。〈補〉 -

008 癘疫時, 全家合沒,[64] 未得收瘞者, 令戶曹、賑廳及諸道, 恤典擧行。〈續〉

009 外邑燒死、渰死人, 道臣狀聞, 恤典擧行。 1 虎囕人同。

62 量 : 底本에는 "糧"으로 되어 있다. 國中A 및 奎章A에 根據하여 修正하였다.
63 自 : 底本에는 "子"로 되어 있다. 國中A 및 奎章A에 根據하여 修正하였다.
64 全家合沒 : 底本에는 "合家全歿"로 되어 있다. 奎章A 및 《續大典·禮典·惠恤》에 根據하여 修正하였다.

010 關北及濟州赴擧人, 給衣糧。〈補〉

011 公賤立役婢, 臨産一朔, 産後五十日給假。1 夫則十五日。〈經〉

婚嫁[65]

001 **王子女吉禮時，本家及主婚家過制侈靡之事，一禁。**〈續〉 ❶ 王子、女婚禮，以屬尊宗親爲主人。王子婚，宗親三品以下；公、翁、郡、縣主婚，駙馬族親爲使者，授七品以下職。又有都廳，文堂下。〈五禮〉〈補〉

002 **男年十五，女十四，方許婚嫁。** ❶ 若兩家父母中有宿疾，或年滿五十，而子女年十二以上，告官婚嫁。〈經〉 ❷ 爲婚而女家妄冒，杖八，追還財禮；男家妄冒，加等，不追財禮。未成婚，依原定；已許他人，不在此限。〈律〉

003 **宗室則具其子女年歲及定婚家主職、姓名，告宗簿寺，** ❶ 姓李者勿告。**宗簿寺檢覈啓聞。** ❷ 兩家子女滿十歲，方許議婚。六歲相差而非情願者，勿許相婚。加減、隱諱者，家長論爲婚妄冒律。〈經〉

004 **姓字同，則鄕貫雖異，毋得婚娶。**

005 **婚嫁過時者，嚴飭京兆、諸道，搜訪尤甚者，使戶曹及營邑另加顧助。**〈續〉 ❶ 士族女年近三十，貧乏未嫁者，本曹啓聞，量給資財。〈經〉 ❷ 宗裔之婚姻踰時者、藁葬過時者，戶曹、諸道每歲初搜訪，劃卽顧助。❸ 過時未婚及貧無以葬者，間二年歲首，稟

65 嫁：底本에는 "家"로 되어 있다. 國中A 및 奎章A에 根據하여 修正하였다.

旨顧助。若値[66]饑疫，勿拘年次。〈增〉 **4** 士族女門戶不至窮乏，而年三十以[67]上未嫁者，家長重論。〈經〉

006 **前期納幣後，兩家雖有父母喪，必待三年，違者，家長杖百。**〈續〉 **1** 已報婚書及私約而輒悔，笞五十，曾受聘財者同。若再許他人，未成婚，杖七；已成婚，杖八。後定娶者，知情同罪，財禮入官；不知者不坐，追還財禮。男家悔者罪同，不追財禮。

007 **居父母及夫喪，身自嫁娶，杖百。** **1** 娶妾及妻女嫁人爲妾，各減二等。知而婚姻，各減五等。〈律〉

008 **身在喪中，子之朞服未盡而行婚者，不謹居喪律論。**〈續〉 **1** 用"居父母、舅姑及夫喪而主婚，杖八"律。〈補〉

009 **祖父母、父母被囚而嫁娶，杖八。流罪以下勿論。** **1** 妾減二等。奉祖父母、父母命者不坐。〈律〉

010 **士大夫妻亡者，三年後改娶。** **1** 因父母之命，或年過四十無子者，許期年後。〈經〉

011 **駙馬無子者，以同宗支子立後，勿令再娶。**〈續〉

66 値：底本에는 "置"로 되어 있다. 國中A 및 奎章A에 根據하여 修正하였다.
67 以：底本에는 "二"로 되어 있다. 國中A 및 奎章A에 根據하여 修正하였다.

012 **民年四十以上無子, 方聽娶妾, 違者, 笞四十。**

013 **府、州、縣官娶部民爲妻妾, 杖八。監臨官娶爲事人妻妾及女爲妻妾, 杖百。**❶ 女家同罪, 妻妾兩離之, 女給親, 財禮入官。**强娶, 加二等。**❷ 女家不坐, 不追財禮。爲家人娶者同, 男女不坐。

014 **娶犯罪逃走婦女爲妻妾, 知情者與同罪。**❶ 至死, 減一等。〈律〉 ❷ 略誘良人爲妻妾, 見《刑典·私賤》條。倡優、樂人買良人爲妻妾, 見《刑典·雜令》條。〈補〉

015 **官吏娶樂人爲妻妾, 杖六。**❶ 官員子孫娶者罪同。

016 **僧道娶妻妾, 杖八。**❶ 還俗。❷ 女家同罪, 離異。❸ 僧道假托親屬、僮僕等, 求娶而自占者, 以姦論。

017 **妻無應出** ❶ 七去。**義絶** ❷ 如夫妻之祖父母、父母、伯叔父母、兄弟、姑、姊妹自相殺者, 及夫毆妻至折傷以上, 妻罵毆夫之類。**而出, 杖八。**❸ 雖犯七出, 有三不去而出, 減二等, 完娶。❹ 夫妻不相和而兩願離者不坐。

018 **有妻娶妻, 杖九, 離異。**

019 **以妻爲妾, 杖百。妻在, 以妾爲妻, 杖九。**❶ 竝改正。

020 背夫在逃，杖百，從夫嫁賣。因而改嫁，絞。因夫逃亡，三年內不告官而逃，杖八。擅改嫁，杖百。❶ 妾各減二等。窩主及知情娶同罪。至死，減一等。

021 逐婿嫁女，或再招婿，杖百。❶ 女不坐。男家知而娶同罪。女付前夫。

022 應離而不離，杖八。〈律〉

023 逆家孫女，勿令離異。〈續〉

024 有職人 ❶ 勿論時、散。許着紗帽、品帶。❷ 無職人着笠、帶條。〈經〉

025 國恤，禁嫁娶。士吏、軍民，卒哭後；實職三品以下，小祥後，竝借吉三日。堂上受杖以上及實職二品以上，許禫後。❶ 內喪、小喪，實職三品以下，卒哭後借吉；堂上、曾經侍從以上，小祥後行吉。小內喪竝許公除後。〈補編〉

喪祭

❶ 喪祭之禮, 我國士夫家遵用《家禮》, 而《大典》所載私家服制與《家禮》五服圖, 略有異同。如《家禮》爲長子服三年, 《大典》則期年之類是也。今以五服圖錄於《別編》, 而此只錄國制若干條。〈補〉

001 **宗親、大臣卒, 啓聞輟朝,** ❶ 宗姓期親及王子三日, 大功及正、從一二日, 小功及正二一日, 文武正、從一實職二日, 經[68]議正三日, 正二實職一日, 經[69]參贊、判書二日。**致賻弔祭,** ❷ 宗姓袒免-❶ 十寸兄弟。❷ 女雖出嫁, 依本服。-〈經〉、異姓緦麻以上親及妻、文·武·蔭二品以上實職及功臣[70]及正三曾經監司·府尹·兵使, 〈經〉〈續〉-❸ 未赴任同。〈續〉- 竝致賻致弔祭。文曾經侍從, 武曾經閫帥, 蔭曾經都正, 而爲同樞者亦許。而同樞及承襲君無履歷者否。〈經〉〈續〉〈增〉 ❸ 因公在外死者、戰死者, 勿論職秩, 竝致賻弔祭。〈經〉 ❹ 弔祭遣禮官, 而或儒臣或承旨隨旨。〈補〉 ❺ 曾經貳師, 遣宮官弔祭。〈續〉 ❻ 曾經臺侍只致賻。〈補〉 ❼ 禮葬者無致賻。**禮葬。**〈經〉 ❽ 王妃父母、嬪、貴人、大君、王子及夫人、公·翁主、奉保夫人、大臣、元勳。〈經〉〈補〉 ❾《大典》又有儀賓·宗親從二以上、文武從一以上及功臣禮葬之法。〈補〉 **若擧哀會葬,**〈經〉 ❿ 群臣。

68 經 : 底本에는 "〈經〉"으로 되어 있다. 奎章A 및 《經國大典·禮典·喪葬》에 根據하여 修正하였다.

69 經 : 底本에는 "〈經〉"으로 되어 있다. 奎章A 및 《經國大典·禮典·喪葬》에 根據하여 修正하였다.

70 臣 : 底本에는 "及"으로 되어 있다. 國中A 및 奎章A에 根據하여 修正하였다.

〈解〉 有旨乃行。〈經〉 ⓫ 爲王子及夫人、公·翁主、外祖父母、王妃父母、內命婦、宗戚-❹ 命婦、宗戚隨恩賜淺深。-、貴臣,-❺ 職事正二, 散官從一以上。❻ 曾經議政外, 隨恩賜。- 擧哀臨喪; 世子爲外祖父母、世子嬪父母, 擧哀; 師傅、貳師, 擧哀臨喪, 竝十五聲。〈五禮〉

002 遣宮官弔祭, 香祝由闕門東挾出。〈增〉

003 宗親二品以上、文武一品以上, 給造墓軍。❶ 大君、公主、王妃父母, 各三百; 王子、翁主, 各二百五十; 嬪、駙馬, 各二百; 副尉, 百八十; 宗親正一, 二百; 從一, 百八十; 正二, 百三十; 從二, 六十五; 大臣, 二百五十, 正、從一, 百八十, 惠廳、兵曹分半給。惠廳每名米一石, 兵曹錢一兩。〈補〉

004 有賜與柩材, 則以價代給。〈增〉 ❶ 米二十石, 以錢、木折給, 自惠廳下。〈增〉〈補〉 ❷ 居齋儒身死, 給板材代[71]木八匹。〈補〉

005 議政遷葬時, 葬需、擔軍, 參酌題給。❶ 勿許禮葬。〈續〉 ❷ 大臣、儒賢遷葬時, 筵稟助軍丁者, 比初禮葬減半。〈增〉

006 曾經承旨、觀察·節度·防禦使、東班二品實職而身歿外任者, 給擔柩軍。〈續〉 ❶ 鄕人之經此等職而客歿京中者, 卿宰以上受由下鄕而客歿者同。〈續〉〈增〉 ❷ 守令、邊將、營將、察訪在任而死

71 代 : 底本에는 "伐"로 되어 있다. 國中A 및 奎章A에 根據하여 修正하였다.

者,〈續〉〈補〉-❶ 啓請軍官、審、檢同。〈補〉- 京人以王事客歿者, 鄕人新及第及帶職而死京中者, 鄕儒居泮而死者, 返柩[72]時, 駕牛題給。〈續〉 ❸ 朝士及番上軍居外方者屍體, 傳驛下送。〈經〉

007 **文、武、蔭曾經實職人, 在鄕身故, 地方官報觀察使。侍從以上啓聞, 餘報吏、兵曹。**〈增〉

008 **窮乏過限未葬者, 內戶曹、賑廳, 外觀察使題給葬需。**〈續〉[73] ❶ 朝臣窮乏, 過期未葬者, 本曹啓給葬備。〈經〉 ❷ 宗裔及貧者顧助, 見上《婚嫁》條。〈補〉

009 **國恤時私家大小祥,** ❶ 忌、墓祭同。 **卒哭後**〈補編〉 ❷ 小喪, 公除。〈補〉 **許行, 葬則毋論公除前後, 許行。** ❸ 虞祭亦許行。卒哭則國葬後行。〈補編〉

010 **墳墓定限, 禁耕牧。** ❶ 宗親, 一品四面各百步, 二品九十步, 三品八十步, 四品七十步, 五品六十步, 六品五十步。文武官遞減十步, 七品以下及生、進、有蔭子弟同六品。女從夫職。 ❷ 耕墾在葬前者, 勿禁。〈經〉 ❸ 守墓軍: 德興大院君墓十六, 仁嬪墓十, 大王私親墓十, 世子私親墓五, 昌嬪墓五, 王后考妣墓每位各二, 燕山君、光海君墓各十, 綾原君墓二。〈續〉〈補〉 ❹ 盜他人墳塋內樹木, 杖八。計贓重者, 各加盜罪一等。〈律〉 ❺《大典》有"觀察使

72 柩 : 底本에는 "樞"로 되어 있다. 國中A 및 奎章A에 根據하여 修正하였다.

73 〈續〉 : 底本에는 "〈經〉"으로 되어 있다. 奎章A 및 《續大典·禮典·喪葬》에 根據하여 修正하였다.

奉審陵墓時, 幷審宗廟各室王后考妣墓"之法。〈補〉

011 **殿下爲外祖父母, 聞訃日擧哀, 衰服** 1 布帶。**五日而除。爲王妃父母, 三日除。** 2 世子爲外祖父母、嬪父母同。〈五禮〉

012 **王妃爲父母,** 1 大王大妃、王大妃、世子嬪爲父母同。**齊衰期年。** 2 十三日公除後, 淺淡色大袖長裙、黑帶、皮鞋。十三月除衰。再期前淡服。進見時吉服。〈續禮〉 3 爲祖父母, 布帶三十日; 外祖父母, 十五日而除。〈五禮〉

013 **軍士及庶人爲其父母, 服百日。** 1 軍士願行三年者聽。〈經〉 2 書吏、鄕吏親喪, 給暇百日。〈續〉

014 **起復人員, 出依牒。** 1 謝恩、赴京竝吉服。朝會勿參, 唯行出官參謁, 玉色服。在家衰服。〈經〉 2 《大典》法: "新法之立、舊法之改及在喪人起復者, 政府擬議以聞, 本曹考兩司署經, 出依牒。"〈補〉

015 **喪制未終而從仕, 杖八。** 1 聞期親尊長喪, 匿不擧哀, 杖八。喪制未終而從吉, 杖六。 2 無喪詐稱有喪, 舊喪詐稱新喪, 杖百。有規避, 從重論。 3 居喪之家修齋設醮, 若男女渾雜飮酒食肉, 家長杖八。 4 惑於風水, 停柩在家, 經年暴露不葬, 杖八。〈律〉

016 **太常致祭, 勿用魚肉。** 1 外方致祭同。〈續〉

017 宗廟各室王后考妣忌日、四仲月〈經〉 1 時祭。〈補〉、俗節 2 廟及墓祭。祭，官給奠物。〈經〉

018 懷墓〈增〉 1 燕山私親。〈補〉、成墓，〈增〉 2 光海私親。〈補〉 每仲春致祭。〈增〉

019 賜額書院祭需、幣帛，自官備給。〈補〉

020 宗廟各室王后考妣及始爲功臣，代盡不遷，別立一室。〈經〉
1 大君、王子、宗廟配享諸臣、文廟從享先正亦不遷。〈補〉

021 妾子承重者，祭其母於私室，止其身。〈經〉

立後

001 **嫡長子無後者, 以同宗近屬許立後。**〈續〉 ❶ 兩家父同命立之, 父歿則母告官。尊屬與兄弟及孫, 不相爲後。〈經〉 ❷ 以同宗長子爲後及一邊父母俱歿者, 勿聽。而情理可矜, 則或因一邊父母及門長上言, 本曹回啓許之。〈續〉〈增〉 ❸ 繼後文書, 無長官時, 次堂聯名。❹ 外方人呈觀察使啓聞, 本曹成立案下送。〈續〉 ❺ 立嫡子違法, 杖八。若妻年五十以上無子者, 立庶長子。不立長子者罪同。❻ 立嗣, 尊卑失序, 杖六。其子歸宗。❼ 養異姓義子, 以亂宗族, 杖六。與者同, 其子歸宗。〈律〉

002 **爲人後者, 本生父母絶嗣[74], 則罷繼歸宗。許所後家改立後。** ❶ 所後父母已死, 不得改立, 則從班祔例, 權奉神主。〈續〉 ❷ 養同宗爲子而捨去, 杖百, 付所養父母收管。若有親生子及本生父母無子欲還者聽。〈律〉

003 **嫡長子無後, 則衆子, 衆子無後, 則妾子奉祀。** ❶ 良妾子無後, 則賤妾子承重。❷ 嫡妾俱無子者, 立同宗支子爲後。❸ 嫡長子只有妾子, 願以弟之子爲後者聽, 欲自與妾子別爲一支亦聽。❹ 士夫無子女, 欲以奴婢墓直主祭者, 從財主意, 署文記, 奉其祀。大夫六口, 士以下四口。〈經〉

004 **長子死無後, 立他子奉祀, 則長子之婦, 毋得以冢婦論。**

74 嗣 : 底本에는 "祀"로 되어 있다. 國中A 및 奎章A에 根據하여 修正하였다.

❶ 田民[75]依衆子例分給, 立廟家舍, 給主祭子孫, 而擅賣者禁斷。

005 立後者, 旣出立案, 雖或生子, 當爲第二子, 以立後者奉祀。〈續〉

006 有妻娶妻, 不卽發覺, 身歿後, 子孫爭嫡者, 以先爲嫡。〈經〉

75 民 : 底本에는 "氏"로 되어 있다. 國中A 및 奎章A에 根據하여 修正하였다.

雜令

001 **各邑、鎭、堡有客舍處, 殿牌奉安。**〈續〉〈補〉

002 **皇帝訃聞日擧哀,** ❶ 十五聲。 **第四日成服,** ❷ 衰服。百官四品以上亦衰服。 **三日而除。** ❸ 自成服至除服, 每朝臨哭。 ❹ 除服前, 停大小祀, 巷市, 斷音樂, 去刑戮, 禁屠殺、婚嫁。 **諸道使臣及外官, 文書到日, 於正廳具素服, 四拜哭,** ❺ 十五聲。 **又四拜。** ❻ 四日成服, 三日除。 ❼ 沿邊將帥及軍官否。〈五禮〉

003 **日、月食時, 各司救食如儀。** ❶ 日、月食單子, 前期五朔入啓。食時, 各司堂郞各一, 無堂上處, 行首、佐貳官備二員, 會本司[76] 救食。宗親·議政·忠勳·儀賓·敦寧·中樞府、宣惠廳、義禁府、六曹、漢城·司憲府、司諫院、成均館、承文院、奉常·宗簿·司僕·軍器·內贍·司㯫寺、軍資·濟用·繕工·司宰監、掌樂院、觀象監、司譯院、廣興倉、長興庫、平市·司圃·典牲署、四學設器械, 訓鍊·通禮院、校書館、內資·禮賓寺、典醫監、義盈庫、掌苑·惠民·典獄署、五部不設器械。闕內各司非親臨則否, 軍門及殘司勿行。 ❷ 外邑依京司設行。營下邑, 監司同參, 兵、水營則否, 而兼本官處亦行。

004 **有星變, 則差測候官。** ❶ 玉堂時原任。〈增〉 ❷ 欽天官失於占候奏聞, 杖六。〈律〉

76 司 : 底本에는 "寺"로 되어 있다. 國中A 및 奎章A에 根據하여 修正하였다.

005 **親臨視學時, 有侍講官** ❶ 經筵領事·知事·同知事、成均館知事·同知事, 無故人盡書入。、**講書官。** ❷ 七。〈續〉 ❸ 玉堂及曾經翰林, 政院抄啓。〈續〉〈補〉 ❹ 經生, 生、進、幼學中, 無定數, 大司成抄啓。〈補〉

006 **王世子入學時, 有博士** ❶ 成均館知事。、**將命者** ❷ 一。、**執事者。** ❸ 六。 ❹ 竝學生。〈五禮〉 ❺ 世孫入學同。但博士藝文提學。〈補〉 ❻ 王子入學時, 博士司成, 將命者、相者、執事者六, 竝學生。

007 **納妃,** ❶ 納采、納徵、告期、冊妃同。**有正使** ❷ 正一。、**副使** ❸ 正二。、**儐者。** ❹ 參外。 ❺ 親迎亦有儐。〈五禮〉 ❻ 都廳, 文堂下。〈補〉 ❼ 世子、世孫納嬪同。但世孫, 正使從一, 副使從二。〈五禮〉〈補〉

008 **王世子冠禮, 有賓** ❶ 議政。、**贊** ❷ 禮判, 有故則參判。、**主人** ❸ 屬尊宗親。、**主人贊冠。** ❹ 輔德。〈五禮〉 ❺ 世孫冠禮, 賓一品參贊, 贊禮參, 主人屬尊宗親, 主人贊冠翊善。

009 **産室廳,** ❶ 嬪以下稱護産廳。**前期三朔** ❷ 護産廳, 當朔。**擧行。** ❸ 內局三提調及醫官輪直。〈補〉

010 **凡祭祀、朝賀日用樂, 皆有協律郎。** ❶ 掌樂院官。〈五禮〉

011 **列聖御製、御筆、御畫、顧命、遺誥、密教及《璿譜》、世譜、寶章、印章、寶鑑、狀誌, 皆奉安于奉謨堂。** ❶《璿譜》, 宗簿堂郎與閣臣二奉安。〈增〉

012 **殿閣舊基、碑閣、行宮、潛邸舊宮, 京戶、工曹, 外觀察使奉審。**〈補〉

013 **春秋館時政記, 右史修, 藏於本館史庫。國恤後, 設廳修實錄, 藏於五處史庫。**〈經〉〈補〉 ❶ 江華 鼎足山城、江陵 五臺山、茂朱 赤裳山城、奉化 太白山及本館。〈補〉 ❷ 實錄, 每三年春秋館堂上開審曝曬。外則遣史官。〈經〉 ❸ 三南 左道、關西 淸南, 文守令中差兼春秋, 修日記, 上送本館。三南 右道、關西 淸北、京畿、關東、海西、關北, 都事修上, 而春秋不兼。〈補〉

014 **諸司、諸邑文書, 分類作綜, 懸籤藏之。** ❶ 官府文字置立案, 憑後考。〈經〉 ❷ 備局首郞掌中外啓狀, 可憑後考者, 不謹典守則重勘。

015 **無論內閣、玉堂、春坊、各司, 刊印書冊分定各道時, 必稟旨。** ❶ 刊進後, 儲置米會減。違者該道臣、該廳堂上論罪。〈增〉 ❷《大典》有"凡印書冊, 政府、弘文·成均·春秋館、諸道首邑各藏一件"之法。〈補〉

016 **內閣書籍命入或請出時, 塡其書名於牙牌。** ❶ 一篆刻"內府書籍命入牌", 置大內; 一篆刻"內府書籍請出牌", 置摛文院。請出則書請出閣臣姓名。〈增〉 ❷ 弘文館書冊出納時, 用象牌。雖官員, 毋得擅出闕門外。〈續〉

017 **每年頒曆日。**〈經〉 ❶ 東班應頒人, 吏曹修啓; 西班則文·武·蔭曾經二品以上實職人、時任宣傳官、別軍職及別軍職之時任守令、兵·水使，兵曹修啓。❷《大典》法：“觀象監印頒諸邑，諸邑納紙受去。”今廢。唯三南、兩西、關東依定數，送于巡營分送，稱貿去曆。〈補〉

018 **延祥詩、春帖子、端午帖，應製人詣闕製進。**〈續〉

019 **留守、觀察、統制、統禦使有教書、諭書，守禦·摠戎使、奉朝賀、勳臣、配享臣只有教書，兵·水使、防禦使只有諭書。** ❶ 教書，知製教製。〈補〉

020 **賀、慰箋，留守、觀察·節度·防禦使雖罷職，封進。**〈續〉

021 **二品衙門直啓，直行移。其餘衙門報屬曹。** ❶ 中外諸將、承政·司諫院、宗簿寺亦直啓。各司有緊事，提調直啓。〈經〉 ❷ 守令唯義州、東萊、濟州直啓。參上察訪係關驛事直啓。〈補〉 ❸ 外官於奉命使臣，中外諸將於兵曹用牒呈，摠府用關。〈經〉 ❹ 軍門通關兵曹，軍門楷書，兵曹草關。❺ 各司之報備局，雖大臣衙門，公事堂上或郞廳牒呈。❻ 內閣雖大臣衙門通關，各司、各道報內閣，具書目牒呈。〈增〉 ❼ 內醫院三提調竝直時，正一衙門通關，從一以下衙門牒呈，罷直後依舊例。〈續〉 ❽ 兼察訪直啓，見《吏典·外官格式》條。〈補〉

022 **祭享及供上，以東、西庫藏氷，限朔進排。**〈續〉 ❶ 祭享則東庫自三月一日止霜降日, 供上則西庫自三月一日止[77]九月晦日。〈續〉〈增〉 ❷ 或值冬暖無冰, 則各殿所供, 自五月至七月減半, 自八月至九月減三分二。〈增〉 ❸ 祭享藏冰時, 奉常寺官一體監董。〈續〉 ❹ 內氷庫供上, 紫門監掌之。藍染冰, 各殿中官量當年應入, 五月晦日手本啓下後, 下該曹進排。內氷庫不善檢飭, 仲秋前告罄, 該官先汰後拿, 下吏重勘。〈續〉〈增〉

023 **宗親、文武正二品以上及諸上司, 定朔頒氷。**〈續〉 ❶ 備邊司、承政院、弘文館、侍講院、翊衛司、春秋館、兵曹、內醫院、養賢庫, 自五月望後止七月望前。六曹、諸上司、宗親、東西班正二以上、六承旨、三司長官、奎章閣提學·直學·直閣·待敎時原任, 自六月一日止晦日。〈續〉〈增〉 ❷《大典》有"頒氷于堂上官, 而時祭又給。活人署病人、禁府·典獄囚人亦給"之法。〈補〉

024 **外進宴時, 參宴人員稟旨。**〈續〉 ❶ 內進宴, 內、外命婦赴。〈經〉 ❷ 女妓五十二選上, 有旨則加減。〈續〉 ❸ 凡宴禮勿用蠟花。〈增〉 ❹《大典》法: "行幸、講武後, 政府、六曹; 四仲朔, 忠勳府; 每歲二度, 宗親、儀賓府進宴。" 又有會禮宴、養老宴、賜宴等禮。

025 **大小科** ❶ 武科同。**回榜人, 賜宴** ❷ 稱花牌宴。**加資。** ❸ 歲首, 京兆及道臣訪問啓聞。❹《大典》有"中文武科者, 賜恩榮宴于政府。榮親宴時, 本曹啓聞, 賜酒樂, 居外者, 守令設宴。親歿者設祭, 中第一者賜米"之法。〈補〉

77 止 : 底本에는 "正"으로 되어 있다. 國中A 및 奎章A에 根據하여 修正하였다.

026 **各陵寢香炭山, 陵官望報定標。**

027 **梓宮板, 黃腸封山處, 遣敬差官, 慶尙、全羅道十年, 江原道五年一取。** ❶ 數則臨時量定, 長廣則遵舊式。安東、寧海、醴泉[78]、盈德、聞慶、奉化、英陽、江陵、原州、淮陽、襄陽、春川、三陟、寧越、伊川、平海、通川、旌善、高城、杆城、平昌、金城、蔚珍、平康、狼川、洪川、楊口、麟蹄、橫城取內梓宮板, 順天 巨磨島、興陽 折爾島、康津 莞島取外梓宮板。

028 **奉常寺主材, 栗木所産處, 遣敬差官、泛鐵官, 慶尙道每式年, 忠淸、全羅道間式年一取。** ❶ 或國用不足, 則江原道別爲斫來。〈續〉 ❷ 虞主材, 因山前, 兩西有桑木處, 遣敬差官斫取。〈補〉

029 **儒生輩, 朝官付黃削籍之弊, 一禁。** ❶ 犯者成均館啓達定配。黃、墨勿施, 當者毋得引嫌。〈續〉 ❷ 儒生封章時, 太學與四學生躬進後, 始許照錄。鄕儒不載儒籍而濫入者, 施儒罰。❸ 儒生憑藉疏廳, 求請外邑, 先徵邸人錢者, 禁斷。❹ 館學齋任, 毋敢自罰、自削。〈增〉

030 **四館新來免新時, 先進困辱之弊, 痛禁。** ❶ 犯者掌務官、上博士罷職。❷ 各司官及下屬徵責免新、罰禮、許參等事者, 不枉法論。不檢擧官員罷職。外方鄕校鄕任及官屬犯者同。

78 泉 : 底本에는 "川"으로 되어 있다. 國中A 및 《續大典·禮典·雜令》에 根據하여 修正하였다.

031 **外方祠院, 冒禁刱設者, 首倡儒生遠配。** ❶ 觀察使拿處, 守令論告身三等律。❷ 賜額書院不稟朝家, 擅自配享, 首倡儒生三年停擧, 道臣重推, 地方官罷職。❸ 以影堂、精舍別立名目者, 依祀院例。生祠堂一體禁斷。〈續〉

032 **見任官無政跡, 輒自立碑建祠, 杖百。**〈律〉 ❶ 鄕民以磨崖、築臺、刻石等媚悅土主, 首倡刑配, 守令重勘。〈增〉

033 **募入, 鄕校四十名, 賜額書院二十名。**

034 **軍額敷盛間, 勿許度僧。** ❶ 違者囚一族督現。〈續〉

035 **寺、觀、庵、院見在外, 不許刱建。違者, 杖百, 邊遠充軍。** ❶ 尼僧爲奴。〈律〉 ❷ 寺社勿新創。重修古基者, 本曹啓聞。〈經〉 ❸ 陵寢至近地創寺刹者嚴禁。陵官不禁者重勘。❹ 各司、各宮房願堂, 一切革罷。已建者撤毁, 未建者嚴禁。〈增〉

036 **工人等鍾、磬逢授, 不謹看守, 致折破, 杖百徒三。**〈續〉

037 **乘輿服御物藏修不如法, 杖六。進御差失, 笞四十。車馬之屬不調習, 駕馭之具不堅完, 杖八。** ❶ 主守人借用或借人及借者, 各杖百徒三。棄毁者同。遺失、誤毁各減三等。❷ 御幸舟船, 誤不堅固, 工匠杖百; 不整頓修飾及在船篙掉之屬缺少, 杖六。監臨提調各減二等。

038 **合和御藥, 誤不依本方, 及封題錯誤醫人, 杖百。** ❶ 理料揀擇不精, 杖六。監臨提調減二等。

039 **造御膳, 誤犯食禁廚子, 杖百。** ❶ 餠食之物不潔淨, 杖八; 揀擇不精, 杖六; 不品嘗, 笞五十。監臨提調, 各減二等。❷ 監臨提調及廚子等誤將雜藥, 至御膳所, 杖百。門官、守衛官失搜檢同罪。〈律〉

040 **惠民署鄕藥材, 雖上司, 詳定數外, 毋得濫用。**〈續〉

041 **出使復命者, 如聞民弊, 啓達。**〈經〉

042 **奉制出使, 不復命, 干預他事, 杖百。** ❶ 各衙門出使者, 常事杖七, 軍情重事杖百。❷ 越理犯分, 侵人職掌, 笞五十。❸ 回還後, 三日不繳納聖旨, 杖六, 每二日加一等, 止杖百。不繳納符驗, 笞四十, 每三日加一等, 止杖八。有所規避, 從重論。〈律〉

043 **大君、王子、公主、翁主、大臣行, 道臣; 府院君、一品宗班、駙馬行, 都事陪行。** ❶ 實錄、《璿源錄》行, 道臣五里亭迎送。〈補〉

044 **諸學** ❶ 成均館及四學、觀象監三學、司譯院四學、典醫監·惠民署醫學、刑曹律學、戶曹籌學、圖畫署畫學。〈經〉 **生徒, 皆有定額。**〈經〉〈補〉 ❷ 額數在兩典及《通編》。而《大典》以館學居齋儒生爲儒學生徒, 今見於上《奬勸》條。觀象學、譯學、醫學、籌學又有前銜。觀象生徒亦稱肄習。外方儒學、醫學、律學，州、府、郡、縣有定額；譯學則兩西、關北、嶺南邑鎭及濟州有之。❸《大典》，寫字官不入於諸學中，今無科。而生徒稱肄習，以肄習陞前銜，入仕則稱實官。籌學、畫學亦無科，而籌學入仕者，稱時仕；畫學入仕者，稱實官。〈補〉

典律通補

典律通補 兵典

卷之四

兵典目錄

兵典

1 屬衙門: 五衛、訓鍊院、司僕寺、軍器寺、典設司、翊衛司、衛從司。〈經〉〈續〉

官階

1 西班從二以上同東班。自正三至從四, 稱將軍; 自正五至從六, 稱校尉; 自正七至從九, 稱副尉; 雜職同。土官職, 自正五至從六, 稱隊尉; 自正七至正九, 稱徒尉。

2 雜職: 正六, 奉任、修任; 從六, 顯功、迪功; 正七, 騰勇; 從七, 宣勇; 正八, 猛健; 從八, 壯健; 正九, 致力; 從九, 勤力。土官職: 正五, 健[1]忠; 從五, 勵忠; 正六, 健[2]信; 從六, 勵信; 正七, 敦義; 從七, 守義; 正八, 奮勇; 從八, 效勇; 正九, 勵力; 從九, 殫力。〈經〉

1 健 : 《經國大典·兵典·土官職》에는 "建"으로 되어 있고, 《大典通編·兵典·土官職》 및 《大典會通·兵典·土官職》에는 "健"으로 되어 있다.

2 健 : 《經國大典·兵典·土官職》에는 "建"으로 되어 있고, 《大典通編·兵典·土官職》 및 《大典會通·兵典·土官職》에는 "健"으로 되어 있다.

001

正三品	折衝 -堂上-
	禦侮
從三品	建功
	保功
正四品	振威
	昭威
從四品	定略
	宣略
正五品	果毅
	忠毅
從五品	顯信
	彰信
正六品	敦勇
	進勇
從六品	勵節
	秉節
正七品	迪順
從七品	奮順
正八品	承義
從八品	修義
正九品	效力
從九品	展力 〈經〉

京官職

1 雜職: 禁軍則正二十一, 從八; 領六十三, 從九。各營軍士則旗摠正八, 隊長從八, 隊副從九。騎、步兵則旅帥從八, 隊正從九。承文院諸員三人、唱準印書時、畫員詣闕別畫時領,-1 領職除授。- 從九。〈續〉

001 1 正一。**中樞府** 2 無所掌, 待文武堂上官之無所任者。〈經〉 3 議政遞職送西, 領事、判事員數雖滿, 皆付判事。輔國亦付判事, 若已滿則付知事。〈續〉〈補〉 4 大臣外毋得付領事。未經冢宰、宗伯、司馬, 毋得付判事。 5 老職資憲毋論文、武、蔭, 未經四品實職, 勿授[3]知事。〈增〉 6 知事、同·僉知等, 醫、譯以承傳見差者, 三十朔遞。 7 同、僉知以老職陞資而除授者, 限三朔。〈續〉 8 加設知事以下付別軍職, 見下別軍職條。〈補〉

○**領事** 9 正一。

○**判事** 10 二, 從一。

○**知事** 11 六, 正二。〈經〉

○**同知事** 12 八, 從二。〈經〉〈續〉 13 一, 衛將遞兒。〈續〉

○**僉知事** 14 八, 正三。〈經〉 15 三, 衛將遞兒。〈續〉

○**經歷** 16 從四。

○**都事** 17 從五。〈經〉

18[4] 吏房、掌務錄事各一。〈續〉〈增〉 19 醫員一。〈續〉

3 授 : 《大典通編·兵典·京官職·中樞府》에는 "付"로 되어 있다.

4 18 : 底本에는 17의 條文과 連結되어 있다. 國中A 및 奎章A에 根據하여 修正하였다.

002 **1** 正二。**五衛都摠府** **2** 掌治五衛軍務。〈經〉 **3** 摠管隨品陞降, 以備十員。〈補〉 **4** 摠管, 周年遞。衛[5]將同。

○**都摠管** **5** 正二。**6** 兼。

○**副摠管** **7** 從二。**8** 兼。〈經〉

○**經歷** **9** 六, 從四。

○**都事** **10** 六, 從五。〈經〉〈續〉

003 **1** 正三。**五衛**〈經〉〈續〉 **2** 義興衛、龍驤衛、虎賁衛、忠佐衛、忠武衛。〈經〉 **3** 今五衛兵制盡罷, 獨存官名。〈續〉-**1** 義興竝無官名。〈補〉-將及部將分直巡更。上護軍以下屬軍銜[6]遞兒, 以待陞降來付者。〈續〉 **4** 曹司, 文、武、蔭通融[7]差。**5**《大典》法: "義興, 中衛, 甲士、補充隊屬焉; 龍驤, 左衛, 別侍衛、隊卒屬焉; 虎賁, 右衛, 族親、親軍衛、彭排屬焉; 忠佐, 前衛, 忠義、忠贊、破敵衛屬焉; 忠武, 後衛, 忠順衛、正兵、壯勇衛屬焉。" 京五部及外各邑、鎭軍士亦分屬。〈補〉

○**將** **6** 十二, 正三。〈經〉〈續〉 **7** 二稱曹司。〈續〉 **8** 兼。〈經〉

○**上護軍** **9** 八, 堂下正三。〈經〉〈續〉 **10** 二, 原祿遞兒; 六, 雜遞兒。〈續〉

○**大護軍** **11** 十二, 從三。〈經〉〈續〉 **12** 二, 原祿遞兒; 十, 雜遞兒。〈續〉

○**護軍** **13** 四, 正四。〈經〉〈續〉 **14** 原祿遞兒。〈續〉

○**副護軍** **15** 七十六, 從四。〈經〉〈續〉 **16** 雜遞兒。〈續〉

○**司直** **17** 十一, 正五。〈經〉〈續〉 **18** 原祿遞兒。〈續〉

5 衛 : 《經國大典·兵典·正二品衙門》에는 "諸"로 되어 있다.

6 銜 : 底本에는 "衛"로 되어 있다. 國中A 및 奎章A에 根據하여 修正하였다.

7 融 : 底本에는 "隆"으로 되어 있다. 國中A 및 奎章A에 根據하여 修正하였다.

○ **副司直** 19 百, 從五。〈經〉〈續〉 20 十七, 原祿遞兒; 八十三, 雜遞兒。〈續〉

○ **司果** 21 二十一, 正六。〈經〉〈續〉 22 原祿遞兒。〈續〉

○ **副司果** 23 百七十七, 從六。〈經〉〈續〉 24 三十五, 原祿遞兒; 百四十二, 雜遞兒。〈續〉

○ **司正** 25 二十, 正七。〈經〉〈續〉 26 原祿遞兒。〈續〉

○ **副司正** 27 二百四十九, 從七。〈續〉〈經〉 28 三十三, 原祿遞兒; 二百十六, 雜遞兒。〈續〉

○ **司猛** 29 十五, 正八。〈經〉〈續〉 30 原祿遞兒。〈續〉

○ **副司猛** 31 二百十三, 從八。〈經〉〈續〉 32 二十七, 原祿遞兒; 百八十六, 雜遞兒。〈續〉

○ **司勇** 33 二十四, 正九。〈經〉〈續〉 34 原祿遞兒。〈續〉

○ **副司勇** 35 五百八十一, 從九。〈經〉〈續〉 36 百五, 原祿遞兒; 四百七十六, 雜遞兒。〈續〉

004 1 正三。**訓鍊院** 2 掌軍士試才、鍊藝、武經習讀之事。〈經〉 3 加設僉正·判官各一窠、主簿三窠, 以各軍門有薦哨官, 十二朔仕滿。能通講陣者, 望報本曹, 擬主簿。-1 三窠內, 二屬禁、御兩營, 各每都目; 一訓、守、摠三營輪回, 訓間都目, 守、摠各間三都目。- 判官以經主簿人, 僉正以經判官人擬, 每都目遞減遞付。僉正則非宣薦人, 毋得擬。〈增〉 4 權知奉事, 次次陞付權知參軍。〈補〉 5 權知參軍, 第八計仕, 至第五, 或陞第四, 或遷實奉事陞參軍, 或屬軍器寺, 由參奉、副奉事、奉事、直長而陞六。第四計仕, 至第一, 久勤遷轉。〈續〉〈增〉〈補〉-2 首仕, 去官當次, 則久勤窠屬次仕。〈補〉- 又與實參軍輪回, 兩銓遷轉, 本曹每都目, 去官主簿, 卽差邊將,吏曹間都目差六品職。權知奉事亦久勤遷轉。〈續〉〈增〉〈補〉 6 權知病滿三十日及呈辭過限者, 實官除授時, 越一次; 過一年, 越二次; 二年以上, 越三次。〈續〉 7 主簿、判官久勤遷轉。 8 習讀、兼習讀官久勤遷轉。〈增〉 9 加設主簿以上付別軍職, 見下別軍職條。 10 《大典》法: "副正以下主簿以上一, 文官。"〈補〉

○知事 11 正二。 12 兼。

○都正 13 二, 正三。 14 一兼。

○正 15 堂下正三。

○副正 16 二, 從三。〈經〉

○僉正 17 四, 從四。

○判官 18 八, 從五。

○主簿 19 十八, 從六。〈經〉〈續〉

○參軍 20 二, 正七。

○奉事 21 二, 從八。〈經〉 22 權知參軍八, 權知奉事三十八, 習讀官三十, 兼習讀官十, 竝六品。〈經〉〈續〉〈補〉-3 各番禁軍。〈補〉-

005 1 正三。宣傳官廳〈續〉 2 掌形名[8]、啓螺、侍衛、傳命、出納符信等事。〈增〉 3 參上調遷時, 一從曾經職本品。〈續〉 4 無論堂上、堂下, 四窠作承傳岐, 六朔後遷轉。而堂上則未經邊地、防禦使者, 準朔後卽除; 經防禦者, 卽擬水使。參上則以六品來者, 五品施行, 直擬四品。每品加一階, 經外三品守令,-1 兵虞候同。- 則卽除堂上職。 5 行首間差文臣, 以吏議、副學已通人擬, 將薦經

8 名 : 底本에는 "命"으로 되어 있다. 奎章A 및 《大典通編·兵典·京官職·宣傳官廳》에 根據하여 修正하였다.

闐任者亦擬。〈增〉 6 參外仕滿七百二十, 陞六; 承傳岐則十五朔。〈續〉〈增〉 7 南行受司果祿,-2 六朔後受。- 後登科則陞六。〈補〉

○ **宣傳官** 8 二十四。行首一, 堂上三, 竝正三。參上六, 無定品。參下十四, 二南行, 從九。〈經〉〈續〉〈增〉 9 文臣兼二, 從六。〈續〉〈增〉 10 武臣兼五十, 參上三十八, 從六; 參下十二, 從九。〈續〉

006 1 正五。**世子翊衛司** 2 掌陪衛。

○ **左右翊衛** 3 正五。

○ **左右司禦** 4 從五。

○ **左右翊贊** 5 正六。

○ **左右衛率** 6 從六。

○ **左右副率** 7 正七。

○ **左右侍直** 8 正八。

○ **左右洗馬** 9 正九。〈經〉

007 1 從六。**世孫衛從司**[9] 2 掌陪衛。

○ **左右長史** 3 從六。

○ **左右從史** 4 從七。〈續〉

008 1 從六。**部將廳**〈續〉 2 掌分部入直。曾屬五衛, 五衛罷, 後移付內三廳。〈續〉〈補〉 3 參外一窠, 每都目禁軍中薦取才者差。4 參外仕滿六百, 陞六。〈續〉 5 久勤遷轉。〈增〉 6 參外差騎士, 見下守門將

9 司 : 底本에는 "事"로 되어 있다. 奎章A 및 《續大典·兵典補·京官職·世孫衛從司》에 根據하여 修正하였다.

廳條。加設付別軍職, 見下別軍職條。〈補〉

○**部將** 7 二十五。參上十, 從六; 參下十五, 一南行, 從九。〈經〉〈續〉〈補〉

009 1 從六。**守門將廳**〈續〉 2 掌守衛闕門。〈增〉 3 參外五窠屬中庶。 4 參外一窠, 每都目禁軍中薦取才者差。〈續〉 5 參外或部將參外, 禁、御兩營騎士中, 有薦各一人, 從久勤差。〈增〉〈補〉 6 參外仕滿四百五十, 陞六。〈續〉 7 久勤遷轉。〈增〉

○**守門將** 8 二十三。參上五, 從六; 參下十八, 從九。〈續〉

010 **軍營**〈續〉 1 騎士, 禁、御兩營各分三番, 一番以部將薦人, 取才差, 其餘以各軍門行伍, 出身及閑散中, 前銜及堂上以上差。〈增〉 -1 出身外否。〈補〉- 2 教鍊官毋得以白徒差。〈增〉 3 教鍊、旗牌官勿論出身、前銜、閑良、行伍, 取才差。而禁軍、行伍額中, 雖有出身, 勿計於出身窠數。 4 將校差下, 勿拘貶下及罷職。〈續〉 5 中軍以下將官及從事官, 該營備望送本曹。 6 騎士別將以經兵、水使人差, 雖他軍門千摠勿拘。將則以經營將人差, 與禁軍將, 履歷一體施行。〈增〉 7 積仕人出身, 赴防後, 復入該軍門者, 通計前仕。〈續〉 8 各軍門別將、千摠、騎士將、扈衛別將周年遞, 把摠二周年。 9 訓·禁·禦三軍門知彀·教鍊·旗牌官、別武士、別軍官、都提調軍官久勤遷轉。〈增〉 10 凡久勤遷轉者, 仕滿陞六, 而間有無陞六處。〈補〉 11 三軍門大將例兼東、南關王廟堂上。〈增〉 12 三軍門及守、摠兩營, 自大將至千摠竝兼。〈補〉 13 三軍門各醫員二。-1 鍼、藥各一。-〈增〉

001 **訓鍊都監**〈續〉 1 宣祖朝罷五衛, 設都監, 作爲輦下親兵。〈續〉〈補〉 2 局別將勿論堂上、嘉善, 以經邊地、防禦使、堂上宣傳官者差。準朔則右職調用。〈增〉 3 別騎隊-1 馬、步兵出身作隊。-哨官以經牧、府使者差。 4 把摠以堂下三品差, 兩銓遷轉。〈續〉 5 哨官久勤, 兩銓遷轉。〈增〉〈補〉 6 局出身窠中, 除出武藝出身三十, 又增二十設廳, 號壯勇衛, 久勤遷轉。〈增〉 7 武藝別監百五十, 軍兵中抄擇。〈補〉

○**都提調** 8 正一。

○**提調** 9 二, 正二。 10 戶、兵判。

○**大將** 11 從二。

○**中軍** 12 從二。

○**別將** 13 二, 正三。

○**千摠** 14 二, 正三。

○**局別將** 15 三, 正三。〈續〉 16 兼。〈補〉

○**把摠** 17 六, 從四。〈續〉

○**從事官** 18 六, 從六。〈續〉〈增〉 19 一文官兼, 二蔭, 三戶曹別營郎、本曹武備郎、本局把摠兼。〈續〉〈補〉

○**哨官** 20 三十四, 從九。〈續〉 21 五宣薦, 二西北人, 二知彀官遞兒, 二旗牌官遞兒, 一漢人,〈續〉〈增〉-1 牙兵哨官。〈增〉- 餘有履歷前銜。

○**知彀官** 22 十。

○**旗牌官** 23 二十。〈續〉 24 竝知彀官行伍, 一壯勇衛。〈續〉〈增〉

○**別武士** 25 六十八。〈續〉 26 行伍, 二武藝別監, 一壯勇衛。〈續〉〈增〉

○**軍官** 27 十五。 28 五屬都提調。

○**別軍官** 29 十。

○**勸武軍官** 30 五十。

○**局出身** 31 百五十。 32 行伍出身作隊。〈續〉

002 **禁衛營** 1 肅宗朝減訓局軍摠, 以其中部別隊及本曹精抄軍合設。〈續〉 2 哨官及有薦騎士久勤遷轉。〈增〉〈補〉

○**都提調** 3 正一。〈續〉

○**提調** 4 正二。 5 兵判。〈增〉

○**大將** 6 從二。〈續〉〈增〉

○**中軍** 7 從二。

○**別將** 8 正三。

○**千摠** 9 四, 正三。〈續〉

○**騎士將** 10 三, 正三。〈增〉 11 兼。〈補〉

○**把摠** 12 五, 從四。〈續〉 13 外方兼把摠, 十二, 從四。加平、龍仁、大興、鎭川、益山、任實、榮川、聞慶、金城、金化、遂安、金川守令。

○**從事官** 14 二, 從六。〈續〉〈增〉 15 文武各一兼。〈續〉〈補〉

○**哨官** 16 四十一, 從九。 17 七宣薦禁軍, 四禁軍, 三騎士取才, 一嶺南左別武士都試居首,〈續〉〈增〉-1 與御營輪差。〈補〉- 四扈衛軍官, 二西北人, 二十閑散中前銜。

○**教鍊官** 18 十二。

○**旗牌官** 19 十。 20 竝教鍊官。二屬千摠。三禁軍, 四行伍, 一壯勇衛, 一壯勇衛牌頭,〈續〉〈增〉-2 與御營輪差。〈增〉- 十一閑散中出身及前銜。〈續〉〈增〉

○**別武士** 21 三十。〈續〉 22 五別騎衛, 一壯勇衛, 十行伍, 十四閑散中前銜。〈增〉

○**軍官** 23 五。24 屬都提調。

○**別軍官** 25 十。

○**勸武軍官** 26 五十。〈續〉

○**騎士** 27 百五十。

○**別騎衛** 28 三十二。29 本營出身。〈增〉

003 **御營廳** 1 仁祖朝置御營使，孝宗朝設軍營，肅宗朝改以一營五部之制。〈續〉 2 哨官、有薦騎士、駕前久勤遷轉。〈續〉〈增〉〈補〉

○**都提調** 3 正一。

○**提調** 4 正二。5 兵判。

○**大將** 6 從二。

○**中軍** 7 從二。〈續〉

○**別將** 8 正三。〈續〉〈增〉

○**千摠** 9 五，正三。〈續〉 10 別後部千摠，正三。永宗僉使。

○**騎士將** 11 三，正三。〈增〉 12 兼。〈補〉

○**把摠** 13 五，從四。14 外方兼把摠十，從四。積城、衿川、清安、藍浦、古阜、鎭安、居昌、軍威、伊川、長連守令。〈續〉

○**從事官** 15 二，從六。〈續〉〈增〉 16 文武各一兼。〈續〉〈增〉

○**哨官** 17 四十一，從九。18 七宣薦禁軍，二禁軍，三扈衛軍官，三騎士，二駕前，二西北人，一嶺南左別武士都試居首，〈續〉〈增〉 -1 與禁營輪差。〈補〉- 二十一閑散中前銜。

○**教鍊官** 19 十二。〈續〉

○**旗牌官** 20 十一。21 竝教鍊官。二屬千摠。三禁軍，二駕前，五行伍，五出身，一壯勇衛，一壯勇衛牌頭，〈續〉〈增〉-2 與禁營輪差。

〈增〉- 四閑散中出身及前銜。

○**別武士** 22 三十。〈續〉〈增〉 23 四行伍出身, 八行伍前銜, 十七行伍, 一壯勇衛。〈增〉

○**軍官** 24 四十一。〈續〉〈增〉 25 五屬都提調。

○**別軍官** 26 十。

○**勸武軍官** 27 五十。〈續〉

○**駕前別抄** 28 五十二。〈續〉〈增〉

○**騎士** 29 百五十。〈增〉

004 **守禦廳** 1 仁祖朝改築南漢山城, 仍設廳, 節制廣州等鎭軍務。〈續〉 2 南漢留營別將以經牧、府使人差。〈補〉 3 南漢勸武軍官以境內士夫勸入。〈增〉 4 京哨官、教鍊官、軍官及南漢將校久勤遷轉。 5 廣州前營, 楊州中營, 竹山後營。廣州、楊州將校久勤遷轉。〈增〉〈補〉

○**使** 6 從二。

○**中軍** 7 從二。

○**別將** 8 二, 正三。〈續〉

○**千摠** 9 正三。〈續〉〈增〉

○**把摠** 10 三, 從四。〈續〉

○**哨官** 11 十二, 從九。 12 一宣薦禁軍, 一西北人, 一禁軍, 五閑散中出身及前銜, 四山城人。

○**教鍊官** 13 七。 14 一禁軍, 一行伍, 一壯勇衛, 四前銜。

○**軍官** 15 三。〈續〉〈增〉 16 所任。〈補〉

17 南漢守城將, 從二, 廣州府尹兼。留營別將, 正三。哨官五, 從九。教鍊官十, 旗牌官六十, 軍官四十三, 付料軍官二十七, 勸

武軍官五十, 移屬軍官二百五十。〈續〉〈增〉

005 **摠戎廳** **1** 仁祖朝刱設, 節制水原等鎭軍務。〈續〉 **2** 管城將依南漢留營別將例, 毋論資級自辟, 餉還未畢捧前勿遷, 周年爲限。〈增〉 **3** 北漢把摠以下, 以北漢人差。〈補〉 **4** 京哨官、教鍊官、軍官及北漢將校久勤遷轉。 **5** 南陽前營, 水原左營, 北漢中營, 坡州右營, 長湍後營。將校久勤遷轉。〈增〉〈補〉 **6** 經理廳句管山城事務, 革屬本廳。〈續〉〈增〉

○**使** **7** 從二。

○**中軍** **8** 從二。

○**千摠** **9** 二, 正三。〈續〉

○**把摠** **10** 二, 從四。

○**哨官** **11** 十, 從九。 **12** 一宣薦禁軍, 一扈衛軍官, 一禁軍, 一水原哨官, 一北漢、鍊戎臺人, 五出身。

○**教鍊官** **13** 十五。 **14** 一禁軍, 一水原、坡州執事, -**1** 輪差。- 一北漢、鍊戎臺人, 二行伍, 一壯勇衛, 九閑散中出身及前銜。〈續〉〈增〉

○**軍官** **15** 十四內, 所任三。〈續〉〈增〉〈補〉

○**監官** **16** 二。〈續〉〈增〉 **17** 禁松。〈補〉

○**水門部將** **18** 一。〈續〉

○**閑良軍官** **19** 三百內, 百五十水原。 **20** 北漢管城將, 正三; 把摠, 從四; 哨官六, 從九。教鍊官四, 旗牌官五, 守堞軍官一、二摠各一, 軍器監官一, 所任軍官三, 付料軍官二十, 城門部將三。〈續〉〈增〉

006 **扈衛廳** ❶ 掌扈衛。❷ 所任軍官久勤遷轉。〈續〉

○ **大將** ❸ 正一。❹ 時原任大臣、國舅中兼, 而雖大臣, 非勳戚勿兼。〈續〉〈增〉

○ **別將** ❺ 三, 正三。

○ **所任軍官** ❻ 三。〈續〉 ❼ 一軍官陞差。〈補〉

○ **軍官** ❽ 三百五十。〈續〉〈增〉

○ **堂上別付料軍官**〈續〉

007 **龍虎營**〈增〉 ❶ 內禁衛-❶ 三百。-、兼司僕-❷ 二百。-、羽林衛-❸ 二百。-, 合七百爲一廳。分七番, 每番三正九領, 掌陪扈入直。本曹判書統領。〈續〉 ❷ 內禁衛一番, 以宣薦中出身、閑良, 取才充額, 過六朔, 許擬職。或見汰, 則除取才, 直口傳。重來者, 準三朔擬職。重重來, 則不計朔, 直擬職。〈增〉〈補〉 ❸ 六番-❹ 除一內。-內, 駕後禁軍五十抄選。〈續〉 ❹ 火砲禁軍二十七內, 十本營標下出身, 五標下軍,-❺ 陞差。- 六軍器寺別破陣, 六三軍門別破陣。〈增〉 ❺ 西北抄上禁軍各五人。〈補〉 ❻ 西北別付料, 關北六鎭·三·甲、關西七邑及未挈家邑武士, 該兵營試取, 出身、閑良各二十上送,-❻ 西四十, 北四十。- 西北各置料十窠, 試射以付。〈增〉〈補〉 ❼ 非邊地, 混許入屬, 本曹判書及帥臣施制違律。❽ 別將稱禁軍別將。-❼ 本營初稱禁軍廳。-〈增〉 ❾ 一番將, 以防禦使以上擬。〈增〉〈補〉 ❿ 別付料兵房, 以經防禦使人差。〈增〉 ⓫ 禁軍雖陞至崇品, 不遞。〈續〉 ⓬ 內將, 十五朔遞。〈補〉 ⓭ 堂上軍官、教鍊官、別付料〈增〉-❽ 二十窠中。〈補〉-、正領禁軍、駕後·各番禁軍久勤遷轉。〈增〉

○ **別將** ⓮ 從二。〈續〉 ⓯ 兼。〈補〉

○ **將** ⓰ 內禁衛三, 兼司僕二, 羽林衛二, 竝正三。〈經〉〈續〉 ⓱ 竝兼。

〈經〉〈補〉

○**堂上軍官** **18** 十六。〈續〉〈增〉 **19** 一別付料兵房, 八禁軍, 七閑散。**20** 屬本曹判書, 五屬別將。〈增〉

○**教鍊官** **21** 十四。〈續〉〈增〉 **22** 四禁軍, 二行伍, 八閑散中出身及前銜。〈增〉

○**別付料軍官** **23** 八十。〈續〉〈增〉 **24** 竝教鍊官, 屬本曹判書。〈補〉

008 **捕盜廳** **1** 左右。**2** 掌緝捕盜賊、姦細, 分更夜巡。〈續〉 **3** 加設部將以三江及門外禁軍差, 察巡三江、門外。〈續〉〈補〉 **4** 軍官-1部將。-久勤遷轉。〈續〉 **5** 陵幸時, 兩捕將隨駕, 則時原任將臣中一人, 本曹稟旨權察; 一捕將隨駕, 則在京捕將, 稟旨兼察。〈增〉〈補〉

○**大將** **6** 各一, 從二。〈續〉 **7** 兼。〈補〉

○**從事官** **8** 各三, 從六。〈續〉 **9** 各一, 宣傳官、都摠府、訓鍊院官中兼。〈續〉〈增〉

○**部將** **10** 各四。**11** 又無料各二十六, 加設各十二。〈續〉

009 **管理營** **1** 開城府。〈續〉 **2** 使, 從二, 留守兼。中軍, 正三, 留鎭大興山城。從事官, 經歷兼。別將二, 千摠三, 百摠四, 把摠六, 哨官三十二, 教鍊官八, 旗牌官三十六, 堂上軍官五十, 軍官二百五十。〈續〉〈增〉 **3** 把摠以下久勤遷轉。〈增〉

010 **鎭撫營** **1** 江華府。〈續〉 **2** 使, 從二, 留守兼。中軍, 正三, 兼守城將。鎭營將五, 正三。前富平, 左通津, 中本府中軍, 右豐德, 後延安兼。從事官, 經歷兼。千摠四, 把摠十, 哨官六十三, 教鍊官十, 旗牌官七十一, 軍官十五。〈續〉〈增〉

011 散職

001 **別軍職廳** ❶ 孝宗朝以潛邸軍官陪往瀋陽者八人, 區處設廳。其後漸增, 無定額, 自堂上至九品。〈續〉 ❷ 堂上以上加設知、同、僉樞, 隨品例付, 而中庶毋過同、僉樞。參上加設訓鍊主簿以上, 隨品例付。參外加設部將例付, 依部將例陞六。〈續〉〈增〉〈補〉 ❸ 登科則陞六付訓鍊主簿。❹ 經亞將, 減下。〈增〉 ❺ 兩銓久勤遷轉。〈續〉

002 **內司僕寺** ❶ 掌內廐、御乘。〈續〉 ❷ 內乘三, 一從二至正三, 一堂下正三至從九通擬, 竝自辟, 一司僕正兼。〈經〉〈續〉〈補〉 ❸ 慶熙[10]宮移御時, 加一。〈續〉 ❹ 參外仕滿二十朔, 陞六。〈續〉〈補〉

003 **能麼兒廳**〈續〉 ❶ 合付訓鍊院。〈增〉 ❷ 掌諸將官兵書考講、勸課。〈續〉 ❸ 堂上三, 三軍門中軍兼。郎廳四, 二中庶差, 各歧出六; 二習讀兼, 久勤遷轉。〈續〉〈增〉

004 **忠壯衛** ❶ 分番入直。❷ 將三, 從二或正三。〈續〉

005 **忠翊衛** ❶ 分番入直。❷ 將三, 從二或正三。〈續〉

006 **空闕衛** ❶ 入直空闕。〈續〉 ❷ 將, 景福宮、慶熙[11]宮各三; 慶

10 熙 : 《續大典·兵典·散職·內司僕寺》에는 "德"으로 되어 있다.

11 熙 : 《續大典·兵典·散職·空闕衛》에는 "德"으로 되어 있다.

熙宮移御時, 昌德宮、昌慶宮各二, 正三至從一。〈續〉〈增〉〈補〉 ❸ 作遞兒亦以觀象監、司譯院、寫字官、畫員堂上以上人, 通融差。〈增〉

007 **儀仗庫** ❶ 掌各殿儀仗。❷ 郎廳二, 部將兼。〈續〉

008 **四山** ❶ 東、西、南、北道。〈續〉 ❷ 分掌都城標內內外四山禁松。〈續〉〈增〉 ❸ 西屬訓局, 東屬御營, 南屬禁營, 以宣薦出身差。北屬摠廳, 以本廳哨官中宣薦人兼, 專管外山。竝仕滿三十朔, 陞六。〈增〉

○**參軍** ❹ 各一, 正七。〈增〉〈補〉

京官格式

❶ 京外官格式中, 如稱行、稱守、遷官、加階、解由、印交之類, 有同入於《吏典》格式者, 署經、褒貶、老職、追贈、給暇、相避, 不復別立目錄, 當與《吏典》參考。薦擧、考課、科階亦不別目, 而若干條付於格式之中。陞遷法入於衙門之下, 而薦擧中閫帥、邊將之薦, 考課中西班瓜滿之限, 亦有同入於《吏典》者, 竝當參考。大抵兩銓之制, 自不無參錯成文者, 故類此者最多。今不能枚擧。〈補〉

001 議政兼本曹判書, 則雖不參政, 重任緊窠問議。〈續〉

002 本曹政事, 必待吏曹開政, 不得獨行。〈補〉

003 以封君授西班職者, 幷封君下批。〈續〉

004 知訓鍊三望乏人, 則以從二品啓稟竝擬。〈增〉

005 巡將以知樞以下僉樞以上抄啓。〈經〉〈補〉 ❶ 除實職則遞。❷ 閣臣雖原任勿抄。

006 訓鍊參軍、奉事、習讀、兼習讀, 本院自辟。〈補〉

007 初仕人毋論出身、閑良, 宣薦則經禁軍, 部、守薦則經騎士, ❶ 部、守薦, 別取才入仕者勿拘。**準朔** ❷ 六朔。**後擬望。**

008 **參上武兼、守門將未經六品實職前, 毋得擬都事、判官等職。** ❶ 不次別薦人勿拘。

009 **訓鍊副正以經參上宣傳,**〈增〉 ❶ 參下同。〈補〉 **而又經四品人通擬。**〈增〉 ❷ 有實職後通擬。雖已通, 無實職則毋得擬。〈補〉

010 **訓鍊正經內外三品後通擬。**〈續〉 ❶ 不次別薦人勿拘。〈增〉 ❷ 勿論閑散、外任通擬。〈補〉

011 **訓鍊正勿拘朔數, 陞擬堂上, 未經守令者, 先除守令後始擬。**〈增〉 ❶ 雖未經守令, 經虞候則勿碍。〈增〉〈補〉

012 **名武經三品後, 始擬陞資。**〈補〉

013 **將任不得兼摠管。**〈增〉 ❶ 捕盜大將兼摠管則遞摠管。〈續〉

014 **臺官毋得擬文兼。**〈補〉 ❶ 文兼雖移三司、春坊, 仍帶。〈增〉〈補〉

015 **名武之以雜歧加資者,** ❶ 如活人、捉虎之類。 **勿許內、外將。** ❷ 觀武才、別試射時, 以射更陞資, 則洗滌無碍。〈增〉

016 **空名帖** ❶ 吏曹稱納粟, 本曹稱加設。〈增〉〈補〉 **加資, 勿許實職。**〈增〉 ❷ 衛將、巡將亦勿許。〈補〉

017 **武科依文科例除授,**〈經〉 ❶ 甲科第一人付東班六品職, 第二、三人付七品軍職。-1 司正。- 加階法同文科。〈補〉 **差訓鍊權知。**〈經〉 2 凡出身從自願受三保，入屬權知廳。無定數，從勤仕次第，差權知、奉事。〈補〉

018 **江邊七邑出身，每歲首，道臣擇薦三人。**〈增〉 1 咸鏡則南兵使 -1 所管邑。-薦二人。〈補〉 2 首薦，內三廳實職，都政調用；其下兩人，禁、御兩營分授哨官。〈增〉

019 **參外陞敍，直出六。**

020 **參外陞六有計日，有計朔。** 1 宣傳官、武兼、部將、守門將計日，內乘、參軍、備郞、遞付權管計朔。〈補〉

021 **備邊郞滿十五朔，陞六。**〈續〉

022 **各營門久勤，滿四十五朔後，始報勤仕，** 1 武兼 -1 擬京外職。-、宣薦禁軍 -2 擬京職。-〈增〉、各番禁軍前仕通計，各每都目二人。禁、御兩營有薦騎士各一人。-3 擬京職。-〈增〉〈補〉 2 駕前、駕後三人輪回。〈增〉-4 一都目駕前二人、駕後一人，則一都目駕後二人、駕前一人。〈補〉- 3 別軍職、壯勇衛、內禁衛、兼司僕、羽林衛及正領禁軍，各每都目一人。訓局哨官二人，〈增〉〈補〉-5 一吏曹遷轉。〈補〉- 禁·御兩營哨官、左·右捕盜軍官、訓鍊院習讀、權知訓鍊奉事及參軍、去官〈增〉-6 實、權輪回。〈補〉-、江華鎭撫營敎鍊官·哨官輪回，義州騎撥、西北別付料、訓鍊判官與主簿通仕，部將與守門將通仕，各每都目一人。〈增〉 4 本曹敎鍊官、堂上軍官輪回，訓局知彀官、旗牌官輪回，禁營教鍊官、旗牌官通仕，御營教鍊官、旗牌官通仕，各一都目二人，一都目一人。5 守禦廳教鍊官、軍官通仕，與南漢教鍊官輪回，三軍門都提調軍官通仕輪回，三軍門別軍官輪回，各每都目一人。6 正領禁軍前仕通計，權知訓鍊參軍、守廳哨官與南漢哨官通仕，摠戎廳軍官與北漢哨官、教鍊·旗牌官及一二摠通仕，哨官、教鍊官、抄上禁軍〈增〉〈補〉-7 西北通仕輪回。〈增〉-、廣州防營將校，各間一都目一人。7 扈衛廳軍官、訓鍊兼習讀、開城管理營把摠以下、水原把摠以下，各間二都目一人。8 三軍門別武士各一人，事知禁軍、能麼兒兼郎廳、喬桐統禦營把摠·教鍊官·哨官輪回，畿營及南陽、楊州、坡州、長湍將校各一人，間間收用。〈增〉〈補〉 9 鄕久勤連報至三次，不得遷，然後報他久勤。〈補〉 10 禁、御兩營騎士堂上以上，每都政，兩營各一人，空闕衛將差。**差邊將。**〈增〉 11 無薦者，不得擬。〈補〉

023 **遞兒祿毋越階，** 1 不授守職。**兒授[12]下階。** 2 如應授正九職者，階從九，則降授從九之類。**仕滿則遷階，去官散階。**〈經〉 3 無實職，只有散階。〈解〉 4 呈都目受遞兒職者，各其司堂上提調，限前月計仕日多少、取才分數，呈薦狀於吏曹；軍士則所管將計仕，薦狀於本曹；忠義衛則忠勳府。〈經〉 5 軍士給仕，則禁軍加資及實職，兼司僕仕外，他衙門仕勿通用。6 外方軍官、軍士仕日，各其鎭將報節度使，每都目前朔初十日內啓聞。〈續〉 7 祿都目政事，四季朔爲之。〈增〉〈補〉 8 軍職遞兒祿，一年分四等，以四季朔

12 授：《經國大典·吏典·遞兒》에는 “隨”로 되어 있다.

陞降。〈增〉 **9**《大典·番次都目》, 自宣傳官以下至軍士等各色人, 有長番、遞番、元仕、別仕、兩都目、四都目、遞兒、加階、去官之法, 而仕滿之限, 久近亦不一, 詳載。《大典》又有軍士告病, 覈實給假[13], 有祿、無祿有故無故計日削仕之法。〈補〉

024 **永付司果, 特教外毋得稟請。**〈增〉

025 **禁軍將、忠翊將、忠壯將、五衛將、營將等職, 勿拘解由。**〈增〉〈補〉

026 **軍士告身, 定限受出,** **1** 諸道限一年, 兩界限三年。**過限者勿用。** **2** 軍士及雜職人加資下批, 未出告身, 以前資薦狀者, 出告身考準後, 依其資授應授階。〈續〉

13 假 : 底本에는 "價"로 되어 있다. 《經國大典·兵典·給假》에 根據하여 修正하였다.

外官職

❶ 邊地守令, 西七邑江界、渭原、楚山、碧潼、昌城、朔州、義州, 北六鎭富寧、會寧、鍾城、穩城、慶源、慶興, 又茂山、三水、甲山; 僉使則滿浦、阿耳、城津、惠山、高嶺、長津、訓戎、白翎、古群山、釜山、多大浦。❷ 履歷僉使, 群山、法聖、加德、昌洲、乮波知。❸ 遞付僉使, 高山里、神光、別害; 萬戶則平南、乼怪、從浦、楸坡、伐登、雲寵、鎭東、仁遮外、神方仇非、羅暖、魚面; 權管則馬馬海里、小農堡、自作仇非、廟坡、同仁、舊乮波知、江口。〈補〉 ❹ 西北西班土官職, 節度使以本道人擬啓。〈經〉 ❺ 舟師邑屬該水使。畿, 喬桐; 忠, 洪州、瑞山、庇仁、結城、林川、韓山、泰安、沔川、唐津、舒川、海美、藍浦、保寧; 全左, 順天、樂安、寶城、長興、興陽、光陽; 右, 靈巖、咸平、海南、羅州、靈光、務安、珍島; 慶左, 蔚山、機張; 慶右,-❶ 統營[14]。- 金海、昌原、鎭海、巨濟、固城、泗川、晉州、昆陽、河東、南海、熊川; 黃, 瓮津、海州、康翎、安岳、延安、豐川、長淵、殷栗、長連、白川。〈補〉

001 兵馬節度使 ❶ 從二。〈經〉 ❷ 忠清道一。-❶ 淸州。- 全羅道一。-❷ 康津。- 慶尙道二, 左-❸ 蔚山。-、右道。-❹ 晉州。- 黃海道一。-❺ 黃州。- 平安道一。-❻ 安州。- 咸鏡道二, 南-❼ 北靑。-、北道。-❽ 鏡城。-〈經〉〈續〉〈補〉 ❸ 八道又各一, 觀察使兼。

002 水軍節度使 ❶ 正三。〈經〉 ❷ 京畿一。-❶ 喬桐。- 忠一。-❷ 保寧。- 全

14 營 : 底本에는 "营"으로 되어 있다. 國中A 및 奎章A에 根據하여 修正하였다.

二, 左 -❸ 順天。-、右道。-❹ 海南。- 慶一, 左道。-❺ 東萊。- 黃一。-❻ 瓮津。- 咸一, 北兵使。〈經〉〈續〉〈補〉 ❸ 八道又各一, 觀察使兼。慶又一。-❼ 右道。- 統制使兼。〈經〉〈續〉

003 **水軍統禦使** ❶ 從二。❷ 畿一, 水使兼。❸ 統京畿、忠清、黃海舟師。

004 **水軍統制使** ❶ 從二。慶一。〈續〉-❶ 固城。〈補〉- ❷ 統三南舟師。

005 **兵馬防禦使** ❶ 從二。〈續〉 ❷ 畿三, 廣州、水原、坡州兼。江原道一, 鐵原兼。平二, 昌城、江界兼。咸一, 吉州兼。〈續〉〈增〉

006 **水軍防禦使** ❶ 從二。〈續〉 ❷ 畿一, 永宗兼。全一, 濟州兼。平二, 三和、宣川兼。〈續〉〈增〉

007 **巡營中軍** ❶ 正三。〈續〉 ❷ 八道各一。〈續〉〈增〉 ❸ 又廣州、水原各一。〈續〉〈補〉

008 **鎭營將** ❶ 正三。兼討捕使。〈續〉 ❷ 畿六, 前廣州, 左南陽, 中楊州, 別中水原, 右長湍, 後竹山兼。忠四, 前洪州, 中淸州, 右公州, 後忠州。又一, 左海美兼。全三, 前順天, 中全州, 右羅州。又二, 左雲峯, 後礪山兼。慶五, 前安東, 左尙州, 中大丘, 右晉州, 後慶州。又一, 別中金海兼。江一, 右三陟。又二, 左春川, 中横[15]

15 横 : 底本에는 "撗"으로 되어 있다. 國中A 및 奎章A에 根據하여 修正하였다.

城兼。黃五，前鳳山，左豐川，中安岳，右谷山，後平山兼。平九，前肅川，左德川，中中和，右順川，後咸從，別前龍川，別左龜城，別右嘉山，別後寧邊兼。咸六，前洪原，左甲山，中永興，別中端川，右三水，後德源兼。〈續〉〈增〉〈補〉

009 **衛將** ❶ 正三。❷ 咸十。南道，前富寧，左鏡城，中茂山，右明川，後吉州；北道，前會寧，左鍾城，中穩城，右慶源，後慶興。竝兼。

010 **統虞候** ❶ 正三。❷ 慶一。〈續〉

011 **兵馬虞候** ❶ 從三。平、咸正三。〈經〉〈增〉 ❷ 忠、全各一。慶二，左、右道。平一。咸二，南、北道。〈經〉〈續〉

012 **水軍虞候。** ❶ 正四。❷ 忠一。全二，左、右道。慶一，左道。〈經〉 ❸ 又慶一，-❶ 右道。- 統虞候兼。〈續〉

013 **兵馬節制使** ❶ 正三。〈經〉 ❷ 畿一，廣州。〈增〉-❶ 稱鎭。至水軍僉節制使竝同。〈經〉- 全一，濟州。慶一，慶州。平一，義州。〈經〉〈續〉

014 **水軍節制使** ❶ 正三。❷ 全一，濟州。

015 **兵馬僉節制使** ❶ 從三。〈經〉 ❷ 畿七，坡州、水原、楊州、長湍、喬桐、礪峴-❶ 松都。-、月串。-❷ 江華。- 忠三，忠州、淸州、洪州。全四，羅州、長興、南原、順天。慶六，安東、東萊、尙州、晉州、金海、善山。江三，江陵、鐵原、春川。黃一，黃州。平二十五，定州、成川、江界、渭原、楚山、碧潼、寧遠、安州、昌城、朔州、龜城、寧邊、嘉山、滿浦、高山里、神光-3 竝江界。-、麟山、淸城-4 竝義州。-、碧團-5 碧潼。-、昌洲-6 昌城。-、彌串-7 龍川。-、委曲-8 雲山。-、寧城-9 寧遠。-、牛峴、阿耳。-10 竝楚山。- 咸二十四, 甲山、安邊、三水、永興、北靑、端川、慶源、會寧、鍾城、穩城、慶興、富寧、茂山、長津、惠山-11 甲山。-、別害-12 三水。-、訓戎-13 慶源。-、潼關-14 鍾城。-、高嶺、乶下-15 竝會寧。-、柔遠、美錢-16 竝穩城。-、魚游澗-17 鏡城。-、城津。-18 吉州。-〈經〉〈續〉〈增〉〈補〉

016 水軍僉節制使 1 從三。〈經〉 2 畿三, 永宗、德積-1 竝仁川。-、德浦。-2 通津。- 忠三, 所斤浦-3 泰安。-、馬梁-4 庇仁。-、平薪。-5 瑞山。- 全四, 蛇渡-6 興陽。-、臨淄島-7 咸平。-、加里浦-8 康津。-、古群山-9 萬頃。-。慶四, 釜山浦、多大浦-10 竝東萊。-、加德-11 熊川。-、彌助項。-12 南海。- 江一, 三陟浦營將。黃一, 白翎。-13 長淵。- 平五, 三和、宣川、宣沙浦-14 鐵山。-、老江-15 安州。-、廣梁。-16 三和。-〈經〉〈續〉〈增〉〈補〉

017 兵馬同僉節制使 1 從四。〈經〉 2 畿十八, 廣州鎭管驪州、利川、楊根、竹山, 水原管富平、南陽、仁川、安山、安城、通津、金浦, 楊州管高陽、交河、加平, 長湍管豐德、朔寧、麻田, 月串管草芝梁。-1 江華。- 忠十三, 忠州鎭管淸風、丹陽、槐山, 淸州管天安、沃川, 公州管林川、韓山, 洪州管舒川、瑞山、泰安、沔川、溫陽、大興。全十七, 全州鎭管益山、金堤、古阜、錦山、珍山、礪山, 羅州管光州、靈巖、靈光、長城, 南原管潭陽、淳昌、茂朱, 順天管樂安、寶城、綾州, 長興管珍島。慶二十五, 慶州鎭管蔚山、梁山、永川、興海, 安東管寧海、青松、醴泉、榮川、豐基、順興, 尙州管星州、金山, 晉州管陜川、草溪、咸陽、昆陽、居昌、河東, 金海管昌原、咸安、巨濟, 大丘管密陽、淸道、仁同、漆谷。江十一, 江陵鎭管三陟、襄陽、平海、杆城、高城、通川, 原州管寧越、旌善、平昌, 鐵原管淮陽、伊川。黃十八, 黃州鎭管平山、瑞興、鳳山、安岳、載寧、遂安、谷山、信川、文城-2 谷山。-、善積-3 瑞興。-、白峙-4 金川。-、東里、蒜山,-5 竝鳳山。- 海州管延安、白川、豐川、長淵、金川。平二十四, 平壤鎭庶尹, 平壤鎭管中和、咸從, 寧邊管雲山、熙川、博川, 安州管肅川、古城,-6 博川。- 義州管鐵山、龍川, 成川管德川、价川、慈山、順川、祥原、兎城,-7 陽德。- 龜城管郭山、安義-8 龜城。-、西林,-9 宣川。- 江界管上土-10 江界。-、柔院,-11 熙川。- 朔州管天摩,-12 朔州。- 楚山管車嶺,-13 楚山。- 昌城管恃寨。-14 昌城。- 咸七, 永興鎭管定平、高原, 安邊管德原、文川, 三水管乫波知,-15 三水。- 吉州管西北,-16 吉州。- 鏡城管明川。〈經〉〈續〉〈增〉〈補〉

018 **水軍同僉節制使** 1 從四。〈續〉 2 畿二, 德浦鎭管花梁-1 南陽。-、注文島。-2 江華。- 全六, 蛇渡鎭管防踏,-3 順天。- 古群山管法聖浦-4 靈光。-、蝟島-5 扶安。-、群山浦,-6 沃溝。- 臨淄島管荏子島,-7 靈光。- 加里浦管古今島。-8 康津。- 慶三, 釜山浦鎭管西生浦,-9 蔚山。- 加德管龜山浦,-10 漆原。- 彌助項管赤梁。-11 晉州。- 黃五, 白翎鎭管登山串-12 康翎。-、許沙浦、椒島-13 竝豐川。-、五叉浦-14 長淵。-、龍媒梁。-15 海州。-〈經〉〈續〉〈增〉〈補〉

019 **兵馬節制都尉** 1 從六。〈經〉 2 畿十三, 廣州鎭管砥平、陰竹、陽智、果川, 楊州管永平、抱川、積城, 水原管振威、陽川、龍仁、衿川、陽城, 長湍管漣川。忠三十八, 忠州鎭管延豐、陰城、永春、堤川, 清州管稷山、木川、文義、懷仁、清安、鎭川、報恩、永同、黃澗、青山, 公州鎭判官, 公州鎭管全義、定山、恩津、懷德、鎭岑、連山、尼城、扶餘、石城、燕岐, 洪州管平澤、鴻山、德山、青陽、庇仁、結城、藍浦、保寧、牙山、新昌、禮山、海美、唐津。全三十五, 全州鎭判官, 全州鎭管井邑、興德、扶安、萬頃、沃溝、臨陂、金溝、龍安、咸悅、高山、泰仁, 羅州管咸平、高敞、茂長、南平、務安, 南原管任實、谷城、鎭安、龍潭、玉果、雲峯、昌平、長水, 長興管康津、海南, 順天管光陽、求禮、興陽、同福、和順, 濟州鎭判官, 濟州鎭管大靜、旌義。慶三十九, 慶州鎭管清河、延日、長鬐、機張、彦陽, 安東管義城、奉化、眞寶、軍威、比安、禮安、盈德、龍宮、英陽, 尙州管開寧、知禮、高靈、聞慶、咸昌, 晉州管泗川、南海、三嘉、宜寧、山清、安義、丹城, 金海管漆原、鎭海、固城、熊川, 大丘鎭判官, 大丘鎭管慶山、河陽、玄風、義興、新寧、靈山、昌寧、慈仁。江十二, 江陵鎭管蔚珍、歙谷, 原州鎭判官, 原州鎭管麟蹄、橫城、洪川, 鐵原管楊口、狼川、金城、平康、金化、安峽。黃八, 黃州鎭管新溪、兎山、文化、長連, 海州鎭判官, 海州鎭管松禾、殷栗、康翎。平十一, 平壤鎭管龍岡、甑山、順安、江西, 寧邊管泰川, 安州管永柔, 成川管陽德、孟山、三登、江東、殷山。咸四, 北青鎭管利城、洪原, 鏡城鎭判官, 咸興鎭判官。〈經〉〈續〉〈增〉

020 兵馬萬戶 ❶ 從四。〈經〉 ❷ 畿四, 月串鎭管濟物梁、寅火堡、龍津、德津。-❶ 竝江華。- 黃三, 黃州鎭管文山、位羅 -❷ 竝遂安。-、所已。

-3 瑞興。- 平十五, 江界鎭管楸坡、伐登、乻怪、從浦、平南,-4 竝江界。- 朔州管仇寧、幕嶺,-5 竝朔州。- 義州管玉江、方山、靑水、水口、楊下,-6 竝義州。- 楚山管山羊會,-7 楚山。- 渭原管吾老梁,-8 渭原。- 龜城管植松。-9 龜城。- 咸十八, 慶興鎭管撫夷、阿吾地,-10 竝慶興。- 慶源管阿山,-11 慶源。- 鏡城管朱乙溫、森森坡-12 竝鏡城。-、在德,-13 明川。- 會寧管豐山、古豐山,-14 竝會寧。- 鍾城管防垣,-15 鍾城。- 穩城管永達,-16 穩城。- 富寧管廢茂山,-17 富寧。- 甲山管雲寵、鎭東,-18 竝甲山。- 三水管仁遮外、神方仇非、羅暖、魚面,-19 竝三水。- 端川管梨洞。-20 端川。-〈經〉〈續〉〈增〉〈補〉

021 **水軍萬戶** **1** 從四。〈經〉 **2** 畿一, 德浦鎭管長峯島。-1 喬桐。- 忠一, 馬梁鎭管舒川浦。-2 舒川。- 全十五, 蛇渡鎭管會寧浦-3 長興。-、呂島、鹿島、鉢浦,-4 竝興陽。- 古群山管黔毛浦,-5 扶安。- 臨淄島管多慶浦-6 靈巖。-、木浦-7 務安。-、智島-8 羅州。-、南桃浦,-9 珍島。- 加里浦管薪智島-10 康津。-、於蘭浦、梨津-11 竝靈巖。-、馬島-12 康津。-、金甲島,-13 珍島。- 濟州管明月浦。-14 濟州。- 慶十五, 釜山浦鎭管豆毛浦、開雲浦、包伊浦、西平浦,-15 竝東萊。- 加德管天城浦、安骨浦、薺浦-16 竝熊川。-、助羅浦、玉浦、知世浦、加背梁,-17 竝巨濟。- 彌助項管平山浦-18 南海。-、蛇梁、唐浦-19 竝固城。-、永登浦。-20 巨濟。- 江一, 三陟浦鎭管越松浦。-21 平海。- 黃一, 白翎鎭管助泥浦。-22 張淵。- 咸一, 慶興鎭管造山浦。-23 慶興。-〈經〉〈續〉〈增〉〈補〉

022 **兵馬評事** **1** 正六。 **2** 咸一, 北道。〈經〉

023 **監牧官** ❶ 從六。〈續〉 ❷ 畿二, 水原 -1 兼管陽城。-、南陽。全四, 興陽、順天、羅州、珍島。慶二, 晉州 -2 兼管巨濟。-、蔚山。-3 兼管長鬐。- 咸一, 咸興。-4 兼管永興、文川、洪原。-〈續〉〈補〉 ❸ 又畿三, 江華草芝僉使, 仁川 永宗僉使, 長峯島本島萬戶兼。忠一, 瑞山 -5 兼管泰安、沔川。-平薪僉使兼。全一, 荏子島本島僉使兼。慶一, 東萊 多大浦僉使兼。黃三, 海州 -6 兼管康翎、瓮津。-登山僉使, 豐川 -7 兼管殷栗。-椒島僉使, 長淵 白翎僉使兼。平一, 鐵山 -8 兼管宣川。-宣沙浦僉使兼。咸二, 端川、穩城本府使兼。又全二, 稱別將智島及薪智島萬戶兼。〈經〉〈續〉〈增〉〈補〉

024 **權管** ❶ 從九。〈續〉 ❷ 慶二, 栗浦 -1 巨濟。-、三千浦。-2 固城。- 平十四, 乾川 -3 義州。-、廟洞、甲巖、雲頭里、於汀灘、大吉號里、小吉號里 -4 竝昌城。-、乫軒洞、臯洞 -5 竝渭原。-、廣坪、大坡兒、小坡兒、楸仇非 -6 竝碧潼。-、馬馬海里。-7 江界。- 咸十五, 小農堡、廟坡、同仁 -8 竝甲山。-、自作仇非、舊乫波知、江口 -9 竝三水。-、雙靑、黃土岐伊 -10 竝端川。-、吾村、寶化堡 -11 竝鏡城。-、梁永萬洞 -12 茂山。-、乾原、安原 -13 竝慶源。-、黃拓坡 -14 穩城。-、西水羅。-15 慶興。-〈續〉〈補〉

025 **別將** ❶ 從九。〈續〉 ❷ 畿七, 文殊山城 -1 通津。-、長山、臨津渡 -2 竝坡州。-、三田渡、楊花渡、露梁渡、漢江渡。全六, 格浦 -3 扶安。-、黑山島 -4 羅州。-、古突山 -5 順天。-、威鳳山城 -6 全州。-、笠巖山城 -7 長城。-、金城山城。-8 潭陽。- 慶十, 長木浦 -9 巨濟。-、新門、晴川 -10 竝熊川。-、南村、舊所非浦、蟾津 -11 竝固城。-、金烏山城 -12 善山。-、禿用山城 -13 星州。-、鳥嶺山城 -14 聞慶。-、浦項。

-⑮ 延日。- 黃六, 首陽山城-⑯ 海州。-、九月山城-⑰ 殷栗。-、長壽山城-⑱ 載寧。-、正方山城-⑲ 黃州。-、大峴山城-⑳ 瑞興。-、瓮津。-㉑ 瓮津。- 平四, 林土-㉒ 碧潼。-、慈母山城-㉓ 慈山。-、黃龍山城-㉔ 龍岡。-、保山。-㉕ 平壤。- 咸二, 中嶺、赴戰嶺。-㉖ 竝咸興。-〈續〉〈增〉〈補〉

外官格式

001 西北外兵使以經水使人擬, 南兵使以經兵使人擬。〈增〉

002 水使以經邊地及防禦使人擬。〈續〉 1 經承旨, 則雖未經防禦, 直通; 未經邊地, 則以邊地履歷施行, 直擬防禦。〈增〉

003 京畿、大興、江華、平壤、咸興、水原中軍履歷, 與營將一體施行。〈增〉〈補〉

004 江界、三水、甲山邊將以宣薦人差, 準朔陞遷京職。

005 營將, 十五朔前毋得遷轉。〈續〉 1 以除拜月計。〈增〉〈補〉 2 舊資, 十朔前勿遷。〈增〉

006 新資營將瓜前以不職遞, 勿計朔收資。 1 他罪見罷否。十朔前, 雖病遞亦收資。〈續〉

007 邊地及營將瓜前謀遞者, 履歷勿施。 1 遭故未準朔, 勿論。〈增〉

008 邊地僉使, 周年內勿擬他職。〈續〉

009 邊將規避者, 卽其地充軍。〈續〉〈補〉

010 堂上虞候雖陞嘉善, 勿遞。〈增〉

011 **京江四津及臨津別將，該軍門自辟。** 1 瓮津訓局，長山摠廳自辟。

012 **監牧官，司僕寺自辟。**〈補〉

013 **外方軍官**〈經〉 1 觀察、節度、統制、統禦使各九，松留五，防禦使、營將、巨鎭各三，〈經〉〈續〉〈補〉-1 無軍鎭則無。2 六鎭、甲山、義州、江界、滿浦、麟山、濟州各加二。〈經〉- 萬戶、權管、別將各二。**元額外帶去者，主將推考。** 2 曾經閫帥，毋得啓請。〈續〉 3 經釜山僉使人，不得爲通信使軍官。〈增〉 4 兩界、濟州三邑不差本道人。〈經〉 5 監、兵、統、水營，寫字官、畫員各一，額內差送。〈增〉 6《大典》法：同僉節制使、節制都尉、平安·咸鏡虞候皆有軍官。〈補〉

諸科

001 式年初試則院試，訓鍊院錄名;〈經〉 ❶ 單子具四祖，備三保。〈補〉 鄉試，兵使定差員錄名。❷ 覆試，本曹同訓鍊院參外官錄名。〈經〉

002 擧子保擧主，皆以有職人懸錄。❶ 違者拔去。諸賤人不許冒赴。❷ 羅將、漕卒、日守、公私賤冒赴，竝水軍充定，勿揀赦前。❸ 公私賤贖良者，雖已定役，無補充隊公文，則勿以良人許赴。❹ 內侍赴擧，冒入科場律論，試官推考。〈續〉 ❺ 式年初試，鄕吏講武經七書，粗以上許赴。〈經〉 ❻ 兩西永定館軍子孫無痕咎者，許赴文武科、生進試。〈續〉 ❼ 永不敍用之類、朝士在職者勿許赴，通訓以下許赴，父赴子避，見《禮典·諸科》條。〈補〉

003 軍兵賞格直赴會試者，許赴無講科。

004 時任邊將應赴殿試者遞赴。

005 濟州式年初試人，因風高未赴會試者，當前庭試許赴。

006 重試，堂下官至出身無職人竝赴。〈續〉

007 試官，初、會試則本曹，殿試及親試政院擬入。〈增〉 ❶ 主掌官，見《禮典·諸科》條。〈補〉

008 **初試**〈增〉 ❶ 別試、庭試、謁聖、重試。〈補〉 **雖不滿額, 只從入格數出榜。**

009 **殿試直赴人無分者, 依文科例, 退付後殿試。**〈增〉

010 **科場作奸者, 從輕重論罪。** ❶ 濫入者, 水軍充定; 保擧主, 科場用情律論。〈續〉 -❶ 卽下科場用奸律。〈補〉- ❷ 一處疊單者, 兩所疊單者, 不入籍而循情虛錄者, 竝錄名官, 用科場用情律。兄弟各字者, 用制違律。兄弟各所者, 保擧僞着者, 用詐不實律。❸ 試砲, 一放兩丸者, 徒三配。〈續〉 ❹ 借射、借講、代講, 杖百, 身充水軍; 代射, 加二等; 未成, 竝用奸未成律。〈經〉〈續〉〈增〉〈補〉 -❷ 以未施行律, 減一等。- 凡試取竝同。〈補〉 ❺ 變名再射, 依借射律。❻ 贓科者, 絶島爲奴。❼ 紅牌買賣者, 與受竝用贓科律。❽ 咸鏡道科場犯律, 應充水軍者, 道內極邊充軍。〈續〉 ❾ 庶不稱業武者, 置仍秩, 初試入格者免役, 見《禮典·諸科》條。〈補〉 **重者, 擧子永勿赴擧, 差備官永勿除職。**〈續〉 ❿ 科場用奸者, 邊遠充軍; 用情差備官, 嚴刑三次, 限身絶島水軍充定; 監的所尺量書吏, 嚴刑三次, 絶島限身爲奴。〈增〉

011 **擧子停擧, 訓鍊院參外三員會議, 明書罪目, 移送入門所。** ❶ 因私嫌搆罪者, 誣人律論。〈續〉

012 **式年** ❶ 初試院試, 兩所各差二品以上一、堂下文一·武二試取, 監察監試; 鄕試, 兵使定差員〈經〉〈續〉 -❶ 武官。又文一, 監司差送。〈補〉- 試取。京則以鍾樓分左右, 左一所, 右二所。三南 左道一所, 右道二所。海西、關北一所，關東、關西二所。額數，院試七十人，湖西、湖南各二十五人，嶺南三十人，關東、海西、關西、關北各十人。武技，木箭、鐵箭、片箭、騎射〈經〉〈續〉-❷ 今騎芻。-、騎槍、鞭芻、鳥銃。〈經〉〈續〉 ❷ 覆試差二品以上文一·武二、堂下文一·武二試取，兩司各一監試。額數，二十八人。武技同初試。講書，四書五經中一書、武經七書中除《吳子》一書、《通鑑》·《兵要》·《將鑑博議》·《武經小學》中一書，竝從自願，《大典通編》竝臨文。〈經〉〈續〉〈增〉 ❸ 殿試，大臣一〈經〉〈續〉-❸ 命官，或以一品代。〈續〉-、二品以上文武各一、三品以下文武各二。甲科三人，乙五人，丙二十人。木箭、鐵箭、片箭、騎芻、貫革、騎槍、擊毬、柳葉箭、鞭芻、鳥銃、講書十一技，列書受點，或出一技或二技。〈經〉〈續〉〈增〉 ❹ 先武技後講經。〈續〉 ❺ 講書，通七分，略五分，粗三分。〈經〉 ❻ 武技諸法及給分之數，在《通編》。〈補〉

013 **增廣** ❶ 同式年，而四書五經中、武經七書中一書，竝從自願。❷ 大增廣則初、覆試皆倍取。

014 **別試** ❶ 初試，兩所各差二品以上文一·武二、堂下文一·武二試取，兩司各一監試。額數稟旨。十一技受點，或取二技或三技，或用分數或中數。〈續〉 ❷ 殿試，試官同式年，額數隨入格多少，武技同初試。〈續〉〈增〉

015 **庭試** ❶ 初試、殿試同別試。

016 **謁聖試** ❶ 同別試，而初試兩所各五十人，殿試親臨。〈續〉

017 **勸武科** ❶ 因特敎設行。三營勸武軍官赴。試官, 大臣一、二品以上文武各一、堂上文武各一、堂下文武各一。親臨則或以軍門都提調、大將、千·把摠、武從事官差。武技同別試。入格, 直赴殿試。〈增〉

018 **重試** ❶ 同別試, 而初試額數同謁聖。〈續〉 ❷ 居首準職、資窮皆陞資, 出身送東付六品職; 之次資窮、準職陞資, 參外陞六。〈補〉

019 **外方別科** ❶ 關西、關北、江華、濟州有旨乃行。遣重臣, 卽其地放榜。武技同別試。〈續〉 ❷ 江華、廣州、水原、濟州遣御史, 則稱觀武才, 或稱別試才。閑良、出身、堂下、堂上俱赴。鐵箭、片箭、騎芻、柳葉箭、鞭芻、鳥銃六技中受點。直赴或論賞。〈續〉〈增〉〈補〉

020 **觀武才** 〈續〉 ❶ 初試, 兩所各差二品以上文武各一, 參試官堂下文武各一試取, 監察監試。禁軍本曹判書, 軍兵各其營試取。朝官、出身、閑良、軍兵竝赴。鐵箭、片箭、騎芻、貫革、擊毬、柳葉箭、鞭芻、鳥銃、立芻及騎槍交戰及毛毬、馬上偃月刀、馬上才、雙馬才及用劍、雙劍、提督劍、偃月刀、倭劍及交戰、本國劍、銳刀、木長槍、旗槍、鎲鈀、狼筅、藤牌、拳法、步鞭棍及挾刀及棒及竹長槍諸技, 或七技或九技或十一技或二十一技〈續〉〈增〉〈補〉-❶ 步軍技, 用劍以下十八技, 加鳥銃、柳葉箭、片箭。❷ 守、摠兩營只鳥銃。-中受點。〈增〉 ❷ 覆試, 親臨, 差參試官二品以上文一、武二。又於外處, 以議政爲命官, 參試官同親臨。又於御座左右, 各差二品二試取。武臣嘉善以上、禁軍別將、扈衛別將、禁軍將、五衛將、內乘、別軍職、本曹敎鍊官·堂上軍官、五軍門中軍以下諸將校、宣傳官、武兼、摠府郎、西北付料軍官、濟州付料子弟〈續〉〈補〉-❸ 三邑人中, 牧使擇從仕可當者, 報觀察使以啓。〈經〉-、駕前、駕後、事知兼司僕、訓鍊院官竝習讀、馬上奉持人, 除初試, 十三技中受點。初試入格人, 以其入格之技試。閑良直赴殿試, 具龍虎榜, 則卽日放榜, 其次論賞。出身以上柳葉箭三中四分者, 守令、邊將除授, 優等加資, 其次論賞。鞭芻及殺手技藝, 無賜第。〈續〉〈補〉 ❸ 殿試差參試官二品以上文武各一, 參考官堂上武一、堂下文一武二。〈增〉

021 中日〈續〉 ❶ 闕內入直將士、訓局砲·殺手,-❶ 射手在殺手中。- 替直次日,〈補〉-❷ 卽子、午、卯、酉日。若値殿座、動駕、齋戒、減膳、直宿、雨雪時, 頃啓。〈增〉〈補〉- 摠府入直堂郎、本曹入直堂上請標信, 合坐試取。宣傳官、武兼、部將、守門將、禁軍、扈衛軍官、忠翊衛試柳葉箭。沒技者, 閑良直赴殿試, 出身加資。武藝砲手試鳥銃。三中者良人, 兼司僕付料限一年; 二次三中, 限己身; 連三次三中及貫三中, 稟旨直赴殿試。〈續〉〈增〉-❸ 直赴之規, 武藝別監同。- 殺手試月刀、平劍等中一藝, 超等者, 兼司僕付料。〈續〉 ❷ 外中日, 禁、御兩營中軍試取。旗隊長, 柳葉箭、片箭; 砲手, 鳥銃。賞同內中日。〈續〉〈補〉

022 都試〈經〉 ❶ 禁軍都試。每春秋, 各番抄遠射者, 報訓鍊院, 堂上試取。鐵箭三矢俱入者, 報本曹, 則議政試取。而遠射外禁軍, 本曹判書同政府西壁及五曹、摠府、訓鍊院堂上各一試取。武技, 木箭、鐵箭、片箭、騎芻、貫革、騎槍、擊毬、柳葉箭、鞭芻、鳥銃。鐵箭三箭不及者汰去。畢試未滿六矢者, 加試鳥銃, 以一中充一矢, 猶未滿者, 更鍊才如元試規, 又未滿汰去。閑良降屬定虜衛。〈經〉〈續〉〈補〉-1 收布一疋。〈補〉- 鞭芻外各技中沒技者, 元畫滿百十分以上, 閑良直赴殿試, 出身邊將除授。畫未滿者, 熟馬賜給。〈續〉 2 都試不得行, 則六月、十二月, 本曹判書代行祿試射。試柳葉箭、騎芻。沒技, 閑良直赴殿試, 出身加資。其餘付祿有差。〈補〉 3 五道都試。咸鏡·平安道監司、兵使每年四次, 黃海道則監司、兵使、水使每年四次, 江原道則監司每年兩等, 慶尙道則監司每年四等試取。武技, 鐵箭、片箭、騎芻、柳葉箭、鞭芻、鳥銃。關北除鐵箭, 兩西、嶺南除鞭芻。咸鏡道試親騎衛。〈續〉〈增〉〈補〉-2 監營及南兵營, 左別、右別各一衛; 北兵營, 富寧以南、茂山以北各一衛。〈補〉- 監、兵營各居首二人及沒技, 閑良直赴殿試, 出身則兵營加資, 監營則本道別將二窠自辟, 已經邊將者加資。官、寺奴免賤。其次論賞。平安道試別武士。監、兵營各居首一人及沒技, 閑良直赴殿試, 出身沒技加資, 居首本道別將輪差。通計四巡, 優等者, 兩營各二人, 軍門調用。義州及四防營, 兵使試取。各居首一人及沒技同監、兵營。黃海道試別武士、禁·御兩營鄕騎士、水營追捕武士。各居首一人及沒技, 閑良直赴殿試。出身居首者、閑良及出身之次者, 監營則本營屯別將輪差, 兵、水營邊將除授。江原道試別武士、監營勸武·選武軍官。通三鎭居首, 直赴殿試。慶尙道試別武士。〈續〉〈增〉〈補〉-3 出身屬左別武, 閑良屬右別武。- 通計四巡[16]畫數, 居首者左右各一人, 閑良直赴殿試, 出身三軍門哨官差。其次論賞。〈增〉 4 京畿、三南、關東、海西選武軍官〈增〉〈補〉-4 均廳。〈補〉-都試。每年該守令, 先試柳

16 巡 : 《大典通編·兵典·試取·慶尙道別武士》에는 "等"으로 되어 있다.

葉箭, 監司秋巡時, 定都會更試。居首直赴殿試, 之次直赴會試, 又之次五人免當年身布。〈增〉

023 試才〈續〉 **1** 江華、開城府、南漢、水原、坡州、統營、東萊及諸道試才。兩都則留守每春秋, 南漢則守禦使春秋巡審時試取。水原、坡州則本官每九月設初抄, 摠戎使京廳更試。統營則統制使水操後。東萊則左兵使每年。諸道則各其守令每九月設初抄。守、摠兩營京廳或行操處, 忠淸右道監營, 左道則兵營, 全羅蘆嶺以北則監營, 以南則兵營, 慶尙左、右道則兵營, 江原則監營, 黃海則兵營, 平安淸南則監營, 淸北則兵營, 咸鏡南、北關兵營更試。武技, 鐵箭、片箭、騎芻、柳葉箭、鞭芻、鳥銃。水原、坡州除鳥銃, 江華、南漢除騎芻、鞭芻, 統營除鐵箭、騎芻、鞭芻, 諸道除鐵箭、鞭芻、鳥銃。江華試壯義旅及別抄及武旅及舟師、校卒。居首及沒技直赴殿試。開城府試選武。居首及沒技閑良直赴殿試, 出身加資。南漢試軍官。居首及沒技直赴殿試。水原、坡州試別驍騎士。居首閑良直赴殿試, 出身加資, 之次二人差屯監, 其餘論賞。統營試將士。居首閑良直赴殿試, 出身邊將除授。東萊試別騎衛。居首及沒技直赴殿試, 之次直赴會試。守、摠兩廳試畿內該廳所屬馬兵。諸道監、兵營試該營所屬馬兵。而馬兵別將、哨官、旗牌官中閑良則亦許赴。居首直赴殿試, 之次直赴會試後, 竝差相當軍任, 又之次陞差軍任[17]。如無入格, 其中一人陞差軍任。〈續〉〈增〉〈補〉 **2** 守、摠兩廳習操後試射, 沒技閑良直赴殿試。慶尙左水營水操後試射, 同。〈補〉

17 任 : 底本에는 "仕"로 되어 있다. 國中A 및 奎章A에 根據하여 修正하였다.

試取

001 **文臣堂下、武臣堂上·堂下試射。**〈續〉 ❶ 文臣年五十以下官, 每月二十日差二品以上文武各一, 試貫革。日長, 十五巡三十五分以上; 日短, 十巡二十五分以上。準分居首者, 兒馬、弓子賞給, 無分推考。歲抄通計, 優等滿五百分以上加資。臺諫、閣臣、抄啓文臣及闕內入直、因公出使、受由下鄉、未肅拜外, 勿許懸頉。稱病不進者禁推。〈續〉〈補〉 ❷ 武臣堂上有職及閑散, 每月十七日差二品以上文武各一, 試片箭、騎芻、柳葉箭。四季朔計畫, 閑散則十五矢以上, 限五十窠付祿。連三次居首及騎芻、片箭沒技加資。不滿四矢、病不進竝罷職。宣傳官及別軍職, 有實職或軍門兼帶外勿參。五十一歲許頉。〈續〉〈增〉〈補〉 ❸ 武臣堂下實職, 每月 -❶ 六月、十二月勿行。〈續〉 ❷ 十五日至晦日, 推移設行。〈增〉- 本曹判書。有故則參判, 又有故則退行。鐵箭、片箭、騎芻、柳葉箭。沒技者, 別單書入, 累巡勿論。不滿四矢, 汰去。騎芻倍畫, 充四矢。七十歲許頉。〈續〉〈補〉 ❹ 三軍門領軍將官, 於武臣堂下朔試射時, 本曹判書竝試。二十五中, 賜馬; 二十六中以上, 邊將除授; 連三次居首, 入啓別賞; 不滿四矢, 汰去。各營無軍將官, 自該營試射, 賞罰、武技、騎芻倍畫竝同。〈續〉

002 **武臣堂下試講。**〈補〉 ❶ 專經殿講, 東西班正職及時帶軍門年四十以下人, 列書入啓, 二十員受點。-❶ 待下教擧行, 則講官無定數, 隨點下。- 四孟朔十八日差大臣一、二品以上文武各一、堂上文武各一、堂下文二, 武經七書中除《吳子》,-❷ 下同。- 自願一書臨文。連三次居首者, 資窮加資, 參外陞六; 一次居首，兒馬賜給；不通，禁推。〈增〉 2 賓廳講，年五十以下官，列書入啓，十員或二、三十員受點。承旨、摠府堂上、本曹入直堂郎，間一朔，會賓廳試講。親臨則試官同專經殿講。《通鑑》、《將鑑》臨文。連五次純通，加資；不通，推考。〈續〉〈增〉〈補〉 3 武經講同賓廳講，而四孟朔十一日試講，七書中自願一書。4 能麼兒講，年五十以下官，每朔六次，〈續〉- 3 二日、七日。〈補〉- 本廳堂上一、郎廳四試講。親臨則試官同專經殿講，本廳堂上俱參。《兵學指南》臨文。四季朔報本曹。自一次至三次不通，重推；五次，越俸；六次，汰去。病不進同不通。宣傳官勿參。〈續〉〈增〉 5 射講，堂上、堂下俱參。堂上年五十除講，六十除射。五軍門每朔兩次。- 4 十一月至正月，五月至七月，一次。- 中軍，有故則堂上將官中，差兼中軍代[18]行，或大將監試。片箭、騎芻、柳葉箭。《兵學指南》臨文，陣圖背講。〈增〉- 5 下同。〈補〉- 訓、禁、御三營，二月至四月，八月至十月，減片箭，- 6 二巡。- 代騎芻。守、摠兩營無騎芻。講、陣連五次俱通，柳葉箭五巡全布，片箭連三次一巡全布者，別單書入。各營射講計畫，通一年居首者，歲末別單書啓。其餘賞罰有節目。〈增〉

003 內三廳被薦人及禁軍、各營將官入屬人取才。〈續〉〈補〉 1 內三廳出身薦取才，〈續〉- 1 俗稱將鬼薦。宣薦則今只有內禁衛取才。〈補〉- 本曹判書、摠府·訓鍊院堂上合坐，鐵箭、三鑑·七書中自願一書，兩技具入者取。南行部將取才同，而鐵箭、片箭、騎芻滿五矢後許講，入格者取。〈續〉 2 宣薦內禁衛取才，本曹判書同摠

18 代：《大典通編·兵典·試取·射講》에는 “擧”로 되어 있다.

府、訓鍊院堂上, 試鐵箭、片箭、騎芻、柳葉箭、七書中自願一書臨文, 五技取三技。〈增〉 3 禁軍取才, 本曹判書同摠府、訓鍊院堂上, 試取身長八尺以上者。而能射木箭元標外百步, 六兩百三十步者, 雖未準長亦取。平安、咸鏡, 清北、北關各三人, 清南、南關各二人, 令觀察、節度使試才抄上, 試鐵箭。步數, 閑良、出身、邊將遞來、西北人、戰亡子孫及承傳、中禁、終制有差, 納馬則各減步數。矢數, 閑良、終制、西北人、戰亡、承傳、中禁、邊將遞來、出身有差。〈續〉 4 禁、御兩營騎士取才, 該營試。一番則鐵箭、片箭、騎芻、柳葉箭、七書中自願一書臨文, 五技取三技塡差。二、三番則只從納馬次第塡差, 而出身本營哨官三窠, 取才陞差。武技, 騎芻、柳葉箭、《兵學指南》臨文、陣圖。〈增〉〈補〉 5 堂上軍官取才, 本曹判書, 有故則禁軍別將代行。片箭、騎芻、柳葉箭。6 哨官取才, 該大將, 有故則中軍、別將會同。鐵箭、騎芻、柳葉箭。7 教鍊官取才同哨官, 而柳葉箭、《兵學指南》背講、陣圖三技。〈續〉 8 壯勇衛取才, 兵房及別軍職試。木箭、柳葉箭、走及力、《兵學指南》臨文、陣圖。〈經〉〈增〉〈補〉 9 駕前, 合計六朔矢數, 依禁軍例, 分兩等, 受遞兒祿。〈增〉 10 平安兵營攔後士, 春秋取才, 居首每都目, 邊將收用。〈增〉〈補〉 11 《大典》試才諸法, 幾皆變革, 而正兵旅帥、隊正, 京本曹, 外兵使-2 濟州節制使。-取才差定, 當番正兵、水軍, 各其鎭將、水使鍊才, 及吹螺赤試吹角、吹簫, 馬醫講本業書之法, 不可以已廢言。在於《大典》。

004 **京外副、末薦出身別取才。** 1 每都目時, 部將、守門將薦取才人, 別爲取才, 內禁衛、宣薦哨官、有薦騎士亦赴。本曹判書試片箭、柳葉箭、七書中自願一書。內禁衛、哨官加鐵箭、騎芻, 騎士片箭代騎芻。優等擬初仕。

005 **各營門有中旬** ❶ 五軍門大將設行。中軍以下將校、軍兵試各技藝施賞。沒技別單啓。、**賞中日** ❷ 禁、御軍立番, 終朔二十五日, 大將設行。領軍將官及監試教鍊官、入直別破陣亦赴。試各技藝施賞。沒技別單啓。有故未行, 則番軍每三名給木一疋。、**賞試射** ❸ 每春秋, 本曹判書與別將、各番將、該色郎試禁軍及標下軍各技藝施賞。沒技直赴殿試, 出身加資。、**別試射** ❹ 每年扈衛別將試軍官柳葉箭。大將更試。三十矢以上-❶ 無三十矢以上, 則取優等。-直赴殿試, 出身加資。二十矢以上除邊將, 或賜馬或直赴會試。、**料射。** ❺ 訓、禁、御三營料射軍官, 每月該廳兵房及掌務·所任軍官、該營教鍊官試。訓、禁各取十人, 御營十二人。❻ 守禦廳南漢付料軍官及旗牌官, 每月留營別將試取三十八人; 僧軍, 每月都摠攝試取十五人; 松坡津軍官, 每月別將試取三人。-❷ 南漢抄壯及別破陣, 春秋留營別將試, 分等賞。- ❼ 摠戎廳鍊戎臺及北漢人中入屬軍官者, 每月京軍官及北漢軍官試取二十七人。❽ 扈衛廳軍官, 每月別將同所任及堂上軍官, 試取九十八人付料。而計付料仕, 遷該廳所任及禁、禦、守、摠四營哨官。〈補〉

006 **國恤時, 因山後則試取, 依例行。**〈續〉〈補〉

名簿

001 **軍士有頃, 各邑鎭歲抄代定, 成籍送于節度使。**〈續〉〈補〉 ❶ 陸軍, 兵使; 水軍, 水使。 ❷ 京畿陸軍送監營, 水軍送統禦營。關東竝送監營。〈補〉 **節度使磨勘啓聞。**〈續〉 ❸ 巡營亦啓聞。 ❹ 軍役名色多寡, 在《良役實摠》。〈補〉 ❺ 守、摠兩營軍兵, 各其邑隨闕代定。有闕掩置者, 旗隊長嚴刑配, 守令隨多少論罪。〈增〉 ❻ 各衙門收布色目充定時, 必關由本道、本官。直定者論罪。 ❼ 納粟加資無役者, 亦定軍役。〈續〉 ❽ 公私賤贖良人, 未出補充隊前, 入正軍者從先定, 未入正軍者屬餘丁。-❶ 收布一匹。-〈續〉〈補〉 ❾ 束伍勿論公私賤充定。 ❿ 自他邑移來, 無公文者, 勿論有無役, 良人充相當役, 私賤充束伍。〈續〉 ⓫ 水軍有闕, 閑丁不足, 則以正兵充定。〈補〉 ⓬ 司僕寺諸員闕代, 同居子、婿、弟、姪充定。 ⓭ 正軍戶首故闕者之保, 移給無保戶首。違者守令論罷。〈續〉 ⓮ 內吹保、政府·樞府差備書吏、吏曹留曹書吏、各司諸員·匠人等保闕額, 本所以本役子枝代定。〈補〉 ⓯ 樂工奉足, 所居官從自願定給。逃亡、廢病、年滿者外, 毋得更改。〈續〉 ⓰ 黃口-❷ 五歲以下。-充定十名以上, 守令五年禁錮, 監色刑配; 二十名以上, 守令十年禁錮, 監色嚴刑島配。兒弱-❸ 十四歲以下。-十名以上, 守令施制違律, 監色杖八徒二; 二十名以上, 守令徒配, 監色刑配。 ⓱ 歲抄不及限, 守令推考降資, 鄕所徒一, 色吏徒二配。〈增〉

002 **京外軍丁, 每十年成籍,**〈經〉〈補〉 ❶ 束伍、舟師、烽軍、陵軍, 式年。〈補〉 ❷ 節度使成籍, 濟州三邑節制使。**送本曹藏之, 本曹摠數啓聞。** ❸ 巡營及主鎭-❶ 節度使。-、巨鎭-❷ 節制、僉節制使。-、諸鎭

-❸ 同僉節制、節制都尉、萬戶。- 亦藏一件。〈經〉 ❹ 五軍門外邑軍、各司諸色人, 式年成籍, 送于各其衙門, 而守廳則京軍亦式年改籍。〈補〉

003 **鎭軍及募軍, 各邊將歲抄時成籍, 送于巡兵營。** ❶ 募軍年滿而不補者, 鎭軍闕額而[19]良民代定者, 該邊將自巡、兵營論罪。

004 **館軍生産子枝, 各察訪每式年成籍, 分送本曹、本道。** ❶ 驛日守投屬他役者, 還本役。有闕者, 守令聽驛吏狀告, 以近驛有實閑丁充給, 無則雖本官日守、軍士抄定。〈續〉

005 **每三年, 牧場牧子則節度使,**〈經〉 ❶ 牧子投屬歇處者, 還本役。不擧行牧官罷黜, 色吏刑推, 竝勿揀赦前。〈續〉 **邑吏、驛吏則觀察使成籍藏之。** ❷ 靑坡、蘆原兩驛, 本曹成籍。〈經〉

006 **諸色人給保。**〈續〉 ❶ 二丁爲一保。〈經〉 ❷ 各色軍兵、京驛卒、漕軍、水夫、內吹、扈輦隊、樂生、樂工、各司諸員、書吏、匠人、唱準等保多寡, 在《實摠》。內侍、外驛卒、醫女、針線婢亦有保。〈續〉〈補〉 ❸ 京驛卒, 保外助役二名, 以同居族親定給。❹ 管領元有保人, 仍給保; 無保人, 率丁一人毋定他役。無率丁, 給戶別一人。❺ 漢、淸、蒙、倭學, -❶ 外邑。- 忠義·族親·忠贊·忠順衛、陵守護軍, 同居族親中二人; 各司苦役匠人, 同居族親中一人, 無定他役。〈續〉 ❻ 濫收保人雜物者, 違法役使者, 降爲保, 竝切隣軍令

19 而 : 《續大典·兵典·成籍》에는 "以"로 되어 있다.

論。〈經〉 7《大典》法: "軍士及漕卒同居子、婿、弟, 毋定他役。司譯院·典醫·觀象監官員生徒、惠民署官員、籌員·律員生徒、弓人、矢人、畫員生徒、諸員、馬醫、皂隸、羅將、醫生、律生、書員、日守、牧子、津夫、氷夫、進獻席匠則同居族親中一人, 書吏、樂生、良人樂工、水夫則二人, 院主則三人, 毋定他役。書吏、樂生、司僕諸員、水夫無同居人, 則定戶別一人。" 又有"保人取才中格者, 許屬軍士"之法。〈補〉

007 **軍簿脫漏、加減、移定、差錯者論罪。** 1 歲抄脫漏十人以上, 守令罷職; 三人以上, 降資; 二人以下, 杖八。監色一人以上, 杖百徒三。草案付連梯漏, 連梯付草案漏三人以上, 守令杖七, 監色杖百; 二人以下, 守令杖六, 監色杖八。 2 加年二十人、減年二十五人以上, 守令罷職, 監色杖百徒三; 加年十人、減年十五人以上, 守令降資, 監色杖八徒二; 加年九人、減年十四人以下, 守令杖八, 監色[20]杖百。 3 擅便移定十五人, 作散軍士、保人、雜類移定及漕、水軍子枝移定陸軍及官屬二十人以上, 守令罷職; 十人以上, 降資; 九人以下, 杖八。監色五人以上, 杖百徒三。非軍籍時, 便擅移定, 守令三人以上, 罷職; 二人, 降資; 一人, 推考。監色杖百徒三。 4 富實軍丁換定衙前者, 案付軍丁以鄕吏、雇工施行者, 依違法除軍例。 5 姓名、住名字錯及兩處疊錄五人以上, 守令、監色杖八; 三人以上, 杖六; 二人以下, 笞五十。 6 正軍及保人等, 毋得移定水夫、魚夫。 7 兩西永定館軍, 毋定他役。 8 牧子子枝, 勿定他役。定役者頉下, 監色推治。〈續〉 9 官

20 監色 :《續大典·兵典·名簿》에는 "色吏"로 되어 있다.

吏故將平人, 替他人軍役, 杖百流三。〈律〉

008 **三軍門, 中軍以下將校、軍兵摠爲官案, 四季朔啓請付標。** 〈續〉 ❶ 守·摠兩營、龍虎營同。〈增〉 ❷ 軍士名簿, 各其將逐日押印, 成二件, 每番終,-❶ 長番則節季。- 分藏本曹。〈經〉

009 **良軍及諸色人諸保收布。**〈補〉 ❶ 束伍軍、漕軍等凡賤役外, 皆屬良軍, 而守、摠兩營軍, 間有良賤錯雜者。京各軍門、衙門之外方諸色人及各色保納布, 竝每名木則一匹, 米則六斗, 而守、摠私賤軍三斗。〈續〉〈增〉〈補〉 ❷ 木準六升四十尺。〈續〉 ❸ 西北屬其藩閫、邑鎭。〈補〉 ❹ 軍布, 錢、木間從民願。一匹, 代錢二兩。或捧錢而牟利, 換木上納, 守令依田稅律。❺ 軍布未收, 歲末抄計, 多者拿問論罪。〈續〉 ❻ 軍布, 純木或木、錢參半。見《戶典·雜稅》條。〈補〉

010 **有蔭人免役。**〈續〉 ❶ 宗姓族親、功臣子孫忠義·忠翊·忠贊·忠壯衛, 依代數免。〈續〉〈補〉-❶ 代數, 見下《屬衛》條。〈補〉- ❷ 四王孫及先賢〈續〉-❷ 如箕子、安文城公、薛弘儒侯、禹祭酒、文江城君、申壯節公。〈補〉-支裔, 相當良役外, 七般賤役-❸ 皁隷、羅將、日守、漕軍、水軍、烽軍、驛保。-勿定。❸ 向化人入軍籍者免。〈續〉

011 **軍士篤疾** ❶ 惡疾、癲狂、兩目盲、二肢折。、**廢疾者** ❷ 痴、啞、侏儒、腰折、一肢廢。-❶ 痴, 病行貌。- **免役。** ❸ 凡有役者同。

012 **有篤、廢疾或年七十以上親者, 一子; 九十以上者, 諸子免役。** ❶ 子亡者, 孫一人, 無親孫, 則外孫免。居京軍、留防軍、忠

順衛、正兵則獨子外勿免。〈經〉

013 **物故者，年滿六十而應役四十五年者，**〈續〉 ❶ 年十六定軍役，六十老除。〈補〉 **逃亡過十年者，竝代定。** ❷ 物[21]故、老除，勿論歲首、末，卽代定。物故立案，過三朔不成給，守令罷職，色吏嚴刑。❸ 逃亡過限而有一族者，使之自代定，未代定前，勿頉。❹ 物故經年，逃亡過限，而未代定者，代定而假名虛錄者，五名以上，守令罷職，監色刑推；十名以上，守令削職，監色徒配；二十名以上，守令徒配，監色杖流。

014 **一家內多人應役及一人疊役者除減。** ❶ 束伍軍父子三人者除父，兄弟四人者除兄，官定代。良役四父子以上，勿論同居與否，從自願一人除減，使之自代。❷ 疊役者，減後入之役。

015 **已入軍役者，陞屬有廳，**〈續〉 ❶ 忠贊、忠壯、忠順衛。〈補〉 **則代定。** ❷ 使之自代，否則仍屬前役。〈續〉 ❸ 有廳軍收布一匹。-❶ 以錢代捧。-〈增〉 忠翊、族親衛同。〈補〉

016 **諸冒頉人，毋得許免。** ❶ 軍保子枝混入校、院生及武廳者，查出汰定。冒屬忠義，影職受帖，冒屬鄕校、鄕所任、校生、衙前等者，收布案，毋得懸頉。❷ 冒稱原從子孫者，查定軍役，動府吏以忠義侵頉，則該吏從重杖。❸ 良民冒入鎭軍者，汰定良役。❹ 良民投屬牧案者，罷定最苦役，牧官罷職。❺ 軍士及保人厭

21 物：底本에는 "勿"로 되어 있다. 國中A 및 奎章A에 根據하여 修正하였다.

憚逃避他戶者, 還本役。許接者, 杖百徒三; 知情不告者, 切隣、管領、里正, 制違律論。❻ 冒年老除者, 退年還屬, 而代身現納者, 當身、代身竝杖百徒三。❼ 以生爲死, 以存爲逃, 虛稱篤、廢疾, 冒出公文, 容隱閑丁者, 雖一名, 守令罷職, 監色杖百充軍。❽ 納粟加資, 勿頉。❾ 違法除軍者, 七人以上, 守令罷職; 五人以上, 降資; 四人以下, 杖八; 一人以上[22], 色吏杖百徒三。〈續〉

22 上 : 底本에는 "下"로 되어 있다.《續大典·兵典·免役》에 根據하여 修正하였다.

屬衛

001 **功臣子孫屬忠義衛。**〈經〉 ❶ 嫡長勿限代。妾子孫承重者同。衆子孫限九代。〈經〉〈續〉〈補〉 ❷ 忠義廳忠義二十輪回入番, 殿座及擧動時, 差繖扇等奉持差備。〈補〉

002 **原從長派屬忠翊衛,**〈經〉〈補〉 ❶ 限五代。〈補〉 **衆派屬忠贊衛。**〈經〉〈補〉 ❷ 限三代。〈補〉

003 **戰亡及軍功子孫, 勿論支嫡, 屬忠壯衛。** ❶ 限三代。〈續〉〈補〉

004 **宗姓代盡後, 屬族親衛。**〈經〉〈補〉 ❶ 大王孫勿限代, 新定式。族親衛限九代。

005 **常出身子枝**〈續〉 ❶ 子、壻、弟、姪、孫。〈補〉 **屬忠順衛。**〈經〉〈續〉 ❷ 三父子外, 勿定。〈續〉 ❸ 忠義、忠翊衛則忠勳府, 宗姓族親衛則宗簿寺, 忠贊、忠壯、忠順衛則本曹口傳。〈經〉〈補〉 ❹ 諸衛所屬名色之見於《大典》者, 與近制多不同。而族親衛之異姓親亦屬者, 不知何時而廢。此外如別侍衛、破敵衛、壯勇衛之等, 不言其屬名, 而唯親軍衛以爲關北人屬焉, 兼司僕則以爲西北子弟中節度使擇才行者啓聞。〈補〉

006 **冒錄忠義衛者, 杖配。**〈增〉

教閱

001 **親臨閱武時，本曹判書爲中軍，五軍門大將爲營將。**〈補〉
1 宣傳官、教鍊官一體參謁。〈續〉

002 **每月本兵、三軍門郊外習陣。** 1 本兵十八日，訓局初九、十九日，〈續〉〈補〉-1 二十九日，近例減。- 禁營初十、二十、三十日，御營初一、十一、二十一日。而新、舊番交遞月合操，則御營前月二十八日先行。2 合操外，若値極寒、盛暑則頃稟。〈續〉-2 六、七月，十一、十二月。〈增〉- 3 大將有故，都提調代行。〈續〉〈增〉 4 本兵、訓局習操時，出番宣傳官參。5 本兵習操用六番禁軍，入直一番勿出用。〈續〉〈補〉 6 該營習陣，闕內外宿衛軍兵，毋得用。〈增〉 7《大典》有"本曹受點諸將，聚將士習陣。錄諸將能否啓聞，歲抄通考黜陟"之法。8 禁軍戎器點考，見下《軍器》條。〈補〉

003 **守禦廳三營**〈續〉〈補〉 1 廣州、楊州、竹山。〈補〉 **及左右部**〈續〉 2 京廳左右。別將。〈補〉 **、摠戎廳四營** 3 水原、南陽及坡州、長湍分南北，各二營。〈增〉 **春秋輪操。**〈續〉 4 守廳則使城操於南漢三營，各一次；左、右部，合一次輪回。又合爲大操。摠廳則使巡操於該邑南北，各一次輪回。〈續〉〈補〉

004 **各道春秋水陸操。** 1 各道兵使、營將、城將，春秋巡操。而關西及南兵營，春南秋北；北兵營，秋南春北。松都及關東，留守、監司習操。統制、統禦使春秋水操，而春則兩南舟師合操於統營，京畿、海西合操於江華。水使各其營秋水操，而湖西春操亦於

該營行。〈補〉

005 **各邑、各鎭堡有城處, 春秋城操。**〈續〉

006 **兵使巡歷時, 各邑束伍軍、歲抄軍一體點閱, 試射論賞, 有無頉査啓。**〈續〉〈補〉 ❶ 闕點、代點百名以上, 守令奪告身三等; 五十名以上, 削職; 二十名以上, 罷職; 十名以上, 重推。〈續〉 ❷ 各邑吏、奴、保人作隊, 每年一體點閱, 試才論賞。關東則該邑擧行。〈續〉〈補〉 **有故則營將代巡。** ❸ 點閱、試射等依例。 ❹ 屬邑軍兵, 私自點閱者, 參酌充軍。 ❺ 巡·兵使、營將習操時, 色吏侵漁軍兵者, 用一律, 巡、兵使罷職, 營將拿問定罪。〈續〉

007 **年凶停操時, 各邑鎭軍兵, 聚會官門, 輪回鍊習。**〈續〉〈增〉 ❶ 春秋限三日設行。〈續〉 ❷ 官門聚點後, 卽報有無頉於兵營。守、摠兩營輪操、巡點竝停, 則亦自本邑聚點論報。〈增〉 ❸ 官門習操時, 軍兵出斂, 官成貼, 守令徒年配, 出物軍兵從重棍。 ❹ 北道守令, 五家軍點考, 不嚴飭者, 拿處。〈續〉 ❺ 諸鎭習陣, 農月則停。〈經〉

008 **新舊番軍兵點考、賞試射時, 內外營入直軍, 請出標信擧行。**

009 **訓局軍, 每哨抄三人, 敎習火炮[23]。**〈增〉

23 炮 : 國中A, 奎章A, 《大典通編·兵典·敎閱》에는 "砲"로 되어 있다.

番上

001 **各道**〈續〉 ❶ 西北否。〈補〉 **徵番關文, 各軍門將校傳于巡營, 使營裨直傳兵營。**

002 **上番騎兵,**〈續〉 ❶ 正軍爲戶, 戶各有保三名。兩朔爲一當番。每當正軍二百五十上番, 保每名收布一匹, 以爲資裝。〈續〉〈增〉〈補〉 **每番巡兵營點閱, 定色吏領付。**〈經〉〈續〉〈補〉 ❷ 有廳、旅帥、等牌否。〈續〉 ❸ 趁前月二十五日逢點。禁、御兩營上番同。〈續〉〈補〉 ❹ 二名以上懸頉, 領付色吏刑推。❺ 當番在喪, 則"某年、月、日, 某親在喪", 小名啓聞。過百日後起送, 百日後, 番限只隔數十日, 外方安徐。〈續〉 **本曹同摠府點考, 付衛所, 分番各處。**〈經〉〈補〉 ❻ 每朔本曹各給米六斗, 冬節兩當給襦衣一領。〈補〉

003 **未上番騎步,**〈續〉 ❶ 步兵不上番。〈補〉 **戶保皆收價布。觀察使定差員, 每當番一體領納, 自本曹雇坊民代番。**〈續〉 ❷ 當番未及限, 未收滿一同, 竝守令拿問。〈續〉〈增〉

004 **禁御軍定番次輪上,**〈續〉 ❶ 禁營萬六千三百, 御營萬六千七百五十, 各分二十五番, 兩朔上番。〈補〉 **保人收身米布。**〈續〉 ❷ 兩營番軍, 資保一丁; 卜馬軍, 二丁, 各收布一匹, 備資裝。官保二丁, 各收米六斗, 儲該營, 供番料。又旅需錢,〈續〉〈增〉〈補〉 -❶ 均役減匹之代, 自該營下。〈補〉- 每番正軍一兩, 卜馬軍二兩給。〈增〉〈補〉

005 **當番代立者, 限一年邊遠充軍。** ❶ 代者同。❷ 本曹吏受債, 使人代立者, 不分名數, 杖百徒三, 當身濟州徒三充軍。

006 **每式年各邑陸戶砲手,**〈續〉 ❶ 百九十五。〈補〉 **抄上都監。**〈續〉〈補〉 ❷ 冒占及逃亡, 觀察使推考, 守令罷職, 監色定配。❸ 逢點分抄後, 十年內逃亡, 不現捉者, 使該邑代定上送。〈續〉 ❹ 抄上時, 幻名起送, 身手不合者, 道臣罷職, 守令先罷後拿, 監色刑配。〈增〉 ❺ 陸戶軍雖有罪犯, 勿除案, 勿定配, 從重棍。〈續〉

007 **罷義僧** ❶ 南漢三百五十六, 北漢三百五十一。**上番, 捧防番錢,** ❷ 湖南百九十八, 嶺南二百四十九, 每名二十二兩; 湖西百十四, 海西六十六, 關東六十, 每名十八兩; 京畿二十, 每名十兩。**雇僧代番。** ❸ 或再徵, 則守令論枉法贓, 監色嚴刑, 極邊勿限年配。〈補〉

留防

001 **武出身,**〈續〉 **1** 兩班子枝。〈增〉 **令赴防西北邊邑。**〈續〉 **2** 西江邊七邑, 北六鎭。 **3** 赴防限十二朔, 自備粮則六朔。〈補〉 **4** 甲科一人、禁軍騎士、駕前、別軍職及陞堂上人、年過六十人、南·北漢城內·禿城山城城內居生人、別驍士及中庶, 竝除防、除米。〈續〉〈補〉 **5** 親年八十者除防。 **6** 除防者納米。 **7** 廣州、江華、東萊出身, 若許納米, 則納本鎭。 **8** 限內不卽發, 卽其地充軍。〈續〉

002 **各道緊要諸鎭, 置留防兵, 備不虞。**〈經〉 **1** 京畿、湖西以騎保除給。〈補〉 **2** 北關土兵, 貢賦外, 勿定雜役, 專委防戍。邊將侵漁, 致逃散, 觀察使啓聞拿處。

003 **統水營各鎭水軍, 分番入防。**〈續〉

004 **關東嶺隘, 加設防守。** **1** 淮陽府使兼防守使, 伊川、平康、通川、高城、歙谷守令爲防守將。令防守使統領, 有警則率束伍、馬·步軍, 守於信地, 平時屬鐵原防營, 每年鍊習於各其信地。〈增〉 **2** 入防軍, 一年內三十日闕防, 四十日代身, 充軍一年; 六十日闕防, 七十日代身, 充軍二年; 九十日闕防, 百日代身, 充軍三年。不檢擧官吏, 二次重論, 三次守令罷黜, 色吏杖百流三。正兵旅內, 有代替而不告旅帥, 論罪後一年連防, 代替及替之者, 三年連防。〈續〉 **3** 防軍僞頉及漏案者, 三名以上, 守令拿問。〈續〉〈增〉

符信

001 **凡干軍國緊急事, 用宣傳標信。**〈經〉 ❶ 體圓。一面書“宣傳”, 右旁篆“昭信”, 左旁書“幾天”、“幾地”, 一面御押。〈經〉〈補〉 ❷ 刑人則勿用。〈經〉 ❸ 凡符信, 或用木或用牙, 而或篆或書皆刻。或加烙印於篆、書, 或直以篆、書烙印。〈補〉

002 **門開閉, 用開門、閉門標信**〈經〉 ❶ 開門標信, 體方。一面書“開門”, 右旁篆“昭信”, 一面御押。閉門標信同, 但一面書“閉門”。各五部。〈經〉〈補〉 **及符驗。** ❷ 體圓。一面篆“符驗”, 一面書門號及更數。每門各五部, 自初更至五更。中分, 左符藏大內, 右符授護軍。〈經〉〈增〉〈補〉

003 **各殿宮問安, 用問安標信。** ❶ 體圓。一面書“問安”, 一面書“某宮”。

004 **各處擲奸, 用擲奸標信。** ❶ 體圓。一面書“擲奸”, 一面書御押。〈增〉

005 **各殿宮有木馬牌。**〈增〉〈補〉 ❶ 用於司僕寺駄馬。體圓。一面篆“馬”字, 一面自一馬至五馬。〈增〉

006 **行在時, 王世子用徽旨標信,** ❶ 體直。一面書“徽旨”, 一面御押。〈經〉 **王世孫用懿旨標信,** ❷ 體直。一面書“懿旨”, 一面御押。**王大妃用慈旨標信,** ❸ 體銳。一面書“慈旨”, 一面御押。〈增〉 **王**

妃用內旨標信, ❹ 體銳。一面書“內旨”, 一面御押。〈經〉 **嬪宮用內令標信。** ❺ 體方。一面書“內令”, 一面御押。❻ 値行幸, 有軍國重事, 未及稟達行在, 則先取徽旨擧行, 東宮隨駕, 則以內旨擧行。慈旨以下, 隨時取稟。

007 **動駕時, 以御前信箭令各營。**〈增〉 ❶ 信箭, 五箇。懸五色緞小標, 旗面書“信”字。分付五軍門, 各以其方色, 左禁衛靑, 右御營白, 前守禦紅, 後摠戎黑, 中訓局黃。餘竝用黃。〈增〉〈補〉

008 **發兵符,** ❶ 體圓。一面書“發兵”, 一面書“某道觀察使”、“節度使”。諸鎭則書鎭號。**左符藏於大內,**〈經〉 ❷ 觀察、節度使符分三隻, 左二隻藏大內。諸鎭符分五隻, 左二隻藏大內, 又二隻分授該觀察、節度使。〈經〉〈補〉 **右符頒于觀察、節度使及諸鎭。**〈經〉 ❸ 守禦、摠戎使及兩廳所屬京畿各邑同。〈增〉〈補〉 **若徵兵, 則降左符及敎書, 合驗, 然後應徵。** ❹ 觀察、節度使承敎書, 則送[24]左符于諸鎭發兵。〈經〉

009 **命召** ❶ 體圓。一面書“命召某職”, 右旁書年月日, 一面御押。**分三隻, 左二隻藏于大內, 右一隻頒于三大臣、本曹判書、兼本曹判書、三軍門大將、左右捕將。若有機密重事, 昏夜命召, 則合符擧行。**

24 送 : 底本에는 뒤에 “諸鎭”이 더 있다. 《經國大典·兵典·符信》에 根據하여 削除하였다.

010 **密符** ❶ 體圓。一面書"第幾符", 一面御押。**分三隻, 左二隻藏于大內, 右一隻頒于觀察、統制使、守摠兩使、留守、節度、防禦使。凡有發兵應機等事, 合符擧行。**〈增〉

011 **守令兵符, 罷職則卽傳授兼官。** ❶ 面看交代邑否。〈續〉 ❷《大典》有"諸鎭將出使三日程, 或在喪、身死, 則判官若口傳軍官持兵符詣巨鎭。報節度使啓聞, 還付諸鎭將。節度使有故則付虞候, 有故則付口傳軍官。有評事處付評事"之法。〈補〉

012 **將臣、藩臣、帥臣遞職[25], 命召、密符, 親納政院。** ❶ 無職或有故者, 親納闕外。違者, 卿宰重推, 通政禁推, 守職以本資論。

013 **將任無論佩召、佩符, 毋得處城外。** ❶ 受由下鄕者, 非有特敎, 不得仍佩往來。〈續〉 ❷ 將臣以該營事, 出往城外, 當日回還, 則勿來納, 言送政院啓稟。 ❸ 守禦使之往南漢, 摠戎使之往鍊戎臺, 勿爲啓請, 仍佩往來。 ❹ 將臣差祭陵所, 都提調兼察, 仍佩往來。

014 **將臣命召、密符, 雖待命之時, 遞職奪符前, 毋敢任自納符。**〈增〉

015 **習陣時, 不待符而徵兵。**

016 **應變、捕盜及惡獸害人畜, 則不待符, 先發後聞。** ❶ 使臣迎

25 職 :《續大典·兵典·符信》에는 "歸"로 되어 있다.

送, 亦不待符。赴京使臣同。❷ 如畋[26]獵、守護漕船、藏氷、營繕等事, 本曹受教行移後發兵。〈經〉

017 **《璿源》、實錄奉安曝曬行, 前後射隊、儀衛軍, 待兵符、標信出用。**

018 **諸牌分授諸將, 巡檢牌及通符授諸司。**〈補〉 ❶ 大將牌, 體圓。一面書"左邊捕盜大將",-❶ 右邊同。- 一面御押。傳令牌, 體直。一面書"左邊捕盜大將",-❷ 右邊同。-〈增〉 一面書"傳令"。衛將牌, 體圓。一面書"衛將", 一面烙印。巡將牌, 體圓。一面書"巡將", 一面書"信"字。管牌牌同。監軍牌, 體圓。一面書"監軍", 一面烙印。〈增〉〈補〉 ❷ 擲奸牌, 又名巡檢牌, 體圓。一面書"擲奸", 一面御押。〈經〉〈補〉 ❸ 通符, 體圓。一面書"通符", 左旁書年號月日, 一面書"幾天"、"幾地"。〈經〉〈增〉 ❹ 擲奸牌、通符所受諸司, 見下《行巡》條。〈補〉

019 **入闕內, 用信、漢符。**〈經〉〈續〉 ❶ 着紗帽、角帶者不佩。〈經〉-❶《大典》: "錄事着有角平頂巾, 書吏無角巾, 諸學生徒緇布巾。"- ❷ 信符, 男人; 漢符, 女人佩。〈補〉 **每歲首, 本曹入直堂上親監烙印, 內入外頒。**〈續〉 ❸ 信符, 體直。漢符, 方、圓、曲、直, 逐年而改。〈經〉〈續〉-❷ 寅、午、戌, 方; 亥、卯、未, 圓; 申、子、辰, 曲; 巳、酉、丑, 直。〈補〉- 信符, 一面書"信符"及年支, 一面書"兵曹"及司名役名。漢符同,

26 畋 : 底本에는 "畎"으로 되어 있다. 奎章A 및 《經國大典·兵典·符信》에 根據하여 修正하였다.

但書"漢符", 無司役名。〈經〉〈續〉〈增〉〈補〉 **4** 佩無刻誌之符, 或仍佩舊符者, 互相借佩者嚴治, 不飭官員論罪。〈增〉 **5** 內入及各殿差備、各色掌、各殿照羅赤、各色房直及諸宮廟及供上進排各司、闕內出入各司差備、內農圃、生鮮等貢物信漢符有定數。俱在《大典通編》。〈補〉

入直

001 **五衛將、部將** ❶ 各四。**分直東西南北四所。**〈續〉 ❷ 入直前夕, 本曹分所分更取旨。衛將受點, 分領部將。〈經〉〈補〉 ❸ 南所, 忠順、忠贊衛各一隨直。〈續〉〈增〉 ❹ 衛將牌, 遞直日, 諸將肅拜, 受納於殿庭。〈經〉〈補〉

002 **本曹堂郎** ❶ 各一。、**摠府堂郎** ❷ 各二。**直中所。** ❸ 本曹近仗軍十隨直。

003 **宣傳官** ❶ 四。、**武兼** ❷ 六。**直大內近側。**〈續〉 ❸ 吹螺赤十二隨直。〈續〉〈增〉

004 **禁軍將** ❶ 受點, 率禁軍百、火砲二。、**扈衛別將** ❷ 率軍官三十。、**忠壯將** ❸ 率衛三。、**忠翊將**〈續〉 ❹ 率衛四。〈續〉〈增〉 、**別軍職** ❺ 三。**各直本所。**

005 **守門將** ❶ 九。❷ 受點。**分直各門。**〈續〉 ❸ 敦化左·右挾門、丹鳳、金虎、景秋、曜金、弘化、宣仁、通化門。〈補〉 ❹ 移御時, 隨門數加減。〈續〉

006 **都監把摠** ❶ 一。〈續〉〈增〉 ·**哨官** ❷ 二。❸ 受點, 率砲手二百。〈續〉 、**禁衛把摠·哨官**〈續〉〈增〉 ❹ 受點, 率軍士百十四。、**局別將** ❺ 受點, 率局出身四十五。**分直各所。**〈續〉

007 **壯勇衛十二直明政殿西廊, 二人** ❶ 銅龍門內入直軍兵中, 除出五名領率。**勿論晝夜, 把守建陽門。**〈增〉 ❷ 宿衛人兵仗不離身。違者笞四十; 離處所, 笞五十; 別處宿, 杖六。百戶以上, 各加一等。親管頭目知而不擧, 同犯人罪; 失覺察, 減三等。❸ 被極刑之家同居人、親屬人, 不得充近侍及宿衛、守把。朦朧充當者斬, 官司容令充當者罪同。〈律〉

008 **都城門, 禁軍分直。** ❶ 正門二, 一護軍, 一稱部將。間門二, 竝稱部將。❷ 五間水門, 禁軍一。〈補〉 ❸ 護軍遞代時, 受納符驗於本曹。〈經〉 ❹ 闕內諸處及城門, 以禁御兩營、禁軍廳元軍分把。各處把定軍, 坊民雇立。〈續〉

009 **闕內擧動經宿時, 入直本曹、摠府堂郎、宣傳官、武兼各一, 勿隨駕, 仍直本所。**

010 **城外經宿動駕時, 守宮大將直宿闕內, 從事官巡察宮墻內。**〈增〉

011 **禁直徑出者, 通政罷職, 堂下禁推。**〈續〉 ❶ 本曹、摠府入直人, 勿論移職、被罪, 毋得徑出, 面看交代。違者軍法從事。〈增〉

012 **宿衛、守衛人, 在直而逃, 杖百。** ❶ 哨官以上加一等, 杖六徒一。

013 **城門守直有闕者論罪。** ❶ 禁軍兩人俱闕, 杖六徒一; 一人闕,杖八。❷ 受符驗護軍, 闕夜直, 同兩人竝闕罪。〈續〉 ❸ 宮禁宿衛及皇城門守衛人, 應直不直, 笞四十; 代替及替之人, 杖六; 不係宿衛、守衛人, 冒名代替及替之人, 杖百。百戶以上, 各加一等。親管頭目知而故縱, 同犯人罪。失覺察, 減三等。〈律〉

014 內各司入直人, 宿衛行巡人, 各門把守人, 警守所直宿人, 省記。 ❶ 本曹入直堂上署封, 申時使郞官, 竝軍號呈政院。❷ 外各司省記, 吏曹郞署封, 申時親呈政院。〈經〉〈補〉 ❸ 各司有單官處, 許假官交替省記, 一朔無過二十日。〈增〉 ❹ 在官應直不直及不宿, 笞二十。若主守倉庫、獄囚之類, 笞四十。〈律〉

015 科時試官, 直宿時藥院, 月食時救食所, 竝別省記。〈續〉〈補〉

016 省記, 郊外動駕時, 達于東宮, 東宮隨駕, 則啓于慈殿或內殿。〈續〉 ❶ 行在內陣軍士則都摠管, 外陣大將各署名封進。〈經〉

門開閉

001 **宮城門, 初昏閉, 平明開。都城門, 人定閉, 罷漏開。** ❶ 宮城, 注書與摠府郞、司鑰開閉, 受納鑰匙於承旨。都城, 護軍開閉, 遞代時, 受納於本曹。❷ 行在時, 守門將守鑰匙待命。〈經〉 ❸ 皇城門誤不下鎖, 杖百, 邊遠充軍; 擅開閉, 絞。京城門誤不下鎖, 杖九; 擅開閉, 杖六徒一。各處城門, 各減一等。〈律〉 **及期啓達事至, 則護軍從門隙而受, 急詣闕門啓。**

002 **宮城門非時開閉, 用標信。** ❶ 開門、閉門標信。❷ 緊急時, 通用都城門。〈經〉

003 **闕門[27]仍留時, 待標信下, 始許出入。** ❶ 政院啓請標信。未下前, 只閉勿鎖, 雖有下教, 毋得出入。

004 **都城門非時開閉, 用標信、符驗。** ❶ 四大門則宣傳官齎宣傳標信, 禁軍齎當門當更符驗[28]。又宣傳官齎開門標信, 先開闕門, 後齎宣傳標信及符驗者, 偕到城門啓鑰。-❶ 間門但用開門標信。- 仍留則以宣傳標信擧行。-❷ 間門同。- **宣傳官持標信留待, 同部將還閉[29]後復命。** ❷ 禜祭閉城門, 有不可不開閉, 則政院

27 門 : 底本에는 "內"로 되어 있다. 奎章A 및 《大典通編·兵典·門開閉》에 根據하여 修正하였다.

28 驗 : 底本에는 "檢"으로 되어 있다. 國中A 및 奎章A에 根據하여 修正하였다.

29 閉 : 底本에는 "開"로 되어 있다. 奎章A 및 《大典通編·兵典·門開閉》에 根據하여 修正하였다.

稟旨開閉, 亦待標信。〈增〉

005 **城內動駕時, 闕門開閉, 請徽旨;** ❶ 東宮隨駕, 則請慈旨或內旨。 **城門開閉, 請標信於行在。 郊外動駕時, 闕門、城門, 俱請徽旨。**〈續〉 ❷ 請慈旨、內旨同。上陵幸時, 城門留門同。〈續〉〈補〉 ❸ 動駕時, 闕門開門, 則宣傳官持標信, 到闕門外, 本曹、摠府守宮堂上, 門隙親受, 通于政院, 留院承旨請徽旨。陵幸時, 守宮大將亦令從事官門隙祗受。❹ 經宿陵幸時, 城門留門, 必待信箭、標信俱到。〈增〉

006 **宮城四門及都城諸門, 考標信出入。** ❶ 大閱時。❷ 若大駕出門則不考。〈經〉

行巡

001 **闕內則衛將、部將** ❶ 率軍十。**分更行巡後，無事與否直啓。** 〈經〉

002 **摠府郎** ❶ 二。、**本曹內入直郎，無時夜巡，啓稟乃行，間間晝巡檢。外直郎** ❷ 率入番所屬。**無時夜巡。**〈續〉 ❸ 本曹、摠府恒受擲奸牌，巡檢、擲奸。❹ 禁府、吏曹、外兵曹、刑曹、京兆、五部、捕廳有入直牌，〈經〉〈補〉-❶ 卽通符。〈增〉- 夜行及陣中用之。吏、兵曹恒受。其餘無巡檢，替番時，受納政院。〈經〉〈補〉 ❺ 諸司直宿官，吏曹直宿郎巡檢。闕直者罷黜。〈經〉 ❻ 入直將士擲奸，見下《軍器》條。〈補〉

003 **巡將及監軍** ❶ 宣傳官、本曹·摠府郎望差，竝受點。**肅拜，受牌**〈經〉 ❷ 巡將牌、監軍牌。❸ 管牌亦受牌。〈補〉 **於殿庭**[30]。❹ 翌朝納牌同。〈經〉〈補〉 ❺ 行在時，受納於政院。〈經〉 **巡將分宿二所。**〈經〉〈補〉 ❻ 左、右巡廳。❼ 監軍亦分宿。❽ 郊外經宿動駕時，巡將、監軍仍直，待還宮納牌。〈補〉 **城內行巡軍士，初昏照名點考分送。**〈經〉〈補〉 ❾ 罷漏後，點考罷遣。❿ 軍士闕到、各更無事與否，巡將報本曹啓達。〈經〉

004 **都城內外，**〈續〉 ❶ 外限部內。〈補〉 **兩捕廳各定牌將** ❷ 八。、**軍士，** ❸ 六十四。**逐夜行巡；三軍門定牌將**〈續〉 ❹ 各九。、**軍士，**

30 殿庭 : 《經國大典·兵典·行巡》에는 “大內”로 되어 있다.

5 訓八十三, 禁八十四, 御六十七。〈續〉〈增〉 6 該大將點考發遣。〈補〉 **分日夜巡。**〈續〉 7 訓, 寅、申、巳、亥初日; 禁, 子、午、卯、酉中日; 御, 辰、戌、丑、未終日。〈續〉〈補〉 **宮城**〈續〉 8 通稱宮墻。〈補〉 **外, 三軍門外營**〈續〉 9 訓, 南營、廣智營; 禁, 西營; 御, 集春營、東營。〈補〉 **入直將官**[31] 10 各一。 11 率入直軍士〈續〉-1 南營則馬軍。-二十。東營三十。〈補〉 **分更夜巡。**〈續〉 12 訓, 初、三更; 禁, 二更; 御, 四、五更。〈續〉〈增〉 **又三軍門別**[32]**定將校,** 13 一。 14 率入直軍士五。〈續〉 **逐夜行巡各該營字內宮城,**〈續〉〈補〉 15 訓自集春門至大報壇西墻隅, 禁自大報壇西墻隅至宗廟大門, 御自宗廟大門至集春門。〈補〉 **自日晡限天明。** 16 別巡邏牌造給。〈續〉

005 每罷漏後, 外三營北營及新營、東營入直中, 發遣元巡邏外將官, 限天明審察各該營字內宮城。〈增〉

006 都城內外〈經〉 1 宮城外, 軍堡。〈補〉 **設警守所,**〈經〉 2 俗稱卒更。〈補〉 3 庫廩近處亦設。 **使坊里人直宿。**〈經〉 4 軍堡則軍士。〈補〉 5 城門、闕門、廟、社、宮、殿及軍堡, 則軍士各受五更籤於本曹, 置直所。每更管牌率軍士巡檢, 推當更籤, 納巡廳, 巡廳都收, 納本曹。而廟、社諸處, 捕卒推納巡廳。軍堡, 墻外元巡邏推納本曹; 闕內, 闕內巡軍受納掖庭署。〈經〉〈補〉 6 巡將無時親到, 考驗更籤。〈經〉 7 籤, 削木爲之。一面書某更烙印, 一面書年月日。〈經〉〈補〉 8 更點, 始於初更三點人定時, 終於五更三點罷漏時。每

31 官 : 《續大典·兵典·行巡》에는 "校"로 되어 있다.

32 別 : 《續大典·兵典·行巡》에는 "各"으로 되어 있다.

更, 五點。初更則自三點, 五更止三點。〈補〉 9 行在內陣則摠[33]管以下諸將中, 本曹啓聞受點, 率軍士五, 無時行巡後, 巡將直啓。外[34]陣則大將定衛將、部將, 率軍士十, 行巡及別巡。〈經〉

007 **行巡人皆受軍號。**〈續〉 1 俗稱言的。〈經〉 2 本曹入直堂上, 親書署封[35]。無行公堂上, 則摠府首堂; 摠府俱空, 則兵房承旨擧行。3 郊外動駕時, 達于東宮。東宮隨駕, 則排日預爲啓下, 置本曹。**闕內及墻外人遇他軍人信地相應, 循環不已, 罷漏而止。** 4 城內外行巡牌將、軍士或相遇, 問軍號, 不通, 以犯夜例治。5 私傳軍號於同伍軍士者, 本曹決棍。

008 **犯禁夜行人, 捕付隣近警守所, 翌日各其營決棍。** 1 初更十度, 二更二十度, 三更三十度, 四更二十度, 五更十度。2 空闕犯夜人, 杖百徒三。〈續〉 3 掖隷不着紅衣犯夜禁者, 直爲棍治。〈增〉 4 一更、五更笞三十, 二更、三更、四更笞五十。外郡城、鎭各減一等。〈律〉 5 詐稱犯禁者, 或故放者, 軍令論。〈經〉 6 犯夜拒捕及打奪者, 杖百。毆人至折傷以上, 絞; 死者, 斬。〈律〉 7 《大典》法: "因急速公務、疾病、死喪、生産等不得已之事而行者, 親告巡官若警守所。巡官、警守所, 使人持更籤, 保授[36]所至之家。"

33 摠 : 《經國大典·兵典·行巡》에는 앞에 "都"가 더 있다.

34 外 : 底本에는 "本"으로 되어 있다. 奎章A 및 《經國大典·兵典·行巡》에 根據하여 修正하였다.

35 署封 : 《續大典·兵典·行巡》에는 "封押"으로 되어 있다.

36 授 : 底本에는 "受"로 되어 있다. 《經國大典·兵典·行巡》에 根據하여 修正하였다.

又有"三品以下直囚[37], 堂上官及兩司官囚[38]跟隨"之法。〈補〉

37 囚 : 底本에는 "守"로 되어 있다. 國中A 및 奎章A에 根據하여 修正하였다.

38 囚 : 底本에는 없다. 《經國大典·兵典·行巡》에 根據하여 補充하였다.

侍衛

001 仁政殿殿座及朝會時, 職帶軍務者侍衛, 軍兵排列。〈補〉 ❶ 寶劍-❶ 摠管中受點。-二、別雲劍-❷ 從二以上擬差。-〈續禮〉〈補〉四、本曹·摠府堂郎、五衛將、別軍職, 殿內; 宣傳官、武兼及雲劍差備, 殿外侍衛。內吹, 中階上; 入直禁軍〈五禮〉〈續禮〉〈補〉-❸ 別將及番將領率。便殿無別將。〈補〉-、扈衛軍官, 殿庭; 入直軍兵, 殿門排立。便殿同, 而只入直擧行, 本曹則堂郎各二。〈續禮〉〈補〉 ❷ 大朝會-❹ 朝參、陳賀、誓戒。-同, 而司禁〈五禮〉〈補〉-❺ 訓鍊習讀。〈補〉-十六、禁軍七番、駕前五十〈五禮〉〈續禮〉〈補〉-❻ 司禁、禁軍、扈衛軍官、別抄竝甲冑。〈五禮〉〈補〉-、槍劍軍六十, 殿庭; 甲士,〈續禮〉-❼ 訓局馬兵、禁·御騎士。〈補〉- 殿門各十二-❽ 崇範、光範門各八。-〈增〉; 挾輦砲·殺手百、別破陣二十、椎牌軍八, 殿門外; 入直砲手六十, 進善、肅章門排立。〈續禮〉〈補〉 ❸ 先入庭, 還宮後出。〈經〉 ❹ 常參, 啓事官上殿, 則繖扇及侍衛出。〈五禮〉

002 本曹判書爲鹵簿使, ❶ 吏曹單望啓。參判預差。掌殿內外鹵簿大仗、侍衛軍兵陳列等事。❷ 朝儀失措則論罪。〈補〉

003 文兼雖有實職, 以侍衛參。〈增〉

004 動駕時, 挾輦砲手、倭槍手〈續〉〈補〉 ❶ 竝屬訓局。〈補〉 各百, 槍劍軍〈增〉〈補〉 ❷ 屬禁營。〈增〉 六十衛從。❸ 郊外同。〈續〉〈補〉 ❹ 陵幸時, 挾輦軍數稟旨。〈補〉

005 **駕前, 動駕時, 城內則挾輦侍衛, 郊外則與駕後禁軍, 分前後侍衛。**

006 **攔後別隊,** ❶ 馬兵中選一哨。**以其將領分前後, 領率侍衛。**

007 **兼內吹與元內吹, 動駕、殿座, 一體侍衛。** ❶ 用黃內吹、黑內吹舊例。❷ 槍劍軍, 禁營把摠、哨官各一, 分領侍衛。❸ 輦輿軍毋得以私奴充定。〈增〉 ❹ 陵幸及郊外經宿動駕時, 日傘差備令京畿驛卒奉持。〈續〉

008 **親行祭祀, 形名止於壇外。** ❶ 廟陵止門外。〈經〉

城堡

001 空闕宮城，守直部將循環擲奸，逐日有無事，報本曹。

002 宮城、都城，每春秋，本曹、工曹、京兆堂郎巡審擲奸，有頉處啓聞。〈續〉 1 都城則三軍門大將亦春秋看審，每朔定將校擲奸。〈增〉

003 宮城、都城，三軍門分掌，隨毁修築，〈續〉〈增〉 1 都城自肅靖門東邊舞砂石至敦義門北邊四千八百五十步，訓局；自敦義北邊舞砂石至光熙門南邊南村家後五千四十二步半，禁營；自光熙南邊南村家後至肅靖東邊五千四十二步半，御營。**旁近居人分授看直。** 2 人家隔遠處，山直分掌。〈續〉 3 城上積聚[39]石子。〈增〉

004 都城內外，亦三軍門分掌。 1 中部澄淸·壽進·堅平坊、西部餘慶·積善·仁達·盤松·龍山·西江坊、北部順化·義通·俊秀·觀光·鎭長·廣化·陽德·嘉會·安國坊·合亭里·望遠亭·汝矣島·細橋里·阿峴·延禧宮·城山里·加佐洞·甑山里·新寺洞·葛古介·佛光里·水巖里·水生里·造紙署·經理廳·宣惠廳·梁哲里·舊里·末屹山·洪濟院·驛契·私契屬訓局。中部長通·瑞麟坊、西部盤松·龍山·養生·盤石·皇華·餘慶坊、南部樂善·誠明·薰陶·太平·廣通·明禮·好賢·屯之坊屬禁營。中部寬仁·慶幸·貞善·堅平坊、南部樂善·誠明·明哲·豆毛·漢江坊、東部崇教·蓮花·景慕宮·彰善·崇

39 積聚：《大典通編·兵典·城堡》에는 "聚積"으로 되어 있다.

信·仁昌坊·祭基里·典農里·伐里·中梁浦·陵洞·加五里·長位里·安巖·牛耳·沙阿里·淸涼里·水踰村·新設·踏十里·馬場里·往十里·驛契·私契屬御營。〈補〉 2 城旁內外開溝渠, 剪草木。牛馬故放, 踏損覆莎, 觸破弓家者, 磚石偸取者考察。〈經〉 3 都城內外, 松木鬱密, 有妨城堞處, 城內限五步, 城外限十步斫去。〈增〉 4 宮城內外亦三軍門分屬。〈補〉

005 **諸鎭邑[40]城、山城、行城, 兵使巡審。** 1 修築處, 每歲抄啓聞。如頹圮而未卽修築, 修築而不堅牢者, 該官罷黜。〈經〉

006 **越城者論罪。**〈補〉 1 越皇城, 絞; 京城, 杖百流三; 府、州、縣、鎭城, 杖百; 官府公廨墻垣, 杖八。越而未過, 各減一等。有規避, 從重論。〈律〉 2 宿衛軍兵越城出入, 用軍律。〈續〉

40 鎭邑 : 底本에는 "邑鎭"으로 되어 있다. 《經國大典·兵典·城堡》에 根據하여 修正하였다.

烽燧

001 **諸處煙臺, 置烽燧軍候望。** ■1 以品官, 別定監考, 分番晝夜檢舉。〈續〉 ■2 木覓山烽燧將, 以禁軍祿厚者輪直。〈增〉-■1 毋岳烽燧將有廳、管牌。〈補〉- ■3 烽軍, 近處居人差。〈經〉 ■4 木覓、毋岳〈增〉-■2 鞍峴。〈補〉-兩山烽軍、各戶保百二十, 分二十四番。〈增〉 ■5 闕點者, 軍官、監考、烽軍, 從重棍。■6 絶火處, 守令杖八, 監考杖百, 色吏、烽軍杖百極邊充軍, 竝除贖決杖。■7 賊到處, 不報火烽卒, 處斬後啓。〈續〉 ■8 舉僞烽, 不待時斬; 近處放火, 待時斬。■9 木覓山烽臺, 設標定界, 毋論僞烽、放火等, 事在百步內者, 本曹句管; 百步外, 該營當之。■10 烽臺近處, 禁淫祀、祈禱。犯者地方官施制違律。〈增〉

002 **木覓山烽燧, 自東而西。** ■1 第一烽[41]準咸鏡、江原、京畿來楊州 峨嵯山烽, 第二準慶尙、忠淸、京畿來廣州 天臨山烽, 第三準平安、黃海、京畿陸路來高陽 鹽浦、毋岳東第一烽, 第四準平安、黃海、京畿水路來高陽 高峰、毋岳西第二烽, 第五準全羅、忠淸、京畿來陽川 開花山烽。〈經〉〈補〉 **平時一炬, 賊現形二炬, 近境三炬, 犯境四炬, 接戰五炬。**〈經〉 ■2 連日接戰, 則積柴用狼糞, 夜則舉火, 晝則燔煙。〈補〉 ■3 雲暗風亂, 煙火不通時, 烽軍次次馳報。〈經〉

003 **京則南所部將有無事, 報本曹, 翌日晨入啓;** ■1 有變則雖夜

41 烽 : 底本에는 "峯"으로 되어 있다. 奎章A에 根據하여 修正하였다.

卽啓。**外則烽將報主鎭。**〈經〉〈補〉

軍器

001 **軍器, 京軍器寺, 外各鎭精緻製造, 前造者亦常修整。** ❶ 篆烙州、鎭號。〈經〉

002 **內入直禁軍所住處, 軍器造置。**〈續〉 ❶ 駕前、別軍職鞭棍, 禁軍甲冑、要鉤金亦造給。〈續〉〈補〉

003 **三南、海西銃、藥、丸, 軍器寺、守摠兩營分送。**〈續〉〈增〉 ❶ 惠廳設月課契。軍器寺每年,-❶ 次年減數。- 貢人每年兩等, 摠戎廳銃則每年, 藥則間年, 守禦廳間年受價。軍器寺、摠廳造銃、藥, 守廳造藥, 貢人造銃、藥、丸。摠廳竝貢人所造三南、海西, 守廳兩南, 軍器寺三南-❷ 藥則兩南。-分送。〈續〉〈補〉 ❷ 京畿、關東及西北貿用於京貢人,-❸ 稱兩道契。- 或自該道造。❸《大典》有"每歲自三南、關東送箭竹于兩界。節度使分給屬鎭, 造箭及給將士"之法。

004 **水陸旗幟等物, 十年一改修。** ❶ 大同米劃給。〈補〉

005 **入直將士, 本曹、摠府擲奸, 竝點戎器。** ❶ 夜則先啓乃行。

006 **禁軍戎器點考, 每年二次,** ❶ 二月、九月二十日。〈經〉 **稟行於慕華館。**〈補〉 ❷ 本曹同摠府堂上, 竝點戰馬、卜馬, 有故則別將都點。〈經〉〈補〉 ❸ 內入直禁軍戎器, 四孟朔承旨詣殿庭月臺點考, 仍勞問。〈補〉

007 **入直軍士軍裝、雜物渝破執頃者論罪。**❶ 滿四件, 笞五十; 重者杖八。

008 **各邑軍器, 節度使不時抽栍擲奸, 執頃守令論罪。**❶ 巡點時, 隨頃多寡, 守令從輕重決棍, 狀聞。❷ 銃、藥不藏官庫, 致有奸弊者, 節度使、守令依犯越例。〈續〉

009 **軍人關給一應軍器私賣者, 杖百, 邊遠充軍。**❶ 軍官賣者, 杖百, 充軍。買者笞四十。應禁者, 以私有論。價錢入官。軍人買者勿論。❷ 民間私有應禁軍器者, 一件杖八, 每一件加一等。私造者, 加私有罪一等。止杖百流三。非全成者勿論, 許納官。〈律〉 ❸ 偸軍器, 見《刑典·賊盜》條。〈補〉

010 **弓矢進上時, 差出知弓品堂上。**❶ 弓房內官呈手本於政院, 自本曹啓下。尙方別造時, 尙方移文本曹差。〈增〉

兵船

001 **兵船及什物, 水使歲抄具數報本曹, 啓聞。**〈經〉 ❶ 亦報巡營。〈補〉

002 **戰、兵船滿年限, 則腐傷與否, 各道水使親審啓聞。**

003 **嶺南戰、兵船, 左道八十朔, 右道百朔改造。**〈續〉 ❶ 改造價米, 戰船百五十石, 兵船二十五石。以戰兵船儲置米下。下同。〈補〉 ❷ 皆用鐵釘, 故無改槊。〈續〉 **湖南戰、防、兵船, 左道八十四朔改造; 右道三十六朔改槊, 七十二朔再改槊。**〈續〉〈補〉 ❸ 左道同嶺南無改槊, 右道無改造。❹ 改造價米, 戰船百五十石, 兵船二十石; 改槊, 戰船四十石, 兵船五石; 再改槊, 戰船百二十石, 兵船十五石。〈補〉 **湖西戰船, 三十朔改槊, 六十朔再改槊, 九十朔改造; 防船, 三十六朔改槊, 七十二朔再改槊, 百八朔改造; 兵船, 百八朔三改槊, 百四十四朔改造。**〈續〉 ❺ 改造價米, 戰船五十石, 防船二十五石, 兵船十五石; 改槊, 戰船三十石, 防船十五石, 兵船五石。〈補〉 **海西大小船, 間二年改槊, 十二年改造。**〈續〉 ❻ 改造價五十石, 改槊十六石零。以詳定米下。〈補〉 **關西大小船, 間三年改槊, 十年改造。**〈續〉 ❼ 價自該邑下, 而曳材役糧, 軍餉會減。**京畿戰、龜、防船, 六年改槊, 十二年再改槊, 十八年改造。** ❽ 餘船, 每六年改槊, 無新造。❾ 新造價, 戰、龜船木三同四十五匹, 米四十石; 兵、防船木一同五匹, 米三十石; 伺候船木四匹二十尺, 米一石。以該邑、鎭常賑穀及京外某樣木請得。〈補〉 ❿ 兩湖船, 限前腐傷, 不可不改槊、改造者, 水使親審, 報備局許施。雖過限而船體完固, 則添木改槊。
⑪ 守令、邊將不謹監造, 未滿限腐傷動退, 杖百。〈續〉

004 **訓局待變船,** ❶ 恒置江華, 而亦載稅穀。**五年改槊, 十年改造。**
❷ 統、水營擧行, 本局略給價米。〈補〉

005 **兵船毋得出送外洋。** ❶ 犯者杖百, 充軍。❷ 潛放漂失者, 一律論。

006 **兵船勿許他用。**〈續〉

007 **兵船常載一朔軍糧,**〈經〉 ❶ 經三年後, 分三分, 每年一分, 分給附近民改色。**觀察使巡行時, 嚴加考察。**〈續〉

廏牧

001 **濟州、旌義、大靜牧場, 體大馴良有才色馬, 作騸調養, 遞來官進上。** ❶ 牧使、判官各三匹, 縣監二匹。不合御乘, 則制違律論。〈續〉

002 **濟州每年有貢馬。** ❶ 年例馬八匹, 歲貢馬二百匹, 三名日進上馬六十匹, 凶咎、駑駘馬二十匹。式年則差備進上馬八十匹, 別御乘馬二十匹, 本曹別啓請山馬二百匹。〈補〉 ❷ 貢馬中路病留, 該守令不善救療徑斃者, 價木十匹。過年不卽上送者論罪。〈續〉〈補〉 ❸ 各牧場, 每年有封進馬二匹或一匹。

003 **各牧場, 馬以三雌一息,** ❶ 牛, 兩雌一息。**例分春秋捧上。** ❷ 未滿數, 則本寺褒貶時論罰。〈補〉 ❸ 各牧場, 以雌馬百匹、雄馬十五匹爲一群, -❶ 牛同。- 每一群定群頭及群副 -❷ 竝牧子中良人擇定。-、牧子看養。〈經〉 ❹ 牧養係官馬騾等孶生, 隱匿不報, 準竊盜論。因以[42]盜賣或抵換者, 監守自盜論。〈律〉 ❺《大典》有"孶息數多, 牧官論賞, 群頭加階"之法。〈補〉

004 **牧場馬深烙, 使無用奸。** ❶ 有奸情, 則牧官罷黜, 群頭、牧子杖百徒三。

005 **諸道點馬, 以文官擇差。** ❶ 慶尙左道以本寺正自辟。**點馬違**

42 以 :《大明律·兵律·廏牧·隱匿孶生官畜産》에는 "而"로 되어 있다.

錯者, 監牧官 ❷ 兼監牧同。**罷黜, 牧子等嚴刑現推。** ❸ 遺失馬十匹以上, 牧官罷黜; 五匹以上, 降資; 四匹, 推考。〈續〉 ❹ 遺失馬價, 每匹常木十五匹, 作錢則每匹五錢。濟州各牧以馬, 而例各不同。❺ 故失馬肉價, 兒馬、禾老外, 每匹錢一兩。濟州各牧以布, 而例各不同。虎囕勿徵。❻ 遺失牛以牛捧, 故失牛以兒犢代捧。❼《大典》有"遺失則群頭輩論罪, 準徵"之法, 又"一歲及十五歲馬勿徵"。〈補〉

006 **分養馬故失、瘦病[43]、不馴者, 守令論罪。**〈續〉 ❶ 分養馬, 八月內受去, 翌年三月內來納, 過六朔則推考。〈補〉 ❷ 故失一匹, 重推; 二匹, 堂上降資, 堂下越二等; 三匹, 堂上降二資, 堂下越三等; 四匹, 勿論堂上、堂下罷職。瘦瘠、病傷同。不馴, 每匹推考。〈續〉〈補〉 ❸ 故失, 每匹價木三十匹, 贖木四匹。京畿同, 而十五匹惠廳以米下。北道贖布二匹。關東無贖。不馴則竝每匹贖木四匹。〈補〉 ❹ 該守令與兼官俱有故, 而留鄕所當該則徵故失價, 瘐瘠則移他官刑推。〈續〉 ❺ 上納時, 每匹作紙木半匹, 馬裝木二匹, 三肥木一匹。而京畿、三南, 紙木、裝木, 惠廳以米、木下。京畿, 裝木一匹半。關東無三肥。〈補〉 ❻ 換納守令拿處。

007 **國馬監守自盜者, 依律論。** ❶ 初犯杖百絶島配, 再犯絶島爲奴, 三犯斬。常人初犯杖百配, 再犯杖百絶島配, 三犯斬。❷ 屠殺與盜同。〈續〉

43 病 :《續大典·兵典·廐牧》에는 "瘠"으로 되어 있다.

008 **內寺每朔行官私調馬。** ❶ 初一、十一、二十一日, 官調馬; 初五、初十、十五、二十、二十五、三十日, 後苑調馬; 初七、十七、二十七日, 私調馬。有故則退日, 一朔毋失十二次。❷ 外寺官調馬日, 與內寺同, 而初五、十五、二十五日, 私調馬。〈增〉 ❸ 牧馬官馬不調習者, 一匹笞二十, 每五匹加一等, 止杖八。〈律〉 ❹《大典》有"司僕官及養馬等不勤喂養馬牛, 生病或死, 比犧牲主司喂養不如法律, 加一等。遺失者准徵"之法。〈補〉

009 **動駕時及奉命時, 閣臣許乘內廏馬。**〈增〉 ❶ 時任別軍職、挾侍·承傳色·啓字內官亦許乘。其外從內下馬牌擧行。〈補〉

010 **三名日**〈續〉 ❶ 誕日、正、至。〈補〉 **進上馬, 私自防納者, 贓律論。** ❷ 京外該官許施者, 減一等。❸ 驛馬同。

011 **私馬可合御乘者, 厭憚被執, 割耳剪鬃, 故令作凶者, 杖百。** ❶ 馬屬公。

012 **牧場內, 私牛馬、船隻往來者嚴禁。** ❶ 犯者杖百徒三。牛馬、船屬公。牧官-❶ 兼監牧同。-罷職, 色吏刑推。❷ 土豪冒占田地、葬山者, 杖百徒三。掘移。〈續〉 ❸ 牧場內有虎豹, 不卽捕, 致殺牛馬五匹以上, 牧官杖百, 兵使杖九。〈經〉

驛馬 官馬附。

001 奉使人, 本曹給帖, 尙瑞院給馬牌。❶ 以銅爲之。體圓, 一面依品數畫馬, 一面書字號、年月, 又篆印"尙瑞院印"。〈經〉 ❷ 無牌者, 同濫乘。❸ 奉使人及觀察、節度使復命遞歸, 卽還納。外方給馬人到任, 觀察、節度使監封上送。限內不送, 則受去人重推。闕失者, 本罪外加罪。〈續〉 ❹ 本曹給路文,-❶ 印板而從人名色及數書塡。〈增〉〈補〉 ❷ 各道道內別星公行, 該營略倣路文例酌定。〈補〉- 又給空路文, 回還時書塡。暗行給空路文, 三司下諭, 送路文。白文、先文嚴禁, 犯者濫騎律論, 責應驛、邑重勘。〈增〉〈補〉 ❺ 驛官開具職名、日時, 每節季報本曹。〈經〉 ❻ 正、從一品奉命五匹, 受由-❸ 奉承傳。下同。-四匹; 正二奉命四匹, 受由三匹; 從二及堂上奉命三匹, 受由二匹; 堂下奉命二匹。御史、觀察·節度·防禦-❹ 兼二匹。-使、留守、義州三匹。廣州、東萊、濟州、釜山、多大浦二匹。西北邊守、邊將堂上二匹, 堂下-❺ 別將、權管同。-一匹。濟州判官、大[44]靜、旌義一匹。營將-❻ 兼否。-、虞候、大興、西北中軍·都事、北評事、祈雨經宿處監察、遠陵殿受香陵殿官、忠義二匹。江華曝曬中使三匹。禁漏、相地官二匹。❼ 赴燕、通信使行及接慰官行諸員, 依司譯院手本。賫咨行同。〈補〉 ❽ 時原任閣臣受由行, 給馬, 而提學、直學視重宰行, 直閣、待教視本品, 原任直閣、待教之至重宰者, 依原任提學、直學例。抄啓文臣受由行一匹。〈增〉 ❾ 濟州教養官、兩都軍官、北兵營審藥及別差、咸興·永興·東萊別差、平壤·江界·東萊計士、備局·槐院回公郞、各軍徵召關文

44 大 : 底本에는 "多"로 되어 있다. 國中A 및 奎章A에 根據하여 修正하였다.

賫持將校、襦衣領賫持禁軍、賫御製內閣吏隸、賫諭書政院吏隸、香陪書吏、公事賫去驛吏、因公出使官吏隸亦給馬。〈續〉〈補〉 **10** 奉命擲奸中使、承旨給馬時, 只許別監、書吏。〈增〉 **11** 濟州子弟及押貢人回還, 每二人馱一。〈經〉 **12** 觀察、節度使急速發送時, 定數外加給。急時奉使人, 以軍營馬入把, 至畿驛初站遞把。〈續〉 **13** 城外動駕時, 承史給馬。〈增〉 **14** 行幸時, 香醞載持, 隨馱數題給。〈續〉 **15** 非因公而行, 雖大君、大臣, 無給馬之命則不給。〈增〉 **16** 馬有騎、馱, 從人有名色, 定數隨品有差, 在於本曹節目。〈補〉 **17** 凡給馬人, 皆給草料。給馬人外, 邊將、中軍、軍官、譯學、審、檢、赴防出身、窟官、歸鄉子弟〈經〉〈補〉-**7** 西北赴擧人。〈補〉-、貢物押領人、濟州子弟及押貢人、戰船·烽燧·松田擲奸、進上陪去、褒貶通議及狀聞領去將校、各營出使至京者亦給。〈經〉〈續〉 **18** 給馬人馬匹、從人及給馬人外私持馬及從人, 依定數竝印板書塡, 本曹成給, 畿營反貼。〈續〉〈補〉 **19** 出征、鎭守軍馬經過處, 草料卽時應付, 具申上司。違者杖六。〈律〉 **20** 路文, 四季朔自終到所受送惠廳, 憑考會減。草料, 兵曹則衙門耗穀, 巡、兵、水營則營耗穀會減。 **21** 《大典》有"軍士告假歸鄉, 本曹給[45]路引"之法。〈補〉

002 馬牌破傷, 杖八徒二。〈增〉

003 觀察、節度使受發馬牌, 有啓聞事及進上, 則發馬。

45 給 : 底本에는 "及"으로 되어 있다. 國中A 및 奎章A에 根據하여 修正하였다.

004 **軍情緊急, 用雙馬。**

005 **駄載重, 每駄百斤。**

006 **濫乘者、私與者, 杖百流三。加數者、枉道者、經驛不換者, 杖百徒三。**〈經〉 ❶ 奉命乘兵曹驛馬者, 不到初站, 徑到雇馬廳責把, 或到初站不爲換把, 徵索貰價者, 施以濫騎律, 下隷嚴刑照律。〈補〉 ❷ 濫乘者, 勿論職秩高下, 察訪直狀聞, 參外察訪報觀察使。❸ 陵幸時, 朝士借乘者, 軍官無馬牌, 以本道草料乘驛者, 濫乘律論。❹ 不考馬牌, 給馬驛官, 私與律論。〈續〉 ❺ 陵祭物載持馬, 奉常寺加數濫報者, 施濫騎律。❻ 使星下屬受賂於驛人, 大君以下, 皆用濫騎律。〈增〉 ❼ 乘馹[46], 除隨身衣仗外, 齎私物者, 十斤杖六, 每十斤加一等, 止杖百。❽ 馳驛違限, 一日笞二十, 每三日加一等, 止杖六。軍情重事, 加三等。因而失誤軍機, 斬。驛官匿好馬, 不卽付致違限, 罪坐驛官。遇水漲路[47]道, 阻經行, 不坐。不依公文題寫, 錯去他所而違限, 減二等。事干軍務, 不減。若題寫錯者, 坐題寫人。❾ 報警急軍務、軍情文書, 不給驛, 杖百。因而失誤軍機, 斬。賀箋、賑救、災異、軍需之類重事, 不給, 杖八。常事不應給而給, 笞四十。〈律〉

007 **青坡、蘆原馬立待軍營** ❶ 驛馬營在闕門外。**者, 本曹入直郞每日點考。** ❷ 上等七, 旗差備。中等三十三、下等百二十內中等

46 馹 : 《大明律·兵律·郵驛·乘驛馬齎私物》에는 "驛馬"로 되어 있다.

47 路 : 底本에는 "及"으로 되어 있다. 《大明律·兵律·郵驛·驛使稽程》에 根據하여 修正하였다.

二十·下等三十, 逐日輪待。

008 **三南、關東諸驛, 納入居木于畿營。** ❶ 畿營分給京六驛, 備買馬及公用。❷ 驛馬防納, 見上《廏牧》條。〈補〉

009 **乘官馬致折傷或病者, 杖七; 死者, 杖八。** ❶ 追徵。❷ 落馬者勿論。❸ 驛馬同。〈經〉 ❹ 因公差乘官馬、牛、騾、驢, 除隨身衣仗外, 私馱物不得過十斤。違者五斤笞一十, 每十斤加一等, 止杖六。❺ 監守將係官馬、牛、騾、驢, 借用、借人及借之者, 笞五十, 驗日追雇錢入官。重者坐贓論, 加一等。〈律〉

驛路

001 三十里置驛。〈經〉

002 驛路分大、中、小路。❶ 大路, 京畿 良才、樂生、駒興、迎曙、碧蹄、馬山、東坡、青郊、狻猊、綠楊、安奇、梁文。中路, 京畿 金嶺、佐[48]贊、分行、無極、加川、菁好、平丘、奉安、娛賓, 忠清道 長楊、台郎、栗峯、雙樹、德留、增若、嘉和、土坡、會洞、新興、成歡、新恩、金蹄、廣程、日新、敬天、平川、連原、用安、丹月、黃江、水山、長林、安富, 慶尙道 聊城、幽谷、德通、洛陽、洛源, 全羅道 參禮、半石、鶯谷、良才, 江原道 豐田、生昌、直木、昌道、新安、銀溪, 黃海道 金郊、興義、金巖、寶山、安城、龍泉、劍水、洞仙、所串、敬天、丹林, 平安道 生陽、大同、安定、肅寧、安興、嘉平、新安、雲興、林畔、車輦、良策、所串、義順, 咸鏡道 高山、南山、奉龍、朔安、鐵關、良驥、通達、和原、草原、蓬臺、平原、德山、咸原、新恩、平浦、五川、居山、施利、谷口、基原、麻谷、嶺東、臨溟、雄平、古站、明原、輸城、朱村、要站、吾村、石堡、懷綏、豐山、櫟山、撫安、鹿野、德明。餘, 小路。

003 使客以下, 分路往來。〈續〉 ❶ 忠淸左道由廣州、利川, 右道 衿川、水原, 全羅左道 果川、水原, 右道 衿川、水原, 慶尙左道 廣州、利川, 右道 果川、龍仁。〈續〉〈補〉 違者, 觀察使糾擧啓聞。

48 佐 : 底本에는 "左"로 되어 있다. 國中A 및 奎章A에 根據하여 修正하였다.

004 **西路置騎撥,** ❶ 自京至義州, 四十五站。〈續〉 ❷ 騎撥,-❶ 陪持。- 實差十, 假差二十, 久勤遷轉。〈增〉〈補〉 **南北路置步撥。** ❸ 自京至東萊, 三十五站; 至鏡城, 五十九站。〈續〉 **每站撥將一。** ❹ 有撥軍、撥馬。步撥只有撥軍。〈補〉 ❺ 鋪舍不修、什物不完、鋪兵不補者, 鋪長[49]笞五十, 官吏各笞四十。❻ 鋪兵遞送公文, 晝夜行三百里。稽留三刻, 笞二十, 每三刻加一等, 止笞五十。磨擦及破壞封皮, 一角笞二十, 每三角加一等, 止杖六。損壞公文, 一角笞四十, 每二角加一等, 止杖八。沈匿公文及拆動原封, 一角[50]杖六, 每角加一等, 止杖百。事干軍機, 不拘角數, 杖百。有規避, 各從重論。鋪司不告擧同罪。告而官司不受理, 減犯人二等。❼ 各衙門公差人差鋪兵, 挑送官、私物, 笞四十。〈律〉

49 長 : 底本에는 "將"으로 되어 있다. 奎章A 및 《大明律·兵律·郵驛·鋪舍損壞》에 根據하여 修正하였다.

50 角 : 底本에는 "各"으로 되어 있다. 國中A 및 奎章A에 根據하여 修正하였다.

禁火

001 本曹、禁府、刑曹、京兆、五部直宿官，巡行禁火。

002 公私各處，開貯水坎，置救火器械。〈經〉

003 闕內有火災，吹螺。〈經〉〈增〉 ❶《大典》有聚會事，則"大內疊擊大鼓、大鍾"。今以吹螺代疊鍾，嚴鼓代疊鼓。〈增〉〈補〉 在闕者奔救，將卒不離直所。出番將卒，各其本衛；諸司官，各其朝房聚會。❷ 諸司諸員、匠人、五部坊里人、出番別監、各差備人，俱詣闕門外。〈經〉

004 守衛宮殿及倉庫若掌囚者，見火起，不離所守。❶ 違者杖百。〈律〉

005 諸司分屬五部，給救火牌，部內失火，本曹、禁府、刑曹、京兆官率部屬奔救。❶ 坊里人則每一統，給禁火板，率統人奔救。

006 有失火，巡官奔救，察盜賊。〈經〉

007 瓦家三間、草家五間以上失火者，自人定至罷漏，登時書啓。❶ 人物致傷，雖一間亦啓。〈續〉

008 宮城百尺 ❶ 布帛尺。內，禁人造家。❷ 庫稟限三十尺。〈經〉

009 **庫藏及倉廒內燃火，杖八。**〈律〉 ❶《大典》有"禁府定望火人，常登鍾樓看望。離宮若公廨失火則擊鍾，私家連燒亦擊"之法。〈補〉

雜令

001 **事關軍機者論罪。**〈補〉 ❶ 守禦官不守紀律, 不鍊軍士, 及城池不完, 衣仗不整, 杖八, 再犯杖百。隄備不嚴, 撫馭無方, 致所部軍反叛, 親管指揮、千戶、百戶各杖百, 邊遠充軍。若棄城而逃, 斬。〈律〉 ❷ 私調發束伍軍, 梟示。〈續〉 ❸ 將帥有賊, 無急而不申上司, 雖申而不待回報, 擅調軍馬, 及擅發與, 竝杖百, 邊遠充軍。❹ 暴兵猝[51]至, 若寇賊滋蔓, 隣近衛雖非所屬, 亦調發策應, 轉達朝廷。不卽申報, 及不卽策應, 竝同擅調發罪。❺ 飛報軍情, 不速奏聞, 杖百。因而失誤軍機, 斬。❻ 守邊將帥索軍器、錢糧等物, 稽緩不卽奏聞, 杖百。因而失誤軍機, 斬。❼ 臨征討, 應供軍器、糧、草, 違期不完, 杖百。臨敵缺乏, 及承差報軍期而違限, 因而失誤軍機, 竝斬。❽ 臨征討, 稽期不進者, 一日杖七, 每三日加一等。故自傷殘及詐爲疾患之類以避者, 各加一等, 竝止杖百。若臨敵違期, 一日不至[52], 杖百; 三日, 斬。〈律〉 ❾ 沿海邊民交通唐船者, 瞞報邊情者, 入番軍兵處受賂物者,-❶ 與者同。- 用軍律。〈續〉 ❿ 知朝廷及總兵將軍機密大事而漏泄敵人, 斬。邊將報軍情重事而漏泄, 杖百徒三。先傳說爲首, 傳至爲從, 減一等。⓫ 境內奸細透消息於外人, 及境外奸細入境內, 探事情者, 接引[53]、起謀人, 皆斬。經過處守把人, 故縱及不首, 與同罪。失盤詰, 杖百。軍兵杖九。〈律〉 ⓬ 軍兵逃亡, 決棍五十, 再犯

51 猝 : 《大明律·兵律·軍政·擅調官軍》에는 "卒"로 되어 있다.

52 至 : 底本에는 "止"로 되어 있다. 奎章A 및 《大明律·兵律·軍政·從征違期》에 根據하여 修正하였다.

53 引 : 底本에는 "人"으로 되어 있다. 國中A 및 奎章A에 根據하여 修正하였다.

八十, 三犯梟示。〈續〉 13 武藝別監逃亡者, 習陣日沙場回示後, 決棍五十, 絶島充軍。厭避者, 嚴刑海島充軍。〈增〉 14 軍官、軍人從征逃還, 杖百, 再犯絞。窩藏, 杖百, 充軍。里長不首, 杖百。軍還而先歸, 減五等。在逃, 杖八。在京各衛軍在逃, 杖九, 充軍。各處守禦軍在逃, 杖八; 再犯杖百, 邊遠充軍; 三犯絞。窩藏, 同犯人罪, 止杖百, 充軍。里長不首, 各減二等。本管頭目知情故縱, 同罪, 止杖百, 充軍。在逃軍, 百日內首告, 免罪。限外自首, 減二等。各衛軍轉投別衛, 同逃軍論。15 軍人不出征, 冒名代替, 杖百; 替者, 杖八, 充軍。守禦軍各減二等。醫工承差隨征, 以庸醫代替, 各杖八。〈律〉 16 邊將被打他國[54]人時, 軍官棄不顧者, 用軍律。17 軍門將校及軍卒, 稱免新禮徵斂者, 從重棍。不發覺將領重罪。身犯者, 依軍律。外方同。〈續〉

002 **職帶軍務者, 杖以下直斷。** 1 都摠管以下一應職帶軍務者所犯, 本曹啓聞擧劾, 行在時則堂上官、議親、功臣及軍士外, 杖八以下直斷。2 摠府大將亦於所管, 啓聞擧劾[55], 行在時則摠府大將、衛將、部將各於所管, 笞以下直斷, 杖以上啓聞。3 將帥受命在外者, 堂上官、議親、功臣外, 杖以下直斷。諸鎭將笞以下直斷, 杖以上報主鎭將。臨敵則不在此限。4 行在時外, 常時犯軍令死罪者, 諸將杖六, 軍士杖九。闕夜直外, 雜犯用律。〈經〉

003 **軍務事及闕門闌入人外, 毋得用棍。** 1 重棍, 本曹判書、軍門

54 國 : 《續大典·兵典·用刑》에는 없다.

55 劾 : 底本에는 “核”으로 되어 있다. 國中A 및 奎章A에 根據하여 修正하였다.

大將、留守、監司、統制使、兵·水使用之, 而非死罪, 勿用。大棍, 軍門都提調、本曹判書、軍門大將·中軍、禁軍別將、捕盜廳、留守、監司、統制使、兵·水使、討捕使、軍務使星二品以上用之。中棍, 內兵曹、摠府、軍門[56]從事官·別將·千摠、禁軍將、左·右巡廳、營將、兼營將、虞候、中軍、邊守、邊將、四山參軍、軍務使星三品以下用之。小棍, 軍門把摠·哨官、僉使、萬戶、權管、別將用之。治盜棍, 捕盜廳、留守、監司、統制使、兵·水使、討捕使、兼討捕使、邊守、邊將治盜及關係邊政、松政外勿用。〈增〉

2 重棍, 長五尺八寸,-**1** 營造尺。- 廣五寸, 脊厚八分; 大棍, 長五尺六寸, 廣四寸四分, 脊厚六分; 中棍, 長五尺四寸, 廣四寸一分, 脊厚五分; 小棍, 長五尺一寸, 廣四寸, 脊厚四分; 治盜棍, 長五尺七寸, 廣五寸三分, 脊厚一寸。竝柳木爲之。長、廣、脊厚刻誌其上。〈欽恤〉

004 將臣毋敢以令箭指揮闕內軍兵。

005 吹螺,**1** 又天鵝聲。竝警急時用。則百官各會朝房,〈增〉 **2** 一員留本司。廟社官皆守本司, 客館員人不離其館。闕內及都城外諸司, 各待本司。-**1** 未及出門者會朝房, 未及入門者會門外。- 侍臣會于建春、迎秋門外, 出直本曹、摠府、衛將、部將、宣傳官、兼[57]司僕、內禁衛、訓鍊院、軍器寺官會光化門前。〈經〉 各營軍兵信地扈衛。〈增〉 **3** 三軍門大將、守·摠兩使率中軍以下, 扈衛別將率軍

56 門 : 底本에는 "官"으로 되어 있다. 奎章A 및 《大典通編·兵典·用刑》에 根據하여 修正하였다.

57 兼 : 《大典通編·兵典·疊鐘》에는 없다.

官, 龍虎將率禁旅、駕後、駕前。把守、結陣, 具載《大典通編》。〈補〉

006 水軍、烽燧軍不在常徵。〈經〉

007 義州馬、步軍, 雖屬兵營, 有警, 則勿爲領付, 聚守本府。

008 殿座、動駕時, 擊嚴鼓, 則百官就位, 將士、軍兵待信地。❶ 殿座時初嚴, 百官就外位, 侍衛將士列立信地, 甲士把守各門; 二嚴, 百官入殿庭就位; 三嚴, 大駕御正殿。❷ 動駕時初嚴, 隨駕軍兵聚待信地; 二[58]嚴, 結陣; 三嚴, 行陣。〈增〉

009 軍兵從軍實役四十五年、年八十者加資。

010 捕賊、捉虎、拯活、公廨軍器修補人論賞。〈補〉 ❶ 正法賊五名, 同時捉得者, 指示、捕捉各一人加資, 非本土人, 勿許。〈續〉 ❷ 捕虎, 連頭骨五頭以上加資, 守令、邊將勿論。兵使報巡營狀聞, 毋過三人。三四頭以下, 米、布量給。〈續〉〈補〉 ❸ 陵寢內有虎患, 軍門捕捉一行三頭, 則草記加資。〈補〉 ❹ 拯活人十五名以上加資, 事狀非明白者, 毋得上聞。〈續〉 ❺ 公廨修補滿百間, 新建、改建外重修修補, 不在擧論, 墻垣亦勿論。軍器別備滿千數, 守令、邊將論賞, 而銃則竝丸, 弓則竝箭。竝舊軍器, 修改無頉, 然後擧論。不修舊件, 只爲新備, 則件數雖多, 賞以錫馬。〈續〉〈增〉〈補〉 ❻ 請

58 二 : 底本에는 "以"로 되어 있다. 國中A 및 奎章A에 根據하여 修正하였다.

加狀啓, 該曹問議廟堂後回啓。陞敍以下否。**7** 捕賊論賞, 當與《刑典·賊盜》條參考。〈補〉

011 **諸邑常廣設檻械[59], 捕惡獸害人畜者。**〈經〉

012 **試射時, 賞馬帖, 從自願, 木、布代給。** **1** 兒馬, 木一匹、布二匹; 半熟馬, 木二匹、布一匹; 熟馬, 木三匹。親臨試射頒賞外, 勿論。**2** 木、布, 各其受賞人所屬衙門, 送十分之九於太僕, 太僕補其不足。〈增〉

013 **江都及有山城處, 儲軍餉。**〈續〉

014 **諸邑歲積馬芻, 以備緩急。** **1** 大官十萬束, 中八萬束, 小六萬束, 沿路各加萬束,〈經〉 **2** 不許民結收聚, 以分糶後空石, 隨多少, 逐年積置。違令取民, 守令論罪。

015 **動駕時, 路上無標信, 勿許出入衛內。** **1** 該房承旨、本曹判書及閣臣[60]牙牌前導者勿禁。道中行幕〈增〉-**1** 御軍幕。〈補〉-及下輦時, 只承史許入; 駐輦時, 待標信許入。〈增〉

016 **行幸時, 闕內侍衛跟隨, 定限**〈續〉 **1** 大君四, 王子及大臣三, 堂上官二, 堂下官一。〈經〉〈補〉 **外加入, 官員重推, 跟隨依闌入**

59 械 : 底本에는 "棫"으로 되어 있다. 國中A 및 奎章A에 根據하여 修正하였다.
60 閣臣 : 《大典通編·兵典·侍衛》에는 "內閣諸臣"으로 되어 있다.

例。 ❷ 闌入闕門下人, 勿論衙門高下, 本曹棍治。〈續〉 ❸ 護駕官軍外, 衝入儀仗內, 絞。百官無故, 入儀仗內, 杖百。典仗官軍故縱, 與同罪; 不覺, 減三等。 ❹ 行宮外營門、次營門擅入, 杖百; 內營牙帳門, 杖六徒一。〈律〉

017 **陵幸後, 隨駕軍兵犒饋。** ❶ 中軍以下將官亦饋。〈補〉

018 **宮殿門, 雖有籍, 至夜, 不得出入。** ❶ 入者, 杖百; 出者, 杖八。無籍入, 加二等。若持仗入, 絞。 ❷ 擅入皇城門及禁苑, 杖百; 宮殿門, 杖六徒一; 御膳所、御在所, 絞。未過門限, 各減一等。無籍冒名而入者同。 ❸ 不合帶兵仗人, 但持寸刃入宮殿門內, 絞; 入皇城門內, 杖百, 邊遠充軍。門官及宿衛官軍故縱, 與同罪。失覺察, 減三等, 止杖百。軍人又減一等。 ❹ 內使非奉旨, 私將兵器入皇城門內, 杖百, 邊遠充軍; 入宮殿門內, 絞。門官及守衛官失搜檢, 與同罪。 ❺ 文武官及內官, 有牌不帶, 無牌輒入, 杖八。借者及借與者, 杖百。拾得隱藏, 杖百徒三。詐帶朝參, 及在外詐稱官員名號, 有求爲, 絞。僞造, 斬。 ❻ 工匠、行人不入內應役, 冒名代替及替之人, 杖百。

019 **守衛不備, 牲畜衝突儀仗, 杖八; 衝入皇城門內, 杖百。** ❶ 縱放之家, 杖八。

020 **宮殿中直行御道, 杖百。** ❶ 守衛官故縱, 同犯人罪。失覺察, 減三等。〈律〉

021 城外經宿動駕時，差守宮大將〈增〉 ❶ 文正二以上，本曹啓差。〈增〉〈補〉、從事官各一。❷ 文侍從，大將啓差。又大臣 ❸ 時原任。、大將 ❹ 三軍門。各一留都。❺ 大臣領扈衛軍官結陣。守、摠兩營輪回留陣於弘化門外。〈增〉 ❻ 有啓聞事，留都將相及守宮大將、從事官竝啓。〈補〉

022 佩通符者，該大將外，毋得任意棍治。〈增〉

023 軍門軍士私役使者，大將及提調罷職，中軍以下以失律論。❶ 軍門將領擅用軍兵，郊外經宿者，從重棍，邊遠充軍。〈續〉 ❷ 百戶及軍吏從[61]軍人，出百里外買賣，或私種田土，或隱占使喚，空歇軍役者，一名杖八，每三名加一等，止杖百，充軍。受財賣放者，枉法，從重論。所隱軍人杖八。私使出境，因而致死，或被賊拘執，杖百，邊遠充軍。至三名，絞。本管官吏知情不擧問，及虛作逃亡，符同報官，與同罪。❸ 軍官私役軍人，而不曾隱占歇役者，一名笞四十，每五名加一等，止杖八。有吉凶借使，勿論。〈律〉

024 京司不由巡兵營，直關外邑，二品以上重推，三品以下罷職。〈續〉 ❶ 三軍門逃亡軍跟捕，上番軍疊役勿侵，在喪及物故軍代定立番，將校、軍兵受由在外者之催促，守、摠兩營管下邑及軍兵屯田所在邑申飭知委，捕廳賊情譏捕，戶曹之義州、東萊事大交隣時急擧行，司饔院之分院及葦魚、蘇魚所時急擧行，

61 從：《大明律·兵律·軍政·縱放軍人歇役》에는 "縱放"으로 되어 있다.

司僕寺之陵幸時各驛添補馬知委, 及兼監牧邑鎭申飭知委, 竝許直關[62]。❷ 內司公事, 雖啓下者, 不由備局反貼, 則道、帥臣啓稟勿施。〈增〉

025 **六鎭、三甲人上來京中者, 武士則係名本曹, 試才給料。**〈續〉

026 **本曹及各軍門布帛案,**〈增〉 ❶ 米、錢、布會計。〈補〉 **每歲初修啓。**

027 **三軍門馬軍受官馬者,**〈增〉 ❶ 禁軍二百七十四, 馬兵四百七十四, 駕前五十四, 禁營別武士三十四。❷ 有功勞、技藝, 則給其餘納馬。〈補〉 **有頉, 則報司僕寺, 代給分養馬。** ❸ 八年內致斃, 自備改立, 八年後改給。〈增〉

028 **本曹每四時入節日、季夏土旺日, 鑽木改火。** ❶ 春, 楡、柳; 夏, 棗、杏; 季夏, 桑、柘; 秋, 柞、楢; 冬, 槐、檀。諸邑同。〈經〉 ❷ 各殿具單子入啓, 頒賜朝臣。〈增〉

029 **大射禮[63]執事官二,** ❶ 本曹判書、郎廳。**侍射官三十。** ❷ 宗臣、儀賓從二以上十, 文正一以下十, 武正三以上十。〈續禮〉

030 **京衙前各衙門皁隷**〈經〉 ❶ 《原典》, 自外方選上, 今各司, 通稱使令, 自京雇立。無米、布衙門, 自惠廳、戶曹; 有米、布衙門, 自

62 關 : 底本에는 "闕"로 되어 있다. 國中A 및 奎章A에 根據하여 修正하였다.
63 禮 : 《國朝續五禮儀序例·軍禮·執事官》에는 없다.

該衙門給價。續 、**羅將** 經 **2** 今惟禁府稱羅將, 而憲府稱所由, 諫院稱喝導, 本曹、刑曹、摠府、平市·典獄署稱使令。竝本曹給價。續 補 、**諸員,** 經 **3** 今自該衙門, 當番收布減數, 立書吏或書員。**4** 內命婦烏杖差備、轎子陪及引路, 用忠贊衛及諸員。續 **皆有定數; 外衙前府·牧·府·郡·縣·驛·鎭書員、日守、羅將、差備軍, 亦有定額。** 經 補 **5** 額數竝在兩典。**6**《大典》法: 宗親、功臣及堂上以上官伴倘有定額。本曹啓差。身歿, 三年後定他役。宗親、功臣、尉、副尉, 妻存仍給, 有故勿充。補

曲律通補

典律通補 刑典

卷之五

刑典目錄

刑典

1 屬衙門: 典獄署。〈經〉

2 用律依《原典》用《大明律》, 而《原典》、《續典》有當律者, 從二典。〈續〉

獄具之圖

笞	大頭徑二分七厘, 小頭徑一分七厘, 長三尺五寸[1]。〈律〉 - **1** 營造尺。下同。〈欽恤〉 - 以小荊條爲之, 削去節目。 用官降較板, 如法較勘。毋令觔膠諸物裝釘。用小頭臀受。
杖	大頭徑三分二厘, 小頭徑二分二厘, 長三尺五寸。 以大荊條爲之, 削去節目。以下同上。〈律〉
訊杖	犯重罪, 贓證明白, 不服招承, 明立文案, 依法拷訊。 長三尺五寸, 上一尺五寸則圓徑七分, 下二尺則廣八分厚二分。 以柳木爲之。以下端打膝下, 不至臁肕。 推鞫廣九分厚四分, 三省廣八分厚三分。〈律〉〈經〉〈續〉〈增〉〈欽恤〉〈補〉
枷	長五尺五寸, 頭濶一尺二寸。以乾木爲之。死罪, 重二十二斤, 徒、 流十八斤, 杖十四斤。長短、輕重刻誌其上。〈律〉〈欽恤〉
杻	長一尺六寸, 厚一寸。以乾木爲之。〈律〉
鐵索	鎖項長四尺, 鎖足長五尺。以鐵爲之。〈律〉〈欽恤〉

1 寸 : 底本에는 "分"으로 되어 있다. 國中A 및 奎章A에 根據하여 修正하였다.

五刑之圖

笞刑五	一十, 二十, 三十, 四十, 五十。 自一十至五十爲五等, 每一十爲一等加減。
杖刑五	六十, 七十, 八十, 九十, 一百。 自六十至一百爲五等, 每一十爲一等加減。
徒刑五	一年杖六十, 一年半杖七十, 二年杖八十, 二年半杖九十, 三年杖一百。 犯罪稍重, 拘囚在官, 一應用力辛苦之事。 自一年至三年爲五等, 每杖一十及半年爲一等加減。
流刑三	二千里杖一百, 二千五百里杖一百, 三千里杖一百。 犯罪重, 不忍刑殺, 流去遠方, 終身不得回。 自二千里至三千里爲三等, 每五百里爲一等加減。
死刑二	**絞**, 全其肢體; **斬**, 身首異處。〈律〉

遷徙	**離鄕土千里外。** 準徒二。〈律〉

推斷 發配附。

001 **本曹及留守、觀察使, 流以下直斷; 各衙門及守令, 笞五十自斷。**〈經〉〈續〉〈補〉 ❶ 節度使, 軍務外杖以上, 移文觀察使推斷。〈經〉

002 **罪人罪名、始囚日月、拷訊及決罪數, 各其司每五日**〈經〉〈增〉 ❶ 外則節季。**錄啓。**

003 **決獄, 大事** ❶ 死罪。**限三十日, 中事** ❷ 徒、流。**二十日, 小事** ❸ 笞、杖。**十日。** ❹ 從文券齊納、證佐俱到日始計。**辭證在他處者, 隨遠近除往還, 亦決於限內。** ❺ 不得已過限者, 具由啓聞。❻ 詞訟同。

004 **獄囚情涉疑似者, 具由取旨。**〈經〉 ❶ 罪犯一律者, 雖情有可原, 必啓稟, 毋得擅斷減死。〈續〉

005 **本曹重囚完決時, 三堂合坐。**

006 **本曹死囚日次, 每月六次。** ❶ 未滿三次, 依外方闕推例, 政院察推。❷ 檢後不卽會推, 推後不卽完決, 延拖時月, 該堂、郎施制違律。〈增〉

007 **外方死囚, 觀察使定差員, 同其邑守令推問, 每月三次。**〈經〉〈續〉 ❶ 距巡營六、七日程則二次。〈續〉 **取服後, 定差員二考覆, 又親問乃啓。**〈經〉〈補〉 ❷ 濟州三邑, 節制使親問報觀察使, 啓聞。

〈經〉 3 闕同推一次笞五十, 二次、三次杖百。竝公罪。〈增〉 4 國穀偸竊者, 計贓至一罪考覆, 親問以啓。〈續〉

008 **各道錄啓罪人, 新伯到任, 看詳文案, 如有傳生之端, 改錄狀聞。** 1 無亦以無狀聞。過限不狀聞者, 該房、該曹執奏。〈增〉 2 外方殺獄, 觀察使同剛明守令查治, 難決者啓移本曹, 稟處。〈續〉

009 **京外死罪, 本曹報政府詳覆。**〈經〉

010 **死罪三覆啓, 行刑必待季冬。**〈經〉〈續〉 1 啓覆秋分後, 政院卽啓, 以九、十月內擇日。〈續〉 2 初、三覆殿坐時, 原任大臣、政府西壁、六曹·京兆長官 -1 有故則次堂。本曹則三堂俱參。-、諸上司 -2 義賓否。-、三司參。再覆, 本曹三堂會同。〈補〉 3 啓覆後立春前, 如有追發罪囚, 稟旨追覆。〈續〉

011 **强盜, 捕廳推覈承欵後, 移送本曹, 更爲取服後修啓。**〈補〉 1 送本曹變辭, 勿爲還送, 日次嚴訊取服。

012 **外方盜賊, 自其邑取服後, 移送討捕使,** 1 違者制違律論。 2 兩西治盜, 令兵營主管。〈續〉 **承欵後報觀使, 觀察使定差員二考覆, 又親問修啓。**〈續〉〈補〉

013 **立春後秋分前, 不決死刑。** 1 違者杖八。**十惡** 2 謀反、謀大逆、謀叛、惡逆、不道、大不敬、不孝、不睦、不義、內亂。 3 謀反謂謀危社稷。謀大逆謂謀毁宗廟、山陵、宮闕。謀叛謂謀背本國潛從他國。惡逆謂毆及謀殺祖父母、父母、夫之祖父母·父母, 殺伯叔父母、姑、兄、姊、外祖父母及夫。不道謂殺一家非死罪三人、肢解人、採生、造畜蠱毒、魘魅。大不敬謂盜大祀神御物、乘輿服御物; 盜及僞造御寶; 合和御藥, 誤不依本方及封題錯誤; 造御膳, 誤犯食禁; 御幸舟船, 誤不堅固。不孝謂告言 -❶ 有狀爲告, 無狀爲言。-、呪罵祖父母、父母、夫之祖父母·父母; 祖父母、父母在, 別籍異財及奉養有缺; 居父母喪, 身自嫁娶、作樂、釋服從吉; 聞祖父母、父母喪, 匿不擧哀; 詐稱祖父母、父母死。不睦謂謀殺及賣緦麻以上親; 毆、告夫及大功以上尊長、小功尊屬。不義謂部民殺知府、知州、知縣; 軍士殺本管指揮千戶、百戶; 吏卒殺本府五品以上長官; 殺受業師; 聞夫喪, 匿不擧哀、作樂、釋服從吉、改嫁。內亂謂姦小功以上親、父祖妾及與和者。、**强盜應死者, 決不待時。** ❹ 雖不待時, 禁刑日決者笞四十。❺ 死囚, 不待覆奏回報而決杖八。已回報應決者, 三日乃行刑, 而若限未滿而行刑及過限不行刑杖六。〈律〉

014 **軍門梟示罪人, 非臨敵時, 則先捧侤音, 次捧傳旨。**〈增〉

015 **御史書啓, 貪贓被論者, 觀察使親按, 勿委査官。** ❶ 査啓雖見脫, 事理重者, 禁府覆啓更査。

016 **還上虛錄、田結私用者, 未及議處, 遇赦蒙放, 則追覈實犯後禁錮。** ❶ 禁錮年限從徒年限後計。

017 **王府議讞, 直請照律, 勿以參酌爲請。擬律不合, 政院察**

推。〈續〉 ❶ 禁推, 原情, 坐仍照律; 拿處, 須原情議處照律, 三坐議處, 坐請照律; 而依受敎照勘人, 原情, 直請照律。〈補〉 ❷ 卿宰禁推則捧供, 稟旨擧行。〈增〉〈補〉 ❸ 坐起備二員乃行, 議處、照律非長官不得行。〈補〉 ❹ 行在時, 留都堂上開坐, 捧招以白文啓, 議處命下, 隨駕長官踏印以入。〈續〉 ❺ 散齋日, 雖不得用刑, 議處、照律依例行。〈增〉 ❻ 受敎照勘人見下《用刑》條。〈補〉

018 **京外官推考, 各其司直捧公緘, 照律始啓。**〈續〉 ❶ 京則憲府, 外則本曹。事係軍務者, 自節度使以下兵曹。宗親則宗簿寺勘律, 若臺官則兩司互勘。監察同。〈續〉〈補〉 ❷ 緘答, 在京官三度抗拒後, 收職牒, 進來推考, 又不遲晩則請刑。守令三度抗拒則請刑。竝移禁府。❸ 憲府推緘捧傳旨, 過三十日未勘者, 移本曹照勘。〈續〉 ❹ 二品以上, 畢推取旨;〈經〉-❶ 不得直照律, 請上裁。〈補〉- 三品以下雖功臣、議親, 照律以啓。〈經〉 ❺ 宗親、儀賓、文·武·蔭正一不得請推。雖特推勿捧傳旨, 緘辭。〈增〉〈補〉 ❻ 下義禁府推考, 則囚禁勘律。〈補〉 ❼ 奉傳旨推考, 勿拘傳旨, 原情取招。〈續〉

019 **擬罪時, 有功議者, 各減一等。** ❶ 功臣子孫勿限代。原從同。議親則大王同姓十寸·異姓六寸以上、王妃同姓八寸·異姓四寸以上。先王、先后親同。-❶ 寸數以代數計。- 廟庭陪享同功臣。〈補〉 ❷ 議親之女雖出嫁, 依本服。〈續〉

020 **年八十以上、十歲以下及篤疾犯反逆殺人應死者, 奏聞上裁, 盜及傷人, 收贖。餘勿論。**〈律〉

021 **罪人原情, 口傳取招, 勿許文字書納。**〈續〉 ❶ 鞫問, 刑名等項, 吏典爲人代草, 增減情節致罪出入, 以故出入論。若犯人不識字, 許令不干碍人代寫。❷ 獄官、典、卒敎囚反異事情, 及通傳言語於囚有所增減其罪, 以故出入論。容縱外人入獄, 及走泄事情罪無增減, 笞五十。受財以枉法, 從重論。❸ 外人犯者減一等。

022 **二罪俱發, 以重論。罪等者, 從一科斷。** ❶ 一罪先發已決, 餘罪後發, 其輕若等勿論, 重者更論, 通計前罪充後數。

023 **共犯罪, 以造意爲首, 隨從減一等。** ❶ 家人共犯, 止坐尊長。尊長年八十以上及篤疾, 罪共犯次尊長。若侵損-❶ 侵謂盜財, 損謂殺傷之類。-於人, 以凡人首、從論。❷ 共犯而首、從本罪各別, 各依本律首、從論。❸ 擅入皇城·宮·殿等門、私·越度關、避役在逃及犯姦, 無首、從。

024 **二人共犯, 而一人在逃, 見獲者稱逃者爲首, 更無證佐, 則決從罪。** ❶ 後獲逃者, 稱前人爲首, 是實, 依首論通計前罪充後數。

025 **證佐人不言實情, 致罪出入, 減罪人二等。**〈律〉

026 **凡獄訟, 子之於父, 弟之於兄, 妻妾之於夫, 奴之於主, 設有可問, 勿爲證質。** ❶ 祖孫同。〈續〉 ❷ 於律相容隱之人及年八十以上十歲以下若篤疾勿令爲證。違者笞五十。〈律〉 ❸ 於律容隱人見下《逃亡》條。〈補〉

027 **年八十以上、十歲以下及篤疾, 若婦人, 除謀反·逆·叛、子孫不孝、或己身及同居之內爲人盜詐·侵奪財産及殺傷之類, 餘竝不得告。**❶ 官司受而爲理笞五十。

028 **對問, 罪囚在他處者, 輕就重, 少從多。囚數等者, 後發之囚送先發官。相距三百里外, 從事發處歸斷。**❶ 違者笞五十。❷ 囚在他官, 句取文書到後三日內不發遣, 一日笞二十, 每日加一等, 止杖六。

029 **私罪,** ❶ 枉法故出入之類。〈律〉 **笞四十以下, 附過還職; 五十, 解見任別敍。杖六, 奪告身一等; 杖七, 二等; 杖八, 三等; 杖九, 四等; 杖百, 盡行追奪。**〈律〉〈經〉 ❷《大典》法, 每品分正、從爲等。經守職者竝計。〈補〉

030 **公罪** ❶ 因公事得罪、失出入人、文書遲錯之類。〈律〉 **收贖, 無奪告身。**〈經〉〈補〉 ❷ 守令虛錄還上勿以公罪照入。倉庫·軍器失火守令、陵上失火陵官勘本律後, 公罪懸入。〈續〉

031 **因人連累,** ❶ 如人犯罪, 失覺察·關防及干連、聽使之類。**而罪人自死者, 減本罪二等。**❷ 罪人若原免、收贖, 則亦準罪人。

032 **故出入人罪, 全出全入者, 全罪論; 增輕[2]作重, 減重作輕, 以所增減論; 至死, 坐以死。失於入, 各減三等; 失於出,**

2 輕 : 底本에는 "經"으로 되어 있다. 國中A 및 奎章A에 根據하여 修正하였다.

各減五等。 ❶ 竝未決而放及放而還獲若囚自死，各減一等。

033 **應絞而斬，應斬而絞，杖六。失者減三等。** ❶ 決訖別加殘毀死屍笞五十。

034 **鞫獄依告狀推問。若別求他事，摭拾人罪，以故入論。**

035 **本應罪重，而犯時不知，依凡人論。** ❶ 如叔侄別處生長素不相識，侄打叔依凡鬪論。如別處盜神御物，犯時不知依常盜論。**本輕者，從本法。** ❷ 如父不識子毆打，依打子法。

036 **犯罪時未老疾，事發時老疾，依老疾論。** ❶ 徒年限內老、疾亦如之。**犯時幼少，發時長大，依幼少論。**

037 **犯罪未發，而自首免罪，猶徵正贓。** ❶ 輕罪雖發，因首重罪，免重罪。若因問被告之事，而別言餘罪者，亦如之。❷ 遣人代首及於法容隱者爲首，如罪人自首法。若自首不實及不盡，以不實、不盡罪之，至死減一等。❸ 損傷於人及於物不可陪償、事發在逃及私·越度關及姦及私習天文，不在自首之律。❹ 犯罪共逃，其輕囚捕重囚及輕重相等獲一半以上而首告，皆免罪。❺ 公事失錯自覺擧免罪。已決罪者否。

038 **斷罪須具引律令。違者笞三十。** ❶ 斷罪而無正條者，引律比附加減定罪名。〈律〉 ❷ 當罷職者照《明律》爲奪告身，則從《續典》施行。〈續〉

039 **特旨斷罪, 不爲定律者, 不得引比。若引比, 致罪出入, 以故失論。**〈律〉

040 **罪人酌處, 未出獄, 而臺啓爭執者, 不得發配。已發則前進。**〈續〉 ❶ 金吾栫棘罪人及正二以上, 都事; 從二以下, 書吏; 堂下, 羅將押去。本曹徒配以上, 京驛子次次交付。〈續〉〈補〉 ❷ 押去都事厭避, 先罷後推。〈續〉 ❸ 發配限十日。無故稽滯三日, 笞二十, 每三日加一等, 止杖六。〈律〉

041 **絶島無官守處勿配。** ❶ 黑山島等極惡地, 特敎外勿配。濟州三邑, 罪名特重者外勿配。 ❷ 江華勿配。〈續〉 ❸ 絶島定配處: 京畿 紫燕島-❶ 仁川。-、注文島、長峯島、喬桐, 海西 白翎、椒島, 湖南 古今島、薪智島、加里浦、黑山島、智島、楸子島-❷ 靈巖。-、古群山、金甲島、南桃浦、防踏、蝟島、荏子島、羅老島-❸ 康津。-、鹿島、呂島、鉢浦、蛇島、珍島、濟州、大靜、旌義, 嶺南 巨濟、南海。

042 **京畿, 無論島、陸, 非特敎勿配。**〈補〉 **濟州三邑人流配者, 三邑內互配。** ❶ 西北罪人犯蔘禁外, 道內江邊邑互配。〈續〉

043 **已徒流而又犯罪者, 再科後罪。** ❶ 應役總不過四年。〈律〉

044 **徒流、付處、安置、定屬人, 本曹置簿。他司及外方定配人, 亦移文本曹置簿, 憑考檢擧。** ❶ 京外罪人到配後, 該觀察使擧罪名及到配日狀聞。〈續〉

045 **軍人犯徒充軍者, 徒年限滿後放。**〈經〉

046 **英宗朝, 除全家徙邊律。**〈續〉〈增〉 **1** 以杖、流施行。

047 **定配人遭親喪,** **1** 承重同。**給暇歸葬, 過三月後, 還發配所。**

2 逆獄干連及緣坐定配, 毋得給由。給由守令, 先罷後拿。〈續〉

囚禁

001 **杖以上囚禁。**〈經〉

002 **議政身犯惡逆外，勿拿問。**〈續〉 ❶ 宗親·儀賓資顯祿·綏祿、朝官資輔國及經文衡·貳相及耆社人，勿以輕罪繫囹圄。 ❷ 閣臣勿論時原任，勿項鎖。時任拿推，先捧閣職遞差傳旨，勿拿囚，開坐捧供後，出送待命所。原任否。〈增〉

003 **年七十以上、十五以下，非强盜、殺人，勿囚。**〈經〉

004 **朝官犯罪應囚者，移義禁府。**〈續〉 ❶ 文武、內侍府、士族婦女，啓聞囚禁，-❶ 如司饔院、掖庭署之類一應入番者同。-〈經〉 犯死罪者，先囚後啓。違者先罷後推。〈經〉〈續〉 ❷ 堂上譯官，本曹毋得推治。 ❸ 正科出身及東西班正職外，如納粟、軍功、常賤出身之類勿移禁府。〈續〉 ❹ 直赴未及放榜者，亦勿移。若壯元、探花已付職者，雖未放榜亦移。〈增〉 ❺ 落點別將與僉、萬戶有異，本曹推治。〈續〉

005 **備邊司、本曹、兵曹、漢城·司憲府、奎章閣、承政院、宗簿寺、捕盜廳、觀察使、守令直囚，其餘各司及軍門，移文本曹囚之。**〈經〉〈續〉〈補〉 ❶ 違者重推。 ❷ 重罪外勿移文囚禁。〈續〉 ❸ 宗簿寺非設都監、係《璿源錄》事，勿用牌囚禁。〈增〉 ❹ 罪名必懸錄囚徒，其泛稱犯罪，本曹勿施。誣以他罪枉囚，該官罷職。〈續〉 ❺ 下番鄕軍，罪犯非有關係，無得囚拘。犯者論制違律。〈增〉 ❻ 違避公事者，囚家僮毋過三人，過二日即放，未過三日，勿復囚。〈經〉

7 以父母代子、以兄代弟、以夫代妻凡次知囚禁者嚴禁。犯者制違律論。該署官執告政院, 掩置者論罪。〈增〉 8 祿官、錄事、將校之正妻毋得囚禁。掖隸同。〈續〉〈增〉 9 各衙門拘[3]留一禁。非大段公事, 本曹、京兆亦勿拘留。 10 宮家私着庫拘留者, 入啓論罪。 11 犯馬、犯禁者外, 因私事拘留、知家者禁斷。〈續〉

006 **死罪枷杻、鎖足, 流以下枷杻, 杖枷。**

007 **議親、功臣及堂上官、士族婦女犯死罪, 鎖項;** 〈經〉 1 原從非死罪, 亦勿項鎖。〈續〉 **堂下官、庶人婦女鎖項足, 杖則鎖項。** 2 竝關係宗社者, 不在此限。〈經〉

008 **官吏挾私, 故禁平人, 杖八, 致死, 絞。** 1 因公誤禁致死, 杖八。 2 不應禁而禁, 不應枷鎖杻而枷鎖杻, 杖六。應禁而不禁, 應枷鎖杻而不枷鎖杻及脫去者, 囚杖罪則笞三十, 徒罪笞四十, 流罪笞五十, 死罪杖六。應枷而鎖, 應鎖而枷, 減一等。若囚自脫去及獄官、典卒私與囚[4]脫去者, 罪同。提牢官知而不擧, 同罪。受財, 竝以枉法論。

009 **劫囚者, 皆斬。私竊放囚人逃走, 與囚同罪, 至死, 減一等。竊而未得, 減二等。因而傷人, 絞; 殺人, 斬。** 1 從各減一等。

3 拘 : 底本에는 "留"로 되어 있다. 國中A 및 奎章A에 根據하여 修正하였다.

4 囚 : 底本에는 "受"로 되어 있다. 《大明律·刑律·斷獄·囚應禁而不禁》에 根據하여 修正하였다.

010 獄卒陵虐毆傷罪囚, 依凡鬪傷論; 剋減衣糧, 以監守自盜論, 致死, 絞。 ■1 官典、提牢官知而不擧, 與同罪。〈律〉

011 禁獄囚懸枷之罰。〈增〉

012 京外檢察獄囚, 如有不牢、不修、漏通、侵虐等事, 杖百。〈經〉 ■1 中外官吏淨掃囹圄, 療治疾病, 無家人護養者, 官給衣糧。不奉行者, 嚴加糾理。〈續〉 ■2 囚應請給衣糧、醫藥而不請給, 患病應脫枷、鎖、杻而不脫, 應保管而不保管[5], 應聽家人入視而不聽, 獄官、典卒笞五十。致死者, 囚死罪則杖六, 流罪杖八, 徒罪杖百, 杖罪以下杖六徒一。提牢官知而不擧同罪。若已申上司而不卽施者, 一日笞一十, 每日加一等, 止笞四十。致死, 罪同獄官。■3 失於點檢, 致囚自盡, 獄卒杖六, 官典笞五十, 提牢官笞四十。■4 獄囚限外不決、不發, 淹禁致死者, 囚死罪則杖六, 流罪杖八, 徒罪杖百, 杖罪以下杖六徒一。〈律〉 ■5 刑死人無人收葬者, 官爲埋瘗。〈經〉

013 婦人, 犯姦及死罪收禁外, 責付本夫收管。 ■1 無夫者, 付親屬、隣里保管。違者, 笞四十。〈律〉

014 死囚外遭親喪者, 限成服啓稟保放。

015 囚罪名稍輕而身病極重者, 月令看審, 報典獄官, 典獄官

5 管 : 底本에는 "官"으로 되어 있다. 國中A 및 奎章A에 根據하여 修正하였다.

報本曹保放。 ❶ 禁府則月令報本府, 啓稟保放。〈續〉

用刑

001 **英宗朝，除壓膝刑、烙刑、刺字刑、亂杖刑及鞫囚左杻，禁朱杖撞問。**〈續〉〈增〉 ❶ 朱杖撞問雖有特敎，執法之臣爭執，勿爲擧行。〈增〉

002 **拷訊，取旨乃行。** ❶ 庶人及犯盜否。〈經〉 ❷ 功臣子與孫雖工、商、賤隷，拷訊時啓請。原從同。〈續〉 ❸ 功臣、議親拷訊啓請時，竝錄功臣、議親以啓。〈經〉 ❹ 常、賤出身干犯重罪，平問不服，本曹啓稟刑推。〈續〉 ❺ 宗親及文臣時任史官及曾經侍從以上、武臣經內乘·宣傳官·摠府郞·閫帥、蔭官經都正以上，關係殺人、贓汚外，遲晩者勿請刑，直請依受敎照律。別軍職、長番內侍、醫官二品以上同。 ❻ 閣臣勿論時原任，勿請刑。〈增〉 **外則報觀察使。** ❼ 濟州三邑報節制使。 ❽ 文武官、內侍府、士族婦女，觀察使啓聞。濟州三邑則節制使報觀察，啓聞。〈經〉 ❾ 曾經朝官，觀察、節度使毋得刑棍，軍務則狀聞後決棍。外方出身勿論常、賤、士族，觀察使直刑推。〈續〉 ❿ 在鄕堂上朝官殺人，觀察使啓聞拷訊。〈增〉

003 **拷訊嚴刑別判付外，循例刑推。**

004 **刑訊，一日一次。**〈續〉 ❶ 一次無過三十度。〈經〉 ❷ 刑訊前先捧手寸，刑推時解枷。〈增〉 **推鞫雖嚴重，毋過二次。**〈續〉

005 **三日內毋得再行拷訊，拷訊十日後決罰。**〈經〉 ❶ 拷訊限滿前用刑，官員勘罪。〈增〉 ❷ 笞罪，計拷訊數準減。〈經〉

006 九十以上, 七歲以下, 雖死罪不加刑。❶ 九十以上犯反、逆否。

007 八議人 ❶ 議親、議故-❶ 皇家故舊, 特蒙恩者。-、議功、議賢、議能-❷ 有大才、業。-、議勤-❸ 有大勤勞者。-、議貴-❹ 職事官三品以上、散官二品以上。-、議[6]賓。-❺ 承先代者。- 及七十以上、十五以下及廢疾者, 不合拷訊, 據衆證定罪。❷ 違者故失入論。

008 懷孕婦人應拷決者, 待產後百日。❶ 拷決墮胎, 官吏減凡鬪傷三等, 致死杖百徒三。產限未滿而拷決, 減一等。失者減三等。〈律〉

009 姦犯律應不待時者, 懷孕, 則待產行刑。〈續〉 ❶ 待產後百日。未產而決杖八, 限未滿而決杖七, 過限不決杖六。失者各減三等。

010 婦人決杖 ❶ 犯徒、流者決杖百, 餘罪收贖。者, 姦罪去衣。〈律〉

011 曾經東班雜職,❶ 謂有御寶告身者。勿決杖。王府決杖, 代以金贖, 營門決杖, 代以拿問。〈增〉

012 行杖人決不及膚, 依所決數抵罪。❶ 受財以枉法, 從重論。〈律〉

013 不用刑衙門, 用皮鞭。〈經〉

6 議 : 底本에는 "儀"로 되어 있다. 國中A 및 《大明律·名例律·八議》에 根據하여 修正하였다.

014 奉使者、正二品以上及政府、憲府官外, 毋得用刑。〈續〉

015 官吏濫刑, 杖百徒三。致死杖百, 永不敍用。〈經〉 1 法外用刑者, 雖邂逅致斃, 勿分揀。聽使下屬不坐。2 鄕所、軍官、面·里任等笞、杖殺人者, 出於私意, 則斷以法; 出於公事, 則酌輕重定罪。色吏勿論公私, 依平人相殺例。〈續〉

016 官吏挾私, 故勘平人, 杖八。折傷以上, 依凡鬪傷, 致死, 斬。1 同僚官及獄卒知情共勘, 與同罪。〈律〉

017 雖奉命使臣, 以私事殺人者, 償命。

018 捕廳剪刀周牢之刑嚴禁。

019 軍務外用棍者, 守令之用圓杖者, 私門之用刑者, 濫刑律論。1 各營編裨用棍, 繩重律。地方官不論報罷職, 該營不檢察推考。〈續〉

020 大殿誕日竝前後各一日、王妃誕日、王世子生辰、大祭·齋戒日、〈經〉〈續〉 1 中祀以下非親行齋戒日勿拘。〈續〉 朔望·上下弦·停朝市日 2 以上竝與拷訊、決罰而勿行。及二十四氣、雨未晴、夜未明, 勿行死刑。〈經〉 3 薄昏則待朝行刑。〈續〉 4 不用刑日見下《雜令》條。〈補〉

收贖

001 **文武官、內侍府、有蔭子孫** ❶ 功臣及二品以上子·孫·婿·弟·侄、原從及實職三品之子·孫、曾經吏兵曹·摠府·憲府·諫院·弘文館·部將·宣傳官之子。**、生員、進士犯十惡、姦盜、非法殺人、枉法受贓外，笞杖竝收贖。** ❷ 公罪徒、私罪杖百以上決杖。〈經〉

002 **功臣子與孫，綱常、贓盜外，杖流以下，許贖，而曾孫以下，某功臣付標以啓。** ❶ 原從同。〈續〉

003 **年七十以上、十五以下及廢疾犯，流罪以下，收贖。** ❶ 犯死罪及反·逆緣坐、蠱毒、採生、殺一家三人子之家口否。〈律〉 ❷ 八十以上、十歲以下及篤疾盜及傷人收贖，見上《推斷》條。〈補〉

004 **隆冬極熱時，** ❶ 十一月一日至正月晦日，五月一日至七月晦日。**事干綱常、贓盜，男人杖六以上、女人杖百以上外，其餘杖百以下，收贖。** ❷ 自願受杖者聽。〈經〉

005 **孕胎女，除刑推收贖。**〈續〉

006 **徒流以下之罪，除十惡外，喪前所犯而喪後發覺者，喪前發覺而喪後勘斷者，從勘斷時收贖。**〈經〉〈續〉 ❶ 自願受罪者，百日後決罰。〈經〉

007 **非常赦所不原，而祖父母、父母老疾，無以次成丁者，犯徒流止杖百，餘罪收贖。**

008 **欽天監天文生犯徒流，決杖百，餘罪收贖。**〈律〉 1 鄕吏、驛吏、公私賤犯徒流、永屬，依天文生例。强盜妻子否。〈經〉

009 **事係科場作姦，勿許贖。**

010 **贖法，笞** 1 一十木七尺代錢七戔，遞加七尺，至笞五十一匹代三兩五錢。**、杖** 2 六十木一匹七尺代錢四兩二錢，遞加七尺，至杖百二匹代七兩。**徒** 3 一年木二匹代錢七兩，每半年遞加一匹，至徒三六匹代二十一兩。**流**〈續〉 4 二千里木八匹代錢二十八兩，二千五百里九匹代三十一兩五錢，三千里十匹代三十五兩。〈續〉〈補〉 **及死刑** 5 錢四十九兩。〈律〉〈補〉 **有差。** 6《明律》死刑贖四十二貫。蓋《明律》笞一十贖六百文，而我國七十文，以此推計，則我國四十九兩準《明律》四十二貫。〈補〉

011 **準法，充軍者** 1 準杖百徒三。**、邊遠充軍者、爲奴者、屬殘驛吏者** 2 準杖百流三。〈經〉 **、刑推者** 3 一次準杖百。〈續〉 **有差。** 4《明律》有罰俸法。《大典》罰俸，十日準笞一十，半月笞二十，一月笞三十，兩月笞五十。〈補〉

逃亡

001 **死囚逃亡邑守令, 先罷後拿, 依律論。**〈續〉 ❶ 不覺失囚律。〈補〉

002 **定配人逃失守令, 制違律論。** ❶ 中路逃躱, 地方官拿問嚴處, 領去將差刑配。❷ 特敎酌處罪人逃躱, 地方官嚴勘。❸ 緣坐罪人擅離者, 地方官, 本律〈增〉-❶ 逃[7]失律。〈補〉-外加一等。〈增〉

003 **獄卒不覺失囚, 減囚罪二等, 反獄逃, 又減二等。** ❶ 官典減獄卒三等。❷ 中途失囚同。❸ 凡失囚, 給百日限, 限內自捕得及他人捕得或囚已死及自首免罪。故縱不給限, 與囚同罪, 至死減一等。未斷之間, 自捕得及他人捕得若囚已死及自首減一等。受財以枉法, 從重論。

004 **囚脫監及越獄** ❶ 從門出謂脫監, 踰墻謂越獄。**逃, 本罪加二等。因而竊放他囚罪重者,** ❷ 重於己者。**與同罪。竝止杖百流三。反獄逃, 皆斬。** ❸ 同囚人不知情, 不坐。〈律〉 ❹ 賊人破獄逃, 待本罪承服, 依律斬。鎖匠符同脫枷杻, 破獄逃, 依治盜例, 取服後斬。該守令拿問。〈續〉〈增〉

005 **在配而逃, 一日笞五十, 每三日加一等, 止杖百, 仍發配。** ❶ 中途在逃同。❷ 徒囚年限未滿, 監守故縱及雇人替者, 照囚人應役日月徒役。受財以枉法, 從重論。徒囚依律論。〈律〉

7 逃 : 底本에는 "外"로 되어 있다. 國中A 및 奎章A에 根據하여 修正하였다.

006 **逆獄干連及緣坐定配罪人逃亡, 杖百, 絶島配。**〈續〉〈補〉 **1** 未即還推, 營門摘發, 則守令拿問定罪。〈續〉

007 **犯强盜永屬者, 逃亡二度, 斬; 徒流、付處、安置、充軍及定役及竊盜永屬者, 三度, 斬。**〈經〉

008 **犯罪逃走拒捕, 本罪加二等。** **1** 止杖百流三。毆人折傷以上絞, 殺人斬。從各減一等。

009 **知官司追捕而漏泄, 致罪人逃避, 知人犯罪, 官差追喚, 而藏匿在家, 不捕告, 及指引道路, 資給衣糧, 令隱避, 各減罪人一等。** **1** 未斷之間, 自捕得免罪, 他人捕得、罪人已死及自首, 又減一等。

010 **獄卒以可以自殺及解枷之具與囚, 杖百; 致囚在逃, 或自傷, 或傷人, 杖六徒一; 囚自殺, 杖八徒二; 反獄及殺人, 絞。** **1** 未斷之間, 自捕得及他人捕得或囚已死及自首, 減一等。常人及子孫、奴婢、雇工, 減一等。 **2** 官典、提牢官知而不擧, 與同罪。受財, 竝以枉法, 從重論。

011 **同居** **1** 謂同財共居。無服亦是。**若大功以上親、外祖父母、外孫、妻父母、女婿、孫婦、夫兄弟、兄弟妻, 有罪相容隱; 奴婢、雇工爲家長隱及漏泄, 致令隱避, 竝不坐。小功以下減凡人三等, 無服親減一等。** **2** 謀叛以上否。

012 **承差追捕, 推故不行, 及知罪人所在而不捕, 減罪人一等。** ❶ 限三十日, 自捕一半以上免罪。雖不及半, 所獲者最重免罪。雖一人-❶ 同差人。-捕得, 餘人亦同。罪人已死及自首, 亦免罪。-❷ 不盡死及不盡首, 又減一等。- 受財故縱, 與囚同罪, 贓重以枉法, 從重論。❷ 官差句攝公事及捕罪人, 聚衆打奪杖百流三。因而傷人絞; 殺人及聚至十人, 爲首斬, 下手致命絞。爲從各減一等。率家人打奪, 止坐尊長。家人傷人, 以凡首、從論。〈律〉

013 **殺人逃者捕告人, 不分首從, 勿拘度數, 依《原典·捕盜》論賞。** ❶ 許接戶首, 依藏匿罪人律, 自首免罪, 依例給賞。切隣、面·里任知而不告, 依藏匿律。不用心捕捉官吏, 制違律論。❷ 越獄罪人, 他死囚先發告, 則減死配。〈續〉

赦令

001 **赦令時, 罪人放未放, 京本曹、禁府, 外觀察使分等錄啓。**〈續〉 ❶ 未至配所、未及就囚者竝擧論, 而京外時囚徒流案俱不見錄者, 京該司別單書入, 外發配官修啓。〈續〉〈增〉 ❷ 減死罪人, 觀察使混錄放秩者, 本曹考察。

002 **宥旨前事, 啓請上裁。** ❶ 犯在赦令六朔前及事發赦令六朔後者勿論。 ❷ 疏放與赦宥不同, 時推人外, 事係未發, 勿許追免。〈續〉

003 **過誤犯罪,** ❶ 過失殺傷、失火、誤毁·遺失官物之類。 **因人連累致罪, 官吏犯公罪, 從赦原。**〈律〉

004 **徒年, 勿論輕重皆放。** ❶ 勿論減死配、流三, 減等則皆爲徒, 疏決時, 減等務爲愼惜。〈續〉

005 **犯十惡·殺人、盜官財物、强·竊盜、放火、發塚、受贓** ❶ 枉法、不枉法。 **、詐僞、犯姦、略人略賣、和誘人若姦黨及讒[8]言左使殺人、故出入人罪、知情故縱·聽行·藏匿·引送、說事過錢之類, 會赦不宥。**〈律〉

006 **虛錄禁錮者, 遇赦勿宥。**

8 讒 : 底本에는 "纔"로 되어 있다. 國中A 및 奎章A에 根據하여 修正하였다.

007 貪贓顯著者, 雖大赦審理, 勿錄啓。

008 代射代講而配者, 十年內勿赦。[1] 大赦勿拘。

009 永不除職者過十年, 永不敍用者過三年遇赦, 稟旨書入。[1] 大赦勿拘。

010 同罪被謫而生者, 蒙放收敍, 死者仍在罪籍, 每赦, 禁府具罪目, 別單稟旨。〈續〉

011 官司聞有恩赦而故決囚者, 故入論。

012 聞有恩赦而故犯, 加常犯一等, 雖赦不宥。〈律〉

逆獄

001 關係惡逆、誣上不道、干犯大訓者外, 勿爲設鞫。❶ 文字間, 非直犯惡逆, 則抉摘揑合, 驅之犯上不道之律者, 一切禁之。

002 婦女身犯大逆, 自主陰計、緊援逆招者外, 勿問。〈續〉

003 親鞫, ❶ 庭鞫同。時原任大臣、金吾堂上、兩司、問事郎廳八; 推鞫, 委官一 ❷ 大臣。、金吾堂上、兩司、問郎四進參。❸ 親鞫時, 宮城扈衛。〈補〉

004 推鞫罪人, 請刑請拿請查, 鞫廳完議以啓, 參鞫臺官毋得獨啓。〈續〉 ❶ 準次前直招者、有徑斃之慮者、有情節更問者, 委官論啓停刑。〈增〉

005 謀反及大逆, 不分首從, 凌遲處死, 財産入官, 破家瀦澤, 降邑號, 罷守令。〈律〉〈續〉 ❶ 從時居邑, 縣令以上降縣監, 縣監序諸縣末, 限十年復舊。〈續〉 ❷ 未結案而用逆律, 結案於次律而加極律者, 幷禁除。❸ 未結案而傳旨正法者、已死而追施逆律者、非軍法而梟示者禁除。〈增〉

006 謀反及大逆, 父子年十六以上, 絞, 十五以下及母女、妻妾、祖孫、兄弟、姊妹、子之妻妾爲奴, 伯叔父、兄弟之子, 流三安置。❶ 男夫年八十及篤疾, 婦人年六十及廢疾, 免緣坐。子孫過房與人及聘妻未成、姊·妹·女許嫁已定不坐。子孫爲僧道, 女孫女爲女冠者, 亦不坐。〈律〉 ❷ 父年八十者減律絶島配。二三歲兒應在放流者勿配, 爲奴不在此限。〈續〉 ❸ 宗班妻孥應坐者, 雖用本律, 勿爲[9]奴婢。從祀文廟儒賢之嫡長孫同。〈增〉 ❹ 宦官養子遠配。❺ 擧兵逆魁兄弟、妻妾, 竝坐誅。〈續〉 ❻ 雖劇逆, 其妻勿正法。〈增〉 ❼ 緣坐人非同居者, 財産不在入官之限。〈律〉 ❽ 父子俱爲惡逆, 或事件不同, 各生凶謀者外, 勿以知情同參取服直施緣坐律。〈續〉 ❾ 緣坐人口, 應入官而放免, 及非應入官而入官, 以出入流罪故失論。〈律〉

007 亂言者, 啓聞推覈, 杖百流三。若干犯於上, 情理切害者, 斬, 籍沒。❶ 誣告反坐。知而不告, 各減一等。〈經〉

008 知情故縱隱藏者, 斬。〈律〉

009 誣告謀逆者, 不待時斬。

010 逆獄罪人情節已著, 而王府吏隷受賂毒殺, 用知情律。〈續〉

011 無論親鞫、庭鞫, 大雨、劇暑, 則設草芚假家於訊推處。

012 凡鞫囚已自王府推問者, 勿下捕廳。〈增〉

013 以儒爲名者, 雖關鞫情, 勿送捕廳。〈續〉 ❶ 逆家婦女應坐者,

9 爲 : 底本에는 "論"으로 되어 있다. 國中A 및 奎章A에 根據하여 修正하였다.

勿拘留捕廳, 直押送配所。〈增〉

綱常

001 **弑父母、祖父母、舅姑、夫及伯叔父母、兄、姉, 奴弑主, 官奴弑官長,** ❶ 以上勿論已行、未行。**雇工弑家長, 淫蒸後母, 淫姦伯叔母、姑母、姉妹、子婦, 奴姦女上典, 放賣嫡母, 毆辱父母, 燒火父屍者,** ❷ 以上已行。**三省推鞫。**〈續〉 ❸ 委官以下同逆獄推鞫, 惟問郎二。〈補〉

002 **綱常罪人,** ❶ 弑父母、夫, 奴弑主, 官奴弑官長者。**結案正法後,** ❷ 結案後徑斃一體論。**妻子女爲奴, 破家瀦澤, 降邑號, 罷守令。**

003 **罪犯綱常, 情理深重者, 杖百流三。** ❶ 不奔父母喪者; 以其父爲孼三寸, 以其母謂三寸叔母, 爭訟奴婢者; 欲免庶名, 嫡母及外祖母謂他奴婢者。〈續〉 ❷ 係關倫常, 雖微罪, 京司草記, 外方狀聞, 待回下擧行。〈增〉

賊盜

001 凡盜,〈續〉 ❶ 殺人曰賊, 竊物曰盜。〈律〉 須捸贓證俱備, 閱實有據者捕之。❷ 賊黨援引人, 衆所共知爲賊者; 在前作賊在逃, 未獲者; 明有事狀; 或有杖痕者外, 其他誣引勿受理。❸ 雖庶人强、竊盜外, 勿送捕廳, 雖强、竊盜亦宜審察。❹ 被告人在十里外, 則啓請後捕來。〈續〉

002 盜大祀神御物,❶ 祭器、帷帳、玉帛、牲牢、饌具之屬。皆斬。❷ 未神御及已祭訖及其餘釜甑、刀匕之屬非供神用者杖百徒三。計贓重者, 各加盜-❶ 監守、常人。-罪一等。

003 盜制書及起馬御寶聖旨、起船符驗, 皆斬。

004 盜各衙門印信及夜巡銅牌, 皆斬, 關防印記, 皆杖百。

005 盜官文書, 皆杖百。❶ 有規避從重論。事干軍機、錢糧皆絞。〈律〉

006 軍器偸取者, 兵曹啓稟梟示。❶ 捕捉者論賞。❷ 弓三十張、銃三柄以下刑推三次, 減死配。監色從輕重科罪。〈續〉 ❸ 火藥未滿百斤者, 回示後減死, 重棍島配。環刀·旗槍五柄、鉦·鼓五坐以下, 依鳥銃三柄以下律。〈增〉

007 帳籍偸取, 邊遠定配。〈續〉

008 **盜京城門鑰, 皆杖百流三。** ❶ 府、州、縣、鎭城門皆杖百徒三, 倉庫門, 皆杖百。

009 **盜內府財物,** ❶ 御寶及乘輿服御物。 **皆斬。** ❷ 未進庫, 依常人盜律。

010 **御廚物偸竊, 以盜大祀神御物論。** ❶ 內醫院銀器同。 ❷ 御廚器皿因賜送偸竊, 絶島永屬爲奴。 ❸ 殿庭磚石掘取, 杖百徒三。〈續〉 ❹ 御廚物亦有輕重, 臨時稟旨。〈增〉

011 **御庫物偸竊, 以强盜律論。** ❶ 告捕者論賞。 ❷ 各衙門銀布偸竊、官庫作賊幷同。 ❸ 各司私庫雜物依竊盜律。

012 **各邑上納木布各五同以上偸取, 斬。** ❶ 色吏與牟利輩符同偸竊者, 移捕廳定限督捧後, 移本曹照律。過限不納者蕩滌, 以計贓律論。若守令知情, 成送兩件陳省, 拿問定罪。〈續〉 ❷ 偸使行方物及盜內地物及到日本偸雜物, 見下《禁制》條。〈補〉

013 **監臨** ❶ 內外諸司統攝所屬者。、**主守** ❷ 主掌文案吏典及守掌官吏、庫子、斗級、攢、攔、禁子。 ❸ 臨時差遣管領、提調, 亦是監臨、主守。 **自盜倉庫錢糧等物, 不分首從, 併贓** ❹ 如十人共盜四十貫, 雖各分通計, 各得四十貫罪。 **論罪。** ❺ 一貫以下杖八, 一貫至二貫五百文杖九, 五貫杖百, 七貫五百文杖六徒一, 十貫杖七徒一半, 十二貫五百文杖八徒二, 十五貫杖九徒二半, 十七貫五百文杖百徒三, 二十貫杖百流二, 二十二貫五百文杖百流二千五百, 二十五貫杖百流三, 四十貫斬。

014 **常人盜倉庫錢糧, 不分首從, 併贓論罪。** ❶ 一貫以下杖七, 一貫至五貫杖八, 十貫杖九, 十五貫杖百, 二十貫杖六徒一, 二十五貫杖七徒一半, 三十貫杖八徒二, 三十五貫杖九徒二半, 四十貫杖百徒三, 四十五貫杖百流二, 五十貫杖百流二千五百, 五十五貫杖百流三, 八十貫絞。不得財杖六。

015 **强盜已行, 而不得財, 皆杖百流三, 得財, 皆斬。** ❶ 以藥迷人圖財者同。〈律〉 ❷ 妻、子永屬所在官奴婢。考覆前徑斃及以私奴婢入於本主戶內及出嫁女, 幷勿論。〈經〉〈續〉 ❸ 窩主造意, 身雖不行但分贓者斬, 不行又不分贓杖百流三; 共謀者, 行而不分贓及分贓而不行皆斬, 不行又不分贓杖百。〈律〉 ❹ 窩主律不至死者杖百, 絶島爲奴。

016 **賊人十四歲以下, 絶島永屬爲奴。**〈續〉

017 **强盜不死者, 再犯, 絞。** ❶ 窩主不死者, 三犯絞。〈經〉

018 **乘夜聚黨, 殺越人命, 勿論得財與否, 不待時斬。** ❶ 妻子爲奴同强盜。❷ 聚黨遮截於路, 劫奪人財, 以明火律論。❸ 雖明火作賊, 同黨旣小、物件不多, 又無殺越人命, 依竊盜例絶島爲奴。〈續〉

019 **白晝搶奪人財物,** ❶ 人小無凶器, 於道中或開市奪財物, 是搶奪; 人多有凶器, 無分人家、道路奪財物, 是强盜。**杖百徒三。計贓重者, 加竊盜二等。傷人, 斬。從各減一等。** ❷ 乘失火及行船遭風着淺, 而搶奪及折毁船隻者, 罪同。〈律〉 ❸ 白晝場市, 掠奪物貨斬。從限身島配。〈續〉

020 **竊盜已行, 而不得財, 笞五十, 得財, 以一主爲重** ❶ 如盜二家財, 從贓多者科罪。、**併贓論。從各減一等。** ❷ 一貫以下杖六, 一貫至十貫杖七, 每十貫加一等, 至百二十貫, 止杖百流三。❸ 窩主造意, 身雖不行但分贓者爲首, 而不行又不分贓爲從, 以臨時主意上盜爲首; 爲從者, 行而不分贓及分贓而不行仍爲從, 不行又不分贓笞四十。❹ 本不同謀, 相遇共盜, 以臨時主意上盜爲首。❺ 知略賣、和誘及强·竊盜而分贓, 準竊盜爲從論。知强、竊盜贓而故買, 計買物坐贓論。知而寄贓, 減一等。各止杖百。❻ 竊盜臨時-❶ 不棄財, 雖在中途, 而拒亦是臨時。-拒捕及殺傷者, 因盜而姦-❷ 不論成、否。-者斬。共盜者不助力, 不知拒捕、殺傷及姦情, 止依竊盜論; 知者, 雖不助力亦斬。若知事主覺知, 棄財逃, 事主追逐而拒捕, 依罪人拒捕律。〈律〉

021 **竊盜成群作賊, 三人以上贓滿一貫以上者、二人贓滿二貫以上及再犯者, 勿論贓多少, 竝首從杖百, 絶島殘邑爲奴。**〈續〉

022 **竊盜三犯, 絞。**

023 **盜畜産,** ❶ 馬、牛、騾、驢、猪、羊、鷄、犬、鵝、鴨。**以竊盜論。** ❷

盜牛馬而殺, 杖百徒三; 驢、騾杖七徒一半。計贓重者, 各加盜罪一等。〈律〉 ❸ 無賴輩聚會場市, 竊牛馬宰殺者, 依本律。〈續〉 ❹ 牛、馬之類須出圈, 鷹犬之類專制在己, 乃成盜。器物、錢帛已離盜所, 珠玉、寶貨入手隱藏, 縱未將行亦是。木石、重器非人力所勝, 雖移本處, 未駄載間, 猶未成盜。

024 **盜田野穀菜菓、無人看守器物, 計贓準竊盜論。** ❶ 山野柴草木石, 他人用工斫聚而擅取, 罪同。

025 **因與人鬪毆, 或句捕罪人而竊取財物, 準竊盜論。** ❶ 奪去加二等, 止杖百流三。❷ 殺傷各從故殺傷、鬪殺傷論。

026 **恐嚇取財, 準竊盜論, 加一等。** ❶ 期親以下自相恐嚇, 卑幼犯尊長, 以凡人論; 尊長犯卑幼, 依親屬相盜律。

027 **用計詐欺官私以取財, 準竊盜論。** ❶ 期親以下相詐欺, 依親屬相盜律。❷ 監守詐取監守物, 以自盜論。未得減二等。

028 **冒認、誆賺、局騙、拐帶人財物, 準竊盜論。**

029 **受寄財物畜産而費用, 坐贓論, 減一等。詐言死失, 準竊盜, 減一等。** ❶ 竝追物還主。❷ 被水、火、盜賊而費失, 及畜産病死, 有顯跡勿論。

030 **各居親屬相盜, 期親減凡人五等, 大功四等, 小功三等, 緦**

二等, 無服之親一等。 ❶ 若行强盜, 尊長犯卑幼, 依上減; 卑幼犯尊長, 以凡人論。若殺傷依殺傷尊長、卑幼本律,-❶ 謀殺傷。- 從重論。❷ 同居奴婢、雇工盜家長財物及自相盜, 減凡盜一等。**同居卑幼引他人, 盜己家物, 依私擅用財物加二等, 止杖百。** ❸ 他人減凡盜一等。殺傷者依殺傷尊長、卑幼本律, 他人縱不知情, 依强盜論。若他人殺傷, 卑幼縱不知情, 依殺傷尊長、卑幼本律, 從重論。〈律〉

031 **遇强盜, 所管官吏及隣里人等不救者, 論罪。** ❶ 有盜賊接居, 其切隣、所管人知而不告重論。〈經〉

032 **吏卒交通賊黨者, 漏洩軍機律論。**〈續〉

033 **獲盜, 剋留臟物不解官, 笞四十。** ❶ 入己以不枉法論。〈律〉

034 **被盜者, 詳錄所失物件形標告官, 受立案憑後考。**〈經〉

035 **捕廳詳錄罪囚名字, 別書推覈月日, 作文案憑後考。**〈增〉

036 **賊人, 觀察使親問修啓時, 指示捕捉人, 亦覈啓。** ❶ 非本土人勿施。考覆前徑斃則勿論。❷ 守令指捕論賞, 一切防塞。若境內獷悍劇賊乘機捕捉顯有功力, 則加資。❸ 指捕人, 討捕使、守令循私冒錄者, 論以欺罔, 永不敍用。

037 **獷悍劇賊, 雖捕一名, 依强盜五人例論賞。** ❶ 捕明火賊五名以上, 承款啓聞, 則勿論正刑、未正刑, 指、捕人出身、閑良加資, 公、私賤免賤, 鄕吏、驛吏免役。-❶ 免賤·役、受賞, 從自願。- 指、捕一二名, 則出身遷六品職, 良、賤依《原典》施賞。〈續〉-❷ 强盜一人, 緜布五十匹, 每一人加五匹, 止百匹。三度先告者及捕二人以上者, 鄕吏、賤人五十匹; 捕一人, 給三分二。竝都給平分。〈經〉- ❷ 有錢穀各司被盜, 指、捕人捕强盜例論賞。❸ 凡論賞時, 以贓、贓竝計以給。〈續〉

038 **捕竊盜及殺牛馬, 亦論賞。** ❶ 捕一人, 給緜布十匹, 每一人加二匹, 止五十匹。五度先告、十貫以上, 鄕吏、賤人五十匹。都給平分。〈經〉

039 **各邑官屬別定助捕人, 一年所捕二十名以上, 論賞。**

040 **賊人同黨發告吐實者, 免罪論賞。** ❶ 給銀五十兩。七八口以上加資, 給銀百十兩。

041 **偸竊應死者, 小功親自首, 則減死定配。**〈續〉

受贓

001 **官吏受財, 枉法贓, 通計全科;** ❶ 一貫以下杖七, 一貫至五貫杖八, 十貫杖九, 十五貫杖百, 二十貫杖六徒一, 二十五貫杖七徒一半, 三十貫杖八徒二, 三十五貫杖九徒二半, 四十貫杖百徒三, 四十五貫杖百流二, 五十貫杖百流二千五百, 五十五貫杖百流三, 八十貫絞。❷ 無祿人各減一等, 百二十貫絞。**不枉法贓, 通計折半科罪。** ❸ 一貫以下杖六, 一貫至十貫杖七, 二十貫杖八, 三十貫杖九, 四十貫杖百, 五十貫杖六徒一, 六十貫杖七徒一半, 七十貫杖八徒二, 八十貫杖九徒二半, 九十貫杖百徒三, 百貫杖百流二, 百十貫杖百流二千五百, 百二十貫止杖百流三。❹ 無祿人各減一等。❺ 官吏許財, 雖未受, 枉者準枉法, 不枉者準不枉法, 各減一等。所枉重者從重論。❻ 事過後受財, 準枉法、不枉法論。❼ 以財求得枉法者, 計所與財坐贓論。若避難就易, 所枉重者從重論。官吏逼取者, 不坐。❽ 說事過錢者, 有祿人減受錢人一等, 無祿減二等, 止杖百, 各遷徙。有贓者計贓, 從重論。❾ 風憲官吏受財, 加其餘官吏二等。

002 **官吏非因事受財, 坐贓, 通計折半科罪。** ❶ 一貫以下笞二十, 一貫至十貫笞三十, 二十貫笞四十, 三十貫笞五十, 四十貫杖六, 五十貫杖七, 六十貫杖八, 七十貫杖九, 八十貫杖百, 百貫杖六徒一, 二百貫杖七徒一半, 三百貫杖八徒二, 四百貫杖九徒二半, 五百貫止杖百徒三。❷ 與者減五等。

003 **計贓加者, 數滿乃坐。** ❶ 如四十貫雖少十文, 不科四十貫罪之類。

004 **監臨官吏及豪强人求索借貸部內財物，準不枉法。强者準枉法論。** ❶ 財物給主。

005 **將己物散與部民，及低價買物，多取價利者，計餘利準不枉法。强者準枉法論。** ❶ 物貨、價錢，入官給主。❷ 官吏家人取受求索·借貸、買賣取利之類，各減二等。官吏知情同罪。

006 **部內買物，不卽支價，及借服玩，經月不還者，坐贓論。借用馬牛、車船、店舍之類，驗日計雇賃錢，坐贓論。** ❶ 追錢給主。

007 **受部內饋物，笞四十，與者減一等。因事而受，以不枉法論。** ❶ 親、故不在此限。❷ 舊部內受財物及求索、借貸之屬，減在官三等。❸ 出使人於差去處，求索、借貸、買賣取利、受饋之類，同監臨罪。風憲官吏於按治處有犯，加其餘官吏二等。

008 **有司官吏因公擅科斂，杖六。贓重者坐贓論。入己者以枉法論。** ❶ 非因公，以不枉法論。

009 **估[10]贓不實，致罪有輕重，以故出入論。** ❶ 受財以枉法，從重論。〈律〉

10 估 : 底本에는 "佑"로 되어 있다. 國中A 및 奎章A에 根據하여 修正하였다.

姦犯

001 和姦, 杖八;❶ 有夫杖九。刁姦, 杖百; 强姦,❷ 始以强合, 終以和成, 猶非强。絞; 未成, 杖百流三。❸ 姦十二歲以下, 雖和同强論。❹ 和姦、刁姦, 男女同罪。姦生男女付姦夫收養。姦婦從夫嫁、賣, 其夫願留者聽。若嫁、賣與姦夫者, 姦夫與本夫杖八, 婦人離異歸宗。强姦者, 婦女不坐。媒合與容止通姦-❶ 甲引婦人到丙家, 與丁通姦, 甲是媒合, 丙是容止通姦。-者, 減犯人一等。❺ 非姦所捕獲及指姦者勿論。若姦婦有孕, 坐本婦。〈律〉

002 士族妻若女 ❶ 妾若女同。劫奪者, 勿論姦未成, 首從不待時斬。❷ 常賤女子劫奪, 成姦絞, 從限身極邊爲奴; 未成杖百流三。

003 白晝場市劫姦者, 斬。❶ 從限身島配。〈續〉

004 姦同宗無服之親及無服親之妻, 各杖百, 義女加一等。緦麻 ❶ 內外親。以上親及緦麻以上親之妻、妻前夫之女, 各杖百徒三, 强者斬。從祖祖母·祖姑、從祖伯叔母·姑、從父姊妹、母之姊妹及兄弟妻、兄弟之子妻, 各絞, 强者斬。父祖妾、伯叔母、姑、姊妹、子孫婦、兄弟之女, 各斬。乞養子孫婦, 減一等。❷ 妾各減一等。强者絞。〈律〉

005 士族姦緦麻以上親及緦麻以上親之妻, 不待時絞; 大功以上親之良妾, 絞。常賤姦妻母, 斬; 同母異父姊妹, 絞; 從父兄弟妻, 杖百流三。❶ 男女同。强者男斬, 女不坐。

006 士族婦女恣行淫慾，瀆亂風敎，幷姦夫絞。❶ 窮不自存，流離道路，丐乞托身者，與常賤無異，幷姦夫勿推。〈續〉

007 奴及雇工姦家長之妻若女，各斬；家長期親及期親之妻，絞。❶ 婦女減一等。**緦麻以上親及緦麻以上親之妻，杖百流二，强者斬。**❷ 妾各減一等。强者斬。〈律〉

008 婢夫姦妻上典，男女不待時斬。❶ 强者，女不坐。未成者斬待時。❷ 閭巷人婢夫以作妻居生於率下，有同雇工者論。〈續〉

009 居父母及夫喪若僧尼、道士犯姦，加凡姦二等。❶ 相姦人凡姦論。〈律〉

010 宮女通姦外人，男女不待時斬。❶ 孕者待産，而不用産後百日例。〈續〉

011 以私債準折人妻妾子女，因以姦占，絞。❶ 人口給親，私債免追。

012 官吏姦囚婦，❶ 不分和、刁。**杖百徒三；**❷ 囚婦只坐原罪。**姦部民妻若女，加凡姦二等。**❸ 婦女凡姦論。

013 豪勢人强奪良家妻若女，姦占爲妻妾，絞。❶ 女給親。❷ 配與家人罪同。男女不坐。

014 **縱容妻妾與人姦, 本夫、姦夫、姦婦杖九。抑勒妻妾及乞養女與人姦, 本夫、義父杖百, 姦夫杖八。** ❶ 婦女不坐。❷ 縱容、抑勒親女及子孫婦妾與人姦罪同。用財買休、賣休, 和娶人妻, 本夫、本婦及買[11]休人杖百, 婦人離異歸宗, 財禮入官。若買休人與婦人用計, 逼勒本夫休棄, 其夫無賣休之情不坐, 買休人及婦人杖六徒一, 從夫嫁、賣。妾減一等。媒合人各減犯人一等。

015 **男婦誣執親翁及弟婦誣執夫兄欺姦, 斬。** ❶ 嫂誣執夫弟及緦麻以上親, 依誣告。

016 **私和姦事, 減犯人二等。**〈律〉

11 買 : 底本에는 "賣"로 되어 있다. 國中A 및 奎章A에 根據하여 修正하였다.

罵詈

001 罵人,❶ 惡言凌辱曰罵, 穢言相訕曰詈。笞一十, 互相罵, 各笞一十。

002 罵祖父母、父母, 絞,❶ 親告乃坐。至下雇工竝同。兄姊, 杖百, 伯叔父母、姑、外祖父母, 各加一等。緦麻 ❷ 內外親。兄姊, 笞五十, 小功, 杖六, 大功, 杖七,❸ 尊屬各加一等。妻父母, 杖六。

003 妻妾 ❶ 夫亡改嫁者同。罵夫之祖父母、父母, 絞。期親以下、緦麻以上尊長, 與夫罵同。

004 妾罵夫及妻, 杖八。❶ 妻罵夫笞四十。

005 奴婢罵家長,〈律〉 ❶ 舊家長減二等。〈經〉 絞, 家長之期親、外祖父母, 杖八徒二, 大功, 杖八, 小功, 杖七, 緦麻, 杖六。

006 雇工罵家長,〈律〉 ❶ 舊家長減二等。〈經〉 杖八徒二, 家長之期親、外祖父母, 杖百, 大功, 杖六, 小功, 笞五十, 緦麻, 笞四十。〈律〉 ❷ 婢夫凌辱妻上典杖八徒二, 非作妻居生於率下杖百。〈補〉

007 官吏罵制使, 府民罵知府、知州、知縣, 軍士罵本管指揮、千戶、百戶, 吏卒罵本部五品以上官, 杖百, 罵六品以下官,

杖七。〈律〉〈補〉 ❶ 事理絶悖杖百徒三。罵他衙門官各減一等。常賤罵有品雜岐官及無品士族杖六, 事理重者杖六徒一。若搆揑誣訴, 比凡[12]人加等論。〈補〉 ❷ 首領官及統屬官罵五品以上長官杖八, 六品以下長官減三等。佐貳官罵長官又各減二等。❸ 竝親聞乃坐。〈律〉

008 **下官罵差等官, 加罵人律一等, 隔等, 又遞加一等, 止杖百。**〈經〉 ❶ 公差在外, 欺陵守禦官及知府、知州杖六。校尉有犯杖七, 禁子有犯杖八。〈律〉

009 **醜辱王子、大臣, 邊遠充軍。**〈續〉

12 凡 : 底本에는 "犯"으로 되어 있다. 奎章A에 根據하여 修正하였다.

殺傷

001 鬪毆, ❶ 相爭爲鬪, 相打爲毆。 以手足毆人不成傷, 笞二十。成傷 ❷ 靑、赤、腫爲傷。 及他物 ❸ 兵不用刃亦是。 毆人不成傷, 笞三十; 成傷, 笞四十。

002 拔髮方寸以上, 笞五十。

003 血從耳目中出及內損吐血, 杖八。

004 以穢物汚人頭面, 杖八。

005 折一齒 ❶ 此下爲折傷。、手足一指, 眇一目, 抉毁耳鼻, ❷ 全抉充軍。 破骨, 用湯火、銅鐵汁傷人, 杖百。

006 以穢物灌人口鼻內, 杖百。 折二齒二指以上, 髡 ❶ 盡拔。 髮, 杖六徒一。 折肋, 眇兩目, 墮胎, 及刃傷人, 杖八徒二。 ❷ 墮胎謂辜內及九十日外成形者乃坐, 辜外及九十日內未成形者, 從本毆傷論。-❶ 內損吐血。-〈律〉 ❸ 已成形者, 頭腦、耳目口鼻、指甲全者, 亦有臍帶; 未成形者, 作肉一片或一塊。〈無寃〉

007 折跌肢體, 瞎一目, 杖百徒三。 ❶ 剜瞎眼睛充軍。

008 瞎兩目, 折兩肢, 損人二事以上, 及因舊患, 令至篤疾, ❶ 如舊瞎一目爲殘疾, 先折一脚爲廢疾, 更瞎一目或更折一脚爲篤疾。**若斷舌, 毁敗陰陽, 杖百流三。** ❷ 付犯人財産一半養贍。❸ 同謀共毆, 以下手傷重爲重, 原謀減一等。互相毆, 各驗傷之輕重定罪。後下手理直減二等。至死及毆兄姊、伯叔不減。〈律〉 ❹ 共毆爲首者損一事後, 爲從者又損一事, 則首以一事, 從以二事論。〈律〉〈補〉

009 **鬪毆殺人, 絞。** ❶ 同謀共毆致死, 以致命傷爲重, 下手者絞, 原謀杖百流三, 餘杖百。

010 **故殺,** ❶ 意動於心, 直行徑殺。**斬。**

011 **故用毒蟲咬傷人者, 鬪毆傷論, 致死, 斬。**

012 **以他物置人孔竅中, 若故屛去人服食** ❶ 如寒日脫去衣服、飢渴絶其飮食、登高·乘馬去梯·轡之類。**而傷人, 杖八,** ❷ 致殘·廢疾杖百徒三、篤疾杖百流三。犯人財産一半付篤疾人養贍。**至死, 絞。**

013 **謀殺造意者, 斬, 從而加功,** ❶ 下手及助力擁逼, 使無逃却之類。**絞, 不加功, 杖百流三。若傷而不死, 造意, 絞, 加功, 杖百流三, 不加功, 杖百徒三。若謀而已行, 未曾傷人, 杖百徒三, 從杖百。** ❷ 造意, 身雖不行爲首, 從者不行, 減行者一等。**因而得財, 皆斬。** ❸ 知同伴欲謀害人, 不卽阻當、救護及被害後不首告杖百。

014 **因戲殺傷人, 及因鬪毆誤殺傷旁人, 以鬪殺傷論。謀殺、故殺人而誤殺旁人, 以故殺論。**

015 **知津河深濘而詐稱平淺, 橋船朽漏而詐稱牢固, 令人過渡致死傷, 以鬪殺傷論。**

016 **過失** ❶ 耳目所不及, 思慮所不到, 如彈射禽獸, 因事投擲磚瓦, 不期而殺人; 或升高險蹉跌, 累及同伴; 或駕船使風, 乘馬驚走, 馳車下坡, 勢不能止; 或共擧重物, 力不能制, 損及同擧者。凡初無害人之意, 而偶致死傷者。**殺傷人, 準鬪殺傷罪收贖, 給其家。**

017 **有所造作及毁壞, 備慮不謹而誤殺人, 以過失殺論。** ❶ 工匠、提調官各以所由爲罪。-❶ 由匠坐匠, 由官坐官。-

018 **因事威逼人致死,** ❶ 以威勢逼, 使人畏之, 不得已自盡。**杖百。官吏、公使人非公務而威逼平民致死, 罪同。** ❷ 竝追埋葬銀十兩。**因姦盜而威逼致死,** ❸ 如强姦逼婦女死; 或和姦因有窒碍, 逼姦婦之親屬死; 又如强盜雖未得財, 財主畏懼自盡; 或竊盜財主欲告, 反將財主用計逼死。**斬。**

019 **毆祖父母、父母, 皆斬, 殺者, 皆凌遲。謀殺已行, 皆斬, 已殺, 皆凌遲。過失殺, 杖百流三, 傷者, 杖百徒三。**

020 **弟妹毆兄姊, 杖九徒二半, 傷者, 杖百徒三, 折傷, 杖百流三,**

刃傷及折肢及瞎一目及篤疾, 絞, 死者, 皆斬。毆伯叔父母、姑、外祖父母, 加一等。故殺, 皆凌遲, 過失殺傷, 各減本殺傷二等。毆本宗及外姻緦麻兄姊, 杖百, 小功, 杖六徒一, 大功, 杖七徒一半, 尊屬, ❶ 父母同輩。各加一等。折傷以上, 各遞加凡鬪傷一等, 篤疾, 絞, 死者, 皆斬。謀殺期親尊長 ❷ 父輩曰尊, 兄輩曰長。、外祖父母, 已行, 皆斬, 已殺, 皆凌遲。緦麻以上尊長, 已行, 杖百流二, 已傷, 絞, 已殺, 皆斬。威逼期親尊長, 致死, 絞, 大功以下, 遞減一等。

021 毆繼父, ❶ 先曾同居, 今不同居者。❷ 不曾同居, 以凡人論。杖六徒一, 折傷以上, 加凡鬪傷一等, ❸ 同居又加一等。至死, 斬。❹ 故殺以凡人論。

022 妻之子毆傷父妾, 加凡人一等。妾子, 又加二等。❶ 至死各依凡人。

023 毆妻父母, 杖百, 折傷以上, 加凡鬪傷一等, 篤疾, 絞, 死者, 斬。〈律〉 ❶ 殺者以謀殺緦麻親律論。〈續〉-❶ 不待時。〈補〉-

024 弟妹毆兄之妻, 加凡人一等。❶ 至死及謀殺, 各依凡人。❷ 毆兄妾及姊妹夫、妻兄弟, 以凡鬪論。

025 妻毆夫, 杖百, ❶ 夫自告乃坐。❷ 夫願離者聽。折傷以上, 加凡鬪傷三等, 篤疾, 絞, 死者, 斬, 故殺, 凌遲。謀殺已行, 皆斬, 已殺, 皆凌遲。過失殺, 勿論。❸ 妾毆夫及正妻, 又加一等。-❶ 加入於死。- 過失殺勿論。謀殺妻依謀殺緦麻以上尊長。❹ 妻妾因姦同謀殺夫凌遲，姦夫斬。姦夫殺其夫，姦婦雖不知情絞。

026 **妻妾毆夫之祖父母、父母，皆斬，殺者，皆凌遲。謀殺已行，皆斬，已殺，皆凌遲。過失殺，杖百流三，傷者，杖百徒三。** ❶ 夫亡改嫁者同。**毆夫之期親以下、緦麻以上尊長，與夫毆同，至死，各斬。**

027 **毆受業師，加凡人二等，死者，斬。**

028 **子孫毆罵祖父母、父母，** ❶ 妻妾於夫之祖父母、父母同。夫亡改嫁者同。**而毆殺之，違犯教令，而依法決罰，邂逅致死及過失殺，勿論。** ❷ 嫡、繼、慈、養母同。

029 **子孫違犯教令，而非理毆殺，杖百，故殺，杖六徒一。嫡、繼、慈、養母殺者，各加一等，致絶嗣，絞。**

030 **非理毆子孫之婦** ❶ 子孫妻妾，夫亡改嫁者同。**及乞養異姓子孫，** ❷ 婦同。**致廢疾，杖八，篤疾，加一等。** ❸ 竝令歸宗。子孫婦追還嫁粧，給養贍銀十兩。乞養子孫付合得財産。**至死，杖百徒三，故殺，杖百流二。** ❹ 妾各減二等。〈律〉

031 **父母殺子女，兄殺弟，而用意凶慘者，鬪毆殺律論，隨時稟定。** ❶ 謀殺子女而未行遠配。

032 **繼母嗾其父, 故殺子女者, 一律論。**❶ 惑於妖妾, 黜其妻與女, 女丐乞嫁常漢, 産長子女率現, 則惡其汚穢門戶, 潛殺其外孫者, 幷妖妾不待時絞。〈續〉

033 **毆妻前夫之子,**❶ 先曾同居, 今不同居者。❷ 不曾同居, 以凡人論。**減凡人一等,**❸ 同居又減一等。**至死, 絞。**❹ 故殺以凡人論。

034 **兄姊毆殺弟妹, 及伯叔父、姑毆殺姪、侄孫, 外祖父母毆殺外孫, 杖百徒三。故殺, 杖百流二, 過失殺, 勿論。毆殺同堂弟妹、堂侄·侄孫, 杖百流三, 故殺, 絞。毆卑幼,**❶ 弟輩曰卑, 子輩曰幼。**折傷以上,**❷ 非折傷勿論。**緦麻減凡人一等, 小功二等, 大功三等。至死, 絞。謀殺已行, 各依故殺罪減二等, 已傷, 減一等, 已殺, 依故殺。**

035 **兄姊毆弟之妻, 減凡人一等。**❶ 妾又減一等。至死各依凡人。

036 **尊長毆傷卑幼之婦, 減凡人一等, 妾又減一等。至死, 絞。毆妻折傷以上,**❶ 非折傷勿論。**減凡人二等,**❷ 妻自告乃坐。❸ 如願離異, 斷罪離異。不願者驗罪收贖。**至死及故殺, 絞。**❹ 妾減妻二等, 至死杖百徒三。**過失殺, 勿論。**❺ 謀殺依謀殺卑幼。❻ 妻妾毆罵夫之祖父母、父母, 而夫擅殺杖百。夫毆罵妻妾, 因而自盡者勿論。❼ 妻妾與人姦, 姦所親獲姦夫、姦婦, 登時殺者勿論。止殺姦夫者, 姦婦依律斷罪, 從夫嫁賣。

037 **妻毆妾, 與夫毆妻同罪。**❶ 妾自告乃坐。❷ 謀殺依謀殺卑幼。

038 妻毆夫之卑屬，與夫毆同。至死，絞。❶ 妻毆殺夫之兄弟子杖百流三，故殺絞。❷ 妻毆夫之弟妹及弟之妻，減凡人一等，妾又減一等。至死及謀殺各依凡人。毆夫之姊妹夫以凡人論。❸ 妾於夫之卑幼依凡人，毆夫之妾子，減凡人二等；毆妻之子，依凡人；毆夫之姊妹夫、妻之兄弟加一等。至死依凡人。

039 同姓相毆，五服雖盡，尊卑名分猶存者，尊長減凡鬪一等，卑幼加一等。❶ 至死竝以凡人論。

040 奴婢毆家長，〈律〉 ❶ 舊家長減二等。〈經〉 皆斬，殺者，皆凌遲。過失殺，絞，傷者，杖百流三。毆家長之期親及外祖父母，絞，傷者，皆斬。故殺，皆凌遲，過失殺，減毆罪二等，傷者，又減一等。〈律〉 ❷ 出嫁姊妹之奴毆其主同生，以本服期親照斷。〈續〉 毆家長緦麻親，杖六徒一，小功，杖七徒一半，大功，杖八徒二。折傷以上，緦麻加毆良人罪一等，小功加二等，大功加三等。❸ 加者加入於死。死者，皆斬。

041 雇工毆家長〈律〉 ❶ 舊家長減二等。〈經〉 及家長之期親及外祖父母，杖百徒三。傷者，杖百流三，折傷，絞，死者，斬。故殺，凌遲，過失殺傷，各減本殺傷二等。毆家長緦麻親，杖八，小功，杖九，大功，杖百。傷重至內損吐血以上，緦、小功加凡人一等，大功二等。死者，各斬。

042 奴婢、雇工謀殺家長及家長期親、外祖父母、緦麻以上親，與子孫同。〈律〉

043 殺妻上典, 不待時斬。❶ 謀殺未行, 不限年邊遠配。〈續〉

044 官吏毆制使,❶ 奉制命出使。部民毆知府·知州·知縣, 軍士毆本管指揮·千戶·百戶, 吏卒毆本部五品以上長官, 杖百徒三。傷者, 杖百流二, 折傷, 絞。謀殺已行, 杖百流二, 已傷, 絞, 已殺, 皆斬。毆六品以下長官, 減三等, 毆佐貳官、首領官, 又遞減一等。減罪輕者, 加凡鬪一等, 篤疾, 絞, 死者, 斬。❷ 謀殺依凡人。❸ 首領官及屬官毆、傷長官, 減吏卒毆、傷五品以上長官二等, 佐貳官又減二等。減罪輕者加凡鬪一等, 篤疾絞, 死者斬。❹ 上司官與統屬下司官品高者及部民高官相鬪, 同凡鬪論。❺ 流內九品以上官毆非本管三品以上官杖六徒一。折傷以上及毆、傷五品以上若五品以上毆、傷三品以上官, 各加凡鬪傷二等。❻ 流外官及軍民、吏卒毆非本管三品以上官杖八徒二, 傷者杖百徒三, 折傷杖百流二。毆、傷五品以上官減二等。減罪輕及毆、傷九品以上官, 各加凡鬪傷二等。公使人在外, 毆有司官罪同。〈律〉 吏卒謀殺帥臣者, 首謀梟示。❼ 從竝絶島配, 官屬不防禦者極邊配。〈續〉

045 官差句攝公事, 而抗拒及毆, 杖八。內損吐血以上及本犯重者, 各加二等, 止杖百流三。篤疾, 絞, 死者, 斬。

046 毆皇家袒免親, 杖六徒一, 傷者, 杖八徒二, 折傷以上重者, 加凡鬪二等。緦麻以上, 遞加一等。篤疾, 絞, 死者, 斬。〈律〉

047 常賤毆士族, 事情明白, 杖百徒三, 傷者, 杖百流二。〈續〉

048 **奴婢有罪, 家長及家長之期親、外祖父母不告官毆殺, 杖百。無罪而殺, 杖六徒一。** 1 違犯教令, 而依法決罰, 邂逅致死及過失殺勿論。〈律〉 2 婦女因妬殺婢, 鍾路決杖配。〈續〉 **毆緦麻、小功親奴婢, 折傷以上,** 3 非折傷勿論。**各減凡人奴婢二等, 大功三等。至死, 杖百徒三。故殺, 絞, 過失殺, 勿論。**

049 **家長及家長之期親、外祖父母毆雇工, 折傷以上,** 1 非折傷勿論。**減凡人三等。致死, 杖百徒三, 故殺, 絞。** 2 違犯教令, 而依法決罰, 邂逅致死及過失殺勿論。**毆緦麻、小功親雇工, 折傷以上,** 3 非折傷勿論。**減凡人一等, 大功二等。至死及故殺, 絞, 過失殺, 勿論。**

050 **奴婢毆良人, 加凡人一等。篤疾, 絞, 死者, 斬。良人毆傷他人奴婢, 減凡人一等。死及故殺, 絞。**

051 **以威力制縛人及於私家拷打監禁, 杖八。內損吐血以上, 加凡鬪傷二等, 致死, 絞。** 1 以威力主使人毆打, 致死傷, 以主使人爲首, 下手人爲從, 減一等。 2 京外無籍之徒投托勢要, 作爲心腹, 綁縛平民, 於私家拷打, 脅騙財物, 煙瘴地充軍。

052 **殺一家非死罪三人及肢解人, 凌遲。從斬。** 1 財産付死者家。妻子流二。

053 **採生折割人者, 凌遲。從斬。** 1 財産付死者家。妻子及同居家口雖不知情, 流二安置。**已行而未傷, 斬。從杖百流三。** 2 妻子流二。❸ 里長知而不擧杖百。告獲者賞銀二十兩。〈律〉 ❹ 爲藥用誘致兒童, 刳斫肝膽、肢體者斬。妻子流二。捕告者賞布百匹。〈續〉

054 **造畜蠱毒堪以殺人及敎令** ❶ 敎人造傳。**者, 斬。** ❷ 財産入官。妻子及同居家口雖不知情, 流二安置。〈律〉 ❸ 造畜人許人告訴, 給綿布三十匹, 誣告反坐。切隣知而不告, 減犯人四等。面、里任不檢擧, 致毒害人物者, 制違律論。蠱毒案付人出入他境者治罪, 逃者杖百流三, 許接及切隣除贖杖百。〈續〉

055 **造魘魅, 符書呪詛, 欲以殺人者, 謀殺論。致死, 依本殺法。** ❶ 欲令人疾苦減二等。子孫於祖父母、父母, 奴婢、雇工於家長不減。

056 **用毒藥殺人, 斬。買而未用, 杖百徒三。** ❶ 知情賣藥, 與同罪。〈律〉 ❷ 誘取、略賣人, 因而傷殺, 見下《私賤》條。〈補〉

057 **庸醫爲人藥鍼, 誤不如本方致死, 令別醫辨驗, 無故害之情者, 過失殺論。** ❶ 故違本方, 詐療疾病而取財, 準竊盜論。致死及故用藥殺人斬。

058 **穿作坑穽及安置窩弓, 不立望竿及抹眉小索, 笞四十。傷人, 減凡鬪傷二等, 致死, 杖百徒三。** ❶ 追埋葬銀十兩。

059 **故向城市及有人宅舍, 放彈、射箭、投磚石笞四十。傷人,**

減凡鬪傷一等, 致死, 杖百流三。 ❶ 向太廟及宮殿, 絞, 向太社, 杖百流三。傷人, 斬。

060 **無故於街市、鎭店, 馳驟車馬, 傷人, 減凡鬪傷一等, 致死, 杖百流三。無人曠野馳驟, 傷人致死, 杖百。** ❶ 竝追埋葬銀十兩。❷ 因公務, 急速馳驟殺傷, 以過失論。

061 **馬牛及犬有觸觝踢咬, 而記號拴繫不如法, 有狂犬而不殺, 笞四十。因而殺傷人, 以過失論。故放令殺傷人, 減鬪殺傷一等。** ❶ 受雇醫療畜産及無故觸之, 而被殺傷不坐。❷ 故放犬, 令殺傷他人畜産笞四十, 追陪所減價。〈律〉

062 **顚狂失性而殺人, 減死定配。** ❶ 殺人者聾啞, 無以推問, 則不取服徑處斷有乖常法, 亦依此[13]律。

063 **隣兒因戲相詰, 顚仆致死, 而犯者年未十歲, 則分揀。**〈續〉 ❶ 十歲以上十五以下因戲殺人, 次律減等。〈增〉

064 **死囚已服罪而囚, 令親戚、故舊及雇倩人殺之者, 親故及下手人減本殺二等。** ❶ 若囚之子孫及奴婢、雇工皆斬。❷ 囚雖服罪, 不曾令殺; 雖令殺, 未服罪而輒殺, 各以鬪殺傷論。

065 **夜無故入人家內, 杖八。主家登時殺死, 勿論。** ❶ 已就執而

13 此 : 底本에는 "次"로 되어 있다. 國中A 및 奎章A에 根據하여 修正하였다.

擅殺傷, 減鬪殺傷二等, 至死杖百徒三。〈律〉 **2** 明火賊登時打殺外, 不告官擅殺, 依法抵罪。

066 **其母潛姦, 其子於姦所, 刺殺姦夫者, 參酌定配。**〈續〉 **1** 未嫁女爲人劫姦, 其父母毆殺其人於姦所杖百。〈增〉

067 **宮內忿爭, 笞五十。 聲徹[14]御在所及相毆, 杖百。 折傷以上, 加凡毆傷二等。** **1** 殿內遞加一等。

068 **罪人持杖拒捕, 捕者格殺, 及囚逃走, 捕者逐殺, 若囚窘迫自殺, 勿論。** **1** 已就執及不拒捕, 而殺或折傷, 以鬪殺傷論。罪人應死而擅殺杖百。〈律〉 **2** 拒捕毆人見上《逃亡》條。〈補〉

069 **被殺人親屬打破正犯家舍, 搶奪財産者, 强盜律論。** **1** 財産還給。〈續〉

070 **殺獄久囚, 年滿八十, 證援俱絶, 減死定配。**〈增〉

附 辜限

001 **保辜者, 令犯人醫治。 辜限內, 因[15]傷死, 以鬪毆殺論。 限**

14 徹 : 底本에는 "撤"로 되어 있다. 國中A 및 《大明律·刑律·鬪毆·宮內忿爭》에 根據하여 修正하였다.

15 因 : 底本에는 "囚"로 되어 있다. 奎章A 및 《大明律·刑律·鬪毆·宮內忿爭》에

外死, 各從本毆傷。 ❶ 雖在辜內, 傷已平復, 文案明白, 別因他故死, 從本毆傷。〈律〉 ❷ 故殺亦用辜限。〈續〉

002 **手足及他物毆傷, 限二十日, 刃及湯火, 三十日, 折跌肢體及破骨墮胎,** ❶ 無問手足、他物。 **五十日。** ❷ 延至限外, 手足、他物、金刃、湯火傷加十日, 折跌肢體、破骨、墮胎加二十日, 而奏請定奪。

003 **折傷以上, 辜內平復, 各減二等。** ❶ 墮胎不減。辜內雖平復, 而成殘、廢、篤疾及辜限滿日不平復, 各依律全科。〈律〉

附 私和

001 **祖父母、父母及夫若家長爲人所殺, 而子孫、妻妾、奴婢、雇工私和, 杖百徒三。期親尊長被殺, 而卑幼私和, 杖八徒二。大功以下, 遞減一等。卑幼被殺, 而尊長** ❶ 期親以下。 **私和, 各減** ❷ 減卑幼私和。 **一等。子孫、子孫婦及妻妾、奴婢、雇工被殺, 而祖父母、父母、夫、家長私和, 杖八, 常人私和, 杖六。** ❸ 受財竝竊盜, 從重論。

002 **故殺子孫及奴婢圖賴人, 杖七徒一半。子孫將已死[16]祖父**

根據하여 修正하였다.

16 死 : 底本에는 "殺"로 되어 있다. 奎章A 및 《大明律·刑律·人命·殺子孫及奴婢圖賴人》에 根據하여 修正하였다.

母、父母，奴婢、雇工將家長屍圖賴人，杖百徒三。期親尊長，杖八徒二，大功以下，遞減一等。尊長將已死卑幼及他人屍圖賴人，杖八。 ❶ 告官者，隨所告輕重，依誣告律。因而詐取財物，準竊盜論；搶去財物，準白晝搶奪論。〈律〉

附 復讎

001 **父被毆傷重，而子打其人致死，減死定配。**〈續〉

002 **祖父母、父母爲人所毆，子孫卽時救護而還毆，折傷以上，** ❶ 非折傷勿論。**減凡鬪三等。** ❷ 至死依常律。❸ 子孫不隨從、不同謀共毆乃是。若同謀行毆，依凡人首從論。

003 **祖父母之尊長毆祖父母而毆之，依毆尊長律。** ❶ 夫之祖父母·父母、妻之祖父母·父母相毆，子婦不得偏入。犯者依常律。

004 **祖父母、父母爲人所殺，而子孫擅殺行兇人，杖六。**〈律〉 ❶ 妻復夫讎、母復子讎擅殺者同律。〈續〉 ❷ 繼母殺父而還殺，依擅殺行兇人。**卽時殺，勿論。**〈律〉

005 **父被殺成獄，不待究覈，擅殺讎人，減死定配。**

006 **父與人鬪，被咬腐傷死，於六十日後，子女與婦擅殺讎人，依《明律附例》折跌肢體加限二十日之例，用擅殺律。婦女**

分揀。

007 父被殺而私和，受其葬需，日久而後擅殺，用私和律。〈續〉

附 檢驗

001 **初檢，京則當部官，外則地方官。覆檢，京則京兆郎，外則觀察使定差員，檢驗屍傷後，立案成給。** ❶ 死者雖他邑人，地方官檢屍。〈續〉 ❷ 檢屍法用《無冤錄》。❸ 初、覆檢狀，檢官實因懸錄，意見跋辭。❹ 覆檢後，屍身灰封守直，待本曹題辭出給。〈補〉 ❺ 初、覆檢法不敢相通。檢吏私自宣泄，嚴刑配。❻ 正·雜職人妻、士族婦女，雖殺人正法，勿檢驗。〈增〉 ❼ 守令打管下致死者，檢屍勿論。

002 **初覆檢實因，** ❶ 因以致死之實。**若有疑端，三四檢。**〈續〉 ❷ 初檢，該部官而定送京兆吏；覆檢，京兆郎而定送本曹吏；三檢則本曹啓稟，發遣郎官，而率去覆檢不參之吏。〈續〉〈補〉 ❸ 殺人匿埋者檢驗。其他已瘞者勿掘檢，而或有不得不掘檢，必啓聞舉行。〈增〉〈補〉

003 **檢屍，牒到不卽檢，致屍變，及不親監視，轉委吏卒，若初覆檢官吏相見，符同屍狀，及不用心檢驗，移易、輕重、增減屍傷不實，定執致死根因不明者，論罪。** ❶ 正官杖六，首領官杖七，吏典杖八。仵作及行人同。因而罪有增減，以失出入

論。❷ 受財故檢驗不實, 以故出入論。贓重以枉法, 從重論。〈律〉

004 **殺獄必須詳愼, 年未滿** ❶ 十五歲以下。**兒, 勿以爲證。**〈續〉

005 **地界內有死人, 里長、地隣不報官檢驗, 移他處及埋葬, 杖八, 致失屍, 杖百。** ❶ 殘毁及棄水中, 杖六徒一。棄而不失及髡髮若傷, 減一等。因而盜取衣服, 準竊盜論。〈律〉

006 **啓下罪人物故, 該衙門移文京兆檢屍後, 該衙門單子入啓。**

007 **定配罪人物故, 地方官檢驗,** ❶ 黑山島則別將。**報巡營啓聞。**〈續〉 ❷ 該司置簿。〈經〉 ❸ 鞫獄外定配宗、勳、文·武·蔭下大夫以上及曾經侍從, 勿檢驗。士族婦女同。〈增〉

發塚

001 **發塚, 未至棺槨, 杖百徒三, 見棺槨, 杖百流三, 開棺見屍, 絞。** ❶ 塚先穿陷及未殯、埋, 而盜屍柩杖九徒二半, 開棺見屍絞。盜器物、磚石, 準凡盜論。❷ 卑幼發尊長塚, 同凡人論。開棺見屍斬, 棄屍賣墳地罪同。若發掘棄棺或改葬他處而賣地, 不露尸依見棺論。買地人及牙保知情杖八, 追價入官, 地歸同宗。尊長發卑幼塚, 開棺見屍, 緦麻杖百徒三, 小功以上遞減一等, 子孫杖八。❸ 他人墳薰狐狸, 因而燒棺槨杖八徒二, 燒屍杖百徒三。緦麻以上尊長遞加一等, 卑幼遞減一等。子孫於祖父母·父母、奴婢·雇工於家長, 薰狐狸杖百, 燒棺槨杖百徒三, 燒屍絞。❹ 穿地而得屍, 不卽掩埋杖八。〈律〉

002 **毁破山殯, 剝取衣衾者, 啗食死人肉者, 强盜律論。** ❶ 掘取骸骨者依律〈續〉-❶ 開棺見屍。〈補〉- 科斷, 捕捉者論賞。〈續〉

003 **殘毁死屍** ❶ 在家或在野, 未殯、葬者。**及棄屍水中, 杖百流三。** ❷ 毁棄緦麻以上尊長屍斬。棄而不失及髡髮若傷, 各減一等。緦麻以上卑幼屍依凡人, 遞減一等, 子孫屍杖八。子孫毁棄祖父母、父母及奴婢、雇工毁棄家長屍斬。夫與妻依緦麻以上尊卑。若從遺言燒化及置水勿論。〈律〉

失火

001 **失火燒自己房屋，笞四十，延燒官民房屋，笞五十，致傷人命，杖百。延燒宗廟、宮闕，絞，社，減一等。山陵兆域內失火，杖八徒二，延燒林木，杖百流二。官府公廨及倉庫內失火，杖八徒二。** ❶ 在外失火而延燒，各減三等。主守人因而侵欺財物，以監守自盜論。〈律〉 ❷ 不愼火燒倉庫倉吏、庫子杖百，道內殘驛徒三，勿揀赦前。〈續〉

002 **放火故燒自己房屋，杖百，延燒官民房屋及積聚之物，杖百徒三。** ❶ 因而盜取財物斬，殺傷人以故殺傷論。**故燒官民房屋、公廨及倉庫、係官積聚之物，皆斬。故燒人空閑房屋及田場積聚之物，減一等。** ❷ 計所燒之物減價，儘犯人財産，折剉陪償，還官給主，不敷則免。〈律〉

003 **陵上放火者，移義禁府設鞫。** ❶ 從分輕重，絶島或極邊配。

004 **奴放火其主家祠版，絞。**

005 **松田** ❶ 嶺隘禁養處定標內同。山腰爲限。**放火者，一律論。** ❷ 山直、監官不得現發，以不覺失囚律論。受財故縱，以枉法論。❸ 封山失火或因封山外元田焚灰，則田主決杖配，監、色從重棍。〈續〉 ❹ 松田失火，監官、山直重棍，守令勿罷。〈增〉

詐僞

001 僞造印信者, 印文雖未成, 斬。〈經〉 ❶ 御寶不待時, 衙門印待時。〈補〉 ❷ 妻子永屬諸邑奴婢。❸ 捕告者給犯人財産。〈經〉 ❹ 刻造者、摸畫篆文者, 竝一律論。〈續〉 ❺ 無印文而成案置之大辟者審愼。〈補〉 ❻ 戶長印僞造, 絶島爲奴, 勿揀赦前。〈續〉

002 僞造曆日、符驗、夜巡銅牌, 斬, ❶ 告捕者賞銀五十兩。關防印記, 杖百徒三。❷ 告捕者賞銀三十兩。❸ 從及知情行用, 各減一等。造而未成又減一等。該司知而聽行, 與同罪。〈律〉

003 僞造號牌者, 印信僞造律論。

004 私鑄錢文, 匠人及助役人, 竝不待時斬。❶ 捕告人捕强盜例論賞。❷ 主接者、同謀分利者, 一律論。設爐未行者, 次律論。

005 打造假銀者, 私鑄錢律論。

006 附蔘、造蔘之類, 依造銀錢律。❶ 物屬公。〈續〉

007 詐爲制書, 斬。❶ 從杖百流三。❷ 未行減一等。該司知而聽行, 與同罪。❸ 詐傳詔旨斬, 懿旨-❶ 皇后。-[17]、太子令旨絞, 親王令旨杖百流三。該司知而聽行, 與同罪。❹ 各衙門追究錢糧、鞫問

17 皇后 : 底本에는 小字로 되어 있다. 奎章A에 根據하여 小小字로 修正하였다.

刑名公事, 該官吏將奏準合行事理, 妄稱奉旨追問斬。

008 **對制及奏事、上書, 詐不以實, 杖百徒三。非密而妄言有密, 加一等。奉制推按問事, 報上不以實, 杖八徒二。** ❶ 事重者以出入人論。

009 **詐爲瑞應, 杖六徒一。** ❶ 有災祥, 而欽天監不以實對加二等。

010 **詐爲五軍都督府、六部、諫院、監察御史、總兵將軍、都指揮使、守禦管軍衙門文書, 套畫押字, 盜用印信, 杖百流三。其餘衙門, 杖百徒三。** ❶ 從各減一等。❷ 未行減一等。有規避事重者, 從重論。該司知而聽行同罪。❸ 詐傳一二品衙門官言語於各衙門, 分付公事有規避, 杖百徒三。三四品衙門杖百, 五品以下衙門杖八。從各減一等。得財以不枉法, 因而曲法以枉法, 從重論。該司知而聽行, 與同罪。〈律〉

011 **宮差盜踏圖署, 僞造關牒, 嚴刑遠配。** ❶ 營邑匿不以聞重勘。〈增〉

012 **僞造宰相書簡, 關係重者, 邊遠定配。**〈續〉

013 **詐假官, 假與人官, 斬。** ❶ 知情受者, 杖百流三。該司知而聽行, 與同罪。

014 **詐稱有官, 有所求爲, 詐稱官差而捕人, 詐冒官員姓名, 杖**

百徒三。詐稱見任官家人，部內有求爲，杖百。 ❶ 從各減一等。**得財，準竊盜，從重論。** ❷ 該司知而聽行同罪。〈律〉 ❸ 詐稱官員名號及僞造，見《兵曹·雜令》條。〈補〉

015 **詐稱內使及都督府、四輔、諫院、六部、監察御史、按察司官，在外體察事務，欺誑官府，扇惑人民，斬。** ❶ 知情隨行，減一等。該司知而聽行，與同罪。❷ 近侍[18]人在外詐稱私行，體察事務，扇惑人民斬。

016 **詐稱使臣乘驛，杖百流三。** ❶ 從減一等。驛官知而應付同罪；不知情，失盤詰笞五十。〈律〉

017 **變易姓名，詐稱漂漢人，誑惑村民，欺罔國家，不待時斬。**〈續〉

018 **官吏詐稱病，臨事避難，笞四十。事重者，杖八。** ❶ 該司知而聽行同罪。

019 **犯罪待對，故自傷殘，杖百。詐死，杖百徒三。** ❶ 所避事重，各從重論。無避故自傷殘杖八。受雇倩傷殘同罪，致死減鬪殺一等。該司知而聽行同罪。

020 **詐教誘人及和同，令人犯法，却捕告，或令人捕告，欲求賞，**

18 侍：底本에는 "待"로 되어 있다. 國中A 및 奎章A에 根據하여 修正하였다.

或欲陷人得罪, 與犯人同罪。

021 **投匿名文書, 告言人罪, 絞。見者卽便燒毁。若送入官司, 杖八, 官司受而爲理, 杖百。** ❶ 被告者不坐。連文書捉獲解官, 賞銀十兩。被告人自獲者不賞。〈律〉 ❷ 匿名書雖係干國事, 父子之間亦不得傳說。傳說者、累日不燒者依律論。〈經〉 ❸ 捕告者, 劇賊捕告例論賞。〈續〉

訴告

001 **訴冤者, 京則呈主掌官, 外則呈觀察使。 猶有冤, 告司憲府, 又有冤, 擊申聞鼓。**〈經〉 ❶ 鼓在闕門內。-❶《大典》在禁府當直廳。- ❷ 動駕時, 擊金於衛外謂擊錚。〈補〉 ❸ 刑戮及身、父子·嫡妾·良賤分揀等四件事及子孫爲父祖、妻爲夫、弟爲兄、奴爲主, 其他至冤極痛事則例刑取招。此外嚴刑啓達, 勿施。❹ 非理好訟擊錚, 杖百流三。❺ 願留守令擊錚杖百。重者徒三。❻ 山訟見屈後, 不爲掘移, 誣罔擊錚者, 詐不實論。❼ 邑民被守令杖死而擊錚者, 先行按查, 罪在守令則罪之, 誣罔則部民告訴律論。告狀內切己冤抑外, 不干事竝錄者, 依《原典》〈續〉-❷ 卽下關係宗社條, 吏、隷告其官之文。〈補〉- 施行。〈續〉

002 **郊外動駕時, 上言訴冤。**〈補〉 ❶ 微細可呈該道、該司, 而冒濫上言, 依越訴律。事理重者, 依詐不實律。事理不可施行, 而該司受理者重究。〈續〉 ❷ 上言者使之三日內, 持戶口現身, 過三日則勿施。❸ 上言語涉不輕者、事係干恩者勿施, 杖百勿贖。如有代製同罪。〈增〉

003 **迎車駕及擊鼓申訴, 而不實, 杖百。事重者, 從重論。** ❶ 得實者免罪。

004 **訴冤, 許於仗外。衝入儀仗內, 而所訴不實, 絞。** ❶ 得實者免罪。

005 **凡詞訟, 須自下而上。越本管訴上司, 笞五十。**〈律〉

006 **關係宗社及非法殺人外, 吏典、僕隸告其官者, 品官、吏民告其觀察使、守令者,** ❶ 陰嗾他人發狀者同。**勿受, 杖百徒三。** ❷ 品官、吏民黜鄕。**自己訴冤者, 聽理, 誣告, 杖百流三。** ❸ 品官、吏民黜鄕。〈經〉

007 **屬官被上司非理凌虐, 聽開具徑奏。**

008 **誣告人笞罪, 加所誣罪二等, 流、徒、杖罪, 加三等, 各止杖百流三。** ❶ 若所誣徒、流人雖經放回, 令犯人驗日追給路費。若賣田宅者, 備價取贖。如貧乏, 止科其罪。❷ 誣告說事過錢者, 於遷徙比流減半準徒二, 上加所誣罪三等, 竝入所得笞杖通論。❸ 誣告充軍者, 民則抵充軍, 軍則邊遠充軍。**誣死罪已決, 反坐以死。未決, 止杖百流三。** ❹ 被誣人詐冒不實, 反誣犯人, 各止依所誣罪反坐, 不加等、償、贖。❺ 告二事以上, 重事實, 輕事虛, 及數事罪等但一事實皆免罪。若輕事實, 重事虛, 或告一事, 誣輕爲重, 皆反坐所剩, 而已決全抵剩罪, 未決笞杖收贖, 徒流止杖百, 餘罪亦收贖。至死罪已決, 反坐以死; 未決止杖百流三。❻ 告二人以上, 但有一人不實, 罪雖輕, 以誣告論。❼ 囚在禁誣指平人, 以誣告論。本犯重者, 從重論。❽ 官吏鞠囚, 非法栲訊, 故令誣指平人, 以故入論。❾ 追徵錢糧, 逼令誣指平人代納者, 計所徵物坐贓論, 其物給主。❿ 被誣人無故稽留, 三日不放回笞二十, 每三日加一等, 止杖六。〈律〉

009 子孫、妻妾、奴婢〈經〉 ❶ 雇工減一等, 誣告不減。〈律〉 ❷ 舊奴婢、雇工減二等。告祖父母、父母、夫、家長, 除謀叛、逆、反外, 絞。❸ 奴妻、婢夫告家長, 杖百流三。〈經〉 告期親尊長、外祖父母, 雖得實, 杖百, 大功以下, 遞減一等。奴婢告家長、緦麻以上親, 與子孫、卑幼同。❹ 雇工減一等, 誣告不減。❺ 誣告重者, 各加所誣罪三等。❻ 雖得實, 被告期親·大功尊長、外祖父母、妻父母, 同自首免罪; 小功、緦麻尊長減本罪三等。❼ 子告父, 有詞狀或當官口首方坐, 若吐說於外人止杖八。❽ 告謀反、逆、叛, 窩藏姦細, 及嫡·繼·慈母、生母殺其父, 若養父母殺生父母, 及被期親以下尊長侵奪財產或毆傷其身聽告。❾ 女壻與妻父母有義絶之狀, 許相告, 各依常人論。

010 祖父母、父母、外祖父母誣告子孫、外孫、子孫之婦妾, 及己之妾, 奴婢、雇工, 勿論。期親卑幼, 減所誣罪三等, ❶ 誣告妻及妻誣告妾同。大功二等, 小功、緦麻一等。❷ 雖得實, 被告期親、大功卑幼及女壻, 亦同自首免罪; 小功、緦麻, 減本罪三等。〈律〉

011 以親母或親兄弟誣罔陳告爲他人奴婢, 不待時絞。〈續〉

聽理 山訟附。

001 **田民聽訟，各有該掌。** ❶ 漢城府掌田宅，本曹竝掌田宅、奴婢法律。❷ 成均館奴婢訟，法司毋得直決，移本館查處。❸ 宗親家事係雜訟，勿呈宗簿寺，告本曹推治。〈續〉 ❹ 內侍有訴訟，先呈內府，啓聞。若無內府轉啓之粘連者，切勿聽理，直爲草記。京外同。〈補〉 ❺ 管軍官越分受民訟笞五十。〈律〉 **或一道文記內，田民竝付，則勿爲分掌，竝聽理。** ❻ 只訟奴婢而不爭田宅，只訟田宅而不爭奴婢，則以不爭之意，元告取招後，只聽所訟。〈續〉 ❼ 官吏有爭論等事，令家人告官，不許公文行移。違者笞四十。〈律〉

002 **推閱公事，以戶口現納，載錄於頭辭。** ❶ 推閱時，先考籍。漏籍者，本罪上加等。

003 **元告、元隻所納可考文書，官吏監封，告隻同着名置簿，以憑後考。** ❶ 決訟後，落訟文券僞造的實，情狀可惡者，官上封置，燒火者禁斷。❷ 自萬曆壬辰五月以後戊戌十二月以前買賣文記，雖未斜出，證參明白者許施。〈續〉 ❸ 僞造文記見下《徵債》條。〈補〉

004 **一隻在外方，則就訟隻在官，京司勿推捉。**

005 **詞訟衙門決等公事，每十日錄啓。** ❶ 有故則次旬五日前擧行。本曹同。〈續〉 ❷《大典》法，每節季本曹、漢城·開城府堂下官決訟道數啓聞，不準數者降階。〈補〉 **決訟月日，每朔具移本曹，考**

勤慢處之。 ❸ 京外官趁不處決, 滯囚經年者, 查問罷職。〈續〉 ❹ 日限見上《推斷》條。〈補〉

006 **詞訟官違法聽理者, 制違律論。**〈續〉 ❶ 知非誤決者、故爲淹延者杖百, 永不敍用。經赦則只永不敍。 ❷ 誤決如父子、嫡妾、良賤分揀等情理迫切事, 許卽訴他司。其餘, 決折堂上及房掌遞代後更訴, 遞代後過二年勿聽。〈經〉-❶ 此亦在三年限內, 過三年勿聽。- ❸ 本官誤決, 不得伸理者外, 冒法越訴勿聽。 ❹ 呈誤決者, 啓移他司, 先辨官吏正、誤決。或因訟者歸告, 或以法外相避移他司, 政院察推。〈續〉

007 **訟田宅, 過五年, 勿聽。** ❶ 盜賣者、相訟未決者、父母田宅合執者、因幷耕永執者、賃居永執者不限年。告狀而不立訟, 過五年亦勿聽。奴婢同。〈經〉

008 **久遠田民相訟, 定大小限。** ❶ 大限六十年, 小限三十年。 ❷ 祖先田民合執者、盜賣者及逃漏公賤, 不在此限。 ❸ 徒流、充軍及公差外任人無子婿、奴婢可代訟者外, 在外年月勿計除。 ❹《原典》五年、三年〈續〉-❶ 卽指上遞代後過二年勿聽之文。〈補〉-勿聽之限以月計, 《續典》六十年、三十年之限以年計。**內奴婢入宣頭案, 驛奴婢入形止案, 而稱以本主推尋, 用小限, 事在三十年前,** ❺ 十式年無頉。**勿聽。** ❻ 反主投屬, 本主相訟得決, 而逃避過三十年者, 用大限。**或稱祖上逃奴婢, 或稱奴良妻所生爭訟, 而非當身現存, 用大限, 事在六十年前, 勿聽。** ❼ 事在六十年前, 連二代良役者, 雖自己奴婢亦勿聽。橫侵者壓良爲賤律論。❽ 雖連二代, 而或投屬, 或已入訟辨者, 勿論代數。**相訟得決度數相等, 而事在六十年前, 以時執者爲主。**

009 **相訟屬公奴婢, 過三年, 則勿聽。** ❶ 限三十六朔。❷ 壓良爲賤雖過三年, 辨其不訴之故而依律。〈續〉

010 **私債, 過一年不告官, 勿聽。**

011 **田地、家舍、奴婢買賣, 限十五日, 勿改。**〈經〉 ❶ 限內呈狀, 而過三十日不就訟勿聽。❷ 奴婢買賣後逃亡者, 二周年定限, 過限則勿許還退。❸ 逃亡軍兵田地或賣充番價, 逃者還歸, 勿拘限還給, 田價追償。〈續〉 **牛馬則限五日。**〈經〉 ❹ 驛馬三朔。

012 **退賭地買賣, 限十年。** ❶ 滿十年無價還退, 五年以後半價還退。若準本價, 雖一二年亦還退。〈續〉 ❷ 所典田宅等物限滿, 不肯放贖笞四十, 限外遞年花利追徵給主。限雖滿, 業主無力取贖者不拘。〈律〉

013 **相訟奴婢, 不與同訟者, 勿給。** ❶ 父母奴婢則減半給。田宅同。〈經〉 ❷ 訟田民者, 當初聯名告狀, 而中立觀變, 臨決欲分者, 考其立訟日數, 給三分一。一不就訟勿論。〈續〉

014 **相訟奴婢, 元告及被論中, 自知理屈, 累月不現, 再囚家僮後, 滿三十日不現者, 始訟後五十日內,**〈經〉 ❶ 除官員不坐日。〈續〉 **無故不就訟過三十日者, 給就訟者。** ❷ 以就訟庭親着名爲驗。雖呈誤決，勿聽理。唯親着時有姦僞者，許更理。〈經〉 ❸ 不須滿五十日可決，假如甲者過三十日不就訟，則乙者就訟雖未滿三十日，給乙者，乙者親着必至二十一日，甲者不就訟必滿三十日然後，給乙者。且甲者理屈退避，乙者就訟將近二十一日，則甲者雖一二日出現，不可棄乙者之親着而用甲者出沒間着。凡爭訟同。❹ 謀欲延拖，趁不就訟，或稱理順而拒逆者，另加摘發治罪。

015 **告狀後，年限內，元隻齊現取招外，只一二度追呈，一二度上言，勿以連訟論。** ❶ 甲者限內告狀，長立督現，乙者終不現致過限者，元隻雖不齊現，勿論過限，許更訴。❷ 祖上奴婢相訟，不勝過限，而陰囑他子孫告狀，論以過限，勿許接訟。〈續〉

016 **三度得伸，**〈經〉 ❶ 接訟三度內再伸之謂。〈續〉 **勿更聽理。**〈經〉 ❷ 再度見屈後，更起訟者，非理好訟律論。❸ 甲者二度得勝後，乙者雖更勝累度勿施。❹ 外方已決者，論以初度。❺ 再度官作財主，則依再度得伸例勿聽。❻ 短訟連三次得伸者勿聽。❼ 呈誤決，移他司改分揀者，勿計度數。❽ 一般奴婢，其族屬雖換面相訟，兩度得伸後勿聽。若不干前訟之別人，持明白文記起訟者，許更理。❾ 落訟上言者，三度以後勿受理。

017 **相訟奴婢，兩邊不當者，屬公。** ❶ 甲乙更訟，乙者理屈不現，則勿給甲者，仍屬公。❷ 再度得伸後，屬公亦涉聽理，勿屬公。❸ 公私賤交嫁者，收養遺棄兒爲子，長成後，父母之主互相爭訟，兩邊不當者勿屬公，許從良。

018 **奴婢、田宅賣後, 價直倍前, 則謀欲還退, 自作元隻, 佯爲勝負, 以分其利者, 準今價徵還。**〈續〉

019 **田土、奴婢潛告宮房, 替當其訟, 嚴刑邊配。**〈增〉 ❶ 將互爭及他人田産妄作己業, 投獻官豪勢要, 與、受杖百徒三, 田産及遞年花利給主。〈律〉

020 **他人時執奴婢, 未訟前放賣者, 田民訟決後仍執者, 杖百徒三。**〈續〉 ❶ 據執他人奴婢杖百徒三, 徵役價給主。

021 **盜賣, 則盜賣價徵於盜賣者。**〈經〉 ❶ 奴婢、田地則竝徵役價、花利。〈續〉 ❷ 買者徵價, 本主徵役價、花利。❸ 役價, 奴木二匹, 婢一匹半, 只徵三年。花利隨所出, 年年徵給。❹ 閑曠處預出立案見《戶典·量田》條。〈補〉

022 **重復典賣者, 計價準竊盜論。**❶ 追價還主, 田宅從元典買主。重復典買人及牙保知情, 同犯人罪, 追價入官。〈律〉

023 **前等官已決, 未立案而遞, 雖非交代, 後等官成給。**❶ 傳得、買得奴婢, 限內告狀者, 雖在期年後, 給立案。〈續〉 -❶《大典》, 傳得奴婢、田宅者期年內告官, 受立案。〈補〉- 期年後, 過一年勿聽。〈續〉 ❷ 田宅、奴婢買賣, 百日內告官, 受立案。納作紙後成給。〈經〉〈續〉 ❸ 買田宅不稅契笞五十, 追價一半入官。〈律〉 ❹ 詞訟決於限內見上《推斷》條。〈補〉

024 **奴婢訟決後，京十日、近道三十日、遠道五十日內，錄奴婢名數納官。** ❶ 過限杖八。〈經〉

025 **告惡逆，** ❶ 十惡四曰惡逆。**不受理，杖百。告殺人及强盜，不受理，杖八。鬪毆、婚姻、田宅等，各減犯人二等，止杖八。** ❷ 受財以枉法，從重論。〈律〉

026 **士族持喪，甘心立訟者，勿聽。** ❶ 山訟不論。❷ 若無代訟人而事窮勢迫者，許葬後更訴。被論人在喪，亦於葬後聽理。

027 **長立決訟衙門，以教誘人爭訟爲業，杖百流三。** ❶ 依强盜例，許人捕告，賞布五十匹。❷ 一人於二三處，非理立訟，同律。〈續〉

028 **教唆** ❶ 教，是人不能告而教令之；唆，是人不欲告而唆使之。**詞訟及爲人作詞狀，增減情罪誣告人，與犯人同罪。受雇誣告人，與自誣告同。** ❷ 受財以枉法，從重論。〈律〉

029 **搆誣訟官，杖八，濫爲者，杖百，事理重者，徒三。** ❶ 作黨侵辱訟官者，竝遠配。

030 **族親相訟，凌辱尊長，劫脅卑幼者，先正其罪，後聽理。** ❶ 親兄弟、叔侄間，無故起爭端，啓聞科罪。〈續〉

031 **外方詞訟，務停** ❶ 春分日。**後務開** ❷ 秋分日。**前，除十惡、姦、盜、殺人、捉獲付官逃奴婢、仍役據奪奴婢等，** ❸ 據執、盜耕、盜賣他人田地同。**一應關係風俗、侵損於人外, 雜訟勿聽。** ❹ 京則惟恒居外方者, 聽歸農, 臨決觀勢, 欲歸農者勿聽。〈經〉

032 **荒年則本曹取旨, 行移該道, 推奴徵債等, 一切停止。**〈續〉

033 **聽訟官於受業師及舊有讎嫌之人, 移文回避。** ❶ 違者笞四十。若罪有增減, 以故出入論。〈律〉 ❷ 奴婢、田宅立案, 各其所居處告官, 有相避者移他官。〈經〉 ❸ 親姻相避, 見《吏典·相避》條。〈補〉

034 **立訟者, 納該用作紙。得決則家舍瓦家一間二卷, 草家一間一卷, 田地十負二卷, 奴婢一口三卷。**〈續〉 ❶ 貢物十石準奴婢一口。〈補〉 **斜出則瓦家一間一卷, 草家一間十張, 田地十負一卷, 奴婢一口一卷。** ❷ 皆用楮注紙, 毋過二十卷。〈續〉 ❸ 一卷代木一匹。〈補〉 ❹ 空垈四間準瓦家一間。❺ 物故、老除無作木。❻ 補充隊作木一口錢二兩, 斜出一兩。

035 **山訟一體, 具訟體施行。** ❶ 理曲不辨於官擲奸, 仍滿三十日不就訟者, 決給親着人。

036 **士大夫墳墓步數**〈續〉 ❶ 步數見《禮典·喪祭》條。〈補〉 **內, 冒禁偸葬者, 掘移。** ❷ 子孫廢祭, 而他人侵葬不禁, 至二三年後, 則依《原典》訟田宅過五年例勿聽。犯墳則不在此限。❸ 雖無步數之人,〈續〉-❶ 謂有蔭士人。〈增〉- 龍虎內養山處, 勿許他人入葬。龍虎外雖養山, 勿許廣占。❹ 龍虎濶遠, 或至五六百步, 亦不可一準龍虎, 唯在訟官量度彼此圖局、山勢遠近, 參酌處決。〈續〉 ❺ 奴屬犯主山中當禁之地, 則嚴刑三次, 遠惡絶島, 仍本役充定, 勿揀赦前。〈補〉

037 **有主山及人家近處偸葬者, 禁斷。** ❶ 雖一人家舍, 百步內不得入葬。偸葬者, 百日內不得現出, 許令山主告官, 啓聞後, 官掘移。❷ 大村內及他人墳山至近地, 冒占起訟者, 指示地師刑懲, 主喪人定配, 決給訟官論罪。

038 **鄕校案山望見處入葬, 家長論罪, 勒限掘移。**〈續〉 ❶ 陵火巢、外案禁葬, 見《禮典·陵廟》條。京城十里內禁葬, 見下《禁制》條。〈補〉

039 **葬用古塚, 依發塚律。** ❶ 許發塚者及葬師同。〈經〉 ❷ 平治他人墓爲田園, 杖百。有主墳地內盜葬杖八, 勒限移葬。〈律〉

040 **應禁之地, 占山落訟者, 不當禁之地, 禁葬落訟者, 刑推懲礪。**

041 **士大夫勒葬、誘葬、偸葬之類, 痛禁。犯者, 依奪入閭家律。** ❶ 守令知而不禁, 拿處。❷ 常賤父母山繼葬處, 士夫占奪者同律, 勒限移葬。❸ 監司、守令占山於道內、境內者, 拿問定罪, 勒限掘移。

042 **掘移納招後逃匿者, 決後仍執律論。官吏決折有違法理者, 知非誤決律論。**

043 **私自禁葬而違法作挐者, 重論。** ❶ 作黨伐喪, 打破喪轝, 依發塚未至棺槨律。犯柩依[19]發塚見棺槨律。❷ 破金井、毁築灰, 依平治他人墓爲田園律。❸ 穿壙處放火或投穢物, 依穢物灌人口鼻律。❹ 成墳後放火或揷木, 依延燒官民房屋律。❺ 發軍相鬪者、拔釖·放砲·放射者, 杖百徒三。傷人重者, 杖百流三。❻ 率婦女上山禁葬者, 罪家長, 無則率子定配。

044 **因山訟, 以人臣不敢言之說, 誣人上言呈官者, 嚴訊得情, 杖百** ❶ 除贖。**島配。**〈續〉 ❷ 誣罔擊錚, 見上《訴告》條。

045 **置塚雖在, 先入葬者爲主。**〈補〉 ❶ 置塚謂之眞塚, 依詐不實律。

046 **宗親、宰相自己所訟, 該司可以聽理者, 毋得紛紜啓達。** ❶ 違者重推。〈續〉

047 **上司與軍門所屬干係訟獄者, 一邊處決。**〈增〉 ❶ 王子房所屬干係訟獄者, 直爲推捉。〈補〉

19 依 : 底本에는 "衣"로 되어 있다. 奎章A에 根據하여 修正하였다.

徵債

001 **國庫虧欠盜用, 一應推徵之物及未收田稅、貢物, 京則京兆, 外則諸邑, 行移督徵。** ❶ 過期年不徵官員, 降一階。不納者罷黜, 前銜收告身。衙前、庫子依律論, 限畢納囚徵。❷ 典守穀物虧欠者, 有他穀剩餘, 推移準計, 租、鹽、麰一斗代米四升, 赤豆一斗米六升, 稷一斗米三升, 唐黍一斗米四升二合, 黍、粟、麥、黃豆一斗米五升。❸ 闕內金、銀器遺失, 勿徵本色器, 以同品金、銀準徵。〈續〉 ❹ 各司虧欠、遺失之物, 金、銀、鍮、銅器及布帛十匹、米麪十石以上外, 勿移京兆, 其司自徵。〈補〉

002 **公私負債者,**〈經〉 ❶ 受稅貢米、麪不納者, 移轉米、麪、雜物虧欠者, 代納貢物價及役價者, 受金、銀、鍮、鐵器不納者, 赴京通事、醫員唐物貿易未納者, 故令敗船者, 負公私宿債者。〈經〉〈續〉 ❷ 通事、醫員, 啓聞科罪追徵。〈續〉 **雖身死, 有妻子財産者, 許徵。雜物虧欠者,**〈經〉〈續〉 ❸ 典守牛、馬、羊、猪、羔、鴈、鴨、鷄物故、遺失者, 砂·木器、紙芚、席子虧欠者, 器皿、雜物傷破者, 魚·鹽稅、工·商稅未收合者, 雜物還徵而未納者, 雜物差錯支給者, 船軍月課未納者。**身死則免徵。**

003 **公私負債者, 親父子外兄弟及一族止接人, 一切勿侵。** ❶ 公債六百兩以上, 良人、公私賤雖納物堂上嘉善, 竝妻、子, 沒爲奴婢於該官, 而蕩滌其債; 雜職堂上嘉善定配, 妻、子沒爲奴婢, 而當身或子孫中, 準數追納, 則許各還本役。❷ 外方色吏偸竊國穀者, 計贓旣勘一罪, 則穀物蕩減, 勿侵一族。❸ 負公債者論罪時, 當初受賂出給監、色, 減犯人一等。❹ 公債, 勿許以田土、家舍代納。已代納者, 每年收其田稅, 準本、利後還給。

004 **徵債, 勿論公私, 過什二, 杖八徒二。** ❶ 以穀給債, 以錢捧利者, 許負債者發告, 杖百流三, 其貨屬公。與甲利者, 杖百配, 雖十年只徵一年利, 違者杖百。❷ 負私債者身死, 勿捧利。

005 **徵私債者, 或代捧田土, 或勒其子女爲奴婢, 杖百定配, 田土、子女推還。** ❶ 給債而以退賭地田當, 田土過限後仍執, 依私債代捧田土律。〈續〉 ❷ 豪勢人以私債, 强奪孳畜、産業杖八。估價過本、利, 計多餘坐贓論, 依數追還。❸ 私債違約不還者, 五貫以上, 違三月笞一十, 每月加一等, 止笞四十; 五十貫以上, 違三月笞二十, 每月加一等, 止笞五十; 二百五十貫以上, 違三月笞三十, 每月加一等, 止杖六。〈律〉 ❹ 準折人妻妾、子女, 見上《姦犯》條。〈補〉

006 **私債有具證筆文記者, 許徵。**〈經〉 ❶ 諺文及無證筆者勿聽。

007 **商譯之貸用公債者一禁。**〈續〉 ❶ 多者計贓, 以外方色吏偸竊國穀律論。〈增〉 **監臨官吏於部內放債, 杖八。** ❷ 違者以餘利計贓, 重者依不枉法。〈律〉

公賤 私賤

001 **公賤, 每三年成續案,** ❶ 各司官推刷覈實, 磨勘成籍。〈經〉-❶《大典》, 同掌隷院官磨勘。〈補〉- 外則守令推刷, 報觀察使。**每二十年成正案, 藏於本曹、政府、本司、本道、本邑。** ❷ 內需司奴婢, 成正、續案, 本曹、本司、本道、本邑各藏一件。〈經〉 ❸ 掌隷院革屬本曹之後, 關係寺奴婢者, 戶曹句管; 免賤、相訟等事, 本曹句管。〈增〉

002 **各司奴婢每式年、內奴婢限十年推刷。** ❶ 內司推刷時, 道臣別爲廉察, 侵漁奴婢者, 啓聞配。各司差人徵斂尤甚者, 自本道決杖配。〈續〉 ❷ 寺奴婢生産、物故, 每年該邑查報戶曹。〈增〉

003 **各衙門京奴婢生産、物故, 其司報京兆, 歲抄啓聞。**〈續〉

004 **賤人所係從母役。** ❶ 僧人所生雖良從賤。〈經〉 ❷ 僧姦所生陳告立訟人論賞。〈經〉〈續〉 ❸ 公私賤娶己婢所生, 給己之官主; 娶妻婢所生, 給妻之官主; 娶良妻而又娶其良妻婢所生, 給己官、主, 而若其良妻有他夫子女, 給其子女。〈經〉

005 **公私賤娶良妻所生, 竝從母役。**〈續〉 ❶ 英宗辛亥正月一日子時爲始, 所生從母役。〈續〉〈增〉

006 **驛吏娶良女所生, 男爲驛吏, 女爲驛女。** ❶ 娶公、私賤所生, 竝從母役, 贖身者陞父役。**驛女嫁良夫所生, 男爲驛吏, 女勿**

屬驛。❷ 嫁公、私賤所生, 男從母, 許良爲驛吏; 女勿屬驛。**驛奴娶公私賤所生, 男從父役, 女從母役。**❸ 娶良女所生, 驛役自願者, 陞驛吏, 其子女一體屬驛。❹ 內司婢嫁驛奴所生, 勿屬驛。❺ 三、甲、六鎭官婢嫁驛吏、奴所生, 男女從母役。其餘端川以北, 女從母役。**驛婢嫁良賤夫所生, 竝屬驛奴婢。**❻ 驛有吏、女、奴、婢四名目, 郵官納價循囑, 以奴陞吏, 以婢陞女, 勿論多少, 觀察使啓聞科罪。

007 **向化人娶公私賤者, 男從父役, 女從母役。向化女嫁公私賤所生, 專屬禮曹。**〈續〉

008 **定屬奴婢限己身。**❶ 屬公否。〈補〉

009 **各邑公賤老除物故, 關由本曹, 成送立案。**〈續〉〈補〉 ❶ 物故者, 京則本司及所居部官, 外則守令親視, 取所管人、一族、切隣等供招, 成立案, 本曹、本司、本道、本邑各藏一件, 又給屍親憑後考。〈經〉 ❷ 過三朔不成給守令罷職。❸ 以生爲死, 杖百流三。〈續〉 ❹ 物故三日內告官, 五日內立案, 違格者不許頉。〈補〉 ❺ 物故, 如無該邑檢狀勿施。〈增〉 **逃亡過三十年者, 續案磨勘時, 可據文書上送該曹頉下。**❻ 有父母則勿以逃亡懸錄。❼ 逃亡者年七十以上, 許老除, 而仍存案錄。**外案付奴婢逃接京中者, 仍留, 錄案役使。**❽ 兩界人物一一刷還。❾ 針線婢、醫女之屬上京後所生, 查還本官。〈續〉 ❿ 京奴婢逃居外方者, 論罪捉還。〈經〉 ⓫ 逃亡許接滿一年者, 同容隱役使罪。逃亡驛吏許接者同罪, 役價徵給本驛。〈續〉 ⓬ 流亡者, 本官報司, 移文諸道, 根尋發還時, 到處安業者仍留, 錄續案。不檢擧官吏及知而不告所管人及切隣, 制違律論。⓭ 避役爲僧尼, 决杖百, 極邊殘邑官奴婢永屬。知情師僧尼, 制違律論, 還俗當差。私賤論罪給主。〈經〉

010 **實貢奴婢漏落三口以上, 用情色吏, 杖百徒三, 守令推考。** ❶ 五口以上, 色吏杖百遠配, 守零罷職。十口以上, 竝加等論。**減年歲等雜岐者五口以上, 守令、色吏, 依漏落三口以上律。** ❷ 七口以上, 與漏落五口以上同。〈續〉 ❸ 寺奴僞頉及漏案三口以上, 守令拿問。〈續〉〈增〉 **如有容隱役使, 不計口數多少、役使久近, 杖百徒三, 徵役價。** ❹ 私賤同。❺ 面·里任、切隣知而不告者, 守令不檢擧者, 制違律論, 勿揀赦前。〈續〉 ❻ 逃亡或身死者, 徵役價後, 以其奴婢徵償。私賤同。〈經〉 ❼ 公、私賤容隱役使公、私賤者, 杖百流三, 徵役價。❽ 容隱者自首免罪, 役價免徵。逃、漏人自首免罪, 前貢免徵。❾ 冒占內司奴婢者, 冒占良民律論。

011 **逃漏現出之數, 每歲抄啓聞。**

012 **屬公奴婢及强盜妻、子女, 觀察使歲抄, 小名啓聞。** ❶ 京司屬奴婢小名, 亦移文本曹, 置簿檢擧。❷ 相訟屬公奴婢子枝, 訟案竝錄, 限當後, 隨卽續案施行。❸ 强盜妻、子女永屬者, 所在官有産業鄕戶保授存恤, 觀察使巡行時嚴察, 若有逃亡, 守令及保授人論罪。❹ 犯罪屬公人本係公賤, 則各還其司。❺ 公賤犯盜, 爲奴配邊堡者, 旣役配所, 本身役許減。〈續〉

013 **奴婢年十五以下、六十以上者, 篤疾、廢疾者, 免貢役。**〈經〉 ❶ 《大典》法, 京奴年五十除樂籍, 免貢、役。〈補〉

014 **公賤** ❶ 父母俱是公賤者。**所生三口貢役** ❷ 實貢, 實役。**者, 父母免貢役; 六口貢役者, 免一口。** ❸ 雖父母俱歿, 同生五口貢、役者, 一口免貢、役; 十口貢、役者, 二口免貢、役。〈續〉 ❹ 年七十以上, 而所生三口以上貢、役者, 免一口。八十以上, 又給侍丁一口; 九十以上, 全給侍丁, 父母雖非公賤亦給。❺ 侍丁免貢、役奴婢, 每三年推刷, 改給立案。〈經〉

015 **宮女, 只以各司下典選入。** ❶ 內婢足可充選, 寺婢非特敎勿選, 良家女一切勿論。良人、寺婢或薦進, 或投入者, 杖六徒一。❷ 宗親、議政府奴婢, 侍女、別監勿抄定。〈續〉

016 **功臣賜牌奴婢以寺奴婢, 丘史以官奴婢, 本家指名望定, 本曹入啓定給。**〈續〉〈補〉 ❶ 一等功臣, 奴婢十三、丘史七; 二等, 奴婢九、丘史四; 三等, 奴婢七、丘史二。❷ 丘史, 三南非直路, 完邑所在奴婢中定給。〈續〉 ❸ 丘史, 身歿三年後還本役, 妻存仍給, 有故勿充。〈經〉 ❹ 久遠賜牌及賞賜未及受出者, 各其門長、顯官懸保, 以防姦僞。**宮家賜牌, 以寺奴婢定給, 官奴婢一切勿許。** ❺ 圖出者, 幷該官繩重律。❻ 賜牌奴婢、丘史物故外, 毋得以雜頉代受。❼ 殘邑及直路官奴婢、兩都所在及禮賓寺奴婢, 竝勿許。〈續〉 ❽ 諸宮房、各衙門賜牌, 勿論新舊, 一時受出, 毋得續續疊受。〈增〉

017 **公賤無子女身死者，奴婢、田宅屬於本司、本邑。**〈經〉 1 私賤竝其財產，許本主區處，而身死久遠者勿施。生時具證筆賣他人者，毋得混入。娶他婢有子孫，而其主記上者，制違律論。公賊同。〈經〉〈續〉 2 公賤有收養子，仍屬續案而傳孫者，亦毋得記上。

018 **公私賤及官屬背本主、本官，投托內司者，限身歿爲邊邑官奴。**〈續〉 1 正案中，父母或祖父母或己身名字明白現付外，援引投托者勿聽。〈經〉

019 **成均官奴婢，本司外勿差他役，**〈續〉 1 奉常寺、四學、濟用監、通禮院同。〈續〉〈補〉 **勿定舟師、格軍。** 2 社稷署同。 3 濟州三邑奴婢，勿定樂工及奉足。〈續〉 4 關西奴婢，勿定京役人奉足。〈補〉

020 **本曹京奴婢，各司毋得望定。**

021 **諸司奴婢避苦就歇，及官吏循私囑擅那移，杖百徒三。** 1 米、麪諸司奴婢，勿許斜付投屬。 2 各司奴婢他役者，其提調毋得啓請還給，雖都提調，匠人則毋得啓請還給，而移文本曹，則本曹分揀各司殘盛，參酌粘啓。

022 **官奴婢移屬諸司者禁斷，罷還。** 1 官奴娶寺婢所生，各邑稱以假官屬立役者，摘發推論。 2 營奴婢，觀察使不稟朝家，劃給書院者嚴防。

023 **陳告逃漏奴婢者，守令親覈虛實，施以賞罰。** 1 每六口賞一口, 毋過五口。三十口以上, 公賤免賤, 私賤以公賤代給免賤。告五口以下, 給所告奴婢三年貢。❷ 官奴婢以官奴婢, 各司奴婢以各司奴婢, 陳告後免賤。❸ 北道奴婢陳告, 以他道奴婢賞之。❹ 陳告奴婢全數逃亡者, 賞給奴婢還屬公。〈續〉 ❺ 名載正、續案者, 過五年乃許陳告。四歲以下六十歲以上, 不在計口論賞例。〈經〉 ❻ 陳告公賤, 續案中有其祖父母名, 與其戶籍及官文書符合無疑者, 聽理; 續案無階梯, 而或稱久遠奴婢子孫, 與其戶籍有一字差錯, 勿聽, 論誣告律。❼ 官奴婢時方使役, 而只載官案, 不錄續案者, 稱以漏落陳告受賞, 守令及推刷差員, 論欺罔律。**無時陳告, 一切防塞, 式年推刷時始許。**〈續〉 ❽ 十歲以下及有服親, 毋得陳告。〈經〉〈續〉

私賤

001 父祖傳來奴婢, 其一般奴婢處, 毋得許與放賣。〈續〉

002 買賣奴婢必告官, 私和買賣者, 奴婢及價物沒官。〈經〉

003 凶歲遺棄兒, 許人收養救活, 爲子爲奴。❶ 以三歲以前爲限。若値連凶、大無, 則或限八九歲, 或十五歲, 聽其兩邊情願。或幷後所生永作奴婢, 或限身使役, 或限年使役, 隨凶荒淺深、收養久近, 一以臨時事目爲準。事目以外及收養未滿六十日者勿施。❷ 願收養者, 具小兒年歲、容貌告官,-❶ 京當部, 外各其官。- 小兒父母及里任、切隣, 詳查捧招報賑廳, 成給立案, 兒衣踏印以防姦僞。收養限滿, 勿論良人、公·私賤, 許收養人執持。其父母、族親三朔前, 則倍償收養穀物, 許令還推, 過限勿聽。豪勢家脅勒收養, 以掠奪論; 符同官吏, 以枉法論; 救活後厭避, 以叛主論; 威勢還奪, 以枉法論。兩家父母相議, 托人收養, 爲他日[20]免賤計者嚴禁。〈續〉 ❸ 遺失小兒, 漢城府、本邑保授願育人, 官給衣料。過十歲無告還者, 許願育人役使。〈經〉

004 娶親屬之婢所生, 與本主爲五寸以下親者, 依放役奴婢所生例,〈續〉 ❶ 放役奴婢後所生, 子孫役使。〈經〉 許本主役使。❷ 婢妾所生五六寸, 親屬漸遠, 使喚固無不可, 勿屬公。

20 日 : 底本에는 "人"으로 되어 있다. 奎章A에 根據하여 修正하였다.

005 **京及他道人之兩界奴婢，只收身貢，毋得率來使喚，一切勿許買賣。** ❶ 潛相買賣者，燒其文劵勿施。❷ 如有推奴，守令親查得實，依定式，四金、六金贖良。不呈官侵虐者，各別科罪。初未精查，而本主繼起，則守令啓聞論罪。〈續〉 ❸ 濟州私奴十五歲以上價，銀四兩，自官徵送本主。北道壯奴婢六兩，老弱二兩。〈補〉

006 **隱漏奴婢推尋者，雖累年後，只徵三年貢。**〈續〉 ❶ 奴，綿布一匹。-❶《續典》，奴二匹，婢一匹半。-〈補〉

007 **叛主奴婢仍本役，絶島定配。**〈續〉

008 **奴婢因事功爲良，以公賤充給。**〈經〉

009 **私賤入屬工匠案及奉常寺熟手，以公賤代給。** ❶ 過五年後代給。

010 **兩界良人，冒認爲奴婢率來，杖百流三。**

011 **誘匿兒童，待壯爲奴婢，杖百流三。** ❶ 管領、切隣知而不告，減一等。不報官吏重推。〈續〉

012 **設方略誘取及略賣良人爲奴婢，杖百流三；爲妻妾、子孫，杖百徒三。因以傷人，絞，殺人，斬。** ❶ 被略人不坐給親。假以乞養、過房，買良家子女轉賣，罪同。❷ 和同相誘及相賣良人爲奴婢，杖百徒三；爲妻、妾、子、孫，杖九徒二半。被誘人減一等。十歲以下，雖和同略誘。❸ 未賣，各減一等。❹ 他人奴婢，各減一等。❺ 收人家迷失子女，賣爲奴婢，杖百徒三；爲妻、妾、子、孫，杖九徒二半。迷失奴婢，各減一等。被賣人不坐給親。收在逃子女，賣爲奴婢，杖九徒二半；爲妻、妾、子、孫，杖八徒二。在逃奴婢，各減一等。被賣人又各減一等。在逃罪重者，從重論。自爲奴、婢、妻、妾、子、孫，罪同，隱藏杖八。買者及牙保知情，減犯人一等，追價入官。不知者不坐，追價還主。❻ 冒認良人爲奴婢，杖百徒三；爲妻、妾、子、孫，杖九徒二半。冒認他人奴婢杖百。

013 **略賣子孫爲奴婢，杖八；弟妹及侄、侄孫、外孫、己之妾、子孫之婦，**❶ 妾減二等。**杖八徒二；同堂弟妹、堂侄、侄孫，杖九徒二半。**❷ 和賣減一等，未賣又減一等。被賣卑幼不坐給親。❸ 賣妻及大功以下親，-❶ 年幼尊屬。- 從凡人和、略。❹ 買者知情，同犯人罪。❺ 牙保，各減一等，竝追價入官。不知者不坐，追價還主。〈律〉

014 **自賣其身者，賣妻律論。**❶ 買者同罪。〈續〉

分財

001 **未分奴婢,** ❶ 田地同。**勿論子女存歿, 分給。** ❷ 未滿分數者, 均給嫡子女。若有餘, 先給承重子, 又有餘, 以長幼次序給。嫡無子女, 則良妾子女, 無則賤妾子女同。〈經〉 ❸ 子女身歿, 無子孫者勿給。其妻守信則給。〈續〉 ❹ 長子死無後長子婦, 依衆子例, 見《禮典·立後》條。〈補〉 ❺ 田地十負準奴婢一口。

002 **父母奴婢** ❶ 田宅同。**不爲和會者, 呈官分執。**〈續〉

003 **嫡有子女者, 承重子加五分一,**〈經〉〈補〉 ❶ 如衆子女各給五口、承重子給六口之類。**衆子女平分, 良妾子女七分一,** ❷ 如嫡子女各給六口、良妾子女各給一口之類。下同。 ❸ 嫡母奴婢則否。賤妾子女同。**賤妾子女十分一。**

004 **嫡無子女者,**〈經〉 ❶ 有繼後子, 則分數以嫡子承重者論。〈續〉 **良妾子女平分, 承重者加五分一, 賤妾子女五分一。**

005 **嫡無子有女者, 良妾子承重, 則其分**〈經〉 ❶ 卽七分一一口。〈解〉 **加二分。**〈經〉 ❷ 如嫡女六口, 良妾承重子, 於其分加二口爲三口。〈解〉

006 **嫡及良妾無子女者, 賤妾子女平分, 承重子加五分一。**

007 嫡及良[21]妾皆無子有女者, 賤妾子承重, 則其分〈經〉 ❶ 卽十分一。〈解〉 加二分。

008 嫡無子女, 而良妾無子有女者, 賤妾子承重, 則五分一加二分。

009 嫡母無子女者, ❶ 嫡母奴婢。 良妾子女七分一, 〈經〉 ❷ 與嫡母使孫等七分一。〈解〉 承重子則加三分; 賤妾子女十分一, 承重子則加二分。 餘還本族, 〈經〉 ❸ 本族見下〈使孫圖〉。〈補〉 ❹ 無同生則三寸, 無三寸則四寸。 人數雖多都給, 如奴婢數少, 則先給妾子女。 無本族則屬公。 ❺ 下同。〈經〉 ❻ 《大典》無同生則三寸、無三寸則四寸之法, 蓋同生皆歿然後三寸、三寸皆歿然後四寸之謂。 更申法意, 勿論生歿均給。〈續〉

010 嫡母無子有女者, ❶ 嫡母奴婢。 良妾子承重則七分一, 毋過三口; 賤妾子承重則十分一, 毋過三口。

011 前母、繼母無子女者, ❶ 前母、繼母奴婢。 義子女五分一, 〈經〉 ❷ 與前母、繼母使孫等五分一。〈解〉 承重子則加三分。

012 前母、繼母有子女者, ❶ 前母、繼母奴婢。 義子承重則九分一。

013 養父母無子女者, ❶ 養父母奴婢。 養子女 ❷ 侍養。 七分一, 〈經〉

21 良 : 底本에는 "妻"로 되어 있다. 奎章A에 根據하여 修正하였다.

❸ 與使孫等七分一。〈解〉 **三歲前** ❹ 收養。 **全給。** ❺ 宦官以宦官爲子者, 依三歲前。〈經〉 ❻ 若立後, 依嫡有子例, 侍養十分一, 收養七分一。〈解〉 ❼ 三歲前養子女及承重義子, 卽同親子女, 雖遺書有本族外勿與他之語, 勿用。〈經〉〈補〉

014 **養父母嫡有子女者,** ❶ 養父母奴婢。 **養子女十分一, 三歲前七分一。**

015 **養父母嫡無子女, 而有妾子女者, 父奴婢給侍養子女七分一, 餘給妾子女; 母奴婢從本分, 給妾子女、侍養子女, 餘還本族。** ❶ 有良妾子女、收養子女, 則父奴婢, 與收養子女平分, 賤妾子女五分一; 母奴婢從本分, 給妾子女, 餘給收養子女。〈經〉

016 **嫡有女, 又有繼後子, 又有養子女者, 嫡女[22]與繼子平分, 而繼子加給奉祀條, 養子女只依分數。**

017 **班祔人奴婢, 給主祭者五分一, 無過十口。 餘給使孫。** ❶ 不問男女, 凡無後當祔[23]子, 雖死於父母之前, 同生分財時, 就其應得數內出此分數, 餘給使孫。如數少, 則只給主祭者。田地同。〈續〉

018 **無子女夫妻奴婢, 生存者區處, 本族外不得與他。**〈經〉 ❶ 旣

22 女 : 底本에는 "母"로 되어 있다. 奎章A에 根據하여 修正하였다.
23 祔 : 底本에는 "附"로 되어 있다. 國中A 및 奎章A에 根據하여 修正하였다.

不得與他, 則自不得放賣, 放賣文記勿斜給。〈續〉 **如有妾子女、義子女、養子女, 亦無過其分。** 2 妻適他者, 其所區處不用。〈經〉 3 繼母以其夫之物, 稱別給或放賣, 偏給己出, 則前母之子無以資活。無子女夫、妻奴婢, 生存者區處, 則有子女者之奴婢不當區處, 更申法意。田宅同。

019 **有子女前母奴婢, 其子傳執, 無子女而死, 則傳給異母同生。**

020 **妻於夫歿後, 收養己族爲子女者, 夫邊奴婢, 以奉祀條, 從分數分給。** 1 夫於妻亦如之。田地同。

021 **初無子女者奴婢、田宅已區處, 而後有子女, 則許其刷還。** 1 受者雖已死, 勿拘身死勿改之法。

022 **乳母及新奴婢,**〈續〉 1 俗稱轎前婢。〈補〉 **例無文劵, 相辨歸一者外, 以元奴婢例, 平均分給。** 2 乳母、新奴婢得後所生, 例不入於分執數, 而如或兄弟中無乳母、新奴婢又無他奴婢可分者, 則必有不能生活之弊, 除給四分一。3 無子女前母、繼母奴婢, 義子女分數時, 乳母、新奴婢所生, 則奉祀、服喪之義子女處全給。〈續〉

023 **功臣田傳子孫,** 1 承重者加三分一。2 女子身死後, 移給繼姓子孫。3 嫡無子孫者, 傳良妾子孫。無則賤妾子孫承重者, 只給祭田三十結, 餘屬公。**立廟家舍傳於主祭子孫。**〈經〉

024 **祖父母、父母在, 而子孫別戶籍, 分財産, 杖百。** ❶ 親告乃坐。❷ 居父母喪, 兄弟別籍分産[24], 杖八。期親尊長親告乃坐。〈律〉

025 **無後人奴婢, 收養、使孫等, 三年內毋得相分。** ❶ 田宅、財産同。

026 **分執不均者, 合執專利者, 論罪。** ❶ 其應得奴婢、田宅屬公。〈經〉 ❷ 尊長分家財不均者, 二十貫笞二十, 每二十貫加一等, 止杖百。〈律〉

027 **父母奴婢和會文記, 一人未着名者, 勿施。** ❶ 父母未分奴婢, 子女等和會分衿草文記, 雖或一人有故未着名, 而各自執持積年使用, 則不可以未成文記論, 仍給。〈續〉

028 **父母、祖父母、外祖父母、妻父母、夫妻妾及同生和會分執外, 用官署文記。** ❶ 子之於親, 亦不須官署。〈經〉 ❷ 繼母傳係文記用官署。嫡、庶母同。❸ 文記官署, 非財主所在處, 勿受理。〈續〉 ❹ 須具證筆,-❶ 族親及顯官中二三人。- 同生以上文記手書者, 不必具。田宅同。**欲改者, 具由告官改給。**〈經〉 ❺ 竝指白文與官署。❻ 應用白文外, 以違法白文謀免罪者, 據執他人奴婢律論。〈續〉 **受者身死, 勿改。** ❼ 父母、祖父母、外祖父母之於子孫, 夫之於妻、妾, 許改。

24 産 : 底本에는 "彦"으로 되어 있다. 國中A 및 奎章A에 根據하여 修正하였다.

029 **用祖父母以下遺書。**〈經〉 ❶ 外祖父母遺書皆通用。〈續〉 ❷ 祖及父, 須手書; 祖母及母, 須族親中顯官證筆。衆所共知未手書者、疾病者, 依婦人例。

030 **財主成文契而死者, 召侍病族親或奴婢閱實, 給立案。**〈經〉

031 **僞造文記現著, 杖百流三。若其祖先所爲, 減等論。** ❶ 闖失及燒火立案, 姦僞現露, 同律。〈續〉 ❷ 證筆者庶人, 徒三; 朝官, 科罪永不敍用, 經赦則只永不敍。〈經〉

❸ 己無子女。

使孫圖

祖 ┬ 父 —— 同生 —— 三寸侄 —— 四寸孫
　 └ 三寸叔 —— 四寸兄弟〈決訟〉

❹ 無子女者, 己物還係父母, 故同生、三寸侄、四寸孫爲應使之孫, 而三寸叔、四寸兄弟不與。無四寸孫然後, 己物當係於祖父母, 三寸叔、四寸兄弟得爲使孫。〈解〉

贖良

001 **二品以上有子女公私賤妾, 許以自己婢贖身。** ❶ 私賤從本主情願。〈經〉

002 **賤妻妾子女, 大王姓孫, 六代以上, 無贖身從良。** 〈續〉 ❶ 嫡孫勿限代, 庶孫限九代, 外孫限七代, 勿論公、私賤, 代口贖身。〈增〉 ❷ 應贖者上言, 則本曹移文敦寧府、宗簿寺, 考其代數後回啓。〈續〉〈補〉

003 **功臣娶公賤所生, 許爲良。東西班三品正職之子與孫** ❶ 軍職僉使之類, 不在此例。**、曾經吏兵曹·憲府·諫院·弘文館·摠府·宣傳官之子, 娶公賤所生, 許代口贖身。士族、朝官之子與孫嫡妻無後, 當以公賤所生承重者, 亦許代贖。**〈續〉 ❷ 朝官者之曾孫以下, 雖無許贖之法, 明是士族, 則亦許其父母、同生、祖父母告官。〈補〉 ❸ 公賤代贖者, 所代奴婢累式年考籍的實後, 以年歲相當者計口, 以奴代奴, 以婢代婢。如冒僞, 則當身、監色、頭目杖百流三, 守令削職, 監司罷職。〈續〉 ❹ 代奴婢逃亡者, 本身生存則充立, 不充立者還賤; 十年內物故者, 亦還賤。〈經〉〈續〉 ❺《大典》法有文武官、生進、錄事、有蔭子孫及無嫡子孫而以妾子孫承重者, 娶公、私婢之子女, 其父-❶ 無父則嫡母, 無則同生, 無則祖父母。-告掌隷院, 錄案移文兵曹, 屬補充隊之文。〈補〉

004 **宗親及大小員人,** ❶ 文武官、生進、錄事、有蔭子孫及無嫡子孫者之妾子孫承重者。**娼妓、女醫家畜者所生外, 勿許爲良。**

〈經〉 2 除仕無出入者, 方以家畜論。

005 **公賤, 其祖與父出身、生進, 而其子孫冒良者, 仍許爲良。其父出身、生進, 而其子冒良者, 及其父祖雖未登科, 而隱漏冒良, 其孫爲出身、生進者, 竝代贖。** 1 女子同。 2 雖三代以上登科者, 自首後如右論, 陳告現出者勿論。〈續〉

006 **贖良者, 皆屬補充隊。**〈補〉 1 補充圖出於他道、他邑者, 勿施。 2 女人之屬補充者, 與男丁一體從良。 3 自己婢妾所産不屬補充者, 定公賤, 而因他事現發外, 嫡族陳告勿施。 4 贖良者, 限內不受立案者屬公。〈續〉

007 **良人雖無良籍、良族, 良役已久者, 勿許陳告屬賤。**〈經〉 1 連二代良役, 事在六十年前, 非當身見存, 雖無補充隊帖文, 勿沒入公賤。

008 **官婢依法贖身免役外, 作妾率畜者, 刷還還賤。** 1 守令私與者、不推還者, 制違律論。不發覺觀察使一體論。 2 品官除役率畜者, 土豪律論。 3 推刷官所畜官婢, 托以陳告免賤瞞報者, 削職, 免賤人還賤。 4 官奴婢代口納贖者還賤。家長杖百, 觀察使推考, 守令罷職。 5 公賤, 守令私自贖良者; 設賑時, 官奴婢許贖濫爲者, 繩重律。 6 公賤許爲贖身者, 還賤。色吏杖百遠配, 官員制違律論。

009 **西北公賤, 勿許贖。** 1 大王姓孫許贖。

010 **<u>咸鏡道</u>私賤自他道移來者, 勿許贖。元居民願贖者, 令就其主贖。**

011 **成均館** ❶ 四學、鄕校、奉常寺同。**奴婢, 勿許免賤。** ❷ 雖有免賤之勞, 論以他賞。

012 **軍功、納粟免賤、免役、免貢, 非啓下公文勿施。** ❶ 以功勞奉承傳, 自願免賤者, 父、母、己、妻、兄、弟、子、女、婦、婿外, 毋得望定。冒僞則成給堂、郞重推, 該吏遠配, 告狀人依欺罔律, 免賤人還賤。〈續〉 ❷ 免賤帖入啓時, 考京外帳籍, 應許免賤外, 詐僞濫雜者勿施。循私許免者, 該堂、該道臣勘律。〈增〉

013 **工匠代給奴贖良價, 毋過錢百兩。濫徵者, 詐不實律論。** ❶ 私奴婢贖良價同。

014 **寺奴娶私賤所生, 贖良於妻上典者, 私賤子女, 贖良於母上典者, 許良, 而父上典勒作奴婢者, 壓良爲賤律論。**

015 **已贖奴婢, 稱以膳物侵徵者; 先世贖給奴婢, 至子孫還爲撓奪者, 壓良律論。** ❶ 贖良過數代後, 稱以舊上典, 換面來侵者同。

016 **非自己奴婢僞贖, 而本主推尋, 則僞贖價徵於僞贖者。已贖奴婢勿侵, 違者壓良律論。**〈續〉

禁制

001 **平安道江邊七邑** ❶ 咸鏡道 端川以北同。**用錢者，一律論。** ❷ 地方官、道臣，次次減等勘律。

002 **咸鏡道 富寧以北，商賈入去者，制違律論。** ❶ 勿論犯禁與否幷禁，興販物沒官。知情不考察守令同罪。

003 **海浪島往來者，自北路往來西關，無行狀者，** ❶ 巡營成給行狀，所帶人、馬載錄憑準。無行狀者，地方官拿問定罪。**招引人物入去兩界者，** ❷ 勿論多少。**一律論。** ❸ 已入去者刷還。如有隱匿，與招引同罪，不檢擧守令拿處。幼稚被誘，不知父母、本主者屬公。**兩界人物招引買賣者，次律論。** ❹ 兩界邊民逃移內地者，刑推刷還。許接人杖百流三。❺ 興販人等潛引兩界良人上來，杖百流三。**邊民亡入彼地，而守令匿不報者，罷黜，面里任等，杖百流三。**

004 **濟州三邑人逃移他境者，科罪刷還。許接人，杖百流三。**

005 **客使出來時，遮道呼訴者，他道遠地定配。** ❶ 只論首倡。**憑藉大國人，居間受賂，減死定配。** ❷ 小通事憑藉作弊，決杖配。

006 **赴京人漏洩本國事情，杖百徒三，關係重者，絞。** ❶ 不檢擧書狀，制違律論。**他國人處，路程記書給者，清人處負債者，一律論。詐冒軍人姓名入去者，潛隱入去者，杖百。刷馬**

驅人中間逃躱, 流落彼地者, 境上斬。 ❷ 刷馬驅人不逢點逃歸, 杖百他道配。

007 **倭館闌入者, 一律論。** ❶ 官吏出入而不能禁, 則訓、別重治。❷ 倭人闌出界限者, 令館守倭通報島中, 斷以一律。**商賈出入館中, 托以買賣, 漏通事情者,** ❸ 從減等。**受賂倭人, 誘引女子, 潛入行姦者,** ❹ 女人杖百徒配。**倭人處負債者, 倭物偸取者, 館前斬。**

008 **西北沿邊犯越, 採蔘斫木佃獵者, 首從境上斬。** ❶ 首倡籍沒。❷ 犯越人容接、敎誘, 與犯人同罪。知而不告者, 良、賤, 邊地殘邑爲奴; 出身以上, 邊堡充軍。陳告者, 與潛商陳告同賞。地界守令、邊將徒三配, 座首、兵房軍官島配。守令、邊將自捕納者, 將功折罪; 掩置徵贖於犯人, 則計贓論。守令、邊將不能摘發, 現捉於節度使, 則守令、邊將邊遠充軍。知情者與犯人同罪。節度使不能摘發, 現捉於觀察使, 則節度使削職。觀察使不能摘發, 而現發則削職。如犯越生事, 查問辱國, 觀察使以下加等定罪。

009 **赴京人** ❶ 渡江時, 書狀、地方官、本道都事眼同, 搜檢一行卜物。**挾持蔘貨者, 境上斬。** ❷ 入去後現發者, 回還時用律。搜檢官竝拿問, 首譯、領將囚禁科罪, 而知情者與犯人同律。**八包定數外, 銀貨齎去者, 一律論。** ❸ 搜檢前現發, 則極邊配。〈續〉 ❹ 包外越送草記, 待允下始許。如擅自許越監司、府尹, 潛賣禁物律論。〈增〉 **先送金銀, 寄置灣上者, 依强盜律。受寄者, 知**

而不告者，杖百流三。❺ 許人捕告，給綿布五十匹。元有職加階，-❶ 堂上否。- 鄕吏、驛吏免役，賤人免賤，徒、流以下放，給犯人所持物。**商賈私托物貨，貿易唐物者，竝受寄人，杖百徒三。物貨未滿二十貫，減一等。**❻ 不檢擧書狀、府尹，制違律論，勿揀赦前。**在我境潛賣禁物者，減死定配。**❼ 府尹罷職。❽ 使行回還後，禁物被捉者，挾持私貨潛商未行者同律。雇載人定配。❾ 凡禁物被捉，一切沒官。〈續〉

010 **赴京及使隣國人，挾帶雜文書，杖百。潛賣禁物，**❶ 潤細布、綵紋席、厚紙、貂皮、土豹皮、海獺皮之類。**杖百徒三，重者，**❷ 鐵物、牛馬、金銀、珠玉、寶石、焰硝、軍器之類。**絞。**❸ 付囑竝減一等。❹ 兩界浦所及客館賣亦禁。〈經〉

011 **偸取使行方物，潛賣清人，首從一律論，領將決杖配。**❶ 通信使所帶人到日本，偸取供帳雜物，依律處斷。〈續〉

012 **盜內地物，轉賣彼境者，潛賣禁物論，勿揀赦前。**〈經〉

013 **西北邊開市，**❶ 地方官、差員眼同擲奸。有禁物不能摘發，追後現發，則拿問定罪。**挾持蔘貨，與使行時挾持者同律。**❷ 捕捉人論賞。**馬匹潛商者，次律論。**〈續〉 ❸ 守令犯私市者同。〈增〉

014 **交通清人，和賣贓物者，一律論。**❶ 把守將吏，從重棍。

015 **倭館開市，**❶ 訓、別、籌員、監官、軍官眼同，搜檢公私物貨。蔘

貨潛商者, 首從館前斬。 ❷ 不入館而被捉者, 受賂故縱者, 嚴刑他道極邊配。捕告人論賞。❸ 隨後現發, 則其時訓、別以下拿問嚴處, 府使拿問。訓、別以下知情, 則與犯人同罪。❹ 鄕通事及商賈等, 與倭人期會, 潛入絶島買賣者, 依潛賣禁物例。不檢擧官員罷職。

016 **倭館朝市, 各營邑及私商船, 運米買賣者;** ❶ 各衙門稱以公貨, 訓、別處成送公文者一禁。**倭人齎來雜物, 浦口潛商者, 杖百徒三。** ❷ 知情通事同罪。

017 **奉使人挾帶商賈, 拿問嚴處。** ❶ 入去者, 依詐冒軍人例。

018 **京城十里內** ❶ 東, 自大菩洞、水踰峴、牛耳川、上·下伐里、長位、松溪橋至中梁浦, 以川爲限; 南, 自中梁浦、箭串橋、新村、豆毛浦至龍山, 以川、江爲限; 北, 自大菩洞、普賢峰、猪噬峴、峨嵋山、迎曙、舊館基、大棗里至石串峴西南合流處, 以山脊爲限; 西, 自石串峴、時威洞、沙川渡、城山、望遠亭至麻浦, 以川江爲限。**入葬者, 依盜園陵樹木律;** ❷ 勒限掘移。**松木犯斫者, 依律定罪。** ❸ 生松元株一株以上、枯松元株二株以上, 杖百徒三; 生松枝葉、枯松槎枒伐取, 杖百。掩置不告官, 家長與犯人同罪。隱匿犯人者遠配。〈續〉 ❹ 生松十株以上, 參軍罷職, 松、雜木五十株以上拿處。❺ 山直以山底人代立, 憑藉斫松者, 恐嚇索賂者杖百。參軍拿處。〈續〉〈補〉 ❻ 山直與無賴輩作契, 偸出生松, 邊遠配, 犯人依律。

019 **空闕松木偸斫者，不限年邊遠定配。**

020 **京城內起耕者，杖百。** ❶ 木花田及內農圃芹田勿禁。〈續〉 ❷ 外南山山腰以上，雖帳內禁耕。〈增〉

021 **四山標內，木根、莎根採取者，土石掘取者，依生松例。**〈續〉 ❶ 伐石，勿論多少。參軍同生松十株以上律。〈續〉〈補〉 ❷ 都城內外山分掌禁伐，見《工典·雜令》條。〈補〉 **冒耕者，强占官民山場律論。** ❸ 神武門外、面岳下掘土處，部官擲奸嚴禁。

022 **諸道封山禁松犯斫者，重論。** ❶ 大松十株以上，一律論；九株以下，減死配。材木一株杖六，十株杖六徒一，三十株以上杖八徒二。監官、山直等未發覺同律。 ❷ 生松犯斫人處，私自徵贖守令、邊將，計贓論。

023 **宜松山船材，帥臣、守令擅許擅伐者，私賣軍器律論。**〈續〉 ❶ 中外公廨修改時亦勿許，守令與、受者拿問。營門許題者重推。〈續〉〈增〉

024 **嶺阨禁養處定標內** ❶ 山腰爲限。**冒耕者，依松田冒耕例。**〈續〉 ❷ 强占官民山場律。〈補〉

025 **封標內設庄者，杖百流三。** ❶ 犯耕而山直、監官發告，則只治犯人；鄕所發告，則山直、監官與犯人同罪；守令、邊將發覺，則鄕所亦同罪；營門發覺，則守令、邊將隱結律論。

026 **山腰以上起耕者禁斷。**❶ 山腰以下舊田勿論。新斫木作田者，一體禁。**守令不能禁者，不應爲律論。**

027 **各司官便服出入衙門者，罷職。**〈續〉

028 **私出入官府者，**❶ 父、子、壻、兄、弟，不在此限。❷ 驛勿禁。侵損杖八。**婦女上寺者，**❸ 尼同。**士族婦女親行野祭、山川·城隍·祠廟祭者，朝官娶放出侍女、水賜者，毁文書重造紙者，**❹ 竝杖百，用紙人減二等。**大小員人用紅、灰、白色表衣者，**❺ 庶人白衣勿禁。**酒器外金、銀、靑畫白磁器者，**❻ 庶人男女竝禁紅·紫衣、紫帶、金·銀·靑畫酒器。**闕內拜跪、背坐者，**❼ 衙前跪勿禁。**宗親妻女、堂上官母妻女婦、有蔭新婦外用有屋轎者，寺刹外用眞彩者、花席者、朱漆器者、絲花鳳者，**❽ 竝杖八。**獻壽、婚姻、祭享外用油蜜果者，街路供佛唱魂者，**❾ 竝杖六。**竝論罪。**

029 **奔競[25]者，**〈經〉 ❶ 都政定日後，吏、兵曹堂上家；都政後署經前，兩司官家，非同姓六寸、異姓四寸及婚家而出入，杖百流三。〈經〉〈續〉 **牛馬私屠者，**❷ 庶人杖百徒三，士夫則家長同律。〈續〉 **都城內庶人騎馬者** ❸ 杖六。〈經〉 ❹ 三醫司、譯官、律官、日官、籌員、寫字官、畫員等雜科出身及前銜勿禁。錄事、禁軍亦勿禁，而城內驅馳者，捉付兵曹決棍。、**神祀者**〈續〉 ❺ 都城內行野祭杖百，巫女竝論。〈經〉〈補〉 ❻ 京城內外大小淫祀亦禁，城外限十里。❼ 告

25 競：底本에는 "鏡"으로 되어 있다. 國中A 및 奎章A에 根據하여 修正하였다.

祀勿禁。、**會飮者,** 8 三人以上具肴饌會飮者。9 只治辦主。10 禁軍勿禁。〈續〉 11 街路使酒人杖百。〈增〉 **僧尼濫入都城者,** 12 杖百, 永屬殘邑奴婢。許接人制違律論。〈續〉 13 僧人勿論公、私事竝禁。〈增〉 14 童女爲尼者, 治罪還俗。**竝禁斷。國喪張樂挾娼者,** 15 勿論良賤, 不限年配。**國忌正日及致齋日動樂者, 堂下官馬鞍用銀入絲者, 庶人墳墓石物踰制者,** 16 石人勿用, 而望柱、表石毋過二尺。**嚴禁科罪。**

030 **市價刁蹬者, 斗升不準式者, 用木碾、惡米者, 稱以外上勒買廛人者,**〈續〉 1 平市署竝主管, 而犯人, 本署毋得徵贖, 報本曹科罪。都庫、契房者刑配。〈續〉〈增〉 **不係廛案而亂廛者,** 2 京兆主管, 而使市人捉告。亂廛之物折價不及贖錢, 則除贖杖八。諸宮家所屬亂廛尤甚者現告, 法司嚴治, 物件沒官。3 士夫家奴僕亂廛現捉, 而毆打禁吏, 拘留廛人, 徵還贖錢者, 家長依律定罪。4 軍門軍兵手業物件, 勿以亂廛施行。〈續〉 5 廛民稱以亂廛, 貽弊外方者, 道臣嚴刑; 驅迫亂廛人者決杖, 亂廛勿施。6 亂廛物件勿屬公。違者施制違律。7 扈衛廳所屬亂廛者, 法司直科治, 勿用進來之規。〈增〉 **竝禁斷。**

031 **上自宮禁下至閭閻, 章服、戎[26]服外, 非土産毋得服着。** 1 禁軍、扈衛軍官、醫女、針線婢, 勿禁僭衣。**士族婦女服着, 一依其夫爵品外,**〈續〉 2 《大典》法, 堂下官以下婚姻人用紗羅、綾段、罽毯杖八。〈補〉 **毋用大段、錦繡、鳳釵、金玉釵、珠鈿、假**

26 戎 : 底本에는 "式"으로 되어 있다. 國中A 및 奎章A에 根據하여 修正하였다.

鬐。 ❸ 新婦勿禁。〈續〉 ❹ 毋論紗、段、綾、紬, 凡有紋者一禁。犯者, 市民竝施一律。譯官、商賈, 自灣府先梟示後狀聞。物件焚之柵外。〈增〉 ❺ 官、民, 房舍、車、服、器物之類, 違式僭用, 有官者杖百, 無官笞五十, 坐家長。禁物入官。〈律〉

032 **閭家奪入, 徒三定配。** ❶ 稱借貰者同。❷ 每朔, 部官擲奸有無報京兆, 入啓。掩置不報者, 制違律論。外方, 令觀察使查出勘罪。

033 **花郎、遊女及巫女留住城中者, 摘發論罪。** ❶ 花郎、遊女, 所在摘發, 良家子女永屬殘邑奴婢, 公、私賤杖百流三。❷ 巫女在城中者, 一切刷出, 不檢擧官員罷黜。〈續〉 ❸ 巫女率畜者, 勿論三司與他司所屬, 刑配。〈增〉

034 **三法司** ❶ 本曹, 司憲·漢城府。**毋得在家出禁, 毋得昏夜出禁,**〈續〉 ❷ 別肉牌, 薄昏出禁, 深夜收禁。〈補〉 **京城禁標外毋得出禁。** ❸ 亂廛同。**禁條外毋得創出他條。** ❹ 申嚴舊典, 勿爲濫及。**量定時刻, 毋得踰越。** ❺ 先以禁條申嚴飭勵後出禁, 每朔六次。名節弛禁。**禁吏憑依橫挐, 杖百。** ❻ 假稱禁吏, 閭里作挐者遠配。〈續〉 ❼ 三法司木牌外, 加作紙牌一禁。〈增〉 ❽ 司憲府禁牌: 庶人毛段簇頭里牌、毛段雲頭牌、羅兀牌, 法司下人與商賈等朋結宴飮牌, 庶人娶妻紗帽冠帶牌, 杖百; 金、珠、玉指環牌, 着紗羅、綾段牌,-❶ 妓女、醫女勿禁。- 兒羊皮、赤狐皮、黃獷皮毛衣牌, 黑染狐皮、唐獊甫耳掩牌, 絲笠牌, 苧布衣牌, 紬衣牌, 紫的帶牌, 十升以上布衣牌, 儒生雜職及庶人男女銀粧刀牌, 通訓以下銀入絲鐙子牌, -2 戰馬勿禁。- 杖八; 高足盤牌, 紙鞋牌, 蹄履牌, 道袍牌, 靴子牌, -3 騎馬勿禁之類及掖庭下人、軍器寺別破陣勿禁。- 武士道袍牌, 笞五十; 朝官、士人白色表衣牌, 神祀牌, 牛馬屠殺牌, 三人以上會飮牌, 城內庶人騎馬牌, -4 城外笞五十。- 僧人留連牌, 亂廛牌。 9 本曹、漢城府禁牌減於憲府, 而又有高重牌, 杖百; 投錢牌, 每名杖八。 10 收贖, 本曹、漢城府依贖法, 憲府減數。〈補〉

035 一應條章禁令, 京漢城府、外諸邑, 張榜廣示。

036 官吏不謹守成法, 輒以己意, 輕改舊章者, 依律論。〈續〉 1 官、吏人等挾私欺公, 妄生異議, 擅爲更改變亂成法, 斬。〈律〉

037 變着女服, 出入人家, 杖百, 絶島定配。〈續〉

038 私家告天、拜斗、燃點七燈, 褻瀆神明, 杖八。 1 婦女有犯, 坐家長。 2 有官及軍民家, 縱妻與女寺、觀、神廟燒香, 笞四十, 坐夫、男。 3 師、巫假降邪神, 書符、呪水一應左道亂正之術, 扇惑人民絞, 從杖百流三。里長知而不首, 笞四十。

039 軍民粧扮神像, 迎神賽會, 杖百。 1 里長知而不首, 笞四十。 2 民間春秋義社不禁。 3 樂人粧扮歷代帝王、后妃、忠臣、烈士、先聖、先賢神像, 杖百。官、民家容令粧扮, 同罪。

040 **造讖緯、妖書、妖言及傳用惑衆，皆斬。隱藏妖書不送官，杖百徒三。** ❶ 收藏圖讖應禁之書及金、玉符璽等物，杖百。私習天文，罪同。❷ 陰陽術士於文武官家，妄言禍福杖百。推籌星命、卜課否。〈律〉

雜令

001 **違令, 笞五十。** ❶ 令有禁制, 而律無罪名者。

002 **不應得爲而爲之, 笞四十。** ❶ 律、令無條, 理不可爲者。**事理重者, 杖八。**

003 **奉制書有所施行而違, 杖百。** ❶ 失錯旨意, 減三等。稽緩者, 一日笞五十, 每日加一等, 止杖百。太子令旨同。

004 **增減制書, 斬。** ❶ 從杖百流三, 未行減一等。傳寫失錯杖百。該司知而聽行, 與同罪。

005 **棄毁制書及起馬御寶聖旨、起船符驗若各衙門印信及夜巡銅牌, 斬。** ❶ 遺失、誤毁, 各減三等。因水火、盜賊毁失, 有顯跡不坐, 責尋三十日得見免罪。該司知而不擧, 與同罪。〈律〉

006 **撥卒棄置有旨, 以一律論。** ❶ 該守令拿處。〈續〉

007 **上書及奏事, 誤犯御名及廟諱, 杖八。餘文書,** ❶ 不至御前。**笞四十。若爲名字觸犯, 杖百。** ❷ 御名、廟諱音相似及二字犯一字不坐。

008 **上書、奏事錯誤** ❶ 當言原免而言不免、當言千石而言十石之類。**害事, 杖六。**

009 官文書增減，杖六。有所規避，杖罪以上加本罪二等，止杖百流三。 ❶ 未行，各減一等。規避死罪依常律。增減以避遲錯，笞四十。❷ 棄毁杖百，有規避從重論。事干軍機、錢糧絞。該官知而不擧，與同罪。遺失、誤毁，各減三等。因水火、盜賊，有顯跡不坐，三十日得見免罪。❸ 稽程一日，吏典笞一十，每三日加一等，止笞四十。官減一等。❹ 同僚官代判署，杖八。因遺失文案而代，加一等。有增減、出入罪重者，從重論。❺ 磨勘文劵隱漏不報，一宗笞四十，每宗加一等，止杖八。事干錢糧，一宗杖八，每宗加一等，止杖百。有規避，從重論。❻ 官吏旋補以避遲錯者，錢糧以虛出通關論，刑名以增減官文書論。同僚若上司知而不擧，罪同。❼ 行移文書，軍馬、錢糧、刑名重事緊關字，錯寫而補改，吏典笞三十。官失於對同，減一等。干軍馬、軍需數目，官、典杖八。有規避而故改，以增減官文書論，未行減一等。因而失誤軍機，無問故、失竝斬。常行字誤寫勿論。❽ 申六部錯誤有害事，笞四十。其餘衙門笞二十。文案可行不害事勿論。❾ 所屬申稟，不果決含糊行移，致耽誤公事杖八。所屬將可行事不區處，作疑申稟，罪同。已果決行移，而或未絶或不完，依官文書稽程論。❿ 各衙門行移文書，漏使印信，官、典杖六，全不用印杖八。干軍馬、軍需杖百，因而失誤軍機斬。⓫ 總兵將軍、都指揮使印信，除調度軍馬、辦集軍務行移外，擅出批帖，假公營私杖百。

010 至御前公文，上司官中途遞鋪邀取，斬。 ❶ 鋪司、鋪兵不告擧，杖百。告而官司不受理，罪同。❷ 至都督府、六部、察院公文，減二等。不告擧、不受理者, 亦減二等。

011 **官吏與內官及近侍人交結, 漏洩事情, 夤緣作弊, 而符同奏啓, 皆斬。**❶ 妻、子, 流二安置。❷ 稱訴冤枉, 借用官司印信封皮入遞, 借者、與者斬。

012 **姦邪進讒言, 左使殺人, 斬。**

013 **事應奏而不奏, 杖八。應申而不申, 笞四十。**❶ 已奏、申而不待報輒行, 同不奏、不伸。

014 **將不合事務, 竊伺公務冗併, 矇朧稟行, 依詐傳各衙門言語律。**❶ 有規避, 從重論。

015 **公差管送官物、囚徒、畜産, 而稽留及違限者, 一日笞二十, 每三日加一等, 止笞五十。**❶ 管送軍需之隨征供給, 而違限加二等, 止杖百。失誤軍機, 斬。若誤不依公文題寫, 錯去他所而違限, 減二等。干軍務不減。若題寫錯, 坐題寫人。❷ 不親管送而雇人、寄人代送, 杖六。因而損失官物、畜産及失囚, 依律從重論。受寄、受雇人, 減一等。同差人自相替, 各笞四十。取財以不枉法論。若事有損失, 依損失官物及失囚律, 不減等。〈律〉

016 **聖廟位版打破、偸出, 竝斬。**❶ 從杖百流二。❷ 位版失火、私造, 杖百流二。

017 **殿牌作變者，移義禁府設鞫。** ❶ 從分輕重，絶島或極邊配。〈續〉

018 **命牌毁傷，杖八徒二。**〈增〉

019 **折毁申明亭** ❶ 申明敎化，勸善懲惡之所。**房屋及毁板榜，** ❷ 宣上示下之事。**杖百流三。**〈律〉

020 **儒生發惡於士主，會哭聖廟或官門外，杖百流三。** ❶ 只參通文者，徒配。

021 **邑民向官長放砲者，作變處不待時斬。** ❶ 首謀同律，從減死配。❷ 鎭、屯卒怨將領，結黨放砲者，雖未殺害梟示，從刑配。

022 **軍服騎馬，作變官門，不待時斬。** ❶ 妻子爲奴。❷ 郡邑下人符同作變，一齊潰散者，一律論。從杖百流三，勿揀赦前。〈續〉

023 **牧民官非法行事，激變良民，因而聚衆反叛，失陷城池，斬。**

024 **毁人墳塋內碑碣、石獸，杖八。** ❶ 令修立。**毁人神主，杖九。** ❷ 靈座同。❸ 毁父祖神主，依毁棄父祖屍；毁夫，依毁棄尊長屍。卑幼毁，依毆尊長。

025 **毁損人屋垣之類，計合用修造、雇工錢，坐贜論。** ❶ 令修立。官屋加二等。誤毁者，但令修立不坐。

026 **棄毁人器物及毁伐樹木、稼穡，準竊盜論。** ❶ 官物加二等。遺失、誤毁官物，各減三等，驗數追償。私物，償而不坐。❷ 他人田園，擅食瓜果之類，坐贓論。棄、毁，罪同。擅將去-❶ 幷他人及官。-及食係官田園瓜果、官造酒食，加二等。主守給與及知而不擧同罪。主守將去，以監守自盜論。

027 **放官私畜産，損食官私物，笞三十。** ❶ 贓重者，坐贓論。失者減二等，各陪所損物。若官畜産毁食官物，止坐其罪，不在陪償之限。

028 **故殺他人馬牛，杖七徒一半。** ❶ 騾、驢杖百。計贓重者，準盜論。傷而不勘乘用及殺猪、羊等，計減價準盜論，追所減價。不減者，笞三十。誤殺、傷不坐，但追減價。從各減一[27]等。若故殺緦麻以上親馬、牛杖百，騾、騾杖八。殺猪、羊等，計減價坐贓論，止杖八。誤殺、故傷不坐，但追減價。若官、私畜産毁食官、私物，因而殺、傷，-❶ 守物人。- 各減故殺、傷三等，追減價。畜主陪償所毁食之物。❷ 畜産欲觸觝、踢咬人，而登時殺傷，不坐不陪。〈律〉

029 **諸上司及軍門如有分付五部之事，必關由京兆。**

030 **外方監色，京司毋得推捉。**〈續〉 ❶ 畿邑吏卒犯科者，移關該營勘治，京司毋得直囚。〈增〉

27 一 : 底本에는 "三"으로 되어 있다. 《大明律·兵律·廄牧·宰殺牛馬》에 根據하여 修正하였다.

031 議親、功臣親屬、奴僕、管莊及佃甲倚勢，虐害良民，淩犯官府，加常人罪一等。〈律〉

032 在鄕宗親貽弊民人者，宗簿寺嚴飭禁斷。❶ 橫行外方，作弊官府者拿處。守令不卽上聞，罷黜。❷ 托以推奴、徵債，私門結縛，亂傷其身者遠配。

033 大小使命 ❶ 統制使、兵·水使、營將、都事同。推奴徵債者，觀察使隨現狀聞。

034 掖庭下人侵虐索賂者，各司吏屬操縱受賂者，勿論多少，許訴法司，計贓論。

035 內司典守奴等依憑取利，民間牛馬、田産，濫奪抑買者，許人陳告，囚禁轉啓，制違律論。❶ 內司官通同作弊者，降犯人一等。守令不檢擧，罷黜。〈續〉

036 各宮房，非導掌差汰，柴穀催運，而以圖署牌子侵責京外者，該宮首任刑配。作倆人嚴刑三次，勿限年遠配。❶ 匿不以聞之道、帥臣，先罷後拿；守令徒三配，五年禁錮。〈增〉

037 新屬人侵虐者，杖六。

038 外官所犯，貪汚虐民外，勿許風聞擧劾。〈經〉

039 **京外關節之禁另飭。** ❶ 違者, 勿論貴賤, 從重論。〈續〉 ❷ 官吏、諸色人等, 曲法囑託公事, 笞五十。該官吏聽從同罪, 已施行杖百。所枉重者, 官吏以故出入論。爲他人及[28]親屬囑託, 減官吏罪三等, 自囑己事, 加本罪一等。若監臨、勢要爲人囑託, 杖百。所枉重者, 與官吏同罪。受贓竝以枉法論。 ❸ 罷閑官、吏在外干預官事, 把持官府, 蠹政害民, 杖八。再犯加二等, 遷徙。有規避, 從重論。〈律〉

040 **元惡鄕吏,** ❶ 操弄守令, 專權作弊者; 陰受貨賂, 差役不均者; 收稅之際, 橫斂濫用者; 冒占良民, 隱蔽役使者; 廣置田庄, 役民耕種者; 橫行里閭, 侵漁營私者; 趍赴貴勢, 邀避本役者; 避役在逃, 隱接村落者; 假仗官威。侵虐民人者; 良家女及官婢作妾者。**許人陳告, 科罪。** ❷ 犯徒者, 永屬本道殘驛吏; 流者, 永屬他道殘驛吏。守令知而不刻者, 制違律論。〈經〉

041 **豪强品官武斷鄕曲, 凌虐百姓, 杖百流三。**

042 **北道宮屬人及土豪、品官, 同居婢夫、雇工外, 冒占良人, 容隱役使者, 制違律論。** ❶ 三人以上, 杖百徒三。知情色吏、面·里任、切隣同律。宮屬犯者, 內司別差罷黜, 竝勿揀赦前。

043 **外方商賈所馱載, 邀路抑執而買賣, 杖百徒三。**

28 及 : 底本에는 "乃"로 되어 있다. 國中A 및 奎章A에 根據하여 修正하였다.

044 鄕戰者, 勿論彼此, 杖百遠配。

045 毁家出鄕者一禁。〈續〉 1 勒毁民家, 以故燒自己房屋律論。〈增〉

046 守令㭬棘民家民塚者, 制違律論。

047 守令遞代之際, 官吏乘間, 擅用官物, 杖百流三。 1 書員操縱作弊, 依元惡鄕吏例。〈續〉

048 私和公事, 減犯人二等, 止笞五十。

049 子孫違犯敎令及奉養有缺, 杖百。 1 親告乃坐。

050 鄕黨序齒已有式, 違者笞五十。

051 倡優、樂人買良人子女爲倡優, 及娶爲妻妾, 或乞養爲子女, 杖百。 1 知情賣、嫁同罪。媒合人減一等。財禮入官, 子女歸宗。

052 官吏宿娼, 杖六。 1 媒合人減一等。官員子孫宿娼, 罪同。

053 賭博財物, 皆杖八。 1 攤場錢物入官。開張賭坊人同罪, 止坐見發, 職官加一等。賭飮食勿論。〈律〉

054 私奴婢、田地施納寺社、巫覡者, 論罪。 1 奴婢、田地屬公。〈經〉

055 **女醫選上, 勿以三年爲限, 隨闕擇定諸邑。**〈續〉 ❶ 內局女醫二十二內十稱差備女醫, 惠民署女醫亦有定數, 尙衣院針線婢、工曹針線婢亦皆有定數, 定於外邑。❷《大典》法, 女醫每三年, 以諸邑婢年少者選上, 成才後還本邑。京中各司婢亦擇定。

056 **屠牛懸房, 收贖錢。** ❶ 城內二十處, 城外及京江各一處, 每處每日屠一牛, 每朔收三十八兩, 分納三法司。〈補〉 ❷ 國恤卒哭前禁屠,-❶ 小喪, 公除前。-〈補編〉 而以都監床卓用骨灰, 五肆許設。❸ 兩都、水原、廣州等邑及他道, 不得不許屠處, 五日屠一牛。違越, 官長重論。

057 **各司不得開坐日。**〈續〉 ❶ 廟、社大祭齋戒, 國忌齋戒及正日, 殿座,〈續〉〈補〉-❶ 繖扇、侍衛不入則開坐。〈補〉- 動駕, 大殿誕辰前後各一日, 王妃誕辰, 王世子生辰, 親祭齋戒及正日, 祈雨祭齋戒, 日、月食, 停朝市, 殿試開場, 罪人行刑日。〈續〉 ❷ 掌樂院二六坐起, 雖殿座日亦行。〈增〉 ❸ 冬至, 用刑衙門勿開坐。**開坐, 不得用刑日。** ❹ 廟、社大祭行日, 釋奠祭, 祈雨、祈雪、禜祭, 陵俗節祭, 宗廟以下告由祭及受香, 無時別祭, 風雲雷雨、山川、雩、先農·蠶祭, 陵、殿移、還安祭, 陳賀、朔望、上·下弦日。**事過後, 開坐用刑日。** ❺ 廟·社·永寧·永禧殿奉審·修改、陵奉審、陵上改莎草、放榜、庭試及殿試、殿講、迎勅、拜表日, 望闕禮習儀日。**刑殺文書不得出入日。** ❻ 親祭齋戒七日內。**公事不得出入日。** ❼ 親祭正日及前二日, 國忌、私忌齋戒及正日, 祈雨祭齋戒, 停朝市日, 宗廟、陵奉審、修改、改莎草事畢間, 及日、月食, 誕辰日。〈續〉 ❽ 王世子忌辰竝同國忌。〈補〉 ❾ 文書係關民事者, 雖値齋戒日, 政院稟入。〈增〉 **公事出納, 而刑獄衙門勿用刑杖日。** [10] 誕辰前後各一日。〈續〉 [11] 侍藥廳時, 時急公事擧行, 而勿用刑。〈補〉 **不拘忌日。** [12] <u>木覓山</u>、宣武祠、纛、關王廟、厲、城隍發告、中霤、開氷司寒祭。〈續〉 [13] 公除前廢坐, 刑殺文書不啓。見《禮典·喪祭》條。〈補〉

058 **闕內各差備,** [1] 飯監、別監之類。 **九品以上官跟隨,** 〈經〉 [2] 闕內定數, 見《兵典[29]·雜令》條。闕外加數。〈補〉 **諸司差備奴、跟隨奴,** 〈經〉 [3] 《大典》, 皆以公賤選上立役, 今以京人差定給布。〈續〉 **兵·水營、府牧、府、郡、縣及鄕校及各驛奴婢, 皆有定數。** 〈經〉〈補〉 [4] 在《大典》。〈補〉

29 典 : 底本에는 "曹"로 되어 있다. 國中A 및 奎章A에 根據하여 修正하였다.

律名

❶ 六典中當條有律名, 而其律之見於他條者, 書以“見於某典某條”, 而不復註出處。如欺隱田糧之類, 只有律名, 而當條、他條不見其律者, 書其律而註出處。至於“贓汚之從所犯照勘”者及貪汚、漏結, 卽是贓汚、隱結之類, 註以明之, 而不復註出處。餘皆倣此, 但本條內有其律, -❶ 如《戶典·戶籍》條, “戶牌借佩, 漏籍律論”在於《戶籍》條內之類。- 則此不復見。

❷《兵典·雜令》條“失律論”、《工典·栽植》條“禁獵例論”, 初無見於律者, 故闕之。〈補〉

001 違令

002 不應爲

003 制書有違

004 誤毁制書

005 增減官文書

006 官文書稽程 ❶ 見上《雜令》條。

007 貢擧非其人 ❶ 見《吏典·薦擧》條。

008 詐不以實

009 報上不以實

010 詐傳各衙門言語

011 盜踏六部印

012 僞造印信 ■ 見上《詐僞》條。

013 欺罔 ■ 詐不以實。

014 坐贓

015 不枉法

016 枉法 ■ 見上《受贓》條。

017 常人盜

018 監守自盜 ■ 見上《賊盜》條。

019 贓汚 ■ 枉法, 不枉法, 監守盜, 坐贓等, 從所犯照勘。

020 貪汚 ■ 卽贓汚。

021 虛出通關 ❶ 見《戶典·倉庫》條。

022 國穀偸竊。 ❶ 常人盜, 監守盜等, 從所犯照勘。

023 公穀濫用 ❶ 監守自盜。

024 那移出納 ❶ 見《戶典·倉庫》條。

025 還上傾庫

026 反作 ❶ 見《戶典·糶糴》條。

027 儲置擅貸 ❶ 見《戶典·大同》條。

028 損壞官物 ❶ 坐贓。❷ 損失同。

029 毁失官物 ❶ 見上《雜令》條。

030 隱結 ❶ 見《戶典·年分》條。

031 漏結 ❶ 卽隱結。

032 《大典》妄冒田結

033 《續典》妄冒田結 ❶ 見《戶典·年分》條。

034 **踏驗書員漏負** ❶ 卽《大典》, 妄冒田結。

035 **欺隱田糧** ❶ 一畝至五畝, 笞四十。每五畝加一等, 止杖百。〈律〉

036 **田稅和水** ❶ 見《戶典·漕轉》條。

037 **堤堰冒耕** ❶ 見《戶典·量田》條。

038 **不勸農桑**

039 **侵占田宅**

040 **强占官民山場** ❶ 見《戶典·雜令》條。

041 **隱漏丁口** ❶ 一口至三口, 杖六。每三口加一等, 止杖百。不成丁, 三口至五口, 笞四十, 每五口加一等, 止杖七。〈律〉

042 **竊盜**

043 **强盜**

044 **明火**

045 **白晝搶奪**

046 親屬相盜 **1** 見上《賊盜》條。

047 私擅用財物 **1** 二十貫笞二十。每二十貫加一等, 止杖百。〈律〉

048 盜大祀神御物 **1** 見上《賊盜》條。

049 盜園陵樹木

050 毁棄神御物 **1** 見《禮典·陵廟》條。

051 犯越 **1** 見上《禁制》條。

052 潛商 **1** 一見《戶典·雜稅》條, 一見上《禁制》條。

053 潛賣禁物 **1** 見上《禁制》條。

054 鬪毆殺

055 故殺

056 過失殺

057 穢物灌人口鼻

058 應死擅殺 **1** 見上《殺傷》條。

059 私和 ❶ 見上《私和》條。

060 發塚

061 發塚未至棺槨

062 發塚見棺槨

063 毁屍 ❶ 見上《發塚》條。

064 放火延燒官民房屋

065 故燒自己房屋 ❶ 見上《失火》條。

066 平治他人墓爲田園

067 知非誤決 ❶ 見上《聽理》條。

068 故出入人

069 失出入人 ❶ 見上《推斷》條。

070 濫刑 ❶ 見上《用刑》條。

071 藏匿罪人

072 **不覺失囚**

073 **罪人拒捕** ■ 見上《逃亡》條。

074 **失囚** ■ 卽不覺失囚。

075 **越訴** ■ 冒濫上言, 杖百。訴上司, 笞五十。

076 **誣人** ■ 見上《訴告》條。

077 **誣告平人** ■ 卽誣人。

078 **豪强** ■ 見上《雜令》條。

079 **土豪** ■ 卽豪强。

079 **元惡鄕吏**

080 **元惡鄕吏不能禁制** ■ 見上《雜令》條。

082 **非理好訟** ■ 依《續典》非理立訟律, 杖百流三。

083 **擄執他人奴婢**

084 **決後仍執** ■ 見上《聽理》條。

085 私債代捧田土 ❶ 見上《徵債》條。

086 閭家奪入 ❶ 見上《禁制》條。

087 壓良爲賤 ❶ 比略人略賣律, 杖百流三。

088 冒占良民 ❶ 見上《雜令》條。

089 叛主 ❶ 見上《私賤》條。

090 逃避差役 ❶ 見《戶典·徭役》條。

091 濫騎 ❶ 見《兵典·驛馬》條。

092 闌入科場 ❶ 見《禮典·諸科》條。濫入, 見《兵典·諸科》條。

093 科場用情 ❶ 依《通編》科場用姦律。見《兵典·諸科》條。

094 漏洩軍機 ❶ 見《兵典·雜令》條。

095 私有軍器

096 私賣軍器 ❶ 見《兵典·軍器》條。

097 私越冒度關津。 ❶ 無文引私度, 杖八。關不由門、津不由渡而越度, 杖九。越度緣邊關、塞, 杖百徒三。因出外境, 絞。守把人故縱, 與同罪。失盤詰, 各減三等, 止杖百。軍兵又減一等。有文引冒名度, 杖八。〈律〉

名例

❶ 名例卽《明律》目錄, 只可爲《明律》之例。同僚、共犯及凡言以上以下、凡言文武官三條, 可以通用於諸書者, 故附於下, 而竝注出處。至於大明官名, 亦可以旁照者, 以義推之, 而錄之于末, 然初未有的據, 當更詳。〈補〉

001 言皆者, 罪無首從, 不言皆者, 依首從法。

002 稱加稱減者, 就本罪上加減。惟二死三流, 各同爲一減。❶ 犯死罪, 減一等則坐流三, 減二等坐徒三; 犯流罪, 減一等則坐徒三之謂。❷ 加罪, 止於杖百流三, 不得加至於死。本條"加入死"者, 依本條。

003 稱期親及稱祖父母者, 曾高同。稱孫者, 曾玄同。嫡孫承祖, 與父母同。嫡母、繼母、慈母、養母與親母同。稱子者, 男女同。❶ 若財買義男, 恩養有配者, 同子孫。如恩養未久不配者, 依雇工。

004 稱與同罪者, 至死減一等, 止杖百流三。受財故縱, 與同罪者全科。❶ 至死者, 絞。故縱謀反逆叛者, 依本律。

005 稱準枉法論、準盜論之類, 亦止杖百流三。

006 稱以枉法論、以盜論之類, 與眞犯同, 絞斬皆依本律。

007 稱一日者以百刻, 稱一年者以三百六十日, 稱人年者以籍爲定, 稱衆者三人以上, 稱謀者二人以上。

008 稱道士、女冠者, 僧尼同。受業師與伯叔父母同, 弟子與兄弟之子同。

009 封贈官與正官同。

010 公取竊取, 皆爲盜。

011 彼此俱罪之贓及犯禁之物入官。若逼取求索之贓還主。

012 估贓者, 據犯處、當時中等物價, 估計定罪。計雇賃錢者, 一日銅錢六十文, 不得過本價。〈律〉

013 同僚共犯公罪者, 有堂上官衙門, 行首爲長官, 次官以下爲佐貳官, 堂下官爲首領官; ① 成均館之類, 七品以下官爲首領官。無堂上官衙門, 行首爲長官, 次官以下爲佐貳官, 七品以下爲首領官; 有二等官處, 只分長官、首領官; 同等官處, 只以首領官論; 有無祿官處, 通計祿官。〈經〉

014 稱徒配者, 徒三年定配; 稱定配者, 勿限年; 稱決杖者, 杖百; 稱決笞者, 笞五十。

015 凡言以上以下者，以年歲，則《明律》所云七十以上、十五以下，卽謂自七十、自十五計。餘皆倣此。

016 凡言文武官者，蔭亦同。

017 大明千戶如我國千摠，百戶如我國哨官。總兵將軍卽率兵戰守之將。守禦官如我國防禦使以下之類，指揮使如我國兵、水使之類，都指揮使如我國統制、統禦使之類，布政及按察使如我國監司，都督府如我國古之都摠府，察院如我國司憲府。四輔 ❶ 左補闕，右拾遺，司諫，立言。補闕、拾遺如我國玉堂；司諫、立言如我國司諫、正言。〈補〉

典律通補

典律通補 工典

卷之六

工典目錄

1 路 : 底本에는 "梁"으로 되어 있다. 國中A 및 本書의 條目에 根據하여 修正하였다.

工典

1 屬衙門: 尙衣院、繕工監、掌苑署、造紙署、瓦署。〈經〉

橋路

001 **都城內道路,** **1** 大路廣五十六尺,-**1** 營造尺。- 中路十六尺, 小路十一尺, 兩傍[2]溝廣各二尺。〈經〉 **本曹、漢城府修治; 溝渠、橋梁, 濬川司修築。**〈經〉〈增〉 **2** 自松杞[3]橋至長通橋屬訓局, 自長通至太平橋屬禁營, 自太平至永渡橋屬御營, 四山參軍分掌巡視。沙夷、石頹處報濬川司。〈增〉 **3** 川池城墻, 分授旁近人看守。**外方道路, 每十里立小堠, 三十里立大堠。**〈經〉 **4** 堠俗稱長栍, 刻里數、地名。〈經〉〈補〉 **5** 六尺-**2** 周尺。-爲一步, 三百六十步爲一里, 三十里爲一息。〈續〉

002 **橋梁、道路, 農隙常修理。** **1** 若壞損阻行, 官吏笞三十; 應造橋梁而不造, 應置渡船而不置, 笞四十。

2 傍 : 《經國大典·工典·橋路》에는 "旁"으로 되어 있다.

3 杞 : 底本에는 "圯"로 되어 있다. 《大典通編·工典·橋路》에 根據하여 修正하였다.

003 侵占街道而起房屋及爲園圃, 杖六;❶ 令復舊。穿墻而出穢物於街巷, 笞四十。❷ 出水勿論。〈律〉 ❸ 城內道路, 侵占掘取或[4]置汚穢之物, 竝罪本部官吏及管領。〈經〉

4 或 : 底本에는 "及"으로 되어 있다. 《經國大典·工典·橋路》에 根據하여 修正하였다.

營繕

001 **紫門監、九營繕掌** ❶ 繕工監官各一分差。**闕內外修理。** ❷ 紫門監掌時御所各殿·各堂·內各司公廨修補、差備門內器用造作。❸ 營繕一所掌宗廟、先蠶壇上下、備邊司、耆老所、瞻星臺-① 觀象監內。-、典獄署、右巡廳、肅靖門、二間水口門。〈續〉 ❹ 二所掌社稷、德興大院君祠宇、儲慶宮、西壇-② 楊花津邊。-、南關王廟、義禁府、禁府上下當直、敦寧府朝房、西活人署、廣智營、旅帥營-③ 衛將所。-、東大門。〈續〉〈增〉〈補〉 ❺ 三所掌永禧殿、毓祥·於義·彰義宮、中樞府、禮曹、奉常寺、宣仁門外政府朝房、鍾閣、南大門。❻ 四所掌大嬪宮、光明殿、漢江壇-④ 津邊。-、芳林苑-⑤ 開陽門南。-、司憲府、司諫院、中學、敦化門外政府朝房、慕華館、五間水口門、鞍峴。❼ 五所掌慶熙宮十二別堂、延祐宮、雩壇、鄉校洞本宮、車洞碑閣、含春苑-⑥ 弘化門東。-、放馬苑-⑦ 宣仁門越邊。-、敦寧府、南學、左巡廳、弘文館朝房、驛馬營、光熙門。〈續〉〈增〉 ❽ 六所掌長生殿、南壇-⑧ 卽風雲雷雨壇。-、上林苑-⑨ 景秋門西。-、議政·儀賓府、訓鍊院、奎章閣朝房、南別營、西營、流霞亭、木覓堂-⑩ 在木覓山。-、彰義門。〈續〉〈增〉〈補〉 ❾ 七所掌先農壇、司寒壇、纛所、東關王廟、成均館、東學、中樞府朝房、太平館、惠化門。〈續〉〈增〉 ❿ 八所掌景慕宮、景福宮、北壇-⑪ 卽北郊。-、厲壇、宣武祠、宗親府、慶熙宮內各司、西學、東活人署、政府上下朝房、南營、北一營-⑫ 武德門外。-、牛毛煮取假家-⑬ 內贍寺內。-、昭義門。⓫ 九所掌隆福殿、淨業院碑閣-⑭ 東門外。-、吏曹、宗簿寺、宗親府朝房、司諫院朝房、集春營、闕外軍堡、敦義門。〈續〉〈增〉〈補〉 ⓬ 北漢行宮屬摠戎廳。〈增〉 **凡營繕處，該掌官與本司官一**

同檢擧。〈續〉 **13** 大內時急修改, 役鉅期促, 則九營繕分力倣役。〈增〉 **14** 營繕加數瞞報, 罷職。〈續〉 **15** 從某至某識年條, 頹毁在三年內者, 該工匠科治, 官員論責。〈增〉

002 **闕內各司, 每四季朔, 兵曹入直堂郞、戶曹郞與四所衛將巡審啓聞。** **1** 慶熙宮, 每春秋季朔, 戶曹郞與衛將巡審。〈補〉

003 **外方公廨, 啓聞後營繕。** **1** 修理只報觀察使, 役人吏、日守、官奴。 **2** 院宇, 定附近民爲院主, 修葺。分大、中、小路, 定戶數。〈經〉

004 **公廨、倉庫、局、院、係官房舍損壞, 隨卽修理。違者笞四十。** **1** 因而損壞官物, 依律科罪陪償。〈律〉

度量衡

001 諸司、諸邑度量衡, 本曹制造烙印。〈經〉

002 度衡之制準黃鍾, 量則凡公私所用準戶曹斗升。〈經〉〈增〉 ❶ 度, 十氂爲分, 十分爲寸, 十寸爲尺, 十尺爲丈。以周尺準黃鍾尺, 則周尺長六寸六氂; 以營造尺準黃鍾尺, 則長八寸九分九氂; 以造禮器尺準黃鍾尺, 則長八寸二分二氂; 以布帛尺準黃鍾尺, 則長一尺三寸四分八氂。〈經〉-❶ 尺圖見《別編》。〈補〉- ❷ 衡, 黃鍾之管, 其容水, 重八十八分。十氂爲分, 十分爲錢, 十錢爲兩, 十六兩爲斤。大稱百斤, 中稱三十斤或七斤, 小稱三斤或一斤。❸ 量, 十勺爲合, 十合爲升, 十升爲斗, 十五斗爲小斛、平石, 二十斗爲大斛、全石。〈經〉 ❹ 戶曹銅斛, 口長一尺九寸,-❷ 營造尺。- 廣一尺二寸八分, 高一尺一寸七分; 底長二尺二寸四分, 廣一尺五寸六分。斗, 方八寸八分, 高三寸。升, 長五寸九分, 廣二寸二分, 高一寸八分。〈補〉 ❺ 軍門大斛, 亦從戶曹斛。〈增〉

003 每秋分日, 京本曹, 外營鎭, 收公私斗斛, 更校烙印。 ❶ 造制不如法者、印跡不明者, 違令律論。〈續〉 ❷ 斗升如有奸民私自贏縮, 重繩; 該署官, 制違律論。〈增〉 ❸ 私造斛、斗、秤、尺不平行市, 及將官降斛、斗、秤、尺增減, 杖六。工匠同罪。❹ 倉庫官吏, 私自增減官降斛、斗、秤、尺, 收支官物不平, 杖百。以所增減物計贓, 重者坐贓論。因而得物入己, 以監守自盜論。工匠杖八。監臨官知而不擧, 同犯人罪。失覺察, 減三等, 止杖百。〈律〉

舟車

001 **各津官船, 定額錄案, 別將檢察。**〈續〉 ❶ 三田渡三隻, 松坡九隻, 廣津四隻, 新川二隻, 漢江十隻, 西氷庫五隻, 露梁十隻, 銅雀五隻, 楊花渡九隻, 孔巖五隻, 鐵串一隻。三田別將兼管松坡、廣津、新川, 屬守廳; 漢江別將兼管西氷庫, 屬訓局; 露梁別將兼管銅雀, 屬禁營; 楊花別將兼管孔巖、鐵串, 屬御營。四津別將亦屬均廳, 句檢往來公私船, 每年給漕船退材, 以補改船。〈續〉〈增〉〈補〉 ❷ 坡州、臨津屬摠廳, 亦自均廳每年給錢, 補改船。〈續〉〈補〉 ❸ 自均廳收稅之後, 凡船隻竝屬均廳, 本曹烙印點船之規、觀察使歲抄啓聞之法竝廢。〈增〉 ❹ 三軍門各道免稅船, 見《戶典·均役》條, 而其外《續典》所載宗親府等諸司及內司、各宮房運柴草船, 竝令賃用。〈增〉〈補〉 ❺ 《大典》法: "海船長四十二尺,-❶ 營造尺。- 廣十八尺九寸以上爲大船; 長三十三尺六寸, 廣十三尺六寸以上爲中船; 長十八尺九寸, 廣六尺三寸以上爲小船。江船長五十尺, 廣十尺三寸以上爲大船; 長四十六尺, 廣九尺以上爲中船; 長四十一尺, 廣八尺以上爲小船。魚船尺數同。竝五年修理, 十年改造。"〈補〉

002 **仍騎津船, 橫涉他所, 勿論大夫、士庶, 定配律論。** ❶ 船主不卽告官, 同罪。

003 **各津過涉及往來船致敗, 而他船人不卽救, 船主、津夫杖百。** ❶ 別將從重棍。〈續〉

004 **關津往來船, 不卽盤驗放行, 無故阻當, 一日笞二十, 每日加一等, 止笞五十。**

005 **梢水如遇風浪, 不許擺渡。違者笞四十。** ❶ 不顧風浪, 故行開船, 中流停船, 勒要船錢, 杖八。因而殺傷人者, 故殺傷論。〈律〉

006 **公私用車子, 漢城府烙印錄案。**〈續〉 ❶ 軍門及濬川司運沙車否。〈增〉[5] ❷ 冒錄他人車子, 家長及官吏, 制違律論。〈續〉 ❸ 京募人成車契, 以供國役, 屬漢城府, 名"漢車"。❹《大典》法: "諸司、諸邑·驛置車, 輸物。"〈補〉

007 **私借官車船** ❶ 店舍及碾磨之類同。**與借者, 笞五十。驗日追雇錢入官。計雇錢, 重者坐贓論, 加一等。**

008 **乘官車船, 私載物, 隨身衣仗外, 不得過三十斤。違者十斤笞一十, 每二十斤加一等, 止杖七。** ❶ 受寄載他人物, 寄者同罪。其物入官。該官知而容縱同罪。〈律〉

5 〈增〉: 底本에는 "增"으로 되어 있다. 國中A 및 奎章A에 根據하여 修正하였다.

栽植

001 **每春冬,** ❶ 二月、十月。**令四山分授人** ❷ 無分授處, 則坊里人。**松、雜木栽植,** ❸ 違者科罪。❹ 備局所在海松子, 多種於山麓童濯處。**每朔本曹郞巡審禁伐。**〈續〉 ❺ 外邑人私植松千株, 可成材者, 守令親審, 報觀察使論賞。〈增〉 ❻ 安眠串、邊山及他海島, 每春植稚松或下種, 歲抄具數啓聞。違者山直杖八, 該官杖六。〈經〉 ❼ 江華沿邊, 每歲播種海松, 與種枳數, 別單以聞。〈增〉

002 **守令使民人栽植桑木, 報本曹成案, 考虛實賞罰。**

003 **幸行時, 駐驛處及凡講武習射之場, 令所在官雜木栽植, 禁火禁伐。**〈續〉 ❶ 駐驛處定界限, 犯耕者嚴禁。〈增〉

004 **掌苑署京外果園, 定苑直看守, 官員往來考察。** ❶ 江華、南陽、開城府以本署奴差, 果川、高陽、楊州、富平以附近民分定。

005 **濟州三邑稀貴果木, 令居民栽植, 考勤慢賞罰。** ❶ 以唐柑子、唐柚子、乳柑、洞庭橘栽植多少, 賞復戶、綿布。受賞後, 不用心培養, 致枯損者, 還本役, 納賞布。每歲抄啓聞。〈續〉

006 **諸邑漆木·桑木·果木條數、楮田·莞田·箭竹產處成籍, 藏於本曹、本道、本邑, 栽植培養。**〈經〉 ❶ 蠶室傍近地, 令諸司及民戶種桑培養。掌苑署果木栽接置簿，諸[6]司司內桑木、果木亦置簿。諸司及外邑桐木、諸處箭竹、濟州榧木·櫨木·山柚子木·二年木、兩南沿海邑柑·橘·柚木，栽植看守檢察之法，在《大典》。〈補〉

007 **鴨島**〈續〉 ❶ 高陽。〈補〉 、**栗島**〈續〉 ❷ 衿川。〈補〉 **放養牛馬者，本主違令律論。** ❸ 龍山、漢江等處果園踏損者，依禁獵例。〈續〉

6 諸 :《經國大典·工典·栽植》에는 "各"으로 되어 있다.

工匠

001 **各司匠人成案, 藏于本曹、本司。最緊匠人有闕, 以可當人充定。**〈續〉 **1** 勿拘軍士、保率、官屬、公賤, 而私賤勿屬。〈經〉〈續〉 **2** 年滿六十, 除役。〈經〉 **3** 本曹工匠, 一遵《原典》額數, 數外勿許給代。他司同。**4** 未成才人, 定限傳習, 不勤者, 竝訓誨匠人依違令律。該司官毋得以他務帶喚。〈續〉

002 **尙方弓人、矢人, 取才擇定。** **1** 非在鄕者, 勿許入。〈增〉

003 **司饔院沙器匠子枝, 毋定他役, 世傳其業。**

004 **瓮店匠勿論軍兵及公私賤, 以陶爲業者, 本曹收稅。**

005 **水鐵匠則閑雜人設爐處, 本曹擲奸錄案。** **1** 軍兵則不可移定匠額, 依亂廛例科罪。〈續〉 **2** 二十人至二十五人爲大冶[7], 十五人以上爲中冶, 十四人以下爲小冶。

006 **銀、錫、鍮、銅器, 竝刻斤兩及造作年月日。**〈經〉

007 **造作不如法, 笞四十。** **1** 造軍器不如法及織段匹麤糙, 笞五十。供奉御用, 加二等。局官減工匠一等, 提調官吏又減一等。〈律〉

7 冶 : 底本에는 "治"로 되어 있다. 國中A와 奎章A에 根據하여 修正하였다. 以下 本 項 內의 "治"는 同一하다.

008 頒賜冊子粧纈不如法者, 校書館掌務官造作不如法論。❶ 供奉御用, 加二等。

009 咨文、表紙麤造匠人, 初次杖八, 每次加一十, 止杖百。〈續〉

010 造瓦濫惡不如法者重論。❶ 私窯論罪後, 本瓦沒官。槊木, 本曹篆烙着標。〈經〉

011 造作局院頭目、工匠, 多破物料入己, 以監守自盜論。❶ 追物還官。❷ 官吏知情符同, 與同罪。失覺察, 減三等, 止杖百。

012 監守官吏將己物, 於官局帶造段匹, 杖六。❶ 段匹入官。❷ 工匠笞五十。局官知而不擧, 同罪。失覺察, 減三等。〈律〉 ❸ 諸司毋得以私事橫侵工匠。〈增〉

雜令

001 **四山參軍分掌四山檢擧, 緊關禁忌處立標。**〈續〉〈補〉❶ 城內全數; 及城外玄武主山; 東指緊關外青龍, 自釋迦岾內沙乙閑南邊, 歷狄踰峴、廣平大君家北岾, 先蠶壇至, 及自普濟院西越邊, 安巖洞、猪房洞、東大門外至, 則竝山脊內外; 西指緊關外白虎, 自慕華館後, 歷沙峴、司畜署岾, 青坡後至, 則山脊內面; 朱雀案山南山外面, 自南大門城外, 歷典牲署後, 行至伐兒峴, 自伐兒峴東, 行豆毛浦後山、往十里後山, 迤至水口, 則山脊內外面竝立標。❷ 家垈依山處, 令觀象監審視山脊、山麓, 臨壓禁忌處勿折給, 冒受造家者, 治罪撤去。〈續〉❸ 都城內外山立標, 分授旁近人, 定山直看守。〈經〉❹ 內外山伐木、浮石, 分屬三軍門嚴禁。彰義門以外, 屬摠戎廳禁護。〈增〉❺ 伐取者杖九, 分授[8]人及山直杖八, 該官杖六。木石沒官。木則令伐者準條栽植。〈經〉

002 **司饔院燔造磁器, 每春秋進上。**❶ 廣州、楊口、晉州、昆陽最宜燔土處取土。❷ 燔造木, 地方邑三十稅一, 所經邑勿稅。違者守令拿處, 監色決杖配。❸ 本院江筏收稅, 勿論內司木物、焰硝廳吐木, 十分稅一。❹ 收稅若取有用木, 監官決杖遠配, 燔官贓律論。〈續〉❺ 燔官之別燔巧制者勘處。❻ 燔院柴場、山田之在廣州者, 令地方官踏驗收納, 以除民弊。〈增〉

003 **公用紙禁濫厚者。**❶ 各司不遵者, 推考罷職。❷ 闕內外諸上司

8 授 : 《經國大典·工典·栽植》에는 "受"로 되어 있다.

所用紙, 長興庫、豐儲倉每朔定式進排。違者官員罷職, 下吏治罪。❸ 楮注紙, 長一尺六寸, 廣一尺四寸; 楮常紙, 長一尺一寸, 廣一尺。〈續〉 ❹ 啓目紙、草注紙, 一卷重十一兩以上; 次草注紙, 九兩以上; 公事紙, 六兩以上; 官教紙, 四斤以上; 上品擣鍊紙, 六斤以上; 擣鍊楮注紙, 二斤以上。大好紙、白綿紙, 長二尺四寸五分, 廣一尺七寸五分, 重三斤十四兩; 小好紙, 長二尺二寸五分, 廣一尺五寸五分, 重二斤五兩。〈增〉

004 **動駕及殿座時植炬, 無價進排。**〈補〉 ❶ 陵幸時植炬, 限京兆治道, 餘屬外邑。〈增〉 ❷ 大臣望炬亦無價。〈補〉 ❸ 承傳中官望炬代杻木進排時, 操縱貽弊, 該中官及不飭之該司堂郎勘罪。〈增〉 ❹ 炭十五斗爲一石, 每石百五十斤。

005 **海西詳定後, 水鐵器亦貢人受價備納。** ❶ 廟、社、陵寢、諸上司所用水鐵器之卜定海西者, 自本道納其價米, 惠廳定貢人出給備納。〈續〉 ❷《大典》有"諸邑産鐵處置冶場, 成籍藏於本曹、本道、本邑, 吹鍊上納。及産寶物處, 成籍藏於本曹、本道、本邑看守"之法。〈補〉

006 **用柴諸司, 於水邊給柴場。** ❶ 尙衣院、司僕·軍器·禮賓寺、內需司竝周圍二十里, 內資·內贍寺、繕工監、典牲·司畜署竝十五里, 司圃署五里。〈經〉 ❷ 奉常寺坡平山柴場革罷, 戶曹、惠廳給價。〈續〉 ❸ 成均館柴場, 周圍二十里立標割給。自楊根 淵陽里至驪州、廣州境。〈續〉〈增〉

007 **新宮家柴場, 只許一處。** ❶ 山林川澤折受, 以民弊革罷處, 備局置簿。新折受文書啓下, 備局考簿記無頉者, 出署經, 方許折受。違者該管堂上論罷[9]。❷ 宮房柴場內山直, 限二十戶屬該宮。〈續〉

008 **私占柴、草場, 杖八。**〈經〉

009 **監守將係官衣服、器玩之類, 借用或借人及借者, 笞五十。** ❶ 過十日, 各坐贓論, 減二等。有損失, 依毁失官物律, 追陪。〈律〉 ❷ 繕工監進排竹索、長木, 私借與者勘罪。〈增〉

010 **非法、非時營造者, 計所役人雇錢, 坐贓論。**

011 **營造財物及人工多少, 申請不實, 笞五十。** ❶ 已損財物, 或已費人工, 計所損物價及所費雇錢, 重者坐贓論。〈律〉

012 **繕工兩提調有故, 則時急啓目, 本曹擧行。**〈增〉

013 **諸工匠皆有定額。** ❶《大典》法, 本曹與各司及各道、各邑有名色額數。而《通編》以爲: "京工匠新舊互異, 加減無定。藏籍本曹之法, 寢廢不行。外工匠亦無藏籍本道之規, 官有使役, 則貰用私工。" 故今就《原典》, 只總其名色, 錄於《別編》。〈補〉

9 罷 : 《續大典·戶典·魚鹽》에는 "罪"로 되어 있다.

曲律通補

典律通補 別編

目錄

吏文

民摠

軍摠

附 兵曹、五軍門捧下。

田摠 田稅、大同、均役摠數附。

穀摠

廐驛馬摠

各道戰船

量田法

城闕

五部坊名

各道城堞

八道程途

中原路程

日本路程

工匠名色

籌法

相乘

商除

留頭乘法

歸除法

諸尺圖

1 四品……告身 : 底本에는 "告身"으로 되어 있다. 本書 本文에 根據하여 修正하였다.

2 參謁六行單子 : 底本에는 "科擧秘封" 앞에 있다. 本書 本文에 根據하여 修正하였다.

皇朝紀年

001 太祖 1 洪武元年戊申, 三十一年戊寅。

002 惠宗 1 建文元年己卯, 四年壬午。

003 成祖 1 永樂元年癸未, 二十二年甲辰。

004 仁宗 1 洪熙元年乙巳。

005 宣宗 1 宣德元年丙午, 十年乙卯。

006 英宗 1 正統元年丙辰, 十四年己巳。2 天順元年丁丑, 八年甲申。

007 代宗 1 景泰元年庚午, 八年丁丑。

008 憲宗 1 成化元年乙酉, 二十三年丁未。

009 孝宗 1 弘治元年戊申, 十八年乙丑。

010 武宗 1 正德元年丙寅, 十六年辛巳。

011 世宗 1 嘉靖元年壬午, 四十五年丙寅。

012 穆宗 ■ 隆慶元年丁卯, 六年壬申。

013 神宗 ■ 萬曆元年癸酉, 四十八年庚申。

014 光宗 ■ 泰昌元年。

015 熹宗 ■ 天啓元年辛酉, 七年丁卯。

016 毅宗 ■ 崇禎元年戊辰, 十七年甲申。

清紀年

001 世祖 ❶ 順治元年甲申[3], 十八[4]年辛丑。❷ 改元雖在丙子, 自甲申[5]始計。

002 聖祖 ❶ 康熙元年壬寅, 六十一年壬寅。

003 世宗 ❶ 雍正元年癸卯, 十三年乙卯。

004 ❶ 乾隆元年丙辰。

3 甲申 : 底本에는 "乙酉"로 되어 있다. 《世祖章皇帝實錄》에 根據하여 修正하였다.

4 八 : 底本에는 "七"로 되어 있다. 《世祖章皇帝實錄》에 根據하여 修正하였다.

5 甲申 : 底本에는 "乙酉"로 되어 있다. 《世祖章皇帝實錄》에 根據하여 修正하였다.

國朝紀年 徽號、忌辰、陵寢。

001 穆祖大王 ❶ 仁文聖穆。❷ 忌三月十日。❸ 德陵, 咸興。
王后李氏 ❹ 孝恭。❺ 千牛衛長史公肅女。❻ 誕翼祖。❼ 忌五月十五日。❽ 安陵, 同原。

002 翼祖大王 ❶ 康惠聖翼。❷ 忌九月十日。❸ 智陵, 安邊。
王后崔氏 ❹ 貞淑。❺ 戶長基烈女。❻ 誕度祖。❼ 忌九月二十日。❽ 淑陵, 文川。

003 度祖大王 ❶ 恭毅聖度。❷ 忌七月二十四日。❸ 義陵, 咸興。
王后朴氏 ❹ 敬順。❺ 元朝宣授千戶, 本朝贈安邊府院君 光女。❻ 誕桓祖。❼ 忌七月二十三日。❽ 純陵, 咸興。

004 桓祖大王 ❶ 淵武聖桓。❷ 忌四月三十日。❸ 定陵, 咸興。
王后崔氏 ❹ 懿惠。❺ 元朝宣授千戶, 本朝贈永興伯 閑奇女。❻ 誕太祖。❼ 忌二月二十四日。❽ 和陵, 同原。

005 太祖大王 ❶ 康獻至仁啓運聖文神武正義光德。❷ 元年洪武壬申, 七年戊寅。傳位定宗。❸ 忌五月二十四日。❹ 健元陵, 楊州。
王后韓氏 ❺ 承仁順聖神懿。❻ 追封。❼ 密直司副使、贈安川府院君 卿女。❽ 誕定宗、太宗。❾ 忌九月二十三日。❿ 齊陵, 豐德。
王后康氏 ⓫ 順元顯敬神德。⓬ 判三司事、贈象山府院君 允成女。⓭ 忌八月十三日。⓮ 貞陵, 楊州。

006 ❶ 祧。**定宗大王** ❷ 恭靖懿文莊武溫仁順孝。❸ 元年建[6]文己卯, 二年庚辰。傳位太宗。❹ 忌九月二十六日。❺ 厚陵, 豐德。

王后金氏 ❻ 順德溫明莊懿定安。❼ 判禮賓寺事、贈門下左侍中天瑞女。❽ 忌六月二十五日。❾ 厚陵, 同原。

007 **太宗大王** ❶ 恭定聖德神功文武睿哲成烈光孝。❷ 元年建[7]文辛巳, 十八年永樂戊戌。傳位世宗。❸ 忌五月十日。❹ 獻陵, 廣州。

王后閔氏 ❺ 彰德昭烈元敬。❻ 驪興府院君 霽女。❼ 誕世宗。❽ 忌七月十日。❾ 獻陵, 同原。

008 **世宗大王** ❶ 莊憲英文睿武仁聖明孝。❷ 元年永樂己亥, 三十二年景泰庚[8]午。❸ 忌二月十七日。❹[9] 英陵, 驪州。

王后沈氏 ❺ 宣仁齊聖昭憲。❻ 青川府院君 溫女。❼ 誕文宗、世祖。❽ 忌三月二十四日。❾ 英陵, 同原。

009 ❶ 祧。**文宗大王** ❷ 恭順欽明仁肅光文聖孝。❸ 元年景泰辛未, 二年壬申。❹ 忌五月十四日。❺ 顯陵, 楊州。

王后權氏 ❻ 仁孝順惠顯德。❼ 追封。❽ 判漢城府事、贈花山府院君 專女。❾ 誕端宗。❿ 忌七月二十四日。⓫ 顯陵, 左岡。

6 建 : 底本에는 "健"으로 되어 있다. 奎章A에 根據하여 修正하였다.

7 建 : 底本에는 "健"으로 되어 있다. 奎章A에 根據하여 修正하였다.

8 庚 : 底本의 글자를 判讀할 수 없다. 奎章A에 根據하여 補充하였다.

9 ❹ : 底本에는 ❸의 條文과 連結되어 있다. 奎章B 및 藏書A에 根據하여 補充하였다.

010 ❶ 祧。**端宗大王** ❷ 恭懿[10]溫文純定安莊景順敦孝。❸ 元年景泰癸酉, 三年乙亥。禪位世祖。❹ 忌十月二十四日。❺ 莊陵, 寧越。

王后宋氏 ❻ 懿德端良齊敬定順。❼ 判敦寧府事、贈礪良府院君玹壽女。❽ 忌六月四日。❾ 思陵, 楊州。

011 **世祖大王** ❶ 惠莊承天體道烈文英武至德隆功聖神明睿欽肅仁孝。❷ 元年景泰乙亥, 十四年成化戊子。傳位睿宗。❸ 忌九月八日。❹ 光陵, 楊州。

王后尹氏 ❺ 慈聖欽仁景德宣烈明順元淑徽愼惠懿神憲貞熹。❻ 判中樞院事、贈坡平府院君 璠女。❼ 誕德宗、睿宗。❽ 忌三月三十日。❾ 光陵, 東岡。

012 ❶ 祧。**德宗大王** ❷ 懷簡宣肅恭顯溫文懿敬。❸ 成宗辛卯追崇。❹ 忌九月二日。❺ 敬陵, 高陽。

王后韓氏 ❻ 仁粹徽肅明懿昭惠。❼ 西原府院君 確女。❽ 誕成宗。❾ 忌四月二十七日。❿ 敬陵, 右岡。

013 ❶ 祧。**睿宗大王** ❷ 襄悼欽文聖武懿仁昭孝。❸ 元年成化己丑。❹ 忌十一月二十八日。❺ 昌陵, 高陽。

王后韓氏 ❻ 徽仁昭德章順。❼ 追封。❽ 上黨府院君 明澮女。❾ 忌十二月五日。❿ 恭陵, 坡州。

王后韓氏 ⓫ 仁惠昭徽齊淑安順。⓬ 淸川府院君 伯倫女。⓭ 忌十二月二十三日。⓮ 昌陵, 左岡。

10 懿 : 底本에는 "懿"로 되어 있다. 奎章A에 根據하여 修正하였다.

014 成宗大王 ❶ 康靖仁文憲武欽聖恭孝。❷ 元年成化庚寅, 二十五年弘治甲寅。❸ 忌十二月二十四日。❹ 宣陵, 廣州。

王后韓氏 ❺ 徽懿愼肅恭惠。❻ 上黨府院君 明澮女。❼ 忌四月十五日。❽ 順陵, 坡州。

王后尹氏 ❾ 慈順和惠昭懿欽淑貞顯。❿ 鈴原府院君 壕女。⓫ 誕中宗。⓬ 忌八月二十二日。⓭ 宣陵, 左岡。

015 燕山 ❶ 元年弘治乙卯, 十二年正德丙寅。廢。❷ 夫人愼氏。

016 中宗大王 ❶ 恭僖徽文昭武欽仁誠孝。❷ 元年正德丙寅, 三十九年嘉靖甲辰。❸ 忌十一月十五日。❹ 靖陵, 廣州。

王后愼氏 ❺ 恭昭順烈端敬。❻ 左議政、贈益昌府院君 守勤女。❼ 忌十二月七日。❽ 溫陵, 楊州。

王后尹氏 ❾ 宣昭懿淑章敬。❿ 坡原府院君 汝弼女。⓫ 誕仁宗。⓬ 忌三月二日。⓭ 禧陵, 高陽。

王后尹氏 ⓮ 聖烈仁明文定。⓯ 坡山府院君 之任女。⓰ 誕明宗。⓱ 忌四月七日。⓲ 泰陵, 楊州。

017 ❶ 祧。仁宗大王 ❷ 榮靖獻文懿武章肅欽孝。❸ 元年嘉靖乙巳。❹ 忌七月一日。❺ 孝陵, 高陽。

王后朴氏 ❻ 孝順恭懿仁聖。❼ 僉知中樞府事、贈錦城府院君 墉女。❽ 忌十一月二十九日。❾ 孝陵, 同原。

018 ❶ 祧。明宗大王 ❷ 恭憲獻毅昭文光肅敬孝。❸ 元年嘉靖丙午, 二十二年隆慶丁卯。❹ 忌六月二十八日。❺ 康陵, 楊州。

王后沈氏 ❻ 宣烈懿聖仁順。❼ 青陵府院君 鋼女。❽ 忌正月二日。❾ 康陵, 同原。

019 宣祖大王 ❶ 昭敬正倫立極盛德洪烈至誠大義格天熙運顯文毅武聖睿達孝。❷ 中宗王子德興大院君第三子, 妣河東府大夫人鄭氏。❸ 元年隆慶戊辰, 四十一年萬曆戊申。❹ 忌二月一日。❺ 穆陵, 楊州。

王后朴氏 ❻ 章聖徽烈貞憲懿仁。❼ 潘城府院君 應順女。❽ 忌六月二十七日。❾ 穆陵, 左岡。

王后金氏 ❿ 昭聖貞懿明烈光淑莊定仁穆。⓫ 延興府院君 悌男女。⓬ 忌六月二十八日。⓭ 穆陵, 左岡。

020 光海 ❶ 元年萬曆己酉, 十五年天啓癸亥。廢。❷ 夫人柳氏。

021 ❶ 祧。元宗大王 ❷ 恭良敬德仁憲靖穆章孝。❸ 儲慶宮 仁嬪 金氏誕生。❹ 仁祖壬申追崇。❺ 忌十二月二十九日。❻ 章陵, 金浦。

王后具氏 ❼ 敬懿貞靖仁獻。❽ 左贊成、贈綾安府院君 思孟女。❾ 誕仁祖。❿ 忌正月十四日。⓫ 章陵, 同原。

022 仁祖大王 ❶ 憲文烈武明肅純孝。❷ 元年天啓癸亥, 二十七年己丑。❸ 忌五月八日。❹ 長陵, 交河。

王后韓氏 ❺ 明德貞順仁烈。❻ 西平府院君 浚謙女。❼ 誕孝宗。❽ 忌十二月九日。❾ 長陵, 同原。

王后趙氏 ❿ 慈懿恭愼徽獻康仁貞肅溫惠莊烈。⓫ 漢原府院君 昌遠女。⓬ 忌八月二十六日。⓭ 徽陵, 楊州。

023 孝宗大王 ❶ 宣文章武神聖顯仁明義正德。❷ 元年庚寅, 十年己亥。❸ 忌五月四日。❹ 寧陵, 驪州。

王后張氏 ❺ 孝肅敬烈明獻仁宣。❻ 新豐府院君 維女。❼ 誕顯宗。❽ 忌二月二十四日。❾ 寧陵, 同原。

024 顯宗大王 ❶ 昭休衍慶敦德綏成純文肅武敬仁彰孝。❷ 元年庚子, 十五年甲寅。❸ 忌八月十八日。❹ 崇陵, 楊州。

王后金氏 ❺ 顯烈禧仁貞獻文德明聖。❻ 淸風府院君 佑明女。❼ 誕肅宗。❽ 忌十二月五日。❾ 崇陵, 同原。

025 肅宗大王 ❶ 顯義光倫睿聖英烈裕謨永運洪仁峻德配天合道啓休篤慶章文憲武敬明元孝。❷ 元年乙卯, 四十六年庚子。❸ 忌六月八日。❹ 明陵, 高陽。

王后金氏 ❺ 光烈宣穆惠聖孝莊明顯仁敬。❻ 光城府院君 萬基女。❼ 忌十月二十六日。❽ 翼陵, 高陽。

王后閔氏 ❾ 孝敬淑聖莊純懿烈貞穆仁顯。❿ 驪陽府院君 維重女。⓫ 忌八月十四日。⓬ 明陵, 同原。

王后金氏 ⓭ 惠順慈敬獻烈光宣顯翼康聖貞德壽昌永福隆化徽靖定懿章穆仁元。⓮ 慶恩府院君 柱臣女。⓯ 忌三月二十六日。⓰ 明陵, 右岡。

026 景宗大王 ❶ 德文翼武純仁宣孝。❷ 玉山府大嬪 張氏誕生。❸ 元年辛丑, 四年甲辰。❹ 忌八月二十五日。❺ 懿陵, 楊州。

王后沈氏 ❻ 恭孝定穆端懿。❼ 追封。❽ 僉正、贈靑恩府院君 浩女。❾ 忌二月七日。❿ 惠陵, 楊州。

王后魚氏 ⑪ 敬純孝仁惠穆宣懿。⑫ 咸原府院君 有龜女。⑬ 忌六月二十九日。⑭ 懿陵, 同原。

027 英宗大王 ① 至行純德英謨毅烈章義弘倫光仁敦禧體天建極聖功神化大成廣運開泰基永堯明舜哲乾健坤寧配命垂統景曆洪休翼文宣武熙敬顯孝。② 毓祥宮 淑嬪 崔氏誕生。③ 元年乙巳, 五十二年丙申。④ 忌三月五日。⑤ 元陵, 楊州。

王后徐氏 ⑥ 惠敬莊愼康宣恭翼仁徽昭獻端穆章和貞聖。⑦ 郡守、贈達城府院君 宗悌女。⑧ 忌二月十五日。⑨ 弘陵, 高陽。

妃殿下金氏 ⑩ 睿順聖哲莊僖惠徽翼烈明宣。⑪ 鰲興府院君 漢耉女。

028 眞宗大王 ① 溫良睿明哲文孝章。② 延祐宮 靖嬪 李氏誕生。③ 當宁卽位追崇。④ 忌十一月十六日。⑤ 永陵, 坡州。

王后趙氏 ⑥ 徽貞賢淑孝純。⑦ 豐陵府院君 文命女。⑧ 忌十一月十四日。⑨ 永陵, 同原。

029 主上殿下 ① 莊獻世子第二男, 惠慶宮 孝康慈禧貞宣 惠嬪 洪氏誕生。② 元年丁酉。

妃殿下金氏 ③ 左參贊、贈淸原府院君 時默女。

宮園 尊號、忌辰。

001 仁嬪 金氏 ❶ 敬惠裕德。❷ 儲慶宮。❸ 忌十月二十九日。❹ 順康園, 楊州。

002 淑嬪 崔氏 ❶ 和敬徽德安純綏福。❷ 毓祥宮。❸ 忌三月九日。❹ 昭寧園, 楊州。

003 ❶ 祧。順懷世子 ❷ 明宗第一男。❸ 忌九月二十日。❹ 順懷墓, 高陽。

恭懷嬪 尹氏 ❺ 忌二月三日。❻ 墓同原。

004 ❶ 祧。昭顯世子 ❷ 仁祖第一男。❸ 昭顯宮。❹ 忌四月二十六日。❺ 昭顯墓, 高陽。

愍懷嬪 姜氏 ❻ 忌三月十五日。❼ 愍懷墓, 衿川。

005 靖嬪 李氏 ❶ 溫僖。❷ 延祜宮。❸ 忌十一月十六日。❹ 綏吉園, 楊州。

006 莊獻世子 ❶ 思悼綏德敦慶弘仁景祉。❷ 英宗第二男, 暎嬪 李氏誕生。❸ 景慕宮。❹ 忌五月二十一日。❺ 永祐園, 楊州。

007 懿昭世孫 ❶ 莊獻世子第一男。❷ 懿昭廟。❸ 忌三月四日。❹ 懿昭墓, 高陽。

008 文孝世子 ❶ 當宁第一男。❷ 文禧廟。❸ 忌五月十一日。❹ 孝昌墓, 高陽。

壇廟

001 **社稷壇** ❶ 都城內西。❷ 社在東，稷在西。❸ 國社-① 土神。-配后土氏，國稷-② 穀神。-配后稷氏。❹ 州縣共一壇，只稱社稷，無配位。

002 **風雲雷雨壇** ❶ 南郊。❷ 山川、城隍。❸ 風雲雷雨居中，山川左，城隍右。

003 **先農壇** ❶ 東郊。❷ 帝神農氏，配后稷氏。

004 **先蠶壇** ❶ 東郊。❷ 西陵氏。

005 **雩壇** ❶ 南郊。❷ 句芒氏、祝融氏、后土氏、蓐收氏、玄冥氏、后稷氏。

006 **嶽海瀆**〈五禮〉 ❶ 嶽：南智異山，-① 南原。- 中三角山，-② 都城北。- 西松嶽山，-③ 松都。- 北白頭山-④ 甲山。-、鼻白山。-⑤ 定平。-〈五禮〉〈補〉 ❷ 海：東海，-⑥ 襄陽。- 南海，-⑦ 羅州。- 西海。-⑧ 豐川。- ❸ 瀆：南熊津-⑨ 公州。-、伽倻津，-⑩ 梁山。- 中漢江-⑪ 都城南。-有壇，西德津-⑫ 長湍。-、平壤江-⑬ 平壤。-、鴨綠江，-⑭ 義州。- 北豆滿江。-⑮ 慶原。- ❹ 三角山就白嶽山祭，三角神在北，白嶽神在東。❺ 祈雨則就北郊設嶽海瀆及諸山川位，各於其方。

007 **名山大川** ❶ 名山：東雉嶽山，-① 原州。- 南鷄龍山-② 公州。-、竹嶺山-3 丹陽。-、于弗山-4 蔚山。-、主屹山-5 聞慶。-、錦城山,-6 羅州。- 中木覓山,-7 都城內。- 西五冠山-8 長湍。-、牛耳山,-9 海州。- 北紺嶽山-10 積城。-、義關嶺。-11 淮陽。-〈五禮〉 2 大川: 南楊津溟所-12 忠州。-、楊津,-13 楊州。- 西長山串-14 長淵。-、阿斯津松串-15 長連。-、淸川江-16 安州。-、九津溺水,-17 平壤。- 北德津溟所-18 淮陽。-、沸流水。-19 永興。-〈五禮〉〈補〉 3 祈雨見上"嶽海瀆"。〈補〉

008 **司寒壇** 1 南郊。 2 玄冥氏。〈五禮〉

009 **禜** 1 四方山川。 2 就都城四門, 門上行。州縣則城門。〈五禮〉〈增〉〈補〉

010 **厲壇** 1 北郊。 2 無祀鬼神。 3 遭兵刃死者、遇水火盜賊死者、被人取財物逼死者、被人强奪妻妾死者、遭刑禍負屈死者、因天災疾疫死者在左; 爲猛獸毒蟲所害死者、凍餒死者、戰鬪死者、因危急自縊死者、被墻屋壓死者、産難死者、震死者、墜死者、歿而無後者在右。 4 城隍在壇上, 無祀神壇下左右。〈五禮〉 5 別祈則祭於東、西、南、北郊。〈補〉

011 **酺** 1 災害人物之神。〈五禮〉 有蝗螟則就馬步壇-1 東郊。-行。外邑三四邑以上蝗, 則設於中央邑。〈五禮〉〈增〉

012 **纛廟** 1 都城內。 2 纛神。〈五禮〉

013 **大報壇** 1 都城內。 2 奉皇明太祖開天行道肇紀立極大聖至神仁文義武俊德成功高皇帝、神宗範天合道哲肅敦簡光文章武安仁止孝顯皇帝、毅宗 紹天繹道剛明恪儉揆文奮武敦仁懋孝烈皇帝。3 配享: 太祖室, 奉天開國推誠宣力武臣魏國公、追封中山 武寧王 徐達。4 神宗室, 太子太保、贈少保、寧遠伯、忠烈公 李如松。5 毅宗室, 工部尙書、兼東閣太學士、贈太傅、文貞公 范景文。〈補〉

014 宗廟 1 都城內東。〈五禮〉 2 奉太祖、太宗、世宗-1 世室。-、世祖-2 世室。-、成宗-3 世室。-、中宗-4 世室。-、宣祖-5 世室。-、仁祖-6 世室。-、孝宗-7 世室。-、顯宗-8 世室。-、肅宗-9 世室。-、景宗、英宗-10 世室。-、眞宗。〈續禮〉〈補〉 3 庭東西廟: 西七祀司命、門、戶、竈、中霤、厲、行, 東配享功臣。〈五禮〉 4 配享: 太祖室, 文忠公 趙浚、義安大君 和、忠景公 南在、景武公 李濟、襄烈公 李之蘭、剛武公 南誾、忠靖公 趙仁沃。5 太宗室, 文忠公 河崙、忠武公 趙英茂、翼景公 鄭擢、襄度公 李天祐、景節公 李來。6 世宗室, 翼成公 黃喜、貞烈公 崔潤德、文景公 許稠、文僖公 申槩、文靖公 李隨。7 世祖室, 翼平公 權擥、襄節公 韓確、忠成公 韓明澮。8 成宗室, 文忠公 申叔舟、忠貞公 鄭昌孫、忠貞公 洪應。9 中宗室, 武烈公 朴元宗、忠定公 成希顔、文成公 柳順汀、文翼公 鄭光弼。10 宣祖室, 忠正公 李浚[11]慶、文純公 李滉。11 仁祖室, 文忠公 李元翼、文貞公 申欽、文忠公 金瑬、忠定公 李貴、忠翼公 申景禛、忠定公 李曙。12 孝宗室, 文正公 金尙憲、文敬公 金集、文正公 宋時烈。13 顯宗室, 翼憲公 鄭太和、忠肅公 金佐明。14 肅宗室, 文忠公 南九萬、文純公 朴世采、忠正公 尹趾完、文貞公 崔

11 浚 : 底本에는 "俊"으로 되어 있다. 奎章A에 根據하여 修正하였다.

錫鼎。⓯ 景宗室, 惠定公 李濡、忠文公 閔鎭厚。⓰ 英宗室, 忠獻公 金昌集、忠貞公 崔奎瑞、文忠公 閔鎭遠、文忠公 趙文命、忠靖公 金在魯。〈補〉

015 **永寧殿** ❶ 宗廟西。〈五禮〉 ❷ 太室奉穆祖、翼祖、度祖、桓祖, 西夾室奉定宗、文宗、端宗、德宗, 東夾室奉睿宗、仁宗、明宗、元宗。〈五禮〉〈續禮〉

016 **肇慶廟** ❶ 在全州。奉始祖先公位版。〈補〉

017 **眞殿**〈五禮〉 ❶ 永禧殿在都城內。奉太祖、世祖、元宗、肅宗、英宗晬容。〈續禮〉〈補〉-❶ 世祖晬容二本。-〈補〉 ❷ 濬源殿在永興, 慶基殿在全州。奉太祖晬容。〈五禮〉 ❸ 長寧殿在江華。奉肅宗、英宗晬容。〈續禮〉〈補〉 ❹ 璿源殿在昌德宮, 奉肅宗晬容二本、英宗晬容四本。藏譜閣在彰義宮, 奉英宗晬容二本。毓祥宮奉英宗晬容三本。〈補〉

018 **文宣王廟** ❶ 都城內。❷ 大成殿奉先聖大成至聖文宣王。〈五禮〉 ❸ 配享: 先師兗國復聖公-❶ 顏子。-、沂國述聖公-❷ 子思。-在正位東南, 西向; 郕國宗聖公-❸ 曾子。-、鄒[12]國亞聖公-❹ 孟子。-在正位西南, 東向。俱北上。〈五禮〉〈補〉 ❹ 殿內從享: 費公 閔損、薛公 冉雍、黎公 端木賜、衛公 仲由、魏公 卜商、道國公 周敦頤、洛國公 程頤、郿伯 張載東壁, 西向; 鄆公 冉耕、齊公 宰予、徐公 冉求、吳公 言偃、潁川侯 顓孫師、豫國公 程顥、新安伯 邵雍、徽國公

12 鄒 : 底本에는 "雛"로 되어 있다. 奎章A에 根據하여 修正하였다.

朱熹西壁, 東向。俱北上。**5** 兩廡從享: 金鄉侯 澹臺滅明、任城侯 原憲、汝陽侯 南宮适、須昌侯 商瞿、平輿侯 漆雕開、益都侯 樊須、鉅野侯 公西赤、千乘侯 梁鱣、臨沂侯 冉孺、沭陽侯 伯虔、諸城侯 冉季、濮陽侯 漆雕哆、高宛侯 漆雕徒父、鄒[13]平侯 商澤、當陽侯 任不齊、牟平侯 公良孺、新息侯 秦冉、梁父侯 公肩定、聊城侯 鄡單、祈鄉侯 罕父黑、卽墨侯 公祖句玆、武城侯 縣成、汧源侯 燕伋、宛句侯 顔之僕、建成侯 樂欬[14]、堂邑侯 顔何、林慮侯 狄黑、鄆城侯 孔忠、徐城侯 公西蒧、臨濮侯 施之常、華亭侯 秦非、文登侯 申棖、濟陰侯 顔噲、中都伯 左丘明、睢陽伯 穀梁赤、萊蕪伯 高堂生、樂壽伯 毛萇、彭城伯 劉向、中牟伯 鄭衆、良鄉伯 盧植、滎陽伯 服虔、昌黎伯 韓愈、將樂伯 楊時、建寧伯 胡安國、華陽伯 張栻、文肅公 黃榦、浦城伯 眞德秀、弘儒侯 薛聰、文成公 安裕、文敬公 金宏弼、文正公 趙光祖、文純公 李滉、文簡公 成渾、文正公 宋時烈、文純公 朴世采東廡, 西向; 單父侯 宓不齊、高密侯 公冶長、北海侯 公晳哀、共城侯 高柴、睢陽侯 司馬耕、平陰侯 有若、東阿侯 巫馬施、陽穀侯 顔辛、上蔡侯 曹卹、枝江侯 公孫龍、馮翊侯 秦商、雷澤侯 顔高、上邽侯 壤駟赤、成紀侯 石作蜀、鉅平侯 公夏首、膠東侯 后處、濟陽侯 奚容蒧、富平侯 顔祖、滏陽侯 句井彊、甄城侯 秦祖、厭次侯 榮旂、南華侯 左人郢、朐山侯 鄭國、樂平侯 原亢、胙城侯 廉潔、博平侯 叔仲會、高堂侯 邽巽、臨朐侯 公西輿如、內黃侯 蘧瑗、長山侯 林放、南頓侯 陳亢、陽平侯 琴張、博昌侯 步叔乘、臨淄伯 公

13 鄒 : 底本에는 "雛"로 되어 있다. 奎章A에 根據하여 修正하였다.

14 欬 : 底本에는 "效"로 되어 있다. 奎章A에 根據하여 修正하였다.

羊高、乘氏伯 伏勝、考城伯 戴聖、廣川伯 董仲舒、曲阜伯 孔安國、緱氏伯 杜子春、高密伯 鄭玄、新野伯 范甯、溫國公 司馬光、文質公 羅從彦、文靖公 李侗、開封伯 呂祖謙、崇安伯 蔡沈、魏國公 許衡、文昌侯 崔致遠、文忠公 鄭夢周、文獻公 鄭汝昌、文元公 李彦迪、文成公 李珥、文元公 金長生、文正公 宋浚[15]吉西廡, 東向。俱北上。〈五禮〉〈續禮〉〈補〉

019 **歷代始祖廟**〈五禮〉 ❶ 崇靈殿在平壤。前朝鮮 檀君, 祔高句麗始祖東明王。〈五禮〉〈增〉 ❷ 崇仁殿在平壤。後朝鮮 箕子。〈五禮〉〈續〉 ❸ 崇德殿在慶州。新羅始祖王, 祔敬順王。〈五禮〉〈增〉〈補〉 ❹ 溫祚廟在廣州。百濟始祖王。〈五禮〉〈補〉 ❺ 崇義殿在麻田。高麗 太祖王, 祔顯宗王、文宗王、元宗王。〈五禮〉〈經〉〈補〉

020 **啓聖祠** ❶ 文廟北。❷ 齊國公 孔氏。-❶ 叔梁 紇。-〈續禮〉 ❸ 從享: 曲阜侯 顔氏 無繇、泗水侯 孔氏 鯉在東, 西向; 業蕪侯 曾氏 點、邾國公 孟氏-❷ 激 公宜。-在西, 東向。〈續禮〉〈補〉

021 **崇節祠** ❶ 一名四賢祠。文廟東。❷ 西晉太學生董公 養、大唐太學生何公 蕃、大宋太學生陳公 東、大宋太學生歐陽公 澈。〈補〉

022 **關王廟** ❶ 一都城東門外, 一南門外。❷ 關武安王。

023 **宣武祠** ❶ 都城內。❷ 欽差總督薊遼保定等處軍務兼理糧餉、經

15 浚 : 底本에는 "俊"으로 되어 있다. 奎章A에 根據하여 修正하였다.

略禦倭、太子太保、兵部尙書、兼都察院右副都御史邢公玠, 欽差巡撫遼東地方贊理軍務、兼管備倭、都察院右副都御史楊公鎬。〈續禮〉

祭饌圖說

1 諸祀饌圖具在《五禮儀》。此只載宗廟最盛之禮, 而採《五禮》圖說於下, 以見他例。

2 饌品排列, 時行之禮, 有與《五禮》不同者, 今從時制。

001 宗廟時享饌品圖

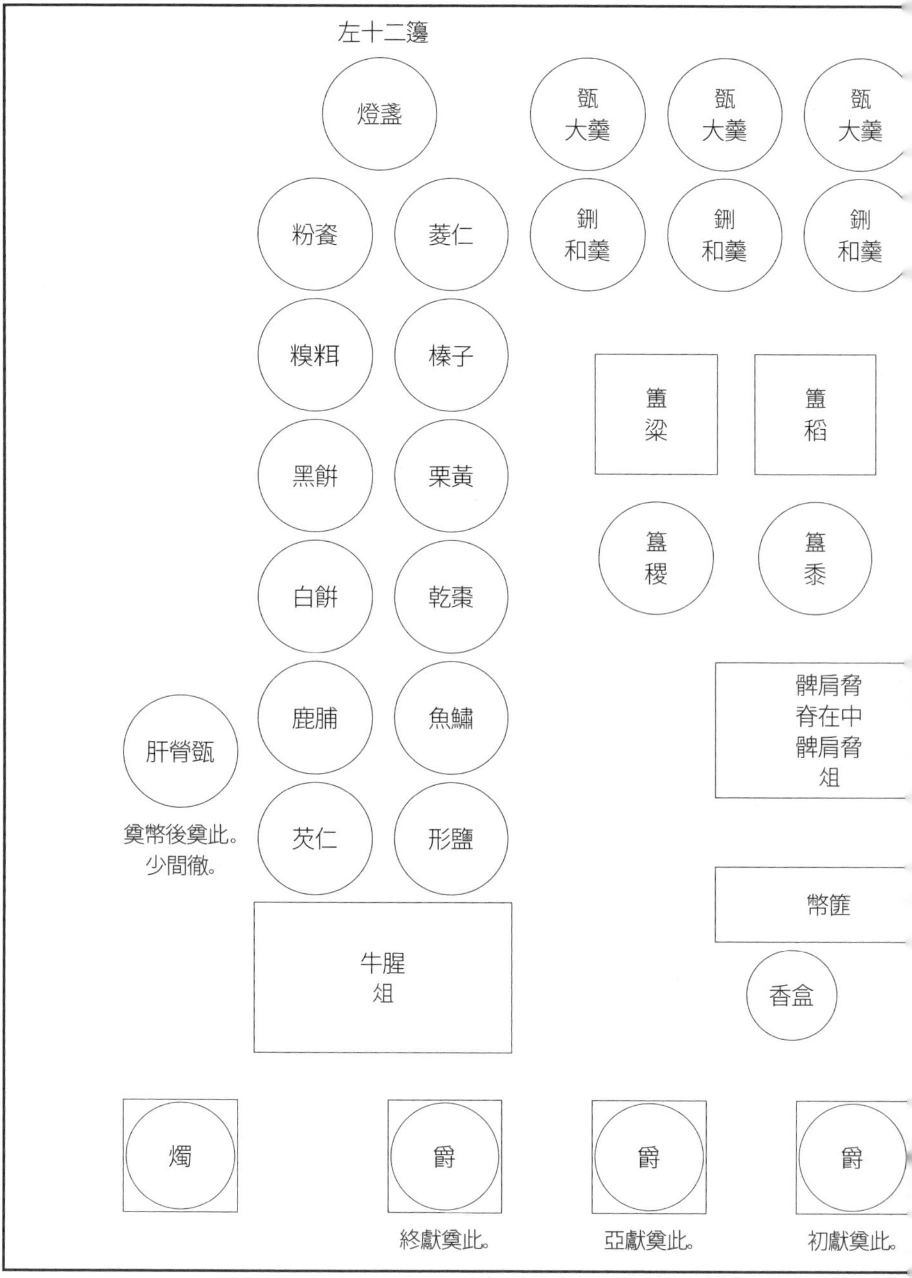
左十二籩
燈盞
甄
大羹
甄
大羹
甄
大羹
粉餈
菱仁
鉶
和羹
鉶
和羹
鉶
和羹
糗粗
榛子
簠
粱
簠
稻
黑餅
栗黃
白餅
乾棗
簋
稷
簋
黍
鹿脯
魚鱐
髀肩脅
脊在中
髀肩脅
俎
肝膋甄
奠幣後奠此。
少間徹。
芡仁
形鹽
幣篚
牛腥
俎
香盒
燭
爵
爵
爵
終獻奠此。
亞獻奠此。
初獻奠此。

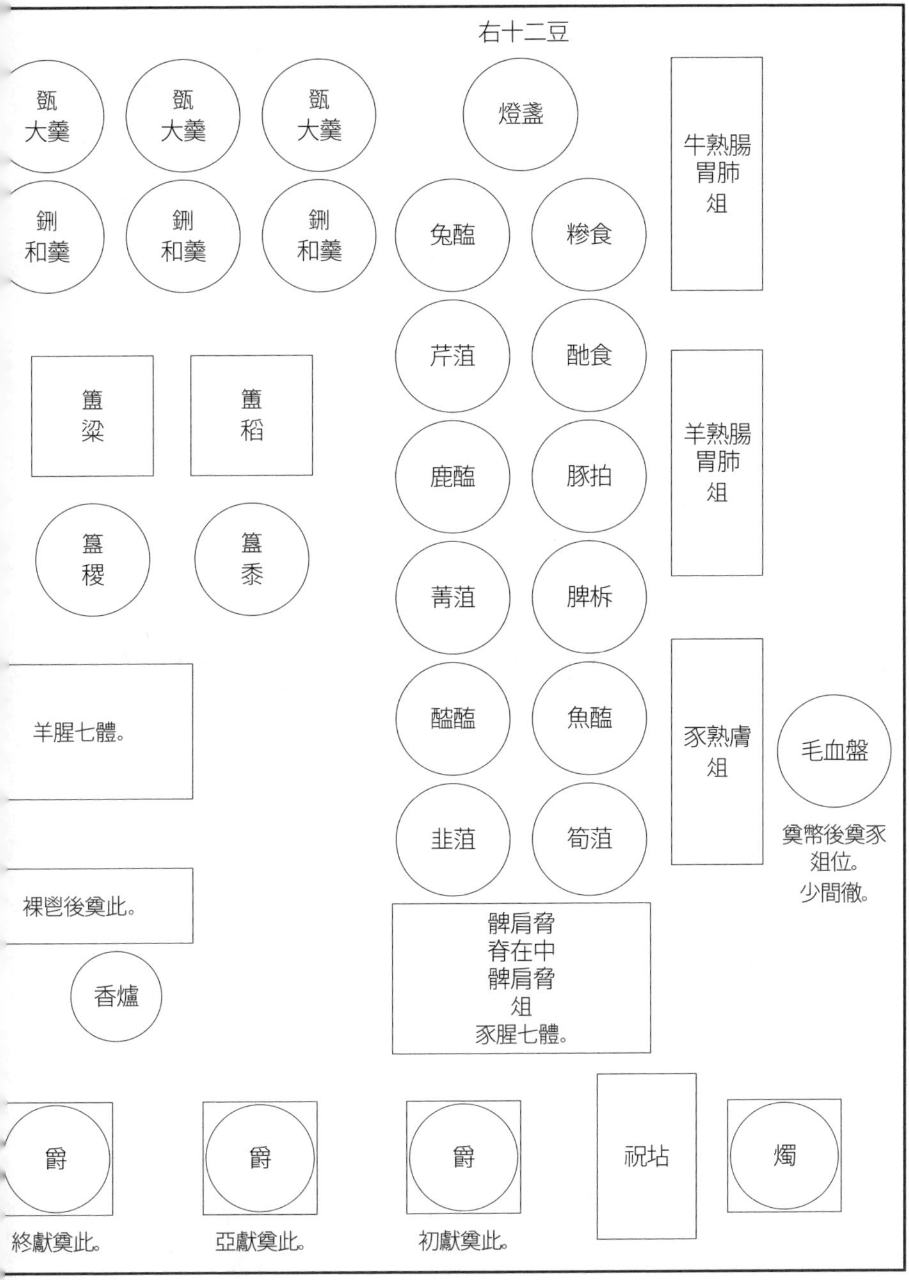
右十二豆
甄大羹
甄大羹
甄大羹
燈盞
牛熟腸胃肺俎
鉶和羹
鉶和羹
鉶和羹
兔醢
糝食
芹菹
酏食
簠粱
簠稻
羊熟腸胃肺俎
鹿醢
豚拍
簋稷
簋黍
菁菹
脾析
醓醢
魚醢
羊腥七體。
豕熟膚俎
毛血盤
韭菹
筍菹
瘞幣後瘞豕俎位。少間徹。
祼鬯後奠此。
髀肩脅
脊在中
髀肩脅
俎
豕腥七體。
香爐
爵
爵
爵
祝坫
燭
終獻奠此。
亞獻奠此。
初獻奠此。

春夏		秋冬及臘	
鳥彝 鬱鬯	鷄彝 明水	黃彝 鬱鬯	斝彝 明水
犧尊 醴齊	犧尊 明水	著尊 醴齊	著尊 明水
象尊 盎齊	象尊 明水	壺尊 盎齊	壺尊 明水
山罍 清酒	山罍 玄酒	山罍 清酒	山罍 玄酒

002 **籩豆各十二** [1] 見圖。

籩豆各十 [2] 籩減糗餌、粉餈, 豆減酏食、糝食。

籩豆各八 [3] 籩又減白餠、黑餠, 豆又減脾析、豚拍。

籩豆各四 [4] 籩, 形鹽、乾棗、栗黃、鹿脯; 豆, 菁菹、鹿醢、芹菹、魚醢。

籩豆各二 [5] 籩, 栗黃、鹿脯; 豆, 菁菹、鹿醢。

籩豆各一 [6] 籩, 鹿脯; 豆, 鹿醢。

簠簋各二 [7] 見圖。

簠簋各一 [8] 簠減粱, 簋減稷。

俎三 [9] 牛、羊、豕。見圖。[10] 俎皆有牲匣。

俎二 [11] 羊、豕。

俎一 [12] 豕。

豆右之俎 [13] 見圖。

彝一 [14] 見圖。〈五禮〉 [15] 大祀及宮廟有, 惟社稷無。〈補〉

尊二 [16] 見圖。[17] 尊名五, 大、犧、象、著、壺尊。

尊一 [18] 醴齊或泛齊。

罍一 [19] 見圖。

尊實齊, 罍實酒。〈五禮〉 [20] 或實於尊, 而尊亦不一。〈補〉

齊皆加明水, 酒皆加玄酒, [21] 惟眞殿、陵、園、墓、文廟酌獻、厲。〈五禮〉〈續禮〉[16]〈補〉－[1] 無祀神。〈五禮〉－ 州縣酺、宣武祀無。〈五禮〉〈續禮〉 **設於逐尊之上尊。**

16 續禮 : 底本에는 "禮"로 되어 있다. 奎章A에 根據하여 補充하였다.

003 **牲牢：大祀用大牢，**❶ 牛、羊、豕。**中祀少牢，**❷ 羊、豕。〈五禮〉 ❸ 景慕宮同。大祀攝事，以牛代豕。先農、文廟加牛。〈五禮〉〈補〉-❶ 配位無羊。- 先農攝事否。文廟攝事，以騂牛代羊。外則否，縣只用豕。**小祀**〈五禮〉 ❹ 社稷祈穀、州縣社稷、宗廟·景慕宮俗節·朔望、三角·木覓山·漢江節祭及別祈及祈報告同，而祈報親祭加羊。〈五禮〉〈續〉〈補〉 **用豕。** ❺ 纛、厲〈五禮〉-❷ 別祈同。城隍發告無。〈五禮〉〈補〉-、啓聖祠、關王廟、宣武祠加羊。〈五禮〉〈續禮〉 ❻ 籩、豆、簠、簋、俎、尊之用於大·中·小祀、祈報、俗節、朔望者，降殺不一。甄、鉶各三爲最盛之禮，而或有甄而無鉶，或只有鉶一，或甄、鉶竝無。俱在《原》、《續五禮》。此只見其數，而唯牲牢備錄之。〈補〉 ❼ 豆右之俎，大祀、景慕宮竝同。先農、文廟〈五禮〉〈補〉-❸ 配位無羊熟。-親享同。〈五禮〉 ❽ 宮廟時享用肉饌，而無籩、俎。〈補〉

004 **幣：社稷以黑，宗廟白，先農青，先蠶黑。嶽、海各隨方色，瀆黑，其餘白。**〈五禮〉 ❶ 用苧布，十一尺六寸七分。-❶ 禮器尺。-〈五禮〉〈續禮〉 ❷ 宗廟·景慕宮俗節·朔望、景慕宮·文廟酌獻、宮廟俗節·告由、三角·木覓山·漢江別祈、五方山川〈續禮〉〈補〉-❷ 唯木覓山白幣。〈續禮〉-、文廟廡、司寒、禜、城隍發告、厲〈續禮〉〈補〉-❸ 惟別祈有。〈補〉-、關王廟配位無幣。〈續禮〉〈補〉 ❸ 陵、墓、眞殿，雖親享無幣。〈補〉

005 **籩在左，右上；豆在右，左上。**

006 **眞殿、陵、園、墓凡祀享，皆用油蜜果、素饌。**〈五禮〉〈續禮〉〈補〉 ❶ 宮廟俗節、告祭同。〈補〉

007 大、中祀〈五禮〉 **1** 宮廟唯景慕宮有。〈補〉 **樂章，於迎神、奠幣、進饌、初獻、及文舞退、武舞進、及亞獻、終獻、徹籩豆、送神有之。** **2** 風雲雷雨、先蠶、雩進饌時無，**纛**只三獻、徹有。〈五禮〉〈補〉

五服圖[17]

001 本宗五服之圖

1 2 3 4 5

				高祖父 齊衰。
			族曾祖伯叔父母 緦。	**曾祖父** 齊衰。
		族祖伯叔父母 緦。	**從祖祖父母** 小功。	**祖父** 齊衰。
	族伯叔父母 緦。	**從祖伯叔父母** 小功。	**伯叔父母** 不杖期。	**父** 斬衰三年
族兄弟 緦。 妻, 無。	**從祖兄弟** 小功。 妻, 無。	**從父兄弟** 大功。 妻,《大典》緦。	**兄弟** 不杖期。 妻, 小功。	**己**
	從祖兄弟之子 緦。 婦, 無。	**從父兄弟之子** 小功。 婦, 緦。	**兄弟之子** 不杖期。 婦, 大功。	**子** 長, 斬衰三 衆, 不杖期
		從父兄弟之孫 緦。 婦, 無。	**兄弟之孫** 小功。 婦, 緦。	**孫** 嫡, 不杖期 衆, 大功。
			兄弟之曾孫 緦。 婦, 無。	**曾孫** 嫡, 不杖期 衆, 緦。
				玄孫 嫡, 不杖期 衆, 緦。

6 7

17 五服圖 : 底本에는 없다. 本書《別編》目錄에 根據하여 補充하였다.

8 9 10 11 12 13

高祖母 三月。				
曾祖母 五月。	**族曾祖姑** 緦。 嫁, 無。			
祖母 不杖期。	**從祖祖姑** 小功。 嫁, 緦。	**族祖姑** 緦。 嫁, 無。		
母 齊衰三年。	**姑** 不杖期。 嫁, 小功。	**從祖姑** 小功。 嫁, 緦。	**族姑** 緦。 嫁, 無。	
妻 齊衰杖期。	**姊妹** 不杖期。 嫁, 大功。	**從父姊妹** 大功。 嫁, 小功。	**從祖姊妹** 小功。 嫁, 緦。	**族姊妹** 緦。 嫁, 無。
婦 長, 不杖期。 衆, 大功。	**兄弟之女** 不杖期。 嫁, 大功。	**從父兄弟之女** 小功。 嫁, 緦。	**從祖兄弟之女** 緦。 嫁, 無。	
孫婦 嫡, 小功。 庶, 緦。	**兄弟之孫女** 小功。 嫁, 緦。	**從父兄弟之孫女** 緦。 嫁, 無。		
曾孫婦 嫡, 小功。 庶, 無。	**兄弟之曾孫女** 緦。 嫁, 無。			
玄孫婦 嫡, 小功。 庶, 無。				

14 15 16 17 18

1 父在爲母, 齊衰杖期, 心喪三年。

2 嫡孫父卒, 爲祖、曾、高祖承重, 斬衰三年; 爲祖母、曾高祖母承重, 齊衰三年; 祖在爲祖母, 齊衰杖期。

3 高祖以上逮事, 皆齊衰三月。

4 爲宗子、宗子妻, 齊衰三月; 宗子母在, 則不爲宗子妻服。

5 內外兼親, 以親者爲先。外親竝同。

6 男爲人後者, 爲其私親, 皆降一等。-[1] 爲曾祖父母, 緦。- 私親之爲之亦然。惟本生父母, 降不杖期; 其本生父母亦不杖期。

7 兩男各爲人後, 不再降。

8 爲長子, 三年。身繼祖禰, 通己及長子四世者。

9 有嫡子則無嫡孫。曾、玄孫同。

10 爲嫡孫、曾玄孫婦, 小功; 其姑在則否。

11 庶孫升爲嫡孫者, 降大功。

12 父爲長子, 竹杖、不解官。

13 爲妻, 父主喪則不杖。

14 女同衆子, 適人降一等。孫、曾、玄孫女倣此。

15 女適人者, 爲其私親, 皆降一等, 惟父母降不杖期。爲祖及曾·高祖、兄弟之爲父後者-[2] 父在, 否。-、兄弟妻、兄弟子之妻-[3] 小功。-、從父兄弟妻-[4] 緦。-, 不降。

16 出嫁而無夫與子女者, 爲其兄弟、姊妹及姪, 不降。-[5] 疏: 爲父母猶期。一說三年。-

17 兩女各出, 不再降。

18 降服未滿, 被出則服其本服, 已除則不復服。未練而返則期, 既練而返則遂之。

002 三殤降服圖

			從祖祖父 長, 緦。		**從祖祖姑** 長, 緦。			
1		**從祖父** 長, 緦。	**叔父** 長, 大功。 中, 七月。 下, 小功。		**姑** 長, 大功。 中, 七月。 下, 小功。	**從祖姑** 長, 緦。		2 3
	從祖兄弟 長, 緦。	**從父兄弟** 長、中, 小功。 下, 緦。	**兄弟** 長, 大功。 中, 七月。 下, 小功。	**己**	**姊妹** 長, 大功。 中, 七月。 下, 小功。	**從父姊妹** 長、中, 小功。 下, 緦。	**從祖姊妹** 長, 緦。	
		從父兄弟之子 長, 緦。	**兄弟之子** 長, 大功。 中, 七月。 下, 小功。	**子** 長, 大功。 中, 七月。 下, 小功。	**兄弟之女** 長, 大功。 中, 七月。 下, 小功。	**從父兄弟之女** 長, 緦。		
4			**兄弟之孫** 長, 緦。	**孫** 嫡孫長, 大功。 中, 七月。 下, 小功。 衆長、中, 小功。 下, 緦。	**兄弟之孫女** 長, 緦。			5
				嫡曾、玄孫 上同。 《大典》長、中, 緦。				

1 年十九至十六爲長殤, 十五至十二爲中殤, 十一至八歲爲下殤。

2 男冠、女笄不爲殤。

3 《大典》男子受職, 亦不爲殤。

4 大功之殤, 中從上; 小功之殤, 中從下。此謂大功親中殤, 從上殤小功; 小功親中殤, 從下殤無服。

5 齊衰之殤, 中從上; 大功之殤, 中從下。此謂妻爲夫之親。

003 外黨妻黨服圖

	4 **5**	**外祖父母** 小功。	**6**	
1 **2** **3**	**舅** 小功。 •母之兄弟。 •妻,《開元禮》緦,《大典》同。	**妻父母** 緦。 •妻亡而別娶亦同。 •妻親母雖嫁出猶服。	**從母** 小功。 •母之姊妹。	**7** **8** **9**
舅之子 緦。 •卽內兄弟。		**己**	**姑之子** 緦。 •卽外兄弟。	**從母之子** 緦。 •謂兩姨兄弟姊妹。
10	**甥** 小功。 婦, 緦。 •姊妹之子。	**壻** 緦。	**甥女** 小功。 •姊妹之女。	
		外孫 緦。 婦同。		

1 鄭氏曰: "雖外親, 無二統。" 賈曰: "旣爲所後母黨服, 則又爲生母黨服, 是二統。"

2 爲人後者, 爲本生外祖父母, 緦。

3 賈曰: "君母在, 旣爲君母父母服, 則其母之父母亦或無服。"

4 嫡母之父母、兄弟、姊妹, 小功。嫡母卒則不服。

5 母之嫡母, 小功。母卒則不服。

6 庶子爲父後者, 爲其母之父母、兄弟、姊妹, 無服。

7 母出則爲外祖父母, 無服。外祖猶爲緦。

8 母出則爲繼母之父母、兄弟、姊妹, 小功。縱有十繼母, 卽次其母者。

9 出母死, 爲其母黨服, 則不爲繼母黨服。

10 外親雖適人, 不降。

004 妻爲夫黨服圖

1 2345

			高祖父母 緦。				
			曾祖父母 緦。				
		從祖祖父母 緦。	**祖父母** 大功。		**從祖祖姑** 《儀節》緦。		
	從祖父母 緦。	**伯叔父母** 大功。	**舅** 斬衰三年。	**姑** 齊衰三年。	**姑** 小功。 適人, 不降。	**從祖姑** 《大典》緦。	
	從父兄弟 《大典》緦。 妻, 緦。	**兄弟** 小功。 妻同。	**夫** 斬衰三年。		**姊妹** 小功。 適人, 不降。	**從父姊妹** 緦。 適人, 不降。	
從祖兄弟之子 緦。	**從父兄弟之子** 小功。 婦, 緦。	**兄弟之子** 不杖期。 婦, 大功。	**子** 長, 齊衰三年。 衆, 不杖期。	**婦** 嫡, 不杖期。 衆, 大功。	**兄弟之女** 不杖期。 嫁, 大功。	**從父兄弟之女** 小功。 嫁, 緦。	**從祖兄弟之女** 緦。 嫁, 無。
	從父兄弟之孫 緦。	**兄弟之孫** 小功。 婦, 緦。	**孫** 嫡, 不杖期。 衆, 大功。	**婦** 嫡, 小功。 庶, 緦。	**兄弟之孫女** 小功。 嫁, 緦。	**從父兄弟之孫女** 緦。 嫁, 無。	
		兄弟之曾孫 緦。	**曾孫** 嫡, 不杖期。 衆, 緦。	**婦** 嫡, 小功。 庶, 無。	**兄弟之曾孫女** 緦。 嫁, 無。		
			玄孫 嫡, 不杖期。 衆, 緦。	**婦** 嫡, 小功。 庶, 無。			

6 7

1 夫爲祖、曾高祖及祖母、曾高祖母承重者, 夫爲人後, 竝從夫服。爲本生舅姑服, 大功, 心喪三年。

2 爲嫡婦不爲舅後者大功, 謂其夫不受重者。

3 爲嫡孫、曾玄孫婦, 皆小功。其姑在則否。

4 爲長子, 削杖。

5 爲長子, 三年, 亦同於夫, 而不問夫之在否。

6 夫外祖父母及舅、從母幷緦。

7 凡婦服夫黨當喪而出則除。

005 三父八母服圖

同居繼父 不杖期。 1 父子皆無大功親者。	不同居繼父 齊衰三月。 2 先同後異, 或雖同居, 繼父有子, 己有大功以上親者。
嫡母 齊衰三年。 3 妾子稱父正妻。	
養母 齊衰三年。 7 養同宗及三歲以下遺棄子者。 8 己之父母在, 不杖期, 解官心喪三年; 父母歿長子同。 9 士大夫於賤人, 緦。	慈母 齊衰三年。 10 妾子無母, 命他妾無子者, 慈己者。 11 不命則小功。
庶母 20 父妾有子女者。 21 士爲之, 緦。乳養己者小功。 22 兩妾子相爲庶母, 緦。	

006 妾服圖

君之黨 與女君同。	女君 不杖期。	其子 不杖期。
1 爲其私親服, 與女子適人者同。 2 兩妾有同室, 則有緦服義。		3 卿大夫爲貴妾, 雖無子緦。 4 士妾, 有子, 緦。 5 女君, 無服。 6 按子幷謂女。

元不同居繼父	附:異父同母兄弟姊妹
無服。	小功。

繼母

齊衰三年。

4 父之後妻。

5 父卒繼母嫁, 而己從之者, 杖期。繼母, 報服不杖期。

6 出則不服。

嫁母	出母
齊衰杖期。	齊衰杖期。
12 親母父死而再嫁者。 13 爲父後者不服, 心喪三年。母爲子, 不杖期; 爲父後猶服。 14 出母竝同。 15 女適人者大功。母爲報服。 16 出母同。	17 親母被父之離棄者。 18 所後母及祖母被出, 無服。 19 又見嫁母條。

乳母

緦。

23 小乳哺者。

功臣名號

001 太祖朝, 純忠奮義佐命開國功臣、益安大君 芳毅等三十九人。❶ 禪代時, 奮義開業。

002 定宗朝, 推忠協贊靖難定社功臣、義安大君 和等十七人。❶ 禪位時, 除姦定社。

003 太宗朝, 推忠奮義翊戴佐命功臣李佇等三十八人。❶ 禪位時, 扶危佐命。

004 端宗朝, 輸忠衛社協贊靖難功臣鄭麟趾等三十六人。❶ 皇甫仁、金宗瑞等獄成後錄勳。

005 世祖朝, 輸忠衛社同德佐翼功臣、桂陽君 璔等四十一人。❶ 成三問等獄成後錄勳。

006 世祖朝, 精忠出氣布義敵愾功臣曺錫文等四十一人。❶ 討平吉州賊李施愛。

007 睿宗朝, 輸忠保社炳幾定難翊戴功臣申叔舟等三十七人。❶ 南怡、康純等獄成後錄勳。

008 成宗朝, 純誠明亮經濟弘化佐理功臣申叔舟等七十五人。❶ 卽位後錄勳。

009 中宗朝, 秉忠奮義決策翊運靖國功臣朴元宗等一百七人。 1 燕山淫虐, 元宗等奉中宗反正。

010 中宗朝, 推誠保社佑世定難功臣盧永孫。 1 李顆等伏誅後, 錄勳二十一人。後因臺啓, 只錄永孫, 餘竝削勳。

011 宣祖朝, 輸忠貢誠翼謨修紀光國功臣尹根壽等十九人。 1 奏請改宗系。

012 宣祖朝, 推忠奮義炳幾協策平難功臣朴忠侃等二十二人。 1 鄭汝立等伏誅後錄勳。

013 宣祖朝, 忠勤貞亮竭誠效節協策扈聖功臣李恒福等八十五人。 1 壬辰西幸時扈從。

014 宣祖朝, 效忠仗義迪毅協力宣武功臣李舜臣等十八人。 1 壬辰之亂, 宣力戡亂, 協贊中興。

015 宣祖朝, 奮忠出氣合謀迪毅淸難功臣洪可臣等五人。 1 討平湖西賊李夢鶴等。

016 仁祖朝, 奮忠贊謨立紀明倫靖社功臣金瑬等四十七人。 1 光海廢母悖亂, 瑬等奉仁祖反正。

017 仁祖朝, 竭誠奮威出氣效力振武功臣張晩等三十二人。 1

討平賊李适。

018 仁祖朝，輸忠奮義決策淸難昭武功臣洪靌等六人。❶ 討平橫城賊李仁居。

019 仁祖朝，竭忠效誠炳幾翊命寧社功臣許𥛚等十一人。❶ 柳孝立等伏誅後錄勳。

020 仁祖朝，效忠奮威炳幾決策寧國功臣具仁垕等五人。❶ 沈器遠等伏誅後錄勳。

021 肅宗朝，奮忠效義炳幾協謨保社功臣金錫胄等五人。❶ 柟、楨等伏誅後錄勳。

022 英宗朝，輸忠竭誠決幾效力揚武功臣吳命恒等十四人。❶ 討平李麟佐等諸賊。

使臣外官賀拜迎受儀[18]

使臣外官正至誕日遙賀儀

001 其日未明, 開殿牌, 設香卓於其前, 陳儀仗於庭東西。衆官朝服 ❶ 無朝服, 使臣常服。入庭。使臣在東, 外官在西, 相對爲首, 異位重行北向。樂作。四拜。❷ 鞠躬、四拜、興、平身。凡拜同。❸ 拜、興, 執事者唱。樂止。❹ 無樂處, 不必用樂。衆官皆跪, 執事者三上香, 衆官興。❺ 俯伏、興。凡興同。樂作。四拜。樂止。衆官跪搢笏。執事唱"三叩頭", 衆官三叩頭。唱"山呼", 衆官拱手加額, 曰"千歲"。唱"山呼", 曰"千歲"。唱"再山呼", 曰"千千歲"。衆官出笏興。樂作。四拜。樂止。禮畢。❻ 朔望遙賀同。但公服, 無公服, 使臣常服。無"衆官跪搢笏"以下。〈五禮〉

使臣外官拜箋儀

001 ❶ 開殿牌同遙賀。設箋案於殿牌前, 香卓於其前, 陳儀仗於庭東西, 設龍亭於中門內。執事以箋置于案。衆官朝服入

18 使臣外官賀拜迎受儀 : 底本에는 없다. 本書《別編》目錄에 根據하여 補充하였다.

庭。❷ 以下同遙賀。執事三上香，班首由西階，詣箋案前跪。執事取箋，跪授班首。班首受箋，授進箋官。進箋官跪受，置於案。班首興降復位，衆官興。樂作。四拜。樂止。禮畢。進箋官捧箋出，衆官回班鞠躬，過則平身。進箋官以箋置龍亭中，出門。儀仗、鼓樂前導，進箋官隨之。衆官送，至遠亭。❸ 距官門五里。❹ 拜陳慰箋，無儀仗及樂。〈五禮〉

使臣外官迎教書儀

001 ❶ 開殿牌同遙賀。設教書案、香卓。勿論來使職秩高下，觀察使以下大小使臣 ❷ 有敎書，使臣以所奉教書，安於所館。及外官朝服，備龍亭、儀仗，迎于遠亭。教書將至，諸使臣及外官異位鞠躬，迎於道左。來使至下馬，以教書置龍亭中。諸使臣及外官平身。外官前導，次諸使臣，❸ 待來使上馬，皆上馬。次金鼓、儀仗，次鼓吹，次香亭，次龍亭，次來使，至官門外，俱下馬。衆官由西門入庭。❹ 位次同遙賀。儀仗、鼓吹入陳。龍亭，由正門入。使臣及外官相向鞠躬，過則平身，北向立。來使隨龍亭至正廳，捧教書置于案，少退近東，西向立。樂作。衆官四拜。樂止。衆官跪。執事三上香。衆官興。來使詣案前，捧教書，立授宣教者。宣教者跪受，就東階上，西向立，授執事。執事二人跪受，立對展。來使，小前南向立，稱有教。衆官皆跪。宣教者宣訖。還入，跪置于案。衆官興。樂作。四拜。樂止。衆官跪搢笏。執事唱“三叩頭”。❺ 以下同遙賀。❻ 非關慶事，則無叩頭禮。

禮畢。相會禮如常。 7 教書只適一處，則所過州縣，以常服迎官門外，就庭中行四拜禮。祗送如迎儀。〈五禮〉

使臣外官受諭書儀 受官教同

001 **奉諭書者，由中門入，置于案，西向立。受者時服，庭中近西，北向四拜。由西階詣案前，北向跪。奉諭書者，授受者，受者覽訖。授執事，還置於案。** 1 官教則受置懷中。**興復位，四拜出。**〈五禮〉

使臣外官受宣勞儀

001 **設宣醞案於正廳，** 1 南向。**受賜者及外官常服，備儀仗，迎于遠亭。** 2 以下同迎教書。但執事以宣醞舁擔。有賜物亦舁擔。**外官前導，次受賜者，次金鼓、儀仗，次舁[19]擔，次來使。** 3 以下同迎教書。**來使隨至正廳，執事置宣醞于案，** 4 有賜物，則賜物案在左，宣醞案在右。**西向立。受賜者以下四拜。受賜者，由西階詣案前，北向立。來使稱有教，受賜者跪。來使西向，傳教云云。受賜者興。** 5 有賜物，則使臣立授，受賜者跪受，授從者興。**來使、受賜者俱位。** 6 使東，受賜者西。**奏樂。設饌卓。來使受酒，南向立授，受賜者進跪飮訖。興**

19 舁：底本에는 "羿"로 되어 있다. 藏書A에 根據하여 修正하였다.

以酒跪進, 來使飮訖。各就位。進湯, 徹。受賜者降, 來使復西向位。受賜者四拜出。

使臣外官迎內香儀

001 設內香案於殿牌前。來使將至, 諸使臣及外官常服, 出官門外迎香。來使至, 隨香由中門入, 以香置于案, 少退西向立。諸使臣及外官入庭, 北向四拜出。❶ 所過州縣祇送如迎儀。❷ 奉香使臣過先到使臣所館門外, 則先到使臣出道左祇送。〈五禮〉 ❸ 奉命使臣道遇香祝, 下馬鞠躬, 奉香祝使臣不下馬。❹ 奉命使臣一從職品序次。❺ 侍從承召者, 不得與奉命人相抗。

京外官相接儀[20]

外官迎觀察使儀

001　**先到使臣及外官朝服，出迎教書。**❶ 竝同迎教書。但使臣、外官迎道左，觀察使駐馬。若先到使臣有二品以上則下馬。執事以教書置龍亭中。先到使臣隨使後行。外官入就庭西。龍亭由正門，觀察使從之。外官鞠躬。**龍亭陞，執事捧教書置案。觀察使隨至正廳，在東，西向立。樂作。外官四拜。樂止。外官跪。執事三上香。外官興。班首由西階詣觀察使前，東向鞠躬，問："上體若何?"答曰："千歲。"班首跪興**❷ 在位者同。**復位。樂作。四拜。樂止。**❸ 次先到使臣入就庭，行四拜如禮。**禮畢。行相會禮。**❹ 觀察使重行，則外官常服出迎。❺ 觀察使到後，赴任外官無問上禮。❻ 大小鎭將在本鎭，則備軍儀，迎遠亭。〈五禮〉

京外官迎送

001　**七品以下於五、六品，階下；三、四品，中門內；二品，中門外；一品，大門外鞠躬。六品於三、四品，五品於三品，階**

20　京外官相接儀：底本에는 없다. 本書《別編》目錄에 根據하여 補充하였다.

下鞠躬。上官行揖。三品以下六品以上於二品, ❶ 三品堂上官同。中門內; 一品, 中門外鞠躬。三品堂上官於一、二品, 從二於正二以上, 從一、正二於正一, 就階上西鞠躬。上官行揖。三品以下先至者, 差等則隱避, ❷ 如四品於三品之類。同等則座前立俟。❸ 迎則南上, 送則北上, 每等差後。下同。

002 錄事於堂上官, 中門外伏地; 六品以上, 中門內鞠躬。

003 書吏於堂上官, 大門外; 六品以上, 中門外; 七品以下, 中門內伏地。

004 外官堂上官於堂上官使臣, 大門內; 三品以下使臣, 中門內鞠躬。六品以上於大小使臣, 大門內; 七品以下, 大門外鞠躬, 竝時服。❶ 議政則迎五里亭。

005 鄕吏 ❶ 戶長、記官、將校爲首者, 各一人。公服, ❷ 非初行則直領[21]。迎五里亭, 伏地。❸ 其餘大門外, 送則竝大門外。❹ 將校迎送于地境。二品以上, 四人; 三品堂上官, 三人; 六品以上, 二人; 七品以下, 一人。土官、校生, 大門外迎送。〈經〉

21 直領:《經國大典·禮典·京外官迎送》에는 "時服"으로 되어 있다.

京外官相見

001 隔等者, 1 如五品於三品之類。就前再拜, 上官不答。2 差等則答拜。3 揖禮同。道遇則下官下馬, 上官放鞭過行。4 差等則下馬相揖。同等者, 馬上相揖。堂上官雖隔等, 竝下馬相揖。〈經〉 5 各司官遇吏郞, 回馬隱避。堂下文官毋得辟除堂上武官。〈增〉

002 請謁, 差等者隱身。於堂上官則三品以下階上西, 東向; 七品以下北向立, 1 每等差後。居末者跪請。2 三品堂上官及憲府、諫院不同時請謁。書吏傳告, 就前行禮。3 應答者, 先入行禮, 七品以下就楹外。

003 堂上官於憲府、諫院官, 從優答禮。

004 各衙門新除官上官, 則新舊官竝公服, 行相會禮。1 舊官非應行禮者不參。常時只行揖禮。

005 錄事, 楹外; 書吏, 階上再拜。常時則揖。1 僕隷, 庭下拜。

006 外官堂上官於堂上使臣, 從西戶入, 就前再拜, 使臣答拜; 於三品以下使臣, 客東主西, 相對再拜。三品以下於堂上使臣, 現身請謁; 1 就階上。下同。於三品以下使臣, 隱身請謁, 竝從西戶入, 就前再拜。使臣差等則答拜, 隔等則不答。2 下同。七品以下於六品以上使臣, 現身請謁; 七品以下使臣, 隱身請謁, 竝就前再拜。

007 土官、校生, 階上; 鄕吏, 庭下再拜。

008 正一品官與議政府相會, 則令錄事入告。議政於座前, 北向立俟, 贊成以下隱避。正一官由中門入, 與議政一行再拜, 1 從座目。贊成以下就前再拜, 正一官答拜。

009 王子、大臣交坐, 則王子將至, 正一官隱避, 從一以下祗迎如常。王子入, 北向立。正一官入, 一行揖, 各就座前立。1 大君, 座稍前。從一以下就前揖, 王子答揖, 各就座。王子將出, 從一以下就前揖, 出就祗送位, 正一官與王子, 一行揖隱避。

010 宗學官與宗親相會, 則三品北, 四品東, 五、六品西坐定, 宗親就前, 重行 1 大君一行, 二品以上一行, 三品以下一行, 無職[22]一行。再拜, 宗學官一時答拜。2 常時則揖。〈經〉

011 內閣直閣、待敎於提學就前拜, 提學擧手答揖; 於直提學就前拜, 直學鞠躬答揖。待敎就前鞠躬揖, 直閣鞠躬答揖; 直學就前鞠躬揖, 提學鞠躬答揖。提學、直學一行竝揖。1 閣屬官於提學、直學進前拜, 提學、直學不答揖; 於直閣、待敎

22 職 : 底本에는 "識"으로 되어 있다. 奎章A 및 藏書A에 根據하여 修正하였다.

亦進前拜, 直閣、待教擧手答揖。〈增〉

京外官會坐

001 **堂上官會坐, 則正一品北, 從一東, 二品西, 三品南。** ❶ 政府方物封裹時, 執義南。守執義否。**無正一則從一北, 二品東, 三品西。三品以下官則三品北, 四品東, 六品以上西, 七品以下南。** ❷ 七品以下於六品以上會處, 竝坐南。衙門座次同。**無三品則四品北, 六品以上東。無四品則六品以上北。無六品以上則七品以下竝北。** ❸ 六曹則從一與判書竝北。外方則觀察使、節度使竝北, 正三節度使則東。

002 **衙門會坐, 則一品衙門, 長官北, 佐貳官從一東, 二品西, 三品南。** ❶ 禁府則判事北, 知事東, 同知西。**二品衙門, 長官北, 佐貳官從二東, 三品西, 堂下官異廳坐。** ❷ 憲府則大司憲北, 執義東, 掌令、持平西, 監察異廳。**三品衙門, 長官北, 佐貳官四品以上東, 六品以上西。四、五品衙門, 長官北, 佐貳官六品以上東。六品衙門, 長官北, 佐貳官七品以下南。** ❸ 凡座次, 本衙門從職事, 司外從散官, 只受散官者, 坐實職本品末。

003 **使臣與外官會坐。正一使臣北, 則從二以上東, 三品堂上官西, 三品以下差後, 大小外官無座。正二以上使臣北, 則從二東, 三品堂上官差後, 三品以下又差後, 外官堂上**

官西。從二使臣北，則三品堂上官東，三品以下差後，外官堂上官西。三品堂上官使臣北，則三品以下東，外官堂上官西。無堂上官使臣，則三品以下東，外官堂上官西，六品以上南。無外官堂上官，則六品以上使臣北，七品以下東，外官六品以上西，七品以下南。無六品以上使臣，則七品以下東，外官六品以上西，七品以下南。

004 凡堂上官坐交倚，❶ 三品堂上官在南，則坐繩床。三品以下繩床。❷ 奉命使臣權坐交倚。

005 虞候獨見時，依堂上守令例。❶ 堂上守令，西前行交倚。

006 虞候巡行，虞候東，堂上守令西，❶ 竝交倚。三品以下守令南。無堂上守令，則虞候北，六品以上守令西。❷ 都事、評事同。

007 虞候平時，於節度使、兼節度使，雖堂上，南行繩床。❶ 都事、評事同。〈經〉

請臺

001 各衙門請臺，❶ 有堂上官衙門，則堂上官不參。監察至，七品以下祗迎如常，六品以上隱避。監察陞就拜位，六品以上入就位，❷ 二品衙門則監察從西，其司員從東；三品以下衙門則監察從東, 其司員從西。**相對再拜, 各就座前立; 七品以下行禮如常, 各就座。** **3** 二品衙門則坐於堂下官廳, 監察西, 堂下官東。三品以下衙門則監察北近東, 長官北近西。試場則從職次。**行禮署文案訖。該官及監察封庫。六品以上與監察同揖出避, 七品以下就祗送位。監察乃出。** **4** 屬曹堂下官與監察交坐, 諸司儀同。但監察先至廳上, 北向立俟。屬曹官至在東, 監察在西一行再拜。又與其司六品以上官行相會禮。六品以上官出避。監察及屬曹官坐北, 七品以下官行禮出避。監察及屬曹官同行首及該官, 詣庫點檢, 屬曹官先出。〈經〉 **5** 軍資監、廣興倉、奉常寺、長興庫外, 各司請臺之規, 今廢。〈增〉

事大文字式[23]

賀表

1 事大文書式參用《館志》及時行黑草。

2 正朝、冬至、聖節。

3 節日表、箋長短句有定本, 而其餘隨事別撰。

4 文書年月日皆具書, 如"一"字書"壹"之類。物目同。

5 大國奏御文字, 四行。-1 行卽層。- 第四行卽平行。每一字爲一行。奏本、咨文, 間一字爲一行。-2 進香文同。-

6 文書連幅處及封紙上-3 "謹上表"上。-安寶。

7 表、箋皆有正、副本, 狀則只有正本。正本, 長一尺六寸六分許,-4 周尺。- 每行二十一字,-5 自極行計。- 淡墨極細字。皮封合襟處, 書"朝鮮國王臣姓諱謹-6 間一字。-上表"。箋則稱箋。狀則書"謹封"。皮封面安寶。副本作帖, 長一尺六寸六分, 廣六寸。帖無定數, 每帖六行, 每行二十一字, 深墨小字。黃廣的衣, 衣面付廣的籤, 書"表副"。箋則書"箋副"。副字安寶。

8 表筒, 黃畫龍鑞粧。-7 箋, 紅畫龍; 狀, 黃畫龍。皇后, 紅畫。- 裌綃袱, 黃畫龍,-8 箋、狀同上。- 有綃帶。封紙前面合襟處, 書"朝鮮國王臣姓諱謹上表"。-9 箋、狀同上。-

9 文書中本朝所上謚號, 幷諱玄燁、胤禛、弘曆、胡等字避。

23 事大文字式 : 底本에는 없다. 本書《別編》目錄에 根據하여 補充하였다.

001 **朝** ❶ 平行。**鮮國王臣姓諱欽** ❷ 平行。**遇年號幾年某月某日正** ❸ 三行。**旦** ❹ 冬至曰冬至, 聖節曰萬-❶ 二行。-壽聖節。**令節, 謹奉表** ❺ 三行。**稱賀** ❻ 三行。**者。臣諱誠懽誠忭, 稽首頓首, 上** ❼ 三行。**賀。**❽ 三行。**伏以。**❾ 長句。**恭** ❿ 平行。**惟皇** ⓫ 二行。⓬ 付黃籤。**帝陛下,** ⓭ 短句、長句、短句。**臣** ⓮ 短句。**伏願。**⓯ 長句。**臣無任瞻天** ⓰ 二行。**仰聖** ⓱ 二行。**歡忭之至。謹奉表** ⓲ 三行。**稱賀** ⓳ 三行。**以聞。**⓴ 二行。

年 ㉑ 平行。**號幾** ㉒ 寶。**年某月某日。朝鮮國王臣姓諱謹上表。**㉓ "年號"以下, 字差小, 空間書。副本之類, 凡作帖者, 越帖, 當中書。㉔ 長、短句不與"伏以"連書, 別行書。下竝同。

方物表

❶ 正朝、冬至、聖節。

❷ 謝恩、進賀、問安同, 而長、短句隨事。

001 **朝** ❶ 平行。**鮮國王臣姓諱。右** ❷ 平行。**伏以。**❸ 長句。**謹** ❹ 平行。**備。**❺ 物目平行列書, 字差小。**右** ❻ 平行。**件物等,** ❼ 短句、長句。**臣無任兢惶激切之至。謹隨表** ❽ 三行。**奉進以聞。**❾ 二行。

年號以下同上。

賀箋

❶ 正朝、冬至。

❷ 按舊式箋與表同, 而但稱皇太子殿下, 付秋香色籤。欽遇稱恭遇, 恭惟稱敬惟, 表稱箋, 無"瞻天仰聖"而只稱"懽忭踴躍", 長、短句則多寡差異而已。今表用大國新頒之式, 則箋不可以舊式載錄。故此姑闕之。

方物箋

❶ 正朝、冬至、謝恩、進賀。

❷ 同方物表, 但表稱箋。

方物狀

❶ 正朝、冬至、聖節。

❷ 謝恩、進賀同。

001 **朝** ❶ 平行。**鮮國王臣姓諱謹** ❷ 平行。**備奪** ❸ 一行。❹ 付黃籤。**號皇太后陛下** ❺ 皇后稱中-❶ 二行。❷ 紅籤。-宮殿下。**進** ❻ 平行。**獻** ❼ 三行。**禮物。** ❽ 物目平行列書, 字差小。**右** ❾ 平行。**件物等, 謹奉進以聞。** ❿ 二行。

年號以下同方物表。 ⓫ 但無"謹上表"。

年貢奏本

1 卽歲幣。

2 長廣及安寶同副本。但每帖七行四十字, 字比副本差小。

001 **朝** 1 平行。**鮮國王臣姓諱謹奏** 2 三行。**爲進貢** 3 三行。**事。謹備進貢** 4 三行。**禮物, 順差陪臣職姓名** 5 上使。、**職姓名** 6 副使。**等齎領進獻** 7 三行。**外, 今將禮物開坐, 謹具奏聞。** 8 二行。9 物目平行列書, 字差小。10 物目左旁低二字, 小書"自'爲'字起至'石'字止, 計字幾箇, 紙一張"。**右** 11 平行。**謹** 12 間三字。**奏** 13 間三字。**聞。** 14 二行。

年號以下同方物狀。

禮物摠單

1 正朝、冬至、聖節、歲幣。

2 謝恩、進賀、問安、奏請、陳奏同。

3 作帖。長廣、行數、字樣同咨文。

4 有太子、太后、皇后, 則方物同錄。

001 **朝** 1 平行。**鮮國差來陪臣職姓名** 2 上使。、**職姓名** 3 副使。**等呈。** 4 平行。 **今將萬** 5 二行。**壽聖節進賀** 6 三行。**禮物、冬** 7 三行。**至令節進賀** 8 三行。**禮物、正** 9 三行。**旦令節進賀** 10 三行。**禮物、進貢** 11 三行。**禮物數目開坐, 合行具呈。**

計 12 平行。開: 聖 13 二行。節禮物御 14 二行 前, 15 物目平行列書。冬 16 三行。至禮物御 17 二行。前, 18 物目平行列書。正 19 三行。旦禮物御 20 二行。前, 21 物目平行列書。進 22 平行。貢 23 三行。禮物。24 物目平行列書。 右 25 平行。具 26 間字。呈。27 間字。

年 28 平行。號幾年某月某日。朝鮮國差來陪臣職姓名 29 上使。、職姓名 30 副使。等。

謝恩表

1 箋同上。

001 朝 1 平行。鮮國王臣姓諱言。2 平行。 年號幾年某月某日, 臣欽蒙皇 3 二行。上特遣正使某官某、副使某官某等官, 4 我國使齎回則稱"某使陪臣職姓名等回自京-1 三行。-師"。云云。臣與一國臣民, 不勝感激。5 禮部咨則稱"臣承準禮部咨, 節該云云等因。奉此除欽遵外, 臣與一國臣民, 不勝感戴頌祝"。謹奉表 6 三行。稱謝 7 三行。者。臣諱誠惶誠恐, 稽首稽首。伏 8 平行。以 9 長、短句如常式, 而不限句數。臣瞻天 10 二行。仰聖 11 二行。無任激切屛營之至。謹奉表 12 三行。稱謝 13 三行。以聞。14 二行。

年號以下同賀表。

進賀表

❶ 箋同上。

001 朝鮮以下同上。言。❶ 平行。年號幾年某月某日，臣欽奉詔 ❷ 二行。旨，節該云云。臣欽依開讀訖，與一國臣民，不勝慶忭。謹奉表 ❸ 三行。稱賀 ❹ 三行。者。臣諱誠懽誠忭，稽首頓首，上 ❺ 三行。賀。❻ 三行。伏以。❼ 同謝恩。臣無任瞻天 ❽ 二行。仰聖 ❾ 二行。懽忭之至。謹奉表 ❿ 三行。稱賀 ⓫ 三行。以聞。⓬ 二行。

年號以下同上。

陳慰表

❶ 箋同上。

001 朝鮮以下同上。言。❶ 平行。年號幾年某月某日，勅 ❷ 二行。使賫捧到大 ❸ 一行。❹ 付黃籤。行皇帝遺 ❺ 一行。詔布告。❻ 皇太后稱尊-❶ 一行。❷ 黃籤。-號皇太后遺-❸ 一行。-誥布諭。欽此臣與一國臣民，不勝驚慟，欽依擧哀 ❼ 二行。喪服。❽ 皇太后無喪服。❾ 皇后：某日以上同。臣欽奉勅-❹ 二行。-諭云云。臣欽此與一國臣民，不勝驚慟。"謹奉表"以下同。等項禮式遵行外，謹奉表 ❿ 三行。稱慰 ⓫ 三行。者。臣諱誠惶誠恐，稽首稽首。伏 ⓬ 平行。以云云。臣無任望天 ⓭ 二行。仰聖

⑭ 二行。哀慟屛營之至。謹奉表 ⑮ 三行。稱慰 ⑯ 三行。以聞。⑰ 二行。

年號以下同上。

進香祭文

❶ 周帖。長二尺一寸五分, 每行三十六字。

❷ 皮封合襟處同表正本, 但謹上表稱謹上祭文。

001 維 ❶ 平行。年號幾年歲次某年某月干支某日干支, 朝鮮國王臣姓諱謹 ❷ 平行。遣陪臣職姓名, ❸ 上使。以淸酌、大牢之奠, 敢昭告于大 ❹ 一行。❺ 付黃籤。行皇帝陛下 ❻ 太后稱尊-❶ 一行。❷ 黃籤。-號皇太后, 皇后稱皇-❸ 二行。❹ 紅籤-后。靈筵。伏以。❼ 四字, 不限句數。尙饗。❽ 一行。

祭物單子

❶ 作帖。

001 朝 ❶ 平行。鮮國差來陪臣職姓名 ❷ 上使。呈。❸ 平行。今將進香 ❹ 三行。禮物數目開坐, 合行具呈。須至呈者。計 ❺ 平行。開。❻ 物目平行列書。右 ❼ 平行。具 ❽ 間字。呈。❾ 間字。年 ❿ 平行。號幾年某月某日。朝鮮國差來陪臣職姓名。⑪

上使。

起居表

001 朝鮮以下同謝恩表。言。❶平行。年號幾年某月某日，承準禮❷平行。部咨，❸我國使齎回則稱"承準某使陪臣職姓名等回自京-❶三行。-師，齎到禮部咨"。伏聞云云。臣與一國臣民，不勝瞻望欣聳，謹奉表❹三行。起❺二行。居者。臣諱誠懽誠忭，稽首稽首。伏❻平行。以。❼長句、短句。欽惟。❽短句、長句、短句。伏念。❾短句、長句。臣無任望天❿二行。仰聖⓫二行。激切屛營之至。謹奉表⓬三行。起⓭二行。居以聞。⓮二行。

年號以下同謝恩表。

告訃表

❶箋同。

001 朝❶平行。鮮國權署國事臣姓諱言。❷平行。臣父先臣諱，於年號幾年某月某日薨逝。謹奉表❸三行。告訃者。臣諱誠惶誠恐，稽首稽首。伏❹平行。以。❺短句、長句。臣瞻天❻二行。仰聖❼二行。無任激切屛營之至。爲此具本，謹具奏聞。❽二行。

年號以下同陳慰表。❾ 但王稱"權署國事"。

告訃奏本

001 朝鮮以下同上。謹奏 ❶ 三行。爲告訃事。云云。乃於同月某日某時薨逝。緣係告訃事理, 爲此謹具奏聞。❷ 二行。右 ❸ 三行。謹 ❹ 間字。❺ 謹右旁, 小書"自'爲'字起至'此'字止, 計字幾箇, 紙一張"。奏 ❻ 間字。聞。❼ 二行。

年號以下同上。

奏請奏本

❶ 陳奏同。

001 朝 ❶ 平行。鮮國王臣姓諱謹奏 ❷ 三行。爲某事。云云。緣係某事理。爲此謹具奏聞。❸ 二行。右 ❹ 三行。謹 ❺ 間字。❻ 謹右旁, 小書"自'爲'字起至'某'字 -❶ 某事理云云終字。- 止, 計字幾箇, 紙幾張"。奏 ❼ 間字。聞。❽ 二行。伏 ❾ 間字。候 ❿ 間字。聖 ⓫ 二行。⓬ 或稱勅。旨。⓭ 間字。

年號以下同賀表。⓮ 但無"謹上表"。

方物奏本

1 奏請、陳奏。

2 同年貢奏本, 但進貢稱進獻, 順差稱專差。

方物啓本

1 奏請、陳奏。

2 皇太子稱啓本。同奏本, 但奏稱啓。

方物單本

1 奏請、陳奏。

2 皇太后、皇后稱單本。同方物狀。

咨文

1 表、奏、箋、狀皆具咨。

2 作帖。長二尺八寸八分, 廣七寸八分許。每帖九行, 每行六十六字, 字比副本差小。

3 咨文隨事爲語, 規式不一, 不可盡記。此只錄陳請之規及回咨式。

4 衙門文移, 則政府以下用申, 稱申稟; 非衙門則用呈, 稱呈稟。

001 朝 1 平行。鮮國王爲某事。云云事理，專差陪臣職姓名 2 上使。、職姓名 3 副使。等，前赴京 4 三行。師進呈。爲此合行移咨前去，煩乞貴 5 平行。部轉奏 6 三行。天 7 二行。聽，明降施行。8 回咨則云："承準-1 或只稱準。-貴-2 平行。-部咨，節該云云。相應欽遵。-3 或無"相應欽遵"，只稱外。- 爲此-4 或稱爲此事理。-合行咨覆，請照-5 平行。-詳-6 或稱照驗，或稱煩乞貴部照詳轉奏。-施行。"須至咨者。右 9 平行低三字。咨 10 間五字。禮 11 與右字齊。部。12 與咨字齊。

年 13 平行。號幾 14 寶。年某月某日。15 年號第二字左旁，書"某事"，而字小。越帖，當中大書"咨"字，而下着御押。

方物咨文

001 朝 1 平行。鮮國王爲進賀 2 三行。3 自此至進獻禮物，隨事異稱。事。欽遇年號幾年某月某日正 4 三行。朝令節，修撰到進賀 5 三行。表 6 三行。文，竝備進獻 7 三行。禮物，專差陪臣職姓名 8 上使。、職姓名 9 副使。等，齎擎管領，10 陳奏稱齎領進獻禮物。前赴京 11 三行。師進賀。12 三行。外今將禮物開坐，合行移咨，請照 13 平行。驗聞 14 二行。奏施行。須至咨者。15 者字左旁，書"一"字，其下連書物目，而每行分五層，每行間四字，字差小。右 16 平行低三字。咨 17 間五字。禮 18 與右字齊。部。19 與咨字齊。

年號以下同上。20 但左旁低一字，書"進賀"，-1 三行。2 隨事異稱。- 而字小。

申文

❶ 作帖。字樣同咨文。

001 **朝** ❶ 平行。**鮮國議政府領議政姓名等謹申爲某事。云云。爲此合行具申，伏請照** ❷ 平行。**議轉奏** ❸ 三行。**施行。須至申者。右** ❹ 平行低三字。**申** ❺ 間五字。**禮** ❻ 與右字齊。**部。** ❼ 與申字齊。

年 ❽ 平行。**號幾** ❾ 印。**年某月某日。** ❿ 年號左旁低一字，書“某事”。

呈文

❶ 作帖。字樣比申文差大。

001 **朝** ❶ 平行。**鮮國差來陪臣職姓名等呈。** ❷ 平行。**云云。右** ❸ 平行低二字。**謹** ❹ 間二字。**具** ❺ 間二字。**呈。** ❻ 間二字。

年 ❼ 平行。**號幾年某月某日。朝鮮國差來陪臣職姓名等。**

交隣文字式[24]

國書

❶ 交隣文書式參用《館志》及時行《本草》。

❷ 日本文書三行, 第三行卽平行。

❸ 周帖。長二尺四寸,-❶ 周尺。- 廣五寸五分。每帖四行。外面右邊書"奉書", 左邊書"日本國大君殿-❷ 間字。-下", 合襟處書"朝鮮國王姓諱謹封"。

❹ 奉字平行, 與日字[25]齊; 書字與下字齊。姓下間字, 諱下間字。書"諱"字處安寶。下幷同。

❺ 文書中康、忠、光、綱、吉、宣、秀、重、治等字避。

001 朝 ❶ 三帖當中二行。鮮國王姓諱奉 ❷ 間字。書。
日 ❸ 四帖當中二行。本國大君殿 ❹ 間字。下。
云云。❺ 五帖平行。不備。
某 ❻ 平行。年某月日。❼ 間字。
朝 ❽ 末帖當中二行。鮮國王姓諱。

002 別幅 ❶ 周帖。每帖四行。三帖初行平行低一字, 書"別幅"。

24 交隣文字式 : 底本에는 없다. 本書《別編》目錄에 根據하여 補充하였다.

25 字 : 底本에는 "本"으로 되어 있다. 奎章A에 根據하여 修正하였다.

物目。2 平行列書。際。3 物目左旁低一字。

某 4 平行。年某月日。5 間字。

朝 6 末帖當中平行高一字。鮮國王姓諱。

書契

1 周帖。長二尺三寸。每帖四行。-1 或五行。- 外面右邊書"奉書",-2 答則稱復。- 左邊書"日本國執政[26]具銜某公閤-3 間字。-下"。合襟處書"朝鮮國禮曹參判姓名謹封"。

2 執政以下隨其官號, 而對馬島主稱日本國 對馬州太守某公, 以上稱閤下; 萬松院稱日本國 對馬州 鍾碧山 萬松院, 以酊菴稱日本國 對馬州沙門以酊菴, 江戶護行長老稱日本國某, 長老以上稱足-4 間字。-下。

3 島主則參議爲之, 萬松院、以酊菴、護行長老則佐郎爲之。

4 奉字平行, 與日字齊; 書字與下字齊。姓下間字, 名下間字。名處踏圖書。下竝同。

001 朝 1 三帖一行。鮮國禮曹參判姓名 2 間字。奉 3 間字。書。

日 4 一行。本國執政具銜某公閤 5 間字。下。

云云。6 四帖平行。不備。

某 7 平行。年某月日。8 間字。

禮 9 越帖, 當中低字。曹參判姓名。10 島主以下式見上, 而參

26 政 : 《通文館志·志·國書式》 注에는 "事"로 되어 있다.

議、佐郎隨稱。

002 **別幅** ❶ 周帖。行數同書契。三帖初行平行低一字, 書"別幅"。年例使則別幅右旁平行, 書"某年條某送使"或"某船"。

物目。❷ 平行列書。**際。**❸ 物目左旁低一字。

某年以下同上。

本朝文字式[27]

諭書式

1 初行書諭、具銜姓名。

001 卿受委一方, 體任非輕。凡發兵應機, 安民制敵, 一應常事, 自有舊章。慮或有予與卿獨斷處置事, 非密符, 莫可施爲。且意外姦謀, 不可不預防。如有非常之命, 合符無疑, 然後當就命。故賜[28]押第幾符, 1 第一符至四十五符。**卿其受之。故諭。**

四品以上告身式〈經〉

1 告身等式, 二行。第二行卽平行。

2 仍任則年號左旁低一字, 書"仍任事承傳-1 中行。-"。加資同, 但書"某事加資事"。〈補〉

3 堂上官妻告身式, 某封某氏爲某夫人者。教旨及年號以下同, 而左旁書"某官姓名妻, 依法典從夫職"。〈經〉〈增〉〈補〉

27 本朝文字式 : 底本에는 없다. 本書《別編》目錄에 根據하여 補充하였다.

28 賜 : 底本에는 없다. 1757年 英祖가 내린《諭咸鏡道觀察使兼兵馬水軍節度使巡察使李命坤》等의 論書에 根據하여 補充하였다.

❹ 凡言年號左旁書者, 皆低一字。〈補〉

001 敎 ❶ 中行。旨。

姓 ❷ 平行。名爲某階某職者。

年 ❸ 中行。號 ❺ 寶。幾年某月某日。〈經〉〈補〉

五品以下告身式〈經〉

❶ 別加則年號左旁, 書"某年某月別加"。代加則以父-❶ 三寸叔、同生兄、妻父隨稱。-某職姓名別代加, 蔭加則以某功臣姓名子-❷ 孫、兄弟、三寸姪、婿、甥姪隨稱。-蔭加。

❷ 宗臣同四品以上。〈補〉

❸ 三品以下妻告身式, 某曹奉敎, 某封某氏爲某人者。年號以下同, 而左旁書"某官姓名妻, 依法典從夫職"。〈經〉〈補〉

❹ 凡具銜竝書兼職。〈補〉

001 某 ❶ 平行。曹年號幾年某月某日奉敎, ❷ 中行。具銜姓名爲某階某職者。

年 ❸ 中行。號 ❹ 印。幾年某月某日。

判 ❺ 平行。書、參 ❻ 間字。判、參 ❼ 間字。議。❽ 正-❶ 間字。-郞、佐郞列書, 佐字與正字齊。〈經〉〈補〉 ❾ 只一堂署名, 而惟署名員稱臣姓。

追贈式〈經〉

❶ 教旨及年號以下同四品告身, 而左旁書"某官姓名考, 依法典追贈-❶ 中行。-"。祖考、曾祖考及妣、祖妣、曾祖妣隨稱。妻稱某官姓名妻, 依法典從夫職。〈增〉〈補〉

001 **具** ❶ 平行。**銜姓名贈某階某職者。** ❷ 妣稱某封某氏贈某夫人者。妻同。〈經〉〈增〉〈補〉

差帖式

❶ 禁府參下都事、師傅、教傅、教官、監役、別檢、兼·假引儀、守直、守奉、守衛官用此式。三館分館同。

❷ 年號左旁, 書"差定"。

001 **某** ❶ 平行。**曹爲差定事。年號幾年某月某日, 都承旨臣姓名次知。口傳** ❷ 中行。**某官姓名遷轉,** ❸ 或未差或瓜滿等。**本某** ❹ 差定人名, 一字名則竝書姓。**弋只進叱使內良如爲, 口傳** ❺ 中行。**施行爲有置有等以, 合下仰照** ❻ 平行。**驗施行。須至帖者。右** ❼ 平行。**帖下某階姓名, 準此。**

年 ❽ 中行。**號** ❾ 印。**幾年某月某日。**

判 ❿ 平行。**書、參** ⓫ 間字。**判、參** ⓬ 間字。**議。** ⓭ 正-❶ 間字。-郞、佐郞列書, 佐字與正字齊。⓮ 只一堂着押。

紅牌式〈經〉

■1 教旨及年號以下同四品告身。〈經〉〈補〉

001 **具** ■1 平行。**銜姓名文科** ■2 武科稱武科。**某科** ■3 甲、乙、丙。**第幾人及第出身者。**〈經〉

白牌式〈經〉

■1 教旨及年號以下同四品告身。〈經〉〈補〉

001 **具** ■1 平行。**銜姓名生員** ■2 進士稱進士。**幾等第幾人入格者。**〈經〉

雜科白牌式〈經〉

■1 年號以下同五品告身。〈經〉〈補〉

001 **某** ■1 平行。**曹奉敎,** ■2 中行。**具銜姓名某科幾等第幾人出身者。**〈經〉

祿牌式〈經〉

❶ 年號以下同五品告身。〈經〉〈補〉

❷ 頒祿時, 小片紙監察單銜署名、着押, 該倉亦名、押。〈續〉〈補〉

001 **某** ❶ 平行。**曹奉教,** ❷ 中行。**賜具銜姓名今** ❸ 平行。**某年第幾科祿者。**〈經〉〈補〉

鄕吏免役賜牌式〈經〉

❶ 教旨及年號以下同四品告身。〈經〉〈補〉

001 **惟** ❶ 平行。**爾某道某邑鄕吏姓名有某功, 特命爾免役, 以及永世者。**〈經〉

奴婢田土[29]賜牌式〈經〉

❶ 教旨及年號以下同四品告身。〈經〉〈補〉

001 **惟** ❶ 平行。**爾姓名有某功, 將藏獲幾口、土田幾結, 特賜賞爾, 可傳永世者。** ❷ 只賜己身, 則"可傳永世者"改"爾其受之"。〈經〉

29 田土 : 《經國大典·禮典·用文字式》에는 "土田"으로 되어 있다.

進箋式

❶ 本朝奏御文字, 三行。第三行卽平行。

❷ 箋文, 京外同。而京則有正、副本, 副本作帖; 外則只有正本。慰箋惟外有之。

❸ 紙長及字樣、每行字數同事大賀表。

❹ 皮封, 具銜臣姓名謹封, 謹封上踏印。而外則又櫃封, 書臣謹封, 褁毛皮結封。封面, 具銜臣姓署名謹封, 褁袱印封, 袱上書"某道某職某事-❶ 誕日則別行高字書。-陳賀-❷ 別行高字。-箋-❸ 間字。-文一度"。

❺ 外方封進物種報禮曹, 禮曹別單書入。

001 **具** ❶ 平行。**銜臣姓名, 恭** ❷ 平行。**遇年號幾年某月某日正** ❸ 二行。**朝令節,** ❹ 冬-❶ 二行。-至、誕-❷ 一行。-辰隨稱, 而誕辰無"令節"二字。❺ 慶則隨稱, 而下書"臣不勝慶忭之至"。❻ 慰則"具銜臣姓名伏-❸ 平行。-聞。年號幾年某月某日, 大-❹ 一行。-行大王昇遐, 臣不勝攀號摧慟之至"。❼ 內喪、內喪在先同, 但內喪書"尊-❺ 一行。-號王大妃殿", 內喪在先書"尊-❻ 一行。-號中宮殿"。小喪書"王-❼ 一行。-世子薨逝, 臣不勝驚隕之至", 小內喪同, 但書"王-❽ 一行。-世子嬪"。**謹奉箋** ❽ 二行。**稱賀** ❾ 二行。❿ 慰則稱慰。**者。臣名誠歡誠忭,** ⓫ 慰則誠惶誠恐。**稽首稽首, 上** ⓬ 二行。**言。伏以。** ⓭ 長句、短句。 **恭惟尊** ⓮ 一行。⓯ 紅籤, 籤長同紙。尊號書於籤上。⓰ 慰則白籤。**號主上殿下。** ⓱ 短句、長句、短句。⓲ 此下或長句又短句隨宜。**臣伏念。** ⓳ 短句、長句。**臣無任望天** ⓴ 一行。**仰聖** ㉑ 一行。**激切** ㉒ 慰則稱哀痛。**屛營之至。謹奉箋** ㉓ 二行。**稱賀** ㉔ 二行。㉕ 慰則稱慰。**以**

聞。 26 二行。

年 27 平行。**號** 28 印。**幾年某月某日。具銜臣姓名謹** 29 間一字。**上箋。** 30 間二字。

京司啓本式〈經〉

1 作帖。

2 連幅後面踏印。啓目同。〈補〉

3 非取旨事, 去[30]伏候以下六字。

4 大事, 啓本; 小事, 啓目。外則無啓目。〈經〉

5 東宮申本同, 而啓聞稱申聞。

6 凡單銜去階。〈補〉

001 **單** 1 初帖初行平行。**銜臣姓名等謹啓** 2 二行。**爲某事。云云。謹具啓聞。** 3 二行。**伏** 4 間字。**候** 5 間字。**教** 6 二行。**旨,** 7 間字。**謹** 8 間字。**啓。** 9 間字。10 與候字齊。

年 11 當中平行。**號** 12 印。**幾年某月某日。單銜** 13 竝去司名。14 堂上。**臣姓署名、單** 15 間字。**銜** 16 竝去司名。17 郞廳。**臣姓署名。** 18 只書見參堂上, 備二員。〈經〉〈補〉

30 去 :《經國大典·禮典·用文字式·啓本式》에는 “無”로 되어 있다.

启目式〈經〉

1 作帖。〈補〉

2 他司移文語繁者帖連。〈經〉

3 年號以下同上。

4 東宮申目同。

5 無启目單子式, "某司: 某事云云, 何如?" 無年號以下。〈補〉

001 **某** **1** 初帖初行平行。**司启** **2** 二行。**目: "節呈** **3** 粘連稱"粘連牒[31]呈是白有亦向前"。**某事云云。向前** **4** 粘連否。**云云, 何如?"**〈經〉〈補〉

草記式

1 周帖。

001 **某** **1** 初帖初行平行。**司启** **2** 二行。**曰:** **3** 或"郎廳以提調意启曰" **"云云, 何如?"** **4** 一式: "云云之意, 敢启。-**1** 二行。-"

31 牒 : 底本에는 "粘"으로 되어 있다. 奎章A, 奎章D, 國中B, 國中C에 根據하여 修正하였다.

外方啓本式

❶ 作帖。

❷ 踏印同京司。

❸ 東宮申本同, 而啓聞稱申聞。

001 **單** ❶ 初帖初行平行。**銜臣姓名謹啓** ❷ 二行。**爲某事。云云爲白只爲,** ❸ 或"爲白遣"。**謹具啓聞。** ❹ 二行。

年 ❺ 越帖, 當中平行。**號** ❻ 印。**幾年某月某日。單銜臣姓署名。** ❼ 有成冊則列錄于後。如歲饌則邑名低一字, 人名平行, 物種低二字列書。

狀啓式

❶ 周帖。

❷ 外面右邊, 書"承政院開-❶ 間字。-拆"。合襟處, "臣署名謹-❷ 間字。-封"。連幅後面, "臣署名"。

❸ 東宮狀達同, 而善啓稱善達。

001 **具** ❶ 再帖末行平行低字。**銜臣姓署名。**

某 ❷ 平行。**事云云爲白臥乎事是良尒,** ❸ 或"爲白只爲"。**詮次善** ❹ 二行。**啓向教是事。**

年 ❺ 平行。**號幾年某月某日。**

上疏式

❶ 皮封書"上前開-❶ 間字。-拆"。合襟處"臣署名謹-❷ 間字。-封"。連幅後面"臣署名"。

001 具 ❶ 平行。銜臣姓名誠惶誠恐, 頓首頓首, 謹百拜上 ❷ 二行。言于尊 ❸ 一行。號主上殿下。伏以云云。臣無任屛營祈懇之至。謹昧死以聞。❹ 二行。
年 ❺ 平行。號幾年某月日。❻ 間字。單 ❼ 間字。銜臣姓署名。

箚子式

❶ 作帖。

001 單 ❶ 初帖初行平行。銜臣姓名伏以云云。取進 ❷ 二行。止。
年 ❸ 平行。號幾年某月某日。

上書式

❶ 皮封同上疏, 而上前稱世子宮。

001 具 ❶ 平行。銜臣姓名誠惶誠恐, 頓首頓首, 謹再拜上 ❷ 二行。書于王 ❸ 一行。世子邸下。伏以云云。❹ "臣無任"以下同上疏。

上言式

❶ 作帖。

001 **某** ❶ 平行低字。**道某邑** ❷ 京則稱某部某坊某契。**居具銜** ❸ 或役名。**臣姓名署名。** ❹ 公私賤着手寸。

右 ❺ 平行。**謹啓。** ❻ 間一字。 **臣矣段臣矣身云云。 特蒙天** ❼ 一行。**恩爲白良結望良白去乎, 詮次善** ❽ 二行。**啓向敎是事望良白內臥乎事是亦在。 謹啓。** ❾ 間一字。

年 ❿ 平行。**號幾年某月某日。** ⓫ 若聯名則上臣姓名下書"等"字, 不署名。帖末, 自邊行列書單銜臣姓名, 皆署名。

呈辭式

❶ 作帖。

❷ 病親。

❸ 身病

❹ 覲親。

❺ 掃墳。

❻ 加土。

❼ 焚黃。

❽ 榮墳。

❾ 歸葬。

❿ 成婚。

11 鍼灸。

12 沐浴。

001 病親呈辭式[32]

具 1 初帖初行平行低字。銜臣姓名署名。

右 2 初帖再行平行。謹啓。3 間一字。臣矣段臣矣身父 4 或母。下同。在於某道某邑地 5 或某縣任所。下同。是白如乎節，病重是如，專人來到爲白有昆，下去相見爲白良結望良白去乎，詮次善 6 二行。啓向敎是事望良白內臥乎事是亦在。謹啓。7 間一字。

年 8 再帖當中平行。號幾年某月日。9 間字。

002 001 身病呈辭式

1 "臣矣段"以上同上。臣矣身某病云云，旬月之內，萬無起動供仕之望。某職 2 言責、經幄、書筵、詞訟隨稱。重地，不宜久曠。臣矣職 3 有兼任則云"本兼諸任竝"。本差爲白只爲望良白去乎，4 以下同上。

002 再度

1 "臣矣段"以上同初度。臣矣身伏蒙天 2 一行。恩，受由調理 3 代理時則稱特蒙恩-1 一行。-暇調理。爲白良置，所患前症，有加無減，旬月之內，差復無期。4 或云"决難供職"。臣矣職。5 以下同初度。

32 病親呈辭式：底本에는 없다. 本書 小題目《呈辭式》小註에 根據하여 項에 小小題目을 補充하였다. 以下 呈辭式 條項도 同一하다.

003 三度

❶ 同再度, 伏蒙稱再蒙。

003 覲親呈辭式

單 ❶ 初帖末行末端。銜臣姓名。

臣 ❷ 再帖初行平行。矣段臣矣身父在於某道某邑地, 久未歸覲, 下去相見爲白良結望良白去乎, 詮次善 ❸ 二行。啓向教是事。

年號。❹ 以下同上。

004 掃墳呈辭式

❶ "臣矣段"以上同上。 臣矣身父墳 ❷ 或母墳。在於某道某邑地是白如乎, 久未展省, 下去拜掃爲白良結。❸ 以下同上。

005 加土呈辭式

❶ "某邑地是白如乎"以上同上。 年久頹落, ❷ 或云"今番潦水頹圮"。下去加土爲白良結。❸ 以下同上。

006 焚黃呈辭式

❶ "某邑地是白如乎"以上同上。下去焚黃爲白良結。❷ 以下同上。

007 榮墳呈辭式

❶ "某邑地是白如乎"以上同上。 臣矣身幸蒙天 ❷ 一行。恩, 猥竊科名, 下去榮墳爲白良結。❸ 以下同上。

008 歸葬呈辭式

❶ "臣矣段"以上同覲親。臣矣身亡妻歸葬事以，某道某邑地下去爲白良結。❷ 以下同上。❸ 妻父母歸葬同，但稱妻父或妻母。

009 成婚呈辭式

❶ "臣矣身"以上同上。子息成婚，定於某月某日是白如乎。乞蒙恩 ❷ 一行。暇，某道某邑地下去，成婚爲白良結。❸ 以下同上。

010 鍼灸呈辭式

❶ "臣矣身"以上同上。所患云云，針灸調理爲白良結。❷ 以下同上。

011 沐浴呈辭式

❶ "所患云云"以上同上。某道某邑地沐浴事以，下去爲白良結。❷ 以下同上。

下直單子式

❶ 作帖。

001 單 ❶ 初帖末行末端。銜臣姓名。

病 ❷ 再帖平行。父 ❸ 或母。相見事 ❹ 父母墳加土拜掃、亡妻及妻父母歸葬、子息成婚、覲親、榮墳、焚黃事等隨稱。**以，某道某邑地受由下去** ❺ "某科某所某試官以進去", "贈諡，某公姓名賜諡事以，某道某邑地下去", "某道迎慰以西下", "中路問安假承旨以西下", "以某事赴燕", 遠接使、通信使、接慰官、監刈官、捉魚官、致祭官、奉審官凡出使等隨稱。**爲白臥乎事。**

謝恩單子式

❶ 作帖。

❷ 有頉則再帖書頉。過三日則稱身病爲白有如乎事，國忌相値則稱有故，在外則稱在外，受由後入來則稱某道某邑地受由下去，御史則稱某御史以某道下去，外任遞來則稱某職遞任上來。

❸ 加資謝恩稱下批後某頉。-❶ 卽上身病、有故之類。-

001 **謝** ❶ 初帖初行平行。**恩。**❷ 一行。**單** ❸ 初帖末行末端。**銜臣姓名。**❹ 兼職：初帖書實職，-❶ 軍銜同。- 再帖平行書"兼某職下 -❷ 一行。-批爲白卧乎事"。❺ 加資：再帖書"加資下 -❸ 一行。-批爲白卧乎事"。❻ 減下肅拜：無"謝恩"二字，再帖書"某職減下下 -❹ 一行。-批爲白卧乎事"。

六行單子式

❶ 長條紙三層橫摺，又中分縱摺。

001

文科新及第臣姓名 1 生進稱新榜生員、進士臣姓名。

右 臣名 謹詣

閤門 祇 候

謝 伏 候

進 止

2 年號幾年某月某日。新及第臣姓名謹狀。

參謁六行單子式

001

新授具銜姓名

右 名 謹詣

天官 1 政府則都堂。 祇 候

參 伏 候

處 分

2 年號幾年某月某日。新授單銜姓名謹狀。

問安單子式

1 作帖。

001 **單銜臣姓名。** 1 再帖初行末端。

祗受單子式

1 作帖。

001 **賜** 1 初帖當中一行。**送某物某數, 伏地祗受爲白臥乎事。**

年 2 再帖當中平行。**號幾年某月某日。單銜臣姓名。**

守令薦單子式

1 作帖。

2 邊將薦式同。

3 外方、京司皆有皮封。左邊書"守令薦擧單子", 合襟處"臣署名謹封"。

4 外方不關由監營, 直送京司。

5 薦三人。

001 **守** 1 初帖末行平行。**令可合三人。**

單 2 再帖初行低一字。**銜姓名。** 3 所薦人列書。

年 ❹ 三帖當中平行。**號幾年某月日。** ❺ 間字。**單銜臣姓名。** ❻ 一式只書"姓署名"。

牒呈式〈經〉

❶ 周帖。〈補〉

❷ 同等以上用此式。〈經〉

❸ 外方有呈匣。〈補〉

001 **某** ❶ 平行。**職** ❷ 或某衙門。**爲某事。** ❸ 馳報、牒報、行下、相考、上送等隨稱。**云云爲只爲是良尔。合行牒呈，伏請照** ❹ 平行。**驗施行。須至牒呈者。**

右 ❺ 平行。**牒** ❻ 間字。**呈** ❼ 間字。**某** ❽ 與右字齊。**衙門。** ❾ 或某職。❿ 與呈字齊。

年 ⓫ 平行。**號** ⓬ 印。⓭ 左旁書"某事"。**幾年某月某日。某職姓署名着押。**〈經〉〈補〉

書目式

❶ 牒呈具書目，惟外有之。

001 **某** ❶ 平行低字。**職書目。**

某 ❷ 平行。**事云云。** ❸ 大概。❹ 年號以下同上，但只署名。

平關式〈經〉

❶ 周帖。〈補〉

❷ 同等以下用此式。〈經〉

❸ 外方有呈匣。〈補〉

001 **某** ❶ 平行。**衙門爲某事。** ❷ 相考等隨稱。**云云。合行移關，請照** ❸ 平行。**驗施行。須至關者。**

右 ❹ 平行低一字。**關** ❺ 間字。**某** ❻ 與右字齊。**衙門。** ❼ 與關字齊。

年 ❽ 平行。**號** ❾ 印。❿ 左旁書“某事”。**幾年某月某日。**

某 ⓫ 平行。⓬ 踏關。**職押。**〈經〉〈補〉

帖式〈經〉

❶ 周帖。〈補〉

❷ 差定、勿侵等事用此式，而於屬官及品高衙門於七品以下官亦下帖。〈經〉〈補〉

001 **某** ❶ 平行。**衙門爲某事。** ❷ 差定、勿侵等隨稱。**云云。合下仰照** ❸ 平行。**驗施行。須至帖者。**

右 ❹ 平行低一字。**帖下某，** ❺ 差定則姓名，勿侵則某道某邑鎭隨稱。**準此。**

年 ❻ 平行。**號** ❼ 印。❽ 左旁書“某事”。**幾年某月日。** ❾ 間字。

某 [10] 平行。[11] 踏帖。衙門押。〈經〉〈補〉

解由移關式〈經〉

[1] 前官移關後官, 而牒呈、平關隨狀員職品。〈經〉〈補〉

001 前 [1] 平行。某職姓名爲解由事。當職於某年某月某日受本職, 某年某月某日禮任署事, 至某年某月某日遞代。[2] 移拜某職、罪罷、遭母喪隨稱。今將歷仕日月及雜凡緣故、該管物件, 逐一開坐, 備細照詳, 解由成給。爲此合行移關, 請照 [3] 平行。驗施行。須至關者。

今 [4] 平行低一字。開:

一。[5] 平行。改名有無。

一。[6] 平行。實歷幾箇日, 告暇、患病幾箇日。

一。[7] 平行。被劾有無。

一。[8] 平行。該管物件云云。[9] 如貨、穀、鹽、鐵、軍器、城子、船隻、書冊、冊板、案籍、文書、印信、田稅、貢物、楮田、莞田、桑、漆、果木、公廨、公賤、畜產、冠服等一應公物, 隨其衙門所在, 逐一開寫。

右 [10] 平行低一字。關 [11] 間字。某 [12] 與右字齊。衙門。[13] 與關字齊。

年 [14] 平行。號 [15] 印。[16] 左旁書"解由"。幾年某月某日。

某 [17] 平行。[18] 踏關。職押。〈經〉〈補〉

解由牒呈式〈經〉

❶ 京則該司時在官牒呈該曹。月日下該司堂下官，皆隨品分上下書，而同品列書。〈補〉

001 某 ❶ 平行。**職爲解由事。今準前某職姓名關，節該云云。** ❷ 卽解由移關自"當職"至"解由成給"。**得此，將本員姓名及到任、實歷日月，改行檢會得，與本員元狀相同。外其餘任內實歷及雜凡緣故、職掌該管物件，圓僉磨勘，照數叩籌明白，另款開坐于後。爲此合行牒呈，伏請照** ❸ 平行。**驗施行。須至牒呈者。**

右 ❹ 平行。**牒** ❺ 間字。**呈** ❻ 間字。**某** ❼ 與右字齊。**衙門。** ❽ 與呈字齊。

年 ❾ 平行。**號** ❿ 印。⓫ 左旁書"解由"。**幾年某月某日。某職姓署名着押。**

後 ⓬ 平行低一字。**計開：**

一。 ⓭ 平行。**改名有無。**

一。 ⓮ 平行。**某年某月某日受本職，某年某月某日到任，某年某月某日得代。實歷幾箇日。告**[33]**假、患病幾箇日。**

一。 ⓯ 平行。**被劾有無。**

一。 ⓰ 平行。**該管物件云云。**

際。 ⓱ 平行。〈經〉〈補〉

33 告：底本에는 "苦"로 되어 있다. 奎章A 및《經國大典·禮典·用文字式·解由牒呈式》에 根據하여 修正하였다.

002 某 ❶ 平行。職爲解由事, 粘連牒呈是去有良尒。合行移關, 請照 ❷ 平行。驗施行。須至關者。

右 ❸ 平行低一字。關 ❹ 間字。某 ❺ 與右字齊。曹。❻ 與關字齊。年 ❼ 平行。號 ❽ 印。❾ 左旁書"解由"。幾年某月某日。

某 ❿ 平行。⓫ 踏關。職押。[34] 都 ⓬ 間字。事。⓭ 兵營則虞候。

003 某 ❶ 平行。曹爲解由事。關及粘連 ❷ 京司無關及粘連。牒呈內乙用良, 前某官姓名等內解由"無頉"成出爲去乎, 相考施行向事。合行移關, 請照 ❸ 平行。驗施行。須至關者。

右 ❹ 平行低一字。關 ❺ 間字。吏 ❻ 與右字齊。曹。❼ 與關字齊。年 ❽ 平行。號 ❾ 印。❿ 左旁書"解由"。幾年某月日。⓫ 間字。

判 ⓬ 平行。⓭ 踏關。書押。參 ⓮ 間字。判、參 ⓯ 間字。議、正 ⓰ 間字。郞 ⓱ 三正郞列書。、佐 ⓲ 間字。郞。⓳ 三佐郞列書。⓴ 上關卽巡營移關者, 此卽兵、戶曹背關於上關者, 而京則牒呈背關。

外官推考發緘式

❶ 京則無發緘關, 只捧甘於該司吏。移職或遞職在鄕, 則亦使被推時該司吏, 受緘答以來。若外官已遞在京, 則邸人處捧甘。

34 某平行踏關職押：底本에는 "某職平行踏關押"으로 되어 있다. 本書《本朝文字式》"踏關"의 位置와 古文書의 事例에 根據하여 修正하였다.

001 某衙門爲相考事。節啓 ❶ 間一字。下教云云。傳 ❷ 中行。旨內辭意，奉審施行爲乎矣，到關卽時，同緘辭依例遲晩取招，功議分揀，楷書作貼回移，以爲照勘入啓 ❸ 間一字。之地向事。合行移關。❹ 以下依式。❺ 關同推，則“節啓下教”下書“本道啓本據某事云云”，上項推官等推考乙良，自本道依例發緘。餘同。此外隨事異稱。

外官緘答式

001 某道觀察使兼巡察使爲推考事。節到付曹 ❶ 間一字。❷ 或府。關內，節啓 ❸ 間一字。下教云云 ❹ 發緘關辭。向事公緘是置有亦。云云，致勤問 ❺ 間一字。備之命，傳 ❻ 間一字。旨內辭緣，惶恐遲晩是乎旀。功段幾代祖 ❼ 父以上隨稱，而高祖以上稱幾代。某君某爲某功臣，議段某君 ❽ 某府院君、某尉隨稱。某 ❾ 異姓姓名具書。爲同姓 ❿ 異姓稱異姓。幾寸親 ⓫ 無則云“功議幷只無是乎味”。有功而無議，則功臣下書“議段無是乎味”。無功倣此。乙仍于，楷書作貼回移爲去乎，相考施行向事。合行移關。⓬ 以下依式。⓭ 守令及他官-❶ 如節度使等。-則是置有亦下書“右良辭緣，備細緘答上使之意，分付爲有如乎。某年某月某日，某官姓名緘答內‘矣身云云，致勤問備’”。餘同。但[35]“乙仍于，楷書作貼回移”改“是乎等以，緣由回

35 但：底本에는 “單”으로 되어 있다. 奎章A, 國中B, 藏書閣A에 根據하여 修正하였다.

移爲去乎”。

京官緘答式

❶ 作貼。

❷ 外官已遞, 在京、在鄕者同。

001 **單** ❶ 平行低二字。**銜姓名。年幾。白** ❷ 平行。**等, 矣身云云, 致有此問** ❸ 間一字。**備之命。傳** ❹ 中行。**旨內辭緣, 惶恐遲晩。白** ❺ 次行末。**署名。**

功 ❻ 越帖, 平行低一字。**云云。議** ❼ 與功字齊。**云云。** ❽ 凡照律時, 功議單子小片紙細字, 付照律啓本末。功則書“姓名、幾代祖某、某功臣”;-❶ 原從同。- 議則書“某君-❷ 某府院君、某尉隨稱。-某-❸ 異姓姓名具書。-、同姓-❹ 異姓稱異姓。-幾寸親”。以議親, 若功議俱有, 則先書功, 連書議。而無議親, 則功臣下書“非議親”; 無功臣, 則議親下書“非功臣”。〈補〉 ❾ 功只書“某功臣”, 勿書“某朝”; 議只書“某君”、“某府院君”、“某尉”, 勿書“大王”、“王后”。〈增〉〈補〉

立案式

❶ 決訟立案則堂上官、堂下官僉押, 當該堂下官又書姓名。

001 **某** ❶ 平行。**年某月某日, 某司立案。**

右 2 平行。立案爲成給事。云云, 合行立案者。

堂 3 平行。上官押。堂 4 間字。下官押。〈經〉

勘合式

1 凡干錢、糧、發兵、發馬、檢屍、大辟等移文, 摺附元簿面, 交際處書塡經印, 分爲半行, 憑後考。

001 某年某月某日, 書塡某字第幾號勘合。〈經〉

戶口單子式〈經〉〈補〉

1 作帖。〈補〉

2 初帖初行低字, 書"某部某坊某契戶口單子"。外則稱"某面某里"。〈經〉〈補〉

001 第 1 平行。統 2 間字。第 3 平行。戶 4 間字。住具銜、姓名、年幾、某干支生、本某。

四祖。5 平行列書。6 書四祖式, 同科擧秘封。7 代近宗親, 不書本宗。

奉 8 平行。母 9 有祖母以上則亦書。某氏、年幾、某干支生、籍某。

妻 10 平行低一字。某氏、年幾、某干支生、籍某。

四祖。⓫ 平行低一字。⓬ 儀賓只書尙某主。⓭ 庶人四祖不知者, 不須盡錄。

率 ⓮ 平行低二字。子女、孫 ⓯ 若娶婦, 又低書。⓰ 女婿竝錄本貫。⓱ 有率戶則列書, 附子孫下。某某、年幾、某干支生。

率 ⓲ 又低書。奴婢雇工某某、年幾、某干支生。

年 ⓳ 平行。號幾年某月日。⓴ 間字。〈經〉〈補〉

準戶口式〈經〉

❶ 周帖。〈補〉

❷ 周挾, 體長。刻[36]"周挾字改印"五字, 而挾下空一字。隨改多小塡幾字, 無則塡"無"。橫印於戶口準給處, 而又踏印。〈經〉〈補〉

001 年 ❶ 初帖平行低一字。號 ❷ 印。幾年某月日,❸ 間字。漢城府 ❹ 外則稱某邑。-❶ 府、牧、郡、縣隨稱。-考 ❺ 平行。某年 ❻ 當式年干支。成籍戶口帳內, 某部[37]某坊某契第統 ❼ 間字。第戶 ❽ 間字。云云 ❾ 依單子書, 但連書。等。某年 ❿ 去式年干支。戶口準給者。

堂 ⓫ 平行高字。上押。郎 ⓬ 間字。廳押。監 ⓭ 間字。董官押。⓮ 外則稱行某官。府尹、牧使以下隨稱。〈經〉〈補〉

36 刻 : 底本에는 "劾"으로 되어 있다. 奎章A, 國中B, 藏書閣A에 根據하여 修正하였다.

37 部 : 底本에는 "府"로 되어 있다. 奎章A, 國中B, 藏書閣A에 根據하여 修正하였다.

署經單子式

1 作帖。

2 張數, 隨參坐臺官員數。

001 某階、前行職、姓名、本某。

父邊:

具銜名。**1** 出繼人列書生父。

父具銜名。

祖具銜名。

曾祖具銜名。

外祖具銜姓名、本某。

母邊:

某氏籍某。

四祖列書。

妻邊:

某氏籍某。

四祖列書。

璿源錄世系單子式

1 作帖。

2 初帖初行低字, 書"璿源錄世系單子"。

3 內外孫勿限代竝書。

❹ 衆兄弟派合錄, 則先書兄派, 後次書弟派, 而從其昭穆, 齊行書。

❺ 外則年號踏印, 月日下書地方官具銜姓、署名。三-❶ 間字。-鄕所列書姓名、署名。鄕所右旁, 列書一保具銜姓名、署名。門長名、署名。

001 大王。

第幾男名、某大君。❶ 或某君。

第幾子名、某君。❷ 以下倣此。

年號幾年某月日。 某君 ❸ 家長。❹ 代盡則書“門長忠義衛”。庶派則“族親衛”。**名署名。**

敦寧單子式

❶ 作帖。

❷ 初帖初行低字, 書“敦寧單子”。

❸ 代數依寸數, 而寸內雖外外孫皆書。

❹ 書兄弟派及外方同璿源。

001 大王。

第幾男名某君。❶ 女稱第幾女某公主或某翁主下嫁某尉、姓名。**子名、某君。**❷ 以下倣此。公、翁主子則某職。❸ 女稱女, 連書其夫姓名、某職, 次行低一字, 書“子名、某職”。以下倣此。

年號幾年某月日。某職、姓名 ❹ 家長。**署名。**

002 王后某氏。

考名、某職府院君。

子名、某職。 ❶ 以下倣此。❷ 女及外孫及年號以下同上。

功臣子孫世系單子式

❶ 作帖。

❷ 初帖初行低字, 書"功臣子孫世系單子"。

❸ 書兄弟派及外方同璿源。但門長左旁, 列書嫡長。保則惟嫡長有之, 備三保而一文官。

❹ 嫡長單子, 直書長派云子某, 保外無地方官、鄕所、嫡長。

001 某朝某功臣、某職、某君、姓名。子名、某職。

子名、某職。 ❶ 以下倣此。

年號幾年某月日。門長忠義衛姓名、署名。

科擧秘封式

❶ 式年、增廣 -❶ 小科初、覆試同。-、別試初·覆 -❷ 庭試覆試同。-、殿試具四祖。

❷ 糊封處書"謹封"。

❸ 庭試初試、謁聖、春塘臺只書父, 節製、柑製、泮製同。

❹ 親臨命題、命牌招, 書"臣姓名臣謹封"。殿試雖不親臨, 亦書"臣"。

001 **具銜** ❶ 或郎或生員、進士、幼學。❷ 節製、柑製、泮製不得書職, 只書生、進、幼學。❸ 小科不得書大夫。**姓名、年幾、本某、居京。**❹ 外則某邑。

父具銜名。❺ 出繼人列書生父。

祖具銜名。

曾祖具銜名。

外祖具銜姓名、本某。

吏文

001 某 名 弋只進叱使內良如爲 아모개이낫부려왜라다암
望良白內臥乎事是亦在 ᄇᆞ라옵ᄂᆡ누오일이여견

002 爲白有臥乎等用良 ᄒᆞ숣잇누온들뻐아

003 敎是臥乎在亦 이시누온견이여
爲乎乙喩在果 ᄒᆞ올지견과
爲白有如乎事 ᄒᆞ숣잇다온일

004 使內白如乎 부리숣다온
是去有良厼 이거이신아금
爲有在而亦 ᄒᆞ잇견마리여
爲白乎等以 ᄒᆞ솖[38]온들노
是置有是亦 이두이신이여
直爲所如中 ᄃᆡᆨᄒᆞᆫ바다ᄒᆡ
望良白去乎 ᄇᆞ라을거온
爲白有如乎 ᄒᆞ숣잇다온
爲白臥乎事 ᄒᆞ숣누온일

38 ᄒᆞ솖 : 底本에는 “ᄃᆡᆨᄒᆞᆫ”으로 되어 있다. 奎章A, 國中B, 國中C 等에 根據하여 修正하였다.

005 爲白有昆 ᄒᆞᄉᆞᆲ잇곤

爲有如乎 ᄒᆞ잇다온

爲良敎齊 ᄒᆞ야라이샨져

爲白去乎 ᄒᆞᄉᆞᆲ거온

爲有如可 ᄒᆞ잇다가

爲白只爲 ᄒᆞᄉᆞᆲ기암

爲乎樣以 ᄒᆞ오량으로

爲有去乙 ᄒᆞ잇거늘

爲行如可 ᄒᆞ려다가

爲良如敎 ᄒᆞ야라이샨

向敎是事 아이샨일

爲白良結 ᄒᆞᄉᆞᆲ아져

爲白去等 ᄒᆞᄉᆞᆲ거든

爲臥乎所 ᄒᆞ누온바

爲白如乎 ᄒᆞᄉᆞᆲ다온

是白如乎 이ᄉᆞᆲ다온

是白去乙 이ᄉᆞᆲ거늘

是白乎旀 이ᄉᆞᆲ오며

爲白乎矣 ᄒᆞᄉᆞᆲ오되

是在如中 이견다ᄒᆡ

爲白在果 ᄒᆞᄉᆞᆲ견과[39]

爲白去乙 ᄒᆞᄉᆞᆲ거늘

39 과 : 底本에는 "괴"로 되어 있다. 奎章A, 國中B, 國中C 等에 根據하여 修正하였다.

是白乎所 이ᄉᆞᆲ온바

是沙餘良 이사남아

敎味白齊 이샨맛ᄉᆞᆲ져

爲白有置 ᄒᆞᄉᆞᆲ잇두

敎是白昆 이시ᄋᆞᆲ곤

尤于過甚 더옥과심

望白良尒 ᄇᆞ라ᄋᆞᆲ아금

爲白良沙 ᄒᆞᄉᆞᆲ아사

矣徒等亦 의ᄂᆡ등이여

爲白內等 ᄒᆞᄉᆞᆲᄂᆡ든○右陳ㅣㅣㅣㅣ

006 㱕不喩 샌아닌지

岐等如 가르트려

是乎味 이온맛

無乎事 어오로일업다

敎喩乃 이샨디나

使內事 부리온일

爲白齊 ᄒᆞᄉᆞᆲ져

爲白等 ᄒᆞᄉᆞᆲ든

矣徒等 의ᄂᆡ등

爲巴只 ᄒᆞ도로나

爲隱喩 ᄒᆞᆫ디

爲等如 ᄒᆞᄐᆞ러

乙仍于 지조로

其等徒 저등이

良中沙 아히사

是良尒 이아금

令是遣 시기고

向爲良 향ᄒᆞ야○矣身丨丨丨

007 退伊 몰리○丨丨相考

況旀 ᄒᆞ몰며

白等 ᄉᆞᆲ든

的只 마기

及良 밋쳐

敎是 이시

是遣 이고

敎矣 이시되

粗也 이야라○丨丨措備

卜役 딘역

惠伊 저지리○丨丨分揀

題只 져김

擬只 비김

除良 더러

進只 낫드리

追于 조초

流伊 흘리

不冬[40] 안들

40 冬 : 底本에는 "各"으로 되어 있다. 奎章A, 國中B, 國中C 等에 根據하여 修正

不得 모딜

茂火 더불어○矣身ㅣㅣ

唯只 오직

加于 더옥

始只 비릇

絃如 시우려○流離ㅣㅣ

最只 안직기

別乎 별온

戈只 과글니

役只 격기○ㅣㅣ除良

岐如 갸릐여

先加 아딕

適音 마춤

向入 안들이

新反 서로이

耳亦 쌀여○矣身ㅣㅣ

專亦 젼혀

作文 질문

右良 님의여

易亦 안으려○ㅣㅣ對答

使亦 ᄉᆞ리여

更良 가싀아

導良 드듸여

하였다.

向前 아젼

並只 다목기

用良 씨아

乙良 을안

良中 아희

這這 굿굿

卜定 디졍

舍音 말음

白活 발괄

侤音 다딤

詮次 젼ᄎᆞ로

捧上 밧자

喩乃 디나○爲良如敎ㅣㅣ

向事 아안일

敎事 이샨일

白侤 ᄉᆞᆲ디

他矣 저의

並以 아오로

始叱 비릇

爲乎 ᄒᆞ온

科科 ᄎᆞᄎᆞ○ㅣㅣ分揀

屬屬 이어

008 節 디위

令 시기

民摠

❶ 戶口多寡, 年各不同, 而大抵有增無減, 今從當宁乙巳年摠數。

001 **京外民摠, 乙巳年戶一百七十二萬五千二百六十三, 人口七百三十三萬四千三百四十一。** ❶ 五部: 戶四萬二千二百八十一, 口男十萬四千一百二十七, 女十萬六千二百六十四。❷ 京畿: 戶十五萬六千三百七十二, 口男三十二萬五千三百八十四, 女三十萬九千六百五十三。❸ 湖西: 戶二十一萬八千七百六十七, 口男四十一萬九千七百四十六, 女四十三萬八千三百九十六。❹ 湖南: 戶三十萬四千一百二十四, 口男五十四萬二千三十八, 女五十九萬三千八百四十六。❺ 濟州三邑: 戶一萬六百八十七, 口男二萬六千八百十六, 女三萬四千九百三十六。❻ 嶺南: 戶三十五萬九千二百四十六, 口男七十一萬九千七百三十二, 女八十五萬六千六百九。❼ 關東: 戶八萬二千三百七十八, 口男十七萬四千一百六十九, 女十七萬二千六。❽ 海西: 戶十三萬五千九百十七, 口男三十萬二千五百二十九, 女二十六萬一千二百九十六。❾ 關西: 戶二十九萬七千二百六十八, 口男六十二萬八千二百四十五, 女六十五萬五千八百二十一。❿ 關北: 戶十一萬八千二百二十三, 口男三十三萬四千九百九十二, 女三十二萬七千七百三十六。

軍摠

❶ 六道軍摠, 一從《良役實摠》。《實摠》中陵守護軍及外驛卒保、各道烽軍及保、掌樂院樂工、政府·樞府錄事、繕工監·內氷庫伐直、掌苑署東山直、各宮房·軍門山直、牧場牧子等, 未知何以見漏, 而此亦闕之, 束伍馬、步、水軍, 詳略不一, 區別不明, 故此竝不復區別。西北及京居軍之初不見載者, 從近年時存案錄之, 而各司諸色人京居者之不見載者, 異於軍兵名目, 故亦闕之。

❷ 各司諸色人收布之數, 不能盡錄, 而惟兵曹及軍門關係經費及軍須, 故捧下摠數, 別爲附見於下。軍布外他名色, 亦關經費軍須, 故仍竝錄之。

001 **六道軍摠九十八萬九千三百七十六名** ❶ 京畿十二萬八千四百四十三。❷ 湖西十三萬九千二百三十九。❸ 湖南二十一萬五百七十四。❹ 嶺南三十一萬四百四十七。❺ 關東四萬六千八百三十九。❻ 海西十五萬三千八百三十四。**內, 京案付四十一萬六千六百八十五名,** ❼ 訓局: 硫黃軍、吹鐵軍、龍津軍、鐵峴軍六百九十, 砲手保、軍餉保四萬四千。❽ 禁營: 騎士、騎士標下軍、正軍、屯募軍、硫黃軍一萬七千二百七十七, 騎士保、標下保、正軍資保、官納保、別破陣保、吹鐵保、工匠保六萬六千二百六十八。❾ 御營: 騎士、騎士標下軍、正軍、輜重軍、硫黃軍、屯牙兵、屯募軍一萬八千二十一, 騎士保、標下保、正軍資保、官納保、輜重保、別破陣保、吹鐵保六萬六千八百十一。❿ 守廳: 將校及各色軍一萬六千一, 束伍軍一萬四百八十, 各色保三千六百九十四。⓫ 摠廳: 將校及各色軍七千三百三十三, 束伍軍九千八百二十, 各色保八千六百四。⓬ 兵曹: 騎兵六萬五千四百六十八, 步兵三萬七千二百五十一, 別騎兵及衹直、峩嵯烽軍三千四百五十一, 禁軍保、內吹戶及保、扈輦隊保、靑坡、蘆原及京驛保、峩嵯·南山烽軍保一萬五千二百三十七。⓭ 軍器寺別破陣保六百, 戶曹漕軍、水夫三千七百五十一, 觀象監生徒、校書館唱準、議政·中樞府差備書吏、吏曹留曹書吏、尙衣院·司僕寺·典設司·司饔院諸員、漁父保、掌樂院樂生及樂工保一萬一千九百八十八, 尙衣·司饔院、工曹、繕工·紫門監、校書館、長生殿、軍器寺、造紙·歸厚署、內苑、內弓房、內需司匠人及保九千九百四十。**外案付五十七萬二千六百九十一名。** ⓮ 京畿一萬五千四百六十四, 松都一萬八百六十四, 江都一萬五千六百二十八, 水營四千一百五十九。⓯ 湖西四萬七千七百八十四, 水營一萬一千六百四十六。⓰ 湖南八萬七千九百九十二, 水營三萬二千四百二十二, 統營六百五。⓱ 嶺南十五萬八千九百七十一, 統營五萬四千一百十八, 水營二萬三千九百六。⓲ 關東一萬九千三百八十四。⓳ 海西七萬七千五百十一, 水營九千七十四, 江華三千一百六十三。

002 **西北軍摠二十萬四千七百九十五名。** ❶ 關西: 巡營三萬三千九,-❶ 內, 馬軍三千五百十四。- 兵營五萬二千八百九十九,-❷ 內, 馬軍五千一百五十六。- 防營七千四百七十四,-❸ 內, 馬軍一千三百二十。- 各鎭五千八百八十二,-❹ 步軍。- 京案付-❺ 忠翊·忠贊·忠壯·忠順衛、補充隊。-二千一百二十八。❷ 關北: 巡營一萬七千九百八十八,-❻ 內, 親騎衛一千, 馬軍一千二百。- 南兵營二萬四千一百六十九,-❼ 內, 親騎衛一千, 馬軍四千四十九。- 北兵營六萬一千二百四十六。-❽ 內, 親騎衛一千, 馬軍四千七百八十九。-

003 **軍門京各色軍一萬五百三名。** ❶ 訓局五千三百九十三。-❶ 內, 馬兵七百十四。- ❷ 禁營一千二百一。❸ 御營一千五百十九。❹ 守廳七百二十一。-❷ 內, 南漢僧軍一百五十一。- ❺ 摠廳八百四十九。-❸ 內, 北漢軍十九, 僧軍一百九十九。- ❻ 龍虎營三百, 扈衛廳一百二十, 軍器寺別破陣四百。

附 兵曹、五軍門捧下。

❶ 兵曹、軍門上納, 幾皆有恒定, 而上下亦只錄應下, 初無年條之可言。而惟無恒定者, 從本衙門軍案摠錄, 守、摠屯稅, 從中年摠。至於錢、木、布, 二兩一匹例相代, 而上納、上下無定規, 故竝以純木錄之。惟軍布及給代外他上納, 從本色, 而上下亦或從本色, 守、摠軍布則皆純錢, 故亦從實載錄。

001 **兵曹上納, 除雜費, 木三千三百六十三同四十八匹, 錢一千三十二兩;** ❶ 一軍色: 禁軍保二百九十六同三十匹, 均廳給代三百七同二十二匹。❷ 二軍色: 騎、步兵一千八百九十三同二十五匹, 給代七百六同二十六匹。❸ 都案廳: 別騎兵三十同, 給代十四同四十六匹。❹ 有廳色: 忠順、贊、壯衛及補充隊七十同二十六匹。❺ 馬色: 京驛保及外邑吏奴貢三十八同三十五匹, 給代五同三十八匹, 解由作紙一千兩, 青坡田稅三十二兩。**上下，木三千二百二十二同三十六匹，錢一千六百七十二兩。**

002 **五軍門上納，木三千一百十六同四十八匹，麻布八同，錢五萬七千八百六十九兩，米五萬六千六百五石，田米一百四十八石，黃豆四千四百九石，各穀三千二十二石；**❶ 訓局：砲保木七百四十五同十五匹，均廳給代七百十三同三十五匹，兵曹禁松軍木九同三十匹，戶曹、惠廳兼料大·小米價二萬四千五百三兩，關西稅小米價六千兩，餉保米二千四百十三石，給代二千三百三十六石，均廳貿米八千二百石，戶曹兼料米三千五百九十石。❷ 禁營：軍保木六百八十二同二十六匹，給代五十七同二十三匹，軍保米八千九百五十八石，田米一百四十八石，太一千九百九十六石，給代米九千十九石。❸ 御營：軍保木八百四十三同十九匹，給代六十三同二十八匹，軍保米七千九百十六石，太二百五十三石，貿太二千一百六十石，給代米八千二百六十八石。❹ 守廳：軍錢四百三十九兩，給代結錢五百七十二兩，屯稅四千四百九十二兩，兩西小米耗價一千二百兩，僧番錢七千五十九兩，軍米二千一百三十石，給代三十六石，屯稅各穀六百石、布八同。留營軍米一千三百三十一石，耗米二百六十一石，給代結錢八百兩，各屯草價二百十二兩，屯稅各穀一百七十二石。❺ 摠廳：軍錢三百九十九兩，給代二千五百三十九兩，屯稅三千一百四十九兩，-❶ 船稅七十三兩幷入。- 僧番錢六千五百五兩, 兵曹山直木一同二十二匹, 軍米[41]二千一百四十七石, 屯稅各穀二千二百五十石。**上下, 木二千五百八十四同十二匹, 麻布八同, 錢五萬四千九百七十七兩, 米五萬七千六石, 田米二百二十八石, 黃豆四千三百三十一石, 各穀三千四十五石。**❻ 訓局: 木一千四百三十五同三十二匹, 錢三萬四百九十兩, 米一萬五千七百二十石。❼ 禁營: 木六百四同四十一匹,-❷ 封不動幷入。以錢萬兩封。- 米一萬七千六百七十一石, 田米二百二十八石, 太二千三百一石。❽ 御營: 木五百四十三同三匹, 米一萬七千八百六十一石, 太二千三十石。❾ 守廳: 布八同, 錢一萬三千二百五十兩, 米二千一百三十一石, 各穀五百七十八石。留營米一千五百四十三石, 錢七百四十六兩, 各穀一百六十七石。❿ 摠廳: 木三十六匹, 錢一萬四百九十一兩, 米二千八十石, 各穀二千三百石。

41 米 : 底本에는 "木"으로 되어 있다. 奎章A 및 奎章B 等에 根據하여 修正하였다.

田摠 田稅、大同、均役摠數附。

1 田稅、大同、均役摠數附。

2 田結及稅、大同、均役贏縮, 年各不同, 今從當宁乙巳中年摠數。而田結及捧下零數竝略之。

3 濟州田畓有租、粟、太、木麥四名色, 租、太又有中租、廩給租、廩給太等名色, 隨其名色捧稅。而租田、廩租田捧米每結十五斗, 載於戶曹收租案。以田稅則不過二斗, 通稅大同、三手則當爲十五斗二升, 而今爲十五斗者, 未知其何以, 第載錄於此。當與《戶典·田稅》《大同》條參考。

4 田稅條, 西北、廣州、濟州之會錄本道、本邑, 泰安之會錄江都, 兩都及關東十八邑之劃給本都、本邑, 嶺南十七邑之劃給倭供, 位米、太之劃送惠廳。大同條, 廣州之會錄本府, 東萊等三邑及梁山倭供、射砲之劃給公作米二斗減之代給, -1 公木以稅米太作木, 太一石二四, 米一石三四。而其中四百同, 每疋還作米十二斗, 民之加納, 至於七斗。故初減二斗, 再減二斗, 是謂二斗減而加納猶爲三斗。- 各道儲置、嶺南除留竝都錄於上納、上下之中, 而上下條不復別其名色。至於儲置、除留、射砲、倭供、公作, 稅賦混入, 區劃多岐, 故別爲區別。頒祿及位米、太亦區別。

5 凡雜費之出自元數中者, 旣除於上納, 故不錄[42]於上下條, 惟嶺南船價入於除留中。

6 關東上納, 名色最繁, 有詳定及果園結、火蔘結、香炭火結、革罷田結、查得結、火田結、屯火結、戶曹次歲幣及除番軍官及煙戶及監營區劃及祭獐價、鷹連價、國馬作紙, 或捧米穀或捧錢、布, 混入於大同

42 錄 : 底本에는 "祿"으로 되어 있다. 奎章A에 根據하여 修正하였다.

元納中, 而不勝其煩瑣, 故不能區別。

7 均廳米, 每患不足, 或貿於貢人之受價, 或換於惠廳之儲置者, 摠爲三萬餘石。惠廳六廳亦互相移來移去, 而竝闕之, 只從原捧下實數載錄。

8 戶曹、惠廳六廳、均廳捧下外, 又有常賑廳捧下, 故附於末。

001 **八道田畓, 元帳付一百四十二萬四千五百五十一結內, 乙巳年除雜頉, 實起田四十六萬六千一百六十三結,** 1 火田、蘆田、關東續田竝入。**畓三十六萬六千一百六十三結。** 2 京畿十一萬九百三十三結內, 除雜頉, 田三萬一千三百四十一結, 畓二萬五千四百二結。 3 湖西二十五萬五千五百十九結內, 除雜頉, 田六萬二千三百四十三結, 畓六萬一千七百八十六結。 4 湖南三十三萬八千八百八十九結-1 濟州不入。-內, 除雜頉, 田七萬七百八十一結, 畓十四萬一千三百九十六結。濟州三邑實田五十九結, 畓十九結。 5 嶺南三十三萬六千七百三十結內, 除雜頉, 田十萬一千二百七十三結, 畓十萬四千六百十四結。 6 關東四萬四千二百十一結內, 除雜頉, 田一萬九百十一結, 畓三千四百八十九結。 7 海西十二萬九千二百四十四結內, 除雜頉, 田五萬六千一百六十五結, 畓一萬二千五百七十二結。 8 關西九萬九千三百九十結內, 除雜頉, 田七萬三千一結, 畓一萬一千八百七十二結。 9 關北十萬九千五百五十六結內, 除雜頉, 田六萬二百八十九結, 畓五千十三結。

002 **八道田稅上納, 除雜費, 米十三萬四千五百七十六石, 田米一萬五千九百四十九石, 黃豆七萬六千六百三石, 木**

一千二百五十七同三十五匹, 麻布一百三十四同二十九匹, 錢十五萬七百四十九兩; ❶ 京畿米六千二百七十二石,-1 江華五百五十二石, 開城二百七十四石, 廣州二百三十九石竝入。- 太七千五百七十二石。-2 江華三百七十六石, 開城四百六十二石, 廣州五百五十八石竝入。- ❷ 湖西米二萬六千六十四石,-3 泰安三百六十五石竝入。- 田米三百十二石, 太一萬四千五十四石,-4 泰安一百八十四石竝入。- 木二百二十九同二十七匹。❸ 湖南米六萬三千七百十七石, 太二萬一千七百七十二石, 木四十七同十六匹。濟州三邑米十六石, 田米十三石, 太雜穀三十二石。❹ 嶺南米三萬五百六十九石,-5 沿海十七邑一萬三千六百五十九石竝入。- 太一萬七千五百三十五石,-6 沿海十七邑五千六百七十石竝入。- 木九百七十三同三十三匹, 錢五萬五百二十二兩。❺ 關東米五百七石,-7 淮陽、金城八石竝入。- 田米一千六百七十二石,-8 淮陽、金城五十四石, 嶺東九邑、原州等七邑續田九百十一石竝入。- 太一千四百三十一石,-9 淮陽、金城九十石竝入。- 布一百三十四同二十九匹。❻ 海西米三千九百七十一石, 田米六千九百五十六石, 太三千九百六十五石, 木七同九匹, 錢十萬二百二十七兩。-10 別收米二千一百六十七石, 田米九千二百五十九石作錢竝入。- ❼ 關西米二千五百六十九石, 田米二千七百九石, 太八千一百二十六石。❽ 關北米八百九十一石, 田米四千二百八十七石, 太二千一百四十三石。上下, 米十四萬九千二百八十七石, ❾ 頒祿一萬六千八百五十一石, 位米一千四百五十三石, 倭料二千六百七十石, 公作米、木一萬六千一百六十五石竝入。田米一萬六千三百四十三石, 黃豆七萬五千五百八十石, ❿ 頒祿九千九百二十七石,位太一萬七千三百四十三石, 倭料八百二十二石, 公作米、木四千八百四十八石竝入。**木一千三百六同四十三匹, 麻布一百三十五同三十一匹, 錢二十四萬六百七十兩。**

003 **五道大同、海西詳定乙巳年上納, 除雜費米三十二萬三千九百四十三石, 田米** ❶ 雜米竝入。**三萬二千四十九石, 豆黃豆一萬五千九百九十石, 租七百九十五石, 木二千四百八同三十匹, 麻布三百四同二十匹, 錢三十六萬四千四百七十九兩;** ❷ 京畿: 米二萬四百二十八石,-❶ 廣州九百三十九石, 生穀草價九百九十九石竝入。- 田米一千五百五十三石, 豆太九百四十九石, 外劃及[43]儲置米一萬三千一百四十二石。❸ 湖西: 米五萬一千二百八十四石, 位米七百九十二石, 位太四千六百五十三石, 木三百六十同, 位米太作木二十六同二十一匹, 布-❷ 關北牛黃價。-十一同十一匹, 錢三萬六千兩, 外劃及儲置米二萬二千一百七十七石。-❸ 舊儲一萬一千七百五十五石不入。- ❹ 湖南: 米七萬六千九百六十石, 位米五百六十六石, 位太五千六百六十一石, 木八百九同二十九匹, 位米太作木二同二匹, 布三十五同二十五匹, 錢八萬三千四百九十二兩, 外劃及儲置米二萬六千四百三十二石。-❹ 舊儲八千一百一石不入。- ❺ 嶺南: 米四萬二百八十四石,-❺ 東萊、蔚山、機張、梁山竝入。- 位米二十五石, 位太一千二百七十七石, 木一千一百四十八同二十五匹, 位米太作木六十二同三匹, 布九十九同, 錢十二萬四千七百五十兩, 外劃及儲置米四萬五千九百九十七

43 及 : 底本에는 "給"으로 되어 있다. 奎章A에 根據하여 修正하였다.

石,-6 位米四十八石竝入。7 舊儲五千四百八十七石不入。- 太-8 位太。-二千九百八十五石, 除留米九千八百十八石。-9 田稅船價三千五百七十八石竝入。10 前在三萬一千九百三十石, 又有米作錢不入。-

6 關東: 田米一千一百八十四石, 位太作田米八十一石, 位太四十三石, 布一百二十四同九匹, 錢一萬五千四百三十四兩, 外劃及儲置米五千三百五石, 田雜米三千九百四十二石, 豆太四百二十二石, 租七百九十五石, 布三十四同二十五匹, 錢五萬三千十三兩, 位太作錢一千二百四十五兩。7 海西: 米三千八百七十二石, 錢五萬五百四十五兩, 外劃及儲置米六千八百六十一石,-11 移送戶曹別收米不入。田米同。12 舊儲三百十九石不入。- 田米二萬五千二百八十九石。-13 舊儲一千四百六十一石不入。- **上下, 米三十一萬五千四百二十一石,** 8 京上下外外劃及儲置, 京畿一萬八千五十一石, 湖西二萬三千五百九十石,-14 夫刷價, 自京廳送均廳。均廳以錢給本邑, 故入於京上下。湖南、嶺南同。- 湖南三萬五千五百石, 嶺南五萬八百九石。又公作米二斗減代三千三百四十一石, 倭供七千二百八十四石, 東萊、梁山射砲糧四千八百四石, 除留米一萬五千一百九十五石。關東四千八百六十二石。海西七千九石。-15 常賑廳銃藥丸、皮物價竝入。- **田米** 9 雜米竝入。**三萬一千三百八石,** 10 京上下外外劃及儲置: 關東三千四百八十石, 海西二萬五千七百十四石。-16 守禦、訓局劃送賑廳銃藥丸價竝入。- **豆黃豆一萬六千二十七石,** 11 京上下外外劃及儲置: 嶺南二斗減代二千九百八十五石, 關東二百四十七石。**租一千四百六十五石,** 12 關東外劃及儲置。**木二千三百十二同四十三匹, 麻布二百七十九同三十四匹,** 13 京上下外儲置:

關東四十五同四十七匹。**錢三十九萬五百九兩。** 14 京上下外外劃及儲置: 關東六萬七千六百九十七兩。

004 **八道均役乙巳年上納, 除雜費錢五十六萬八千二十五兩,** 1 訓局米價三萬三百四十兩竝入。 **木四百六十九同四十九匹, 麻布二十六同十一匹, 米四千三百十石, 田米一千二百十二石, 黃豆九百九十八石;** 2 京畿: 結錢三萬三千一百三十一兩, 漁鹽船稅五千五百八十八兩, 軍官-1 一千八百六十三。-錢二千六百八十四兩, 餘結-2 九百七十九結。-錢一千五百六十八兩、米三百九十二石、田米一百二十九石、太一百三十四石。 3 湖西: 結錢六萬七千八百九十一兩, 漁鹽船稅六千三百四十八兩, 軍官-3 四千十。-錢二千五百七十五兩、木四十同十三匹, 餘結-4 一千四百七十七結。-錢一千四十兩、木十六同十六匹、米七百九十七石、田米一石、太一百三十三石, 婢貢給代一千七十八兩。 4 湖南: 結錢十一萬二千八百四十一兩, 漁鹽船稅二萬四千三百五十九兩, 軍官-5 六千十五。-錢五千四百七十六兩、木四十五同二十二匹, 餘結-6 九百九十三結。-錢五百九十六兩、木六同一匹、米五百五石、太一百五十五石, 婢貢給代二千二百四十二兩。 5 嶺南: 結錢十一萬四千四百六十七兩, 漁鹽船稅二萬四千六百八十八兩, 軍官-7 七千四十。-錢一千三百九十二兩、木九十八同三十五匹、布三同四十四匹, 餘結-8 六千四百六十二結。-錢九千八百五十六兩、木一百十八同四十九匹、布六同十一匹、米一千四十六石、太二百三十八石, 常賑耗米九百七十七石, 婢貢給代九千一百九十七兩。 6 關東: 結錢九千一百十三兩, 漁鹽船稅四千三百五十五兩, 軍官-⑨ 二千十五。-錢二千三百二十七兩、木六同七匹、布三同二匹, 餘結-⑩ 八百十結。-錢七百四十二兩、布十三同四匹、米七十八石、田米二百七十四石、太八十八石。 ❼ 海西: 結錢四萬一千三百七十七兩, 漁鹽船稅八千四百九十七兩, 軍官-⑪ 三千五百三十。-木五十八同六匹, 餘結-⑫ 四千七百八結。-錢一萬三千七百三十六兩、米五百十五石、田米八百八石、太二百五十石, 監、兵營會錄木三十同, 婢貢給代三百二十一兩。 ❽ 關西: 漁鹽船稅五千六百五十三兩, 餘結-⑬ 七千十五結。-錢一萬五百九十三兩, 監、兵營會錄木五十同, 婢貢給代四千一百七十七兩。 ❾ 關北: 漁鹽船稅八千八百二十一兩, 婢貢給代九百五十六兩。 **上下, 錢四十二萬三千六百四十五兩, 木三百八十九同四十九匹, 麻布六十同三匹, 米三萬一千四百六十二石, 黃豆一千四百石。**

005 **常平廳乙巳年上納, 除雜費, 米** ❶ 惠廳皮物價。 **一百四十二石, 木** ❷ 關西三名日方物。 **二十八同二十五匹, 麻布** ❸ 關北詳定。 **一百四十四同四十四匹, 錢二千八百五十八兩;** ❹ 關西三名日方物一千六百兩, 關北詳定一千二百五十八兩。 **上下, 米三十三石, 木六同二匹, 麻布一百十三同十五匹, 錢二千八十七兩。**

006 **賑恤廳乙巳年上納, 除雜費, 米五千九百八十一石, 木三同二十七匹, 錢三萬四百兩;** ❶ 屯稅七十六石、錢六百九十五兩, 惠廳銃藥丸價五千五百七十六石、錢一千四百七十三兩, 湖西常賑耗作錢八千二百七十四兩, 關西會錄耗作錢七千一百七十七兩，保民司二百三十八石、木三同二十七匹[44]、錢一萬二千八百二十九兩。**上下，米四千三百七十八石，**❷ 保民司二百八十石竝入。**田米一百四十六石，**❸ 保民司一百四十四石竝入。**木二同三十四，錢一萬四千四百八十五兩。**❹ 保民司一萬一千七十兩竝入。

44 匹 : 底本에는 "同"으로 되어 있다. 文脈에 根據하여 修正하였다.

穀摠

❶ 諸穀變易無常, 增減不一, 今從該司乙巳年磨勘案載錄。而區別諸道, 反患太瑣, 故只錄摠數。

001 **八道備局句管穀三百二萬五千一百十五石內, 軍餉一百二十八萬一千六百六石,** ❶ 米八十七萬七千四百二十五石, 田米-❶ 京畿、關北。-三萬六千九百二十七石, 豆太五萬八千八十二石, 租-❷ 湖南、嶺南。-三萬二千九百八十二石, 雜穀二十七萬六千一百九十石。**軍作米** ❷ 京畿、三南。**五萬七千三十九石,** ❸ 米四萬九千九百四十石, 租-❸ 京畿。-三百七十九石, 雜穀六千七百二十石。**賑穀** ❹ 移轉同入。**八十五萬九千三百一石,** ❺ 米十四萬三千七百五十八石,-❹ 三南濟民倉八千五百二十一石, 浦項倉一千七百二十四石, 交濟倉五萬九千三百十四石竝入。- 豆太三萬六千六百二十四石,-❺ 湖西、湖南濟民倉三千一百四十二石竝入。- 租七萬九千八百二十七石,-❻ 湖南濟民倉三萬二千七百十九石竝入。- 雜穀五十九萬九千九十二石。-❼ 三南濟民倉七萬一千三百一石, 浦項倉一萬二千八百三十二石, 交濟倉十二萬五千二百十石竝入。- **勅需穀八萬六千四百五十一石,** ❻ 海西米三萬四千二百六十三石, 雜穀五百七石; 關西米五萬一千六百八十一石。**各樣穀** ❼ 京畿雇馬倉租, 湖南餘軍作米、休番穀、僧番米、守城米、別檢穀、牛貰租、牛價米, 嶺南別會穀、會內外穀、軍布作米·錢、貿米、船帖穀、防債穀、射軍米、蒜山倉米、募軍租、山城補城穀、築城米、東萊修城所米、善山城租、左兵營錢代米·甲冑米, 關東備局句管穀, 海西策應庫米、新倉米, 關西信蔘價米、長水灘米、三和·宣川海倉穀, 關北別置田米。**七十四萬七百十八石。** **8** 米二十四萬七千五百四十三石, 田米四千二百四十六石, 豆太二萬一千七百二十石, 租一萬六千三百六十石, 雜穀四十五萬八百四十九石。

002 **戶曹句管穀一百三十八萬七千六百二十八石內, 軍餉九十四萬五千七百十三石,** **1** 米三十一萬三千二[45]百十五石, 田米、雜米二十二萬六千八百八十五石, 豆太二十二萬三千五百十四石, 租一萬四千八百八石, 雜穀十六萬七千二百九十一石。**各樣穀** **2** 八道軍資穀, 三南統營月課穀, 京畿貿穀, 湖南匠稅米、別會穀, 嶺南備局匠布穀、帖價穀、巡營貨價穀、義糧, 海西 首陽、九月、瑞興、長水、大峴山城倉穀, 關北別收庫穀、別置庫穀、巡營月課穀、別備穀。**四十四萬一千九百十五石。** **3** 米九萬四十七石, 田米、雜米四萬四千八百七石, 豆太九萬一千六百四十六石, 租十三萬九千一百二十六石, 雜穀七萬六千二百八十九石。

003 **惠廳句管穀十一萬一千一百三十六石。** **1** 戰、兵船米。湖南十萬九千六百三十一石, 嶺南二百石、租二百二十九石, 湖西米一千七十六石。

常賑廳句管常賑穀三百四十二萬八千六百四十一石。 **2** 米十二萬八千五百五十四石, 田米二十萬九千六百七十二石, 豆太五十二萬七千四百七十八石, 租一百二十一萬

45 二 : 底本에는 "一"로 되어 있다. 奎章A 및 奎章B 等에 根據하여 修正하였다.

九千二百七十八石, 雜穀一百三十四萬三千六百五十九石。

均廳句管軍作米 ❸ 又有三南會錄米等名, 而通稱軍作。**十五萬二千一百三十三石。** ❹ 米十二萬四千一百二十一石, 雜米七十石, 豆太六千六百八十七石, 租二萬一千一百五十三石, 雜穀一百二石。

廐驛馬摠

❶ 八道驛馬元案有定數, 而年久有未立代者, 又有等數互換者。今從英宗朝庚寅案。

001 **內司僕: 御乘十, 坐馬五, 走馬十, 邊馬三十五。**

外司僕: 駕轎馬三十, 獨轎馬十五, 走馬十五, 邊卜馬一百二十, 內農圃馬二十四。

002 **八道驛馬五千九四。**❶ 京畿: 上等九十三, 中等百九十, 下等百六十六。❷ 湖西: 上等百二十七, 中等二百七十四, 下等三百五十一。❸ 湖南: 上等百十, 中等百九十二, 下等二百四十九。❹ 嶺南: 上等百, 中等二百四十一, 下等八百六十。❺ 關東: 上等九十一, 中等五十八, 下等三百五十六。❻ 海西: 上等十三, 中等百九十四, 下等十八。❼ 關西: 上等十九, 中等二百二十三, 下等六十四。❽ 關北: 上等百一, 中等二百九十九, 下等六百。

各道戰船

001 京幾。❶ 戰船四, 防船、兵船各十, 龜船一, 伺候船十六, 艍舠船三, 汲水船九。

湖西。❷ 戰船九, 防船二十一, 兵船二十, 龜船一, 伺候船四十一。

湖南。❸ 戰船四十七, 防船十一, 兵船五十一, 龜船三, 海鶻船一, 伺候船百一。

嶺南。❹ 戰船五十五, 防船二, 兵船六十六, 龜船九, 伺候船百四十三, 探知[46]船二。

海西。❺ 戰船二, 防船二十六, 兵船九, 伺候船五, 小猛船一, 艍舠船二十一, 汲水船六, 挾船十七, 別小船一, 追捕船二十三。

關西。❻ 防船六, 兵船五, 伺候船十二, 艍舠船一, 汲水船四, 挾船一。〈續〉

46 知 :《續大典·兵典·諸道兵船》에는 없다.

量田法

001 方田方一百尺。田積及分六等解負? ❶ 田積一萬尺解負，一等一結，二等八十五負，三等七十負，四等五十五負，五等四十負，六等二十五負。

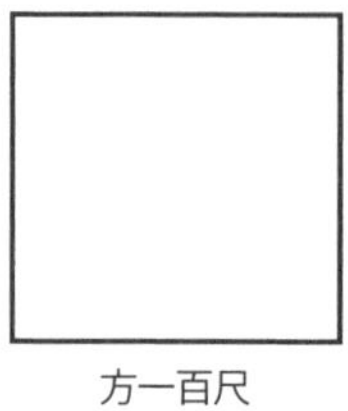

❷ 法：方相乘，得積一萬尺。一等爲一結。二等以下用十五遞減之法。二等以八五乘，得八十五負；三等以單七乘，得七十負；四等以五五乘，得五十五負；五等以單四乘，得四十負；六等以二五乘，得二十五負。

002 直田長七十四尺，廣四十四尺。解負? ❶ 一等，三十二負五束六把。

❷ 法：置長以廣乘，得積三千二百五十六尺。一等爲三十二負五束六把。二等則以八五乘，得二十七負六束七把。餘倣此。

003 勾股田勾闊三十三尺，股長六十八尺。解負? ❶ 一等，十一負二束二把。

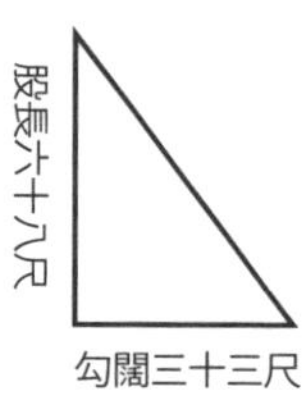

❷ 法：置勾闊以股長乘，得積二千二百四十四尺，折半得一千一百二十二尺。一等爲十一負二束。

004 梯田大頭一百二十三尺, 小頭八十七尺, 長一百四十三尺。解負? ❶ 一等, 一結五十負一束。

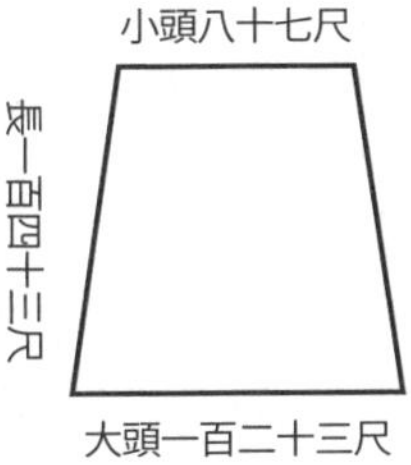

❷ 法: 置大頭加小頭, 得二百十尺, 折半得一百五尺, 以長一百四十三尺乘, 得積一萬五千十五尺。一等爲一結五十負一束。

005 圭田長一百五十五尺, 闊八十八尺。解負? ❶ 一等, 六十八負二束。

❷ 法: 置長以闊乘, 得積一萬三千六百四十尺, 折半得六千八百二十尺。一等爲六十八負二束。

城闕

001 都城太祖朝築，世宗朝改修。周一萬四千九百三十五步，❶ 周尺八萬九千六百十尺。〈續〉 高四十尺二寸。門正南崇禮，正北肅靖，正東興仁，正西敦義，東北惠化[47]，西北彰義，東南光熙，西南昭義。

景福宮 ❷ 舊闕。在都城內西北。太祖朝建。正殿勤政。正門南光化，北神武，東建春，西迎秋。

昌德宮在都城內東北。太祖朝建，宣祖朝、仁祖朝改修。正殿仁政。正門敦化，左丹鳳，右金虎、景秋 ❸ 閉門。、曜金。

昌慶宮在昌德宮東。❹ 兩闕間有建陽門，以東昌慶，以西昌德。成宗朝建，光海改修。正殿明政。正門弘化，左通化、月覲 ❺ 閉門。、集春，❻ 閉門。右宣仁。

慶熙宮在都城西。❼ 敦義門內。光海建。正殿崇政。正門興化，左興元、武德，❽ 閉門。右開陽、崇義。❾ 閉門。

47 化：底本에는 "和"로 되어 있다. 奎章A, 國中B, 國中C 等에 根據하여 修正하였다.

五部坊名

1 見《兵典·城堡》條。

各道城堞

1 城堞間有新築, 有增無減。今此載錄, 難保其無漏。至於鎭城, 有難勝載。行城之無官守處, 亦竝闕之。

001 **邑城** **1** 開城·江華府、喬桐、淸州、洪州、忠州、韓山、舒川、庇仁、藍浦、瑞山、結城、保寧、海美、光州、羅州、南原、順天、長興、全州、靈光、靈巖、寶城、古阜、珍島、樂安、臨陂、沃溝、龍安、高敞、萬頃、扶安、茂長、務安、海南、康津、興陽、求禮、光陽、濟州、大靜、旌義、尙州、星州、慶州、晉州、安東、大丘、東萊、昌原、善山、咸陽、蔚山、金海、寧海、密陽、梁山、興海、咸安、淸道、機張、迎日、淸河、長鬐、彦陽、盈德、慶山、漆原、昆陽、泗川、三嘉、宜寧、固城、南海、鎭海、熊川、江陵、三陟、襄陽、平海、蔚珍、海州、黃州、延安、瓮津、豐川、安州、定州、平壤、義州、肅川、龍川、朔州、昌城、楚山、江界、龜城、碧潼、渭原、殷山、吉州、咸興、安邊、北靑、端川、甲山、三水、明川、富寧、鍾城、會寧、慶源、穩城、茂山、鏡城、慶興、洪原、利城。**2** 江華、湖南、嶺南、海西、關西、關北邑城內有留守、觀察營。喬桐、湖西、海西、關西、關北邑城內有兵、水營。湖西水營, 湖南、嶺南兵·水營、統營城皆在本邑。瓮津又有水使行營城。鍾城又有北兵使行營城。

山城 **3** 楊州 北漢、廣州 南漢、開城府 大興、江華 鼎足、喬桐 華蓋、抱川 半月、竹山 古山、通津 文殊、水原 禿城、驪州 婆娑、仁川 文鶴、公州 雙樹、淸州 上黨、陰城 雷山、黃州 正方、瑞興 大峴、平山 太白、載寧 長水、海州 首陽、殷栗 九月、龍岡 黃龍、慈

山 慈母、价川 始射、陽德 回巖、泰川 籠五里、龜城 屈巖、郭山 凌漢、宣川 東林·劒山、昌城 當峨、鐵山 西林·雲暗、龍川 龍骨、義州 白馬、寧邊 鐵瓮-1 邑城。-、成川 紇骨、楚山 阿耳、平壤 保山、茂朱 赤裳、全州 威鳳、南原 蛟龍、長城 笠巖、潭陽 金城、漆谷 架山-2 邑城。-、聞慶 鳥嶺、尙州 城山、星州 禿用、善山 金烏、仁同 天生、義興 華山、東萊 金井、會寧 雲頭。

八道程途

1 從《輿地勝覽》, 而《勝覽》後設置邑用時行路程記。

001 京畿 1 三十八官。2 東北云云作註。下皆倣此。

東北抵江原道界, 東南抵忠淸道界, 西達于海, 西北抵黃海道界。

○陽川 3 三十一里。

○衿川 4 左。5 三十一里。

○果川 6 左。7 三十三里。

○高陽 8 三十七里。

○廣州 9 左。10 四十一里。

○安山 11 左。12 五十一里。

○富平 13 五十五里。

○楊州 14 五十六里。

○金浦 15 六十三里。

○龍仁 16 左。17 六十五里。

○仁川 18 七十七里。

○坡州 19 八十二里。

○水原 20 左。21 八十八里。

○交河 22 九十里。

○抱川 23 九十七里。

○南陽 24 左。25 百五里。

○積城 26 百八里。

○陽智 27 左。28 百十一里。

○陽城 29 左。30 百十二里。

○通津 31 百十四里。

○陽根 32 左。33 百十六里。

○振威 34 左。35 百十八里。

○江華 36 百三十五里。

○加平 37 百三十七里。

○永平 38 百四十里。

○利川 39 左。40 百四十一里。

○漣川 41 百四十三里。

○長湍 42 百四十七里。

○安城 43 左。44 百五十二里。

○砥平 45 左。46 百六十二里。

○開城府 47 百六十六里。

○竹山 48 左。49 百七十里。

○豐德 50 百七十九里。

○麻田 51 百七十九里。

○喬桐 52 百八十二里。

○驪州 53 左。54 百九十里。

○朔寧 55 百九十五里。

○陰竹 56 左。57 百九十五里。

002 江原道

東北達于海，東南抵慶尙道界，南抵忠淸道界，西北抵京畿、黃海道界，北抵咸鏡道界。凡二十六官。

○春川 1 二百五里。

○鐵原 [2] 二百二十一里。

○洪川 [3] 二百四十二里。

○橫城 [4] 二百五十里。

○安峽 [5] 二百六十里。

○平康 [6] 二百六十八里。

○原州 [7] 二百八十二里。

○狼川 [8] 二百九十七里。

○伊川 [9] 三百二十二里。

○金城 [10] 三百二十六里。

○楊口 [11] 三百三十一里。

○通川 [12] 東。[13] 三百四十四里。

○麟蹄 [14] 三百六十七里。

○歙谷 [15] 東。[16] 三百八十里。

○平昌 [17] 四百十八里。

○寧越 [18] 四百三十七里。

○淮陽 [19] 四百六十里。

○旌善 [20] 四百九十六里。

○高城 [21] 東。[22] 四百九十九里。

○襄陽 [23] 東。[24] 五百十一里。

○杆城 [25] 東。[26] 五百二十七里。

○江陵 [27] 東。[28] 六百里。

○三陟 [29] 東。[30] 六百三十二里。

○蔚珍 [31] 東。[32] 八百八十五里。

○平海 [33] 東。[34] 九百七十一里。

003 黃海道

東北抵咸鏡道界, 東抵江原道界, 東南抵江原、京畿界, 西南抵大海, 西北抵平安道界。凡二十三官。

○金川 1 左。2 百九十七里。

○兎山 3 左。4 二百三十里。

○白川 5 二百三十五里。

○平山 6 左。7 二百七十一里。

○延安 8 二百八十八里。

○新溪 9 左。10 三百四十八里。

○海州 11 三百六十五里。

○瑞興 12 左。13 三百九十五里。

○遂安 14 左。15 四百二十里。

○鳳山 16 左。17 四百二十里。

○谷山 18 左。19 四百三十四里。

○載寧 20 左。21 四百三十九里。

○信川 22 左。23 四百四十里。

○康翎 24 四百四十九里。

○瓮津 25 四百六十九里。

○文化 26 左。27 四百七十七里。

○安岳 28 左。29 四百八十六里。

○黃州 30 左。31 四百八十八里。

○殷栗 32 五百五里。

○長淵 33 五百十三里。

○松禾 34 五百三十二里。

○長連 35 五百五十里。

○豐川 ㊱ 左。㊲ 五百六十二里。

004 忠淸道

東北抵江原道界，東南抵慶尙、全羅道界，西北抵大海，北抵京畿界。凡五十四官。

○平澤 ❶ 左。❷ 百二十四里。

○稷山 ❸ 左。❹ 百八十九里。

○天安 ❺ 左。❻ 二百十九里。

○牙山 ❼ 左。❽ 二百二十四里。

○鎭川 ❾ 左。❿ 二百三十四里。

○全義 ⓫ 左。⓬ 二百四十三里。

○木川 ⓭ 左。⓮ 二百四十七里。

○陰城 ⓯ 左。⓰ 二百四十八里。

○溫陽 ⓱ 左。⓲ 二百五十一里。

○新昌 ⓳ 左。⓴ 二百五十三里。

○忠州 ㉑ 左。㉒ 二百八十二里。

○燕岐 ㉓ 左。㉔ 二百八十七里。

○淸安 ㉕ 左。㉖ 二百九十三里。

○淸州 ㉗ 左。㉘ 二百九十三里。

○槐山 ㉙ 左。㉚ 二百九十四里。

○禮山 ㉛ 二百九十五里。

○懷德 ㉜ 三百二十里。

○公州 ㉝ 三百二十三里。

○大興 ㉞ 三百二十三里。

○文義 ㉟ 左。㊱ 三百二十六里。

○德山 [37] 三百四十一里。

○洪州 [38] 三百四十五里。

○懷仁 [39] 左。[40] 三百四十六里。

○定山 [41] 三百四十九里。

○清風 [42] 左。[43] 三百五十五里。

○丹陽 [44] 左。[45] 三百五十七里。

○延豐 [46] 左。[47] 三百六十二里。

○青陽 [48] 三百六十八里。

○沔川 [49] 三百七十五里。

○報恩 [50] 左。[51] 三百七十六里。

○海美 [52] 三百七十六里。

○尼城 [53] 三百七十七里。

○結城 [54] 三百八十一里。

○沃川 [55] 左。[56] 三百八十九里。

○堤川 [57] 左。[58] 三百九十一里。

○石城 [59] 三百九十二里。

○扶餘 [60] 三百九十六里。

○鎭岑 [61] 三百九十七里。

○連山 [62] 三百九十八里。

○唐津 [63] 四百里。

○瑞山 [64] 四百二里。

○保寧 [65] 四百九里。

○恩津 [66] 四百十二里。

○永同 [67] 左。[68] 四百十二里。

○林川 [69] 四百十九里。

○鴻山 70 四百二十二里。

○青山 71 左。72 四百二十三里。

○泰安 73 四百三十九里。

○藍浦 74 四百四十七里。

○韓山 75 四百五十九里。

○永春 76 左。77 四百六十四里。

○舒川 78 四百七十里。

○黃澗 79 左。80 四百七十二里。

○庇仁 81 四百九十六里。

005 全羅道

東北抵忠清、慶尙道界，東南抵慶尙道界及海，西南達于大海。凡五十六官。

○礪山 1 四百四十四里。

○高山 2 四百四十六里。

○龍安 3 四百四十八里。

○珍山 4 四百四十九里。

○咸悅 5 四百六十六里。

○益山 6 四百六十八里。

○錦山 7 四百八十三里。

○茂朱 8 左。9 四百八十八里。

○臨陂 10 四百八十九里。

○全州 11 五百十六里。

○沃溝 12 五百二十三里。

○金溝 13 五百二十六里。

○金堤 14 五百四十一里。

○龍潭 15 左。16 五百五十七里。

○泰仁 17 五百六十三里。

○萬頃 18 五百六十四里。

○扶安 19 五百七十七里。

○鎭安 20 左。21 五百八十二里。

○任實 22 左。23 五百八十二里。

○井邑 24 五百九十一里。

○古阜 25 五百九十六里。

○興德 26 六百二十六里。

○高敞 27 六百二十八里。

○長城 28 六百四十四里。

○茂長 29 六百五十三里。

○南原 30 左。31 六百五十三里。

○長水 32 左。33 六百六十八里。

○淳昌 34 左。35 六百七十里。

○谷城 36 左。37 六百九十二里。

○雲峯 38 左。39 六百九十七里。

○靈光 40 六百九十九里。

○玉果 41 左。42 七百十二里。

○潭陽 43 左。44 七百十三里。

○光州 45 左。46 七百二十五里。

○羅州 47 七百四十二里。

○昌平 48 左。49 七百五十二里。

○綾州 50 左。51 七百五十八里。

○咸平 [52] 七百六十二里。

○南平 [53] 左。[54] 七百六十里。

○同福 [55] 左。[56] 七百七十五里。

○求禮 [57] 左。[58] 七百八十里。

○務安 [59] 七百八十八里。

○靈巖 [60] 八百二十二里。

○順天 [61] 左。[62] 八百二十四里。

○寶城 [63] 左。[64] 八百二十八里。

○和順 [65] 左。[66] 八百二十八里。

○光陽 [67] 左。[68] 八百七十里。

○長興 [69] 左。[70] 八百八十六里。

○樂安 [71] 左。[72] 八百九十八里。

○康津 [73] 左。[74] 九百二里。

○興陽 [75] 左。[76] 九百三十四里。

○海南 [77] 左。[78] 千七里。

○珍島 [79] 千二十里。

○濟州 [80] 東至旌義界, 八十里; 西至大靜界, 八十一里; 南至海, 百二十里; 北至海, 一里。

○旌義 [81] 東至濟州界, 二十六里; 北至同州界, 二十里; 西至大靜界, 二十七里; 南至海, 七里。

○大靜 [82] 東至旌義界, 五十七里; 南至海, 十里; 西至濟州界, 三十七里; 北至同州界, 三十二里。

006 慶尙道

東北抵江原道界, 東南抵大海, 西南抵全羅道界及海, 西

北抵忠清道界, 北抵江原道界。凡七十一官。

○聞慶 1 三百七十七里。

○豐基 2 左。3 四百十里。

○榮川 4 左。5 四百三十三里。

○咸昌 6 四百三十七里。

○龍宮 7 左。8 四百四十四里。

○順興 9 左。10 四百六十里。

○尙州 11 四百七十七里。

○奉化 12 左。13 四百八十五里。

○醴泉 14 左。15 四百九十八里。

○新寧 16 左。17 五百二里。

○安東 18 左。19 五百十四里。

○善山 20 五百三十六里。

○比安 21 左。22 五百三十八里。

○禮安 23 左。24 五百四十五里。

○金山 25 五百五十三里。

○開寧 26 五百五十八里。

○軍威 27 左。28 五百七十五里。

○仁同 29 左。30 五百七十七里。

○義城 31 左。32 五百九十一里。

○青松 33 左。34 五百九十七里。

○漆谷 35 左。36 六百五十里。

○眞寶 37 左。38 六百十六里。

○知禮 39 六百二十四里。

○義興 40 左。41 六百二十六里。

○星州 [42] 六百二十七里。

○河陽 [43] 左。[44] 六百四十二里。

○咸陽 [45] 六百五十九里。

○英陽 [46] 左。[47] 六百六十里。

○大丘 [48] 左。[49] 六百七十里。

○高靈 [50] 六百八十四里。

○永川 [51] 左。[52] 六百八十七里。

○玄風 [53] 左。[54] 七百四里。

○盈德 [55] 左。[56] 七百四里。

○寧海 [57] 左。[58] 七百七里。

○慶山 [59] 左。[60] 七百十里。

○慈仁 [61] 左。[62] 七百三十里。

○陜川 [63] 七百三十二里。

○居昌 [64] 七百三十五里。

○淸道 [65] 左。[66] 七百四十二里。

○草溪 [67] 七百四十五里。

○安義 [68] 七百五十二里。

○昌寧 [69] 左。[70] 七百五十四里。

○靈山 [71] 左。[72] 七百七十八里。

○三嘉 [73] 七百八十三里。

○慶州 [74] 左。[75] 七百八十三里。

○迎日 [76] 左。[77] 八百六里。

○密陽 [78] 左。[79] 八百十二里。

○興海 [80] 左。[81] 八百二十六里。

○漆原 [82] 八百二十八里。

○宜寧 83 八百二十九里。

○山淸 84 八百三十八里。

○淸河 85 左。86 八百四十一里。

○昌原 87 八百四十四里。

○彦陽 88 左。89 八百四十七里。

○長鬐 90 左。91 八百六十四里。

○咸安 92 八百六十四里。

○晉州 93 八百六十六里。

○丹城 94 八百八十里。

○金海 95 八百八十四里。

○鎭海 96 八百八十七里。

○蔚山 97 左。98 八百九十三里。

○熊川 99 九百一里。

○梁山 100 左。101 九百十六里。

○固城 102 九百五十二里。

○昆陽 103 九百五十七里。

○東萊 104 左。105 九百六十二里。

○機張 106 左。107 九百七十一里。

○泗川 108 九百七十三里。

○河東 109 九百八十七里。

○巨濟 110 千四十四里。

○南海 111 千四十五里。

007 平安道

東北抵咸鏡道界，南抵黃海道界，西南抵大海，西抵鴨綠江, 北抵野人界。凡四十二官。

○中和 [1] 南。[2] 五百四十里。

○平壤 [3] 南。[4] 五百八十二里。

○祥原 [5] 南。[6] 六百里。

○龍岡 [7] 南。[8] 六百三十五里。

○順安 [9] 南。[10] 六百四十里。

○江西 [11] 南。[12] 六百五十一里。

○三和 [13] 南。[14] 六百五十八里。

○甑山 [15] 南。[16] 六百六十五里。

○三登 [17] 南。[18] 六百六十七里。

○江東 [19] 南。[20] 六百六十八里。

○永柔 [21] 南。[22] 六百七十五里。

○慈山 [23] 南。[24] 六百七十九里。

○咸從 [25] 南。[26] 六百八十二里。

○肅川 [27] 南。[28] 六百九十六里。

○順川 [29] 南。[30] 七百一里。

○成川 [31] 南。[32] 七百二十四里。

○安州 [33] 南。[34] 七百五十里。

○殷山 [35] 南。[36] 七百五十一里。

○价川 [37] 南。[38] 七百八十里。

○博川 [39] 八百里。

○寧邊 [40] 八百二十三里。

○嘉山 [41] 八百三十六里。

○泰川 [42] 八百四十六里。

○雲山 [43] 八百五十九里。

○龜城 44 八百八十六里。

○定州 45 八百九十九里。

○德川 46 南。47 九百二十三里。

○郭山 48 九百二十七里。

○宣川 49 九百六十三里。

○熙川 50 九百七十二里。

○陽德 51 南。52 九百八十九里。

○寧遠 53 千八里。

○鐵山 54 千五十里。

○朔州 55 千九十五里。

○龍川 56 千一百七里。

○義州 57 千一百八十六里。

○楚山 58 千一百九十三里。

○孟山 59 南。60 千一百九十七里。

○昌城 61 千二百五十四里。

○渭原 62 千二百五十五里。

○江界 63 千三百六十一里。

○碧潼 64 千三百八十七里。

008 咸鏡道

東北抵豆滿江, 東南抵大海, 西南抵江原道界, 西抵平安道界, 北抵野人界。凡二十四官。

○安邊 1 南。2 五百八十四里。

○德源 3 南。4 六百三十五里。

○文川 5 南。6 六百六十八里。

○高原 [7] 南。[8] 七百十六里。

○永興 [9] 南。[10] 七百五十二里。

○定平 [11] 南。[12] 八百二十一里。

○咸興 [13] 南。[14] 八百六十八里。

○洪原 [15] 南。[16] 九百七十五里。

○北青 [17] 南。[18] 千八十三里。

○長津 [19] 南。[20] 一千一百八里。

○利城 [21] 南。[22] 千一百八十九里。

○端川 [23] 南。[24] 千二百七十八里。

○甲山 [25] 南。[26] 千三百八十三里。

○吉州 [27] 千四百六十四里。

○明川 [28] 千五百五十六里。

○三水 [29] 南。[30] 千五百七十三里。

○鏡城 [31] 千七百四里。

○富寧 [32] 千八百十五里。

○會寧 [33] 千九百二十一里。

○茂山 [34] 千九百三十里。

○鍾城 [35] 二千三十八里。

○穩城 [36] 二千一百一里。

○慶源 [37] 二千一百四十四里。

○慶興 [38] 二千二百五里。

中原路程

1 二千四十九里, 二十八日程。

001 自鴨綠江至鎭江城, 1 二十里。 2 本名九連城。湯站, 3 七十里。柵門, 4 二十里。鳳凰城, 5 二十里。鎭東堡, 6 四十里。 7 一名薛劉站。我國人呼爲松站。鎭夷堡, 8 六十里。 9 一名通遠堡。連山關, 10 七十里。 11 一名鴉鶻關。甛水站, 12 三十里。遼東, 13 九十里。十里堡, 14 六十里。盛京, 15 六十里。 16 本名瀋陽。邊城, 17 六十里。巨流河, 18 四十里。 19 我國人呼爲周流河。白旗堡, 20 七十里。二道井, 21 五十里。小黑山, 22 五十里。廣寧, 23 六十里。閭陽驛, 24 三十里。石山站, 25 四十里。 26 俗呼十三山。小綾河, 27 六十里。杏山驛, 28 三十八里。連山驛, 29 五十里。寧遠衛, 30 五十里。曹庄驛, 31 十五里。東關驛, 32 五十里。沙河驛, 33 三十六里。前屯衛, 34 五十里。高嶺驛, 35 五十里。山海關, 36 五十里。深河驛, 37 六十里。撫寧縣, 38 四十里。永平府, 39 七十里。七家嶺, 40 六十里。豐閏縣, 41 百里。玉田縣, 42 八十里。薊州, 43 七十里。三河縣, 44 七十里。通州, 45 七十里。北京。 46 四十里。

日本路程

[1] 水路三千二百九十里, 陸路一千三百十里。

001 自釜山 永嘉臺下發船至佐須奈浦, [1] 四百八十里。鰐浦, [2] 三十里。鴨瀨, [3] 百九十里。對馬島, [4] 七十里。一岐島, [5] 四百八十里。藍島, [6] 三百五十里。赤間關, [7] 二百四十里。[8] 一名下關。向浦, [9] 百八十里。室隅, [10] 百二十里。上關, [11] 五十里。津和, [12] 百二十里。鎌刈, [13] 八十里。忠海, [14] 百里。韜浦, [15] 百里。下津, [16] 百里。牛窓, [17] 百里。室津, [18] 百里。明石, [19] 百三十里。兵庫, [20] 五十里。大坂城, [21] 百三十里。淀浦, [22] 九十里。[23] 自此爲陸路。倭京, [24] 三十里。[25] 倭皇所居, 稱西京。森山, [26] 八十里。佐和山, [27] 百里。[28] 一名彦根。大垣, [29] 百里。名護屋, [30] 百十里。岡崎, [31] 九十里。吉田, [32] 七十里。濱松, [33] 九十里。懸川, [34] 九十里。藤枝, [35] 七十里。江尻, [36] 八十里。三島, [37] 百二十里。小田原, [38] 八十里。藤澤, [39] 八十里。神奈川, [40] 五十里。江戶。[41] 七十里。[42] 關白所居, 或稱東武。

工匠名色

001 綾羅匠。

002 紡織匠。 1 쑤리겻ᄂᆞᆫ쟝。

003 笠匠。

004 帽子匠。

005 草笠匠。

006 繻笠匠。 1 총거리겹갓, 卽御笠頭冕。

007 紗帽匠。

008 鬃帽兒匠。

009 網巾匠。

010 毎緝匠。

011 毛衣匠。

012 毛冠匠。

013 氈匠。

014 靴匠。

015 靸鞋匠。❶ 男鞋卽御履匠。

016 裹皮匠。

017 熟皮匠。

018 生皮匠。

019 周皮匠。

020 鞦骨匠。❶ 周皮。

021 斜皮匠。❶ 黍皮。

022 熊皮匠。

023 獇皮匠。❶ 염소가죽。

024 鞍子匠。

025 黏匠。❶ 점믈장。

026 汗致匠。 ᄯᆞᆷ언치쟝。

027 於赤匠。 언치쟝。

028 韂甫老匠。 韂障泥。

029 都結兒匠。 가족채ᄌᆡ오ᄂᆞᆫ쟝。

030 皷匠。

031 弓人。 稱“人”, 稍別之於匠, 百工之上。

032 矢人。 上同。

033 弓絃匠。

034 甲匠。

035 筒介匠。

036 都目介匠。 筒介예벼ᄀᆡᄆᆞᆫᄃᆞᄂᆞᆫ쟝。或云鷹韝。

037 玉匠。

038 珠匠。

039 金箔匠。

040 絲金匠。❶ 금ᄉᆞ만드ᄂᆞᆫ쟝。

041 裁金匠。

042 銀匠。

043 豆錫匠。

044 鍮匠。

045 銅匠。

046 鉛鐵匠。

047 水鐵匠。

048 冶匠。

049 鑄匠。❶ 딥쟝。

050 錬匠。❶ 쇠슬허년ᄒᆞᄂᆞᆫ쟝。

051 楮幣匠。❶ 造楮貨。

052 哘匠。❶ 金銀帶匠。俗稱섬장。

053 入絲匠。

054 螺鈿匠。❶ 쟈ᄀᆡ박ᄂᆞᆫ쟝。

055 鏡匠。

056 錚匠。

057 印匠。

058 刀子匠。

059 環刀匠。

060 火鑌匠。❶ 鑌鐵造刃。

061 針匠。

062 竹匠。

063 涼太匠。

064 筬匠。❶ ᄇᆞᄃᆡ。

065 籩匠。

066 篚匠。

067 箱子匠。

068 扇子匠。

069 圓扇匠。

070 貼扇匠。

071 竹梳匠。

072 木梳匠。

073 梳省匠。❶ 빗솔。

074 木石匠。

075 蓋匠。

076 泥匠。

077 堗匠。

078 瓦匠。

079 磚匠。

080 石灰匠。

081 紙匠。

082 筆匠。

083 墨匠。

084 均字匠。

085 刻字匠。

086 印出匠。

087 漆匠。

088 黃丹匠。

089 荷葉綠匠。

090 塗彩匠。

091 油漆匠。**1** 동유칠。

092 油具匠。**1** 져름져로는장。

093 靑染匠。

094 紅染匠。

095 草染匠。

096 阿膠匠。

097 粉匠。

098 香匠。

099 都多益匠。**1** 도로락박는장。

100 花匠。

101 花兒匠。**1** 起花匠。곳놋는장。

102 風物匠。**1** 造琴瑟等樂器。

103 簣葉匠。

104 雕刻匠。

105 磨造匠。

106 車匠。

107 船匠。

108 雨傘匠。

109 甕匠。

110 黃甕匠。

111 沙器匠。

112 搗砧匠。❶ 다드미。

113 搗鍊匠。

114 洗踏匠。

115 鍊絲匠。

116 合絲匠。

117 多繪匠。

118 針線匠。

119 裁作匠。❶ 裁衣服雜物。

120 稱子匠。

121 鞍籠匠。

122 看多介匠。

123 表筒匠。

124 床花籠匠。❶ 藏花籠义。과즐우리。

125 木纓匠。

126 馬尾篩匠。

127 桶匠。

128 席匠。

129 茵匠。

130 簟匠。

131 把子匠。

132 簾匠。

133 燭匠。

134 褙貼匠。

135 塗褙匠。

136 雜象匠。❶ 屋上雜象, 如孫行者、鬼物造作。

137 自擊匠。❶ 擊更點童子。〈經〉〈解〉〈補〉

籌法

相乘

❶ 以摠物爲元數, 以每價爲法數。上列元數, 下列法數。以法末位對元末位, 上下相乘, 中列實積, 十則布於本位, 單則布於下位。自右而陞, 乃於上格, 輒去所乘之數。

001 定位法

零爲主, 乘零爲零爲十, 乘十爲十爲百。 ❶ 此言元、法末位也。如元、法同是零數, 則爲零或爲十。既定位, 依次逆數。餘皆倣此。**十爲主, 乘零爲十爲百, 乘十爲百爲千。**

○**豆十九石一斗, 每斗價三分四釐五毫。共錢?** ❷ 九兩八錢六分七釐。

○**沈香四百六十七斤九兩, 每斤價五貫三百文。共錢?** ❸ 二千四百七十八貫八十一文二釐五毫。❹ 兩數用斤下留法。

○**米四石八斗四升, 每斗價十一文。共錢?** ❺ 七百五十二文四釐。

○**一千七人各出銀五十五兩, 共銀?** ❻ 五萬五千三百八十五兩。

商除

❶ 以摠數爲實, 以每數或分者爲法。若有摠價又有摠物, 問該價, 則以摠價爲實, 以貨爲法; 問該貨, 則以摠貨爲實, 以價爲法。中列實數, 下列法數, 上列約數。與法、實相準, 商量多寡, 除得實數。自左而降位, 則以法首位對實首位。而實數不滿法數, 則法數退一位。十則除於上位, 零則除於本位。數多者續商之, 不滿法則命之。命之繁, 故相消約之。

❷ 命之謂以法爲母, 以實爲子,-❶ 多者爲母, 少者爲子。- 命爲幾分之幾。

001 定位法

百爲主, 除萬爲百爲十, 除千爲十爲零, 除百爲零。❶ 此言法、實首位也。如法數百除實數萬, 則爲百或爲十。既定位, 依次順數。餘皆倣此。**十爲主, 除萬爲千爲百, 除千爲百爲十, 除百爲十爲零。**

○**金十五斤三兩糴米, 每斗價五分四釐。共米?** ❷ 三百石。

○**米八十六石九斗六升, 十九人分之。各米?** ❸ 四石八斗四升。

○**錢五貫六百四十文, 買梨一萬六千九百二十枚。每文該梨?** ❹ 三枚。

○**錢七十四貫五百八十九文, 三百四十五人分之。各錢?** ❺ 二百十六文三百四十五分文之六十九。約之卽五之一。❻ 若一百二十三人以錢幾許分之, 至餘數只三十文, 則命曰一百二十三分文之三十。約之卽四十一之一十[48]。

○**米一千八十四石九斗分三等，而甲等一百五十五戶，乙等七百八十三戶，丙等二千三百十三戶。每等各遞加一斗五升。** 7 丙加一斗五升，乙又加，甲又加。**每等每戶各米？** 8 甲每戶七斗五升，共七十七石七斗五升；乙六斗，共三百十三石三斗；丙四斗五升，共六百九十三石十三斗五升。9 甲一百五十五三之，得四百六十五；乙七百八十三二之，得一千五百六十六；丙二千三百十三一之，得二千三百十三。竝三等四千三百四十四戶，以加數一斗五升乘之，爲六千五百十六斗。於實米一千八十四石九斗中除之，餘九千七百五十三斗。以三等共戶三千二百五十一除之，則每戶各得三斗。乃以加數一斗五升遞加。

○**銀二十六兩六錢，買猪二十八隻。每隻該銀？** 10 九錢五分。

002 布籌口訣

一縱十衡，百立千僵。

千十相竝，萬百相望。

滿六以上，五在上方。

言十過身，不滿自當。

1 分橫釐立卽勺橫，合立升橫斗亦立。

十斗橫邊一石立，各當其上在五數。

48 十：底本에는 없다. 文脈에 根據하여 補充하였다.

003 九九數

○九九八十一, 八九七十二, 七九六十三, 六九五十四, 五九四十五, 四九三十六, 三九二十七, 二九十八。

○八八六十四, 七八五十六, 六八四十八, 五八四十, 四八三十二, 三八二十四, 二八十六。

○七七四十九, 六七四十二, 五七三十五, 四七二十八, 三七二十一, 二七十四。

○六六三十六, 五六三十, 四六二十四, 三六十八, 二六十二。

○五五二十五, 四五二十, 三五十五, 二五十。

○四四十六, 三四十二, 二四八。

○三三九, 二三六。

○二二四。

004 斤下留法 **1** 帶兩者, 以十六約之, 附於斤下。

○㊀退六二五。

○㊁[49]一二五。

○㊂一八七五。

○㊃二五。

○㊄三一二五。

○㊅三七五。

○㊆四三七五。

49 ㊁ : 《湛軒書·籌解需用總例》, 《籌書管見》, 《籌學實用內篇》에는 뒤에 "留"가 더 있다. 以下 本項 內에서는 同一하다.

○㊇單五。

○㊈五六二五。

○㊉六二五。

○(十一)六八七五。

○(十二)七五。

○(十三)八一二五。

○(十四)八七五。

○(十五)九三七五。

005 解作法

○**粟一千三百五十九石解斗, 共?** ❶ 二萬三百八十五斗。❷ 以十五乘之。❸ 一訣: 從末位, 以五乘之。布五九四十五於本身九石之下。九石退位, 共爲百三十五斗。餘皆倣此。❹ 乘數爲十, 則布於本身之下, 而若零則過一位布之。

○**米三萬四千五百三十斗作石,** ❺ 十五斗。**共?** ❻ 二千三百二石。❼ 以十五約之。

○**絲三千八百五十三斤解兩, 共?** ❽ 六萬一千六百四十八兩。❾ 以十六乘之。❿ 一訣見解斗法。但以六乘之。

○**銅六萬一千六百兩作斤,** ⓫ 十六兩。**共?** ⓬ 三千八百五十斤。⓭ 以十六約之。

○**田結一萬五千十二夫解結, 共?** ⓮ 十二萬九十六結。⓯ 以八乘之。⓰ 一訣, 先從首位加七。

○**田結二萬八千七百七十六結作夫,** ⓱ 八結。**共?** ⓲ 三千五百九十七夫。⓳ 以八約之。

留頭乘法

❶ 以法首位對元末位。從法末位乘元末位，次次乘遍，至法首位，却破本身。餘同相乘。

001　定位口訣

乘從每下得術 ❶ 從元首位，起順數，至每數，卽其下位，得法首位之數，依次逆數。

歸除法

❶ 先將法首位對實首位，呼九歸訣，或進或加。後將法次位對所歸數，相除。

❷ 若本位有歸，次位無可除者，用起一還原法。或逢一只一，逢二只二，下位無可除者，用撞歸法。餘同商除。

001　九歸口訣

○二一添作五。逢二進一十。

○三一三十一。三二六十二。逢三進一十。

○四一二十二。四二添作五。四三七十二。逢四進一十。

○五一倍作二。五二倍作四。五三倍作六。五四倍作八。逢五進一十。

○六一下加四。六二三十二。六三添作五。六四六十四。六五八十二。逢六進一十。

○七一下加三。七二下加六。七三四十二。七四五十五。七五七十一。七六八十四。逢七進一十。

○八一下加二。八二下加四。八三下加六。八四添作五。八五六十二。八六七十四。八七八十六。逢八進一十。

○九歸隨身下。❶ 加一則下加一, 二則下加二, 三以下倣此。逢九進一十。

002 撞歸口訣

見一無除作九一。

見二無除作九二。

❶ 三以下倣此。

003 起一還原訣

起一下還一。

起二下還二。

❶ 三以下倣此。

004 定位口訣

歸從法前得零 ❶ 從實首位, 起順數, 至法首位之數, 卽其上位得零數, 如石之數。若實少於法者, 逆數至法首數, 卽其上位得零。

諸尺圖

001 周尺

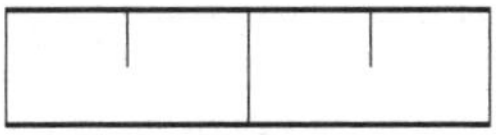

002 造禮器尺半

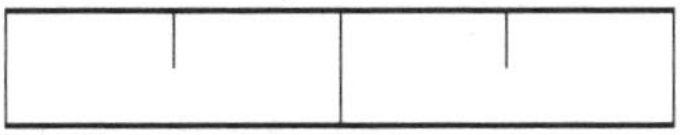

003 營造尺半

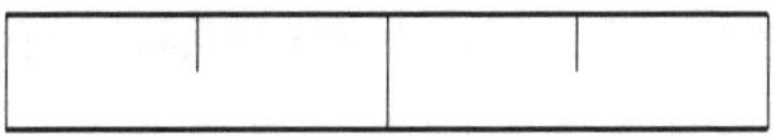

004 布帛尺半

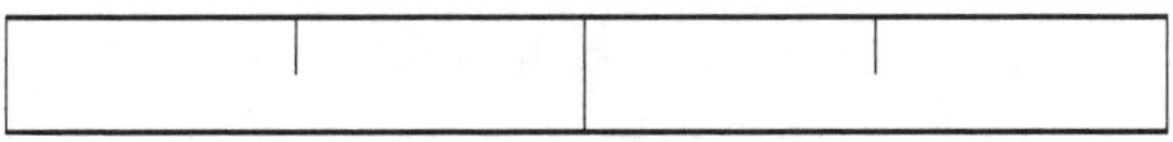

跋文

我聖上九年乙巳九月日，命賤臣入侍，以《典律通補》修正事也。蓋臣之裒輯此書，不過爲藏之巾衍，私自考閱，今爲公家文字，將以刊行。則一字之差誤，甚有關係，其事顧不重且難耶？何幸大哉之言，提綱挈維，有若耳提而面命，臣實稟旨承敎而後，乃敢添刪去取，摠若干卷。

大抵《原典》之爲書，不但主於法律而已，禮樂文物，亦多可考。《續》、《增》亦然。而往往疏而未盡密，略而未盡詳，自《原典》而已不能無。況今年代愈下，而故事難徵，條件彌繁，而文蹟未備。雖欲窮搜博採，一例詳密，其可易乎？是以考之又考，審而復審，寧從闕疑闕殆之訓，而終有所不能自信者。此所以至於方印而不敢斷手，夙宵以恐，食息靡安者也。

噫！關和，有國所重。而數年之間，再經爬櫛，《通編》爲全書，而輔之以此篇，可謂謹率由之章，備時用之制，源流相通，表裏互資。而至若《明律》之合而爲一，則無罰不愼之意至矣，《別編》之補以爲翼，則靡細不擧之道盡矣。

《通編》旣成之後，繼之以命修此書者，其以此歟。然法者，與民共之者也。必平如衡秤，信如四時，民志乃定，無刑可期。若一時受敎，不必爲來法者略之而後，能光前啓後；良規美憲，可以爲金石者固守而後，能治成制定。此亦聖上之意，而屢發於政敎者。猗歟盛哉！承命而書於卷末，不暇他語，拜手而言如此云爾。

歲丙午八月日，輔國崇祿大夫、行判中樞府事、綾恩君臣具允明奉敎謹跋。

編

具允明

1711(숙종37)~1797(정조21). 조선 후기 문신으로 자는 사정(士貞)이고 호는 겸산(兼山)이며 본관은 능성(綾城)이다. 능천부원군(綾川府院君) 구인후(具仁垕)의 봉사손으로 습봉(襲封)하여 능은군(綾恩君)이 되었다. 1743년(영조19) 정시문과에 급제하고 관직이 판서에 이르렀다. 왕실의 훈척(勳戚)이면서 문재(文才)도 뛰어나 영조의 어제편차인(御製編次人)으로 선발되었다. 부친 구택규(具宅奎)에게서 물려받은 가학(家學)을 계승하여《증수무원록(增修無冤錄)》을 중수(重修)하고 언해(諺解)하였으며《전율통보(典律通補)》를 편찬하였다.

校勘標點

蘇珍熙

세종대학교 국어국문학과를 졸업하고 민족문화추진회 국역연수원 상임연구부를 졸업하였다. 한국고전번역원에 재직 중이다.《승정원일기》,《일기청등록》번역에 참여하였다.

鄭永美

동국대학교 사학과를 졸업하고 민족문화추진회 국연연수원 연수부를 졸업하였다. 한국고전번역원에 재직 중이다.《승정원일기》,《신역 정조실록》,《성호집》번역에 참여하였다.

趙允旋

성균관대학교에서 학사를 고려대학교 대학원에서 석·박사 학위를 받았다. 민족문화추진회 연수과정을 졸업하였다. 한국고전번역원에 재직 중이다.《조선 후기 소송 연구》,《조선시대 생활사 4집》(공저),《조선후기사 연구의 현황과 과제》(공저) 등의 저서와《국역 승정원일기》,《국역 추안급국안》,《국역 대명률직해》,《국역 영정모사도감의궤(影幀摹寫都監儀軌)》등의 역서가 있다.

校勘標點 典律通補

具允明 編 | 蘇珍熙 鄭永美 趙允旋 校點

2022年 12月 31日 初版 1刷 發行

發行人 辛承云 | 發行處 韓國古典飜譯院
登錄 2008.3.12.第25100-2018-000049號
住所 (03310) 서울市 恩平區 津寬1路 85
電話 02-350-4800 | 팩스 02-350-4994 | 홈페이지 www.itkc.or.kr

研究總括 權憲俊 | 研究企劃 金智敏 | 諮問 鄭善溶

責任編輯 河炫朱 | 編輯進行 金志洙
校正 李癸淑 林兪京 | 디자인 殷希周 | 製作 曺銀志
印刷 사단법인 에스디위크

값 20,000원
ISBN 978-89-284-1002-6 94360
978-89-284-0987-7 (세트)